**THIRD EDITION**

# OGGI IN ITALIA
## A First Course in Italian

**Franca Celli Merlonghi**
*Pine Manor College*

**Ferdinando Merlonghi**

**Joseph A. Tursi**
*State University of New York at Stonybrook*

HOUGHTON MIFFLIN COMPANY  •  BOSTON

Dallas  •  Geneva, Illinois  •  Lawrenceville, New Jersey  •  Palo Alto

Components of OGGI IN ITALIA, Third Edition
    Student Text (hardbound)
    Instructor's Annotated Edition (hardbound)
    Instructor's Manual (paperbound) with Sample Tests
    Workbook/Lab Manual
    Recordings (reel-to-reel and cassette format)
    Tapescript/Answer Key for Workbook/Lab Manual
    Overhead transparencies

*Cover photograph*   **Eric Meola / The Image Bank**

Student's Edition ISBN: 0-395-35947-3

Instructor's Annotated Edition ISBN: 0-395-42414-3

Library of Congress Catalog Card Number: 86-80965

ABCDEFGHIJ-H-898765

# Acknowledgments

The authors and publisher would like to express their sincere appreciation to the many users and reviewers of *Oggi in Italia, Second Edition,* who offered numerous helpful suggestions for the Third Edition based on classroom experience in teaching introductory Italian courses in colleges, universities, and secondary schools. They would also like to express their deep gratitude to members of the Advisory Committee, who reviewed the manuscript through the developmental phases of the project and made many valuable recommendations for improvement in the student text and ancillaries.

## Advisory Committee

*Elena Nofri Albanese,* Istituto Tecnico Statale Francesco Severi, Rome, Italy

*Anthony L. Pellegrini,* State University of New York at Binghamton

*Joy Hambuechen Potter,* University of Texas at Austin

*Robert J. Rodini,* University of Wisconsin at Madison

*Patricia M. Scarfone,* Golden West College, Huntington Beach, California

## Reviewers

*Piera Bertoia Canella,* Board of Education for the City of North York, Ontario

*Julie Cardinale,* Cambridge Area High School, Cambridge, Pennsylvania

*Gaetano Cipolla,* St. John's University, New York

*Aldo Collura,* Arthur Johnson Regional High School, Clark, New Jersey

*Alfredo and Ellen Dores,* Parsippany High School, Union, New York

*Luciano Farina,* The Ohio State University, Columbus, Ohio

*Silvano Garofolo,* University of Wisconsin at Madison

*Elsa Gómez,* University of Puerto Rico, San Juan, Puerto Rico

*Erasmo Gerato,* The Florida State University, Tallahassee, Florida

*Margherita Harwell,* University of Illinois, Chicago, Illinois

*Norma Huizenga,* Kenwood Academy, Chicago, Illinois

*Francesca Italiano,* University of Southern California, Los Angeles, California

*Teresa Lazzaro,* San Diego State University, San Diego, California

*Marcella Lodes,* Northern Valley Regional High School, Demarest, New Jersey

*Laura Longaro,* Forest View High School, Arlington Heights, Illinois

*Ronald L. Martínez,* University of Minnesota, Minneapolis, Minnesota

*Luigi Monga,* Vanderbilt University, Nashville, Tennessee

*Annamaria Napolitano,* Stanford University, Stanford, California

*Marina Oberholtzer,* Skyline High School, Dallas, Texas

*Carol G. Rosen,* Cornell University, Ithaca, New York

*Camilla P. Russell,* University of Maryland, College Park, Maryland

*Wanda Sabin,* York High School, Elmhurst, Illinois

*Isabel Cid Sirgado,* Bernard M. Baruch College, New York, New York

*Barbara Strickland,* Haverhill High School, Haverhill, Massachusetts

*Donna Stutzman,* Pueblo Country High School, Pueblo, Colorado

*Carmelita A. Thomas,* Los Angeles City College, Los Angeles, California

*Teresa Elena Toronto,* Grosse Pointe High School North-South, Grosse Pointe, Michigan

*Maria Rosaria Vitti-Alexander,* University of Michigan, Ann Arbor, Michigan

*Lidia Wallace,* Parkin High School, Parkin, Arkansas

*Fiorenza Weinapple,* New York University, New York, New York

# Introduction

## Aims of the Third Edition

*Oggi in Italia, Third Edition* is a major revision of a successful introductory course in Italian. The primary aim of *Oggi in Italia, Third Edition* is to provide students with a sound basis for learning Italian as it is spoken and written today. Practice is given in all four basic skills—listening, speaking, reading, and writing—and every effort is made to provide students with opportunities for self-expression in concrete situations. By the end of the course, students should have mastered many of the basic features of the sound system, be able to use with confidence many basic structures of the language, and be able to handle an active vocabulary of approximately 1200 words, as well as recognize many more in speech or in writing. They should be able to communicate orally and in writing on everyday topics treated in the student text, using the new sounds, structures, and vocabulary.

A secondary aim of *Oggi in Italia, Third Edition* is to introduce students to contemporary, non-touristic Italian life and culture and to motivate them to learn more about the Italian-speaking world. The themes of the dialogues and readings, the cultural notes, the photographs and realia, all help to convey to students what life is like in Italy today.

Fully aware of growing interest in a proficiency-based curriculum, the authors have taken into account the principles of the American Council of Teachers of Foreign Languages/Educational Testing Service (ACTFL/ETS) Proficiency Guidelines in order to help students function effectively in social situations and use the Italian language creatively within carefully controlled limits.

## Organization of the Student Text

The student text is divided into a preliminary lesson, twenty-two regular lessons, eleven *Ripassi* that occur after every two lessons, plus front and end matter.

The preliminary lesson (*Lezione preliminare*) contains the following sections: brief dialogues that introduce common greetings and courtesy titles, with cultural notes; a list of common Italian first names; the Italian alphabet; numbers in Italian from 0–20; information on Italian-English cognates; and information about the Italian-speaking world, with three geographical and political maps.

Each of the regular lessons is built around a cultural theme such as food, careers, sports, and leisure activities. A typical lesson is divided into the following sections:

1. *Testo* (core material in the form of a dialogue, monologue, narrative, T.V. broadcast, newspaper article, etc.), with corresponding activities, exercises, a vocabulary list of new words and expressions, and a cultural note related to the theme of the core material

2. *Pronuncia* (basic information about sound/ spelling correspondences, stress, and syllabication with corresponding drills, sentences, and common useful proverbs that provide practice on difficult sounds for speakers of English). This section drops out after *Lezione 18ª*.

3. *Ampliamento del vocabolario* (word sets, often illustrated with line drawings, and word-building sections that focus on prefixes, suffixes, synonyms, antonyms, and word families, with vocabulary expansion exercises and activities)

4. *Struttura ed uso* (explanations in English of four or five grammatical concepts and structures, with numerous examples, summary charts, and related exercises)

5. *A lei la parola* (a section in which students are challenged to express in Italian specific functions suggested by the instructor)

6. *Comunicare subito!, Attualità, Leggere e capire* and *Scrivere* (four different types of optional material that alternate from chapter to chapter and focus on survival situations, current cultural information, and reading and writing skills)

7. *Ripasso* (an optional review section with exercises and activities that provide extra practice on basic structures and vocabulary presented in the previous two lessons)

# Contents

## Lezione preliminare     1

### I. Il saluto    2
Buon giorno! Lei come si chiama?    2   ·   Buona sera! Come sta?    2   ·   *Nota culturale*: Use of courtesy and professional titles    3   ·   Ciao! Come ti chiami?    4   ·   Come stai?    4   ·   *Nota culturale:* Levels of formality    5   ·   Che peccato!    6   ·   *Nota culturale*: Customary greetings    7

### II. I nomi italiani (maschili e femminili)    7

### III. L'alfabeto italiano    8

### IV. I numeri da 0 a 20    9

### V. Parole analoghe    10

### VI. Il mondo italiano    11
Carta geografica d'Europa    11   ·   Carta fisica d'Italia    12   ·   Carta politica d'Italia    14

## LEZIONE 1ª     16

### Testo    17
Lei come si chiama?
### Nota culturale    20
L'istruzione in Italia
### Pronuncia    20
I suoni delle vocali
### Ampliamento del vocabolario    21
I numeri da 21 a 100   ·   Che cos'è?

### Struttura ed uso    24
Pronomi personali   ·   Presente di *essere*   ·   Sostantivi: singolare e plurale   ·   Articolo indeterminativo
### Leggere e capire    33
L'Italia   ·   Due studenti italiani

## LEZIONE 2ª     36

### Testo    37
Chi è lei?
### Nota culturale    40
I cognomi italiani
### Pronuncia    40
Sillabazione e accento tonico
### Ampliamento del vocabolario    42
Corsi di studio   ·   Nomi che finiscono in *-ia*
### Struttura ed uso    43
Presente di *avere*   ·   Articolo determinativo: singolare e plurale   ·   *Di* + nome per esprimere possesso   ·   Aggettivi possessivi
### Attualità    55
Conosce Firenze?   ·   Le regioni italiane   ·   Le lingue parlate in Italia

***Ripasso:*** *Lezioni 1ª & 2ª*    57

# LEZIONE 3ª 59

**Testo 60**
Che cosa fai di bello?

**Nota culturale 63**
Il bar italiano

**Pronuncia 63**
La lettera *h*

**Ampliamento del vocabolario 64**
La città · Le preposizioni semplici · Nomi che finiscono in *-tà*

**Struttura ed uso 66**
L'infinito · Presente dei verbi regolari in *-are* · Preposizioni articolate · *C'è, ci sono, ecco* · *Che ora è? Che ore sono?*

**Comunicare subito! 79**
Conversazioni telefoniche


# LEZIONE 4ª 81

**Testo 82**
Cosa prendono i signori?

**Nota culturale 85**
Il teatro italiano

**Pronuncia 85**
Consonanti doppie

**Ampliamento del vocabolario 86**
I giorni della settimana · Alcune espressioni di tempo

**Struttura ed uso 88**
Presente dei verbi regolari in *-ere* ed *-ire* · Formulare le domande in italiano · Verbi irregolari: *dare, fare, stare, volere*

**Leggere e capire 98**
Le attività di Tommaso Genovesi

*Ripasso: Lezioni 3ª & 4ª 100*


# LEZIONE 5ª 104

**Testo 105**
Che prezzi!

**Nota culturale 108**
Fare spese nelle città italiane

**Pronuncia 109**
I suoni /k/ e /č/

**Ampliamento del vocabolario 110**
Caratteristiche personali · Tappe della vita

**Struttura ed uso 113**
Concordanza degli aggettivi qualificativi · Posizione degli aggettivi qualificativi con i nomi · Due significati speciali di *da* (tempo e luogo) · Verbi irregolari: *andare e venire* · *Che e quanto* nelle esclamazioni

**Attualità 125**
Conosce Venezia? · La città del Vaticano · San Marino


# LEZIONE 6ª 128

**Testo 129**
Ma dove ha preso i soldi?

**Nota culturale 132**
I giovani italiani

**Pronuncia 133**
I suoni /r/ e /rr/

**Ampliamento del vocabolario 134**
Le stagioni ed i mesi dell'anno · Alcune espressioni di tempo al passato

**Struttura ed uso 137**
Passato prossimo con *avere* · Passato prossimo con *essere* · Participi passati irregolari · Imperativo dei verbi regolari (*tu, noi, voi*) · Imperativo di sette verbi irregolari

**Comunicare subito! 151**
Le presentazioni

*Ripasso: Lezioni 5ª & 6ª 153*

# LEZIONE 7ª                    156

**Testo  157**
Il mercato all'aperto

**Nota culturale:  161**
Il mercato rionale

**Pronuncia  161**
I suoni /s/ e /z/

**Ampliamento del vocabolario  162**
I numeri da 100 in poi · L'anno, il decennio ed il secolo · Gli alimentari: la verdura e la frutta

**Struttura ed uso  166**
Aggettivi dimostrativi *questo e quello* · Pronomi dimostrativi *questo e quello* · Verbi riflessivi · Verbi riflessivi con significato di reciprocità · Verbi irregolari: *bere, dire, uscire*

**Leggere e capire  178**
La famiglia Petroni

# LEZIONE 8ª                    180

**Testo  181**
Chi mi accompagna?

**Nota culturale  184**
La famiglia italiana

**Pronuncia  184**
I suoni /ʃ/ e /sk/

**Ampliamento del vocabolario  185**
La famiglia ed i parenti · Lei guida?

**Struttura ed uso  188**
Verbi modali: *dovere, potere e volere* · Pronomi possessivi · Pronomi complemento diretto · Concordanza del participio passato con i pronomi complemento diretto

**Attualità  198**
Conosce Torino? · L'automobile e le autostrade in Italia · Dialogo: Il pieno, signore?

***Ripasso:*** *Lezioni 7ª & 8ª  201*

# LEZIONE 9ª                    204

**Testo  205**
Ti scrivo da Perugia

**Nota culturale  208**
Imparare l'italiano in Italia

**Pronuncia  208**
I suoni /g/ e /ǧ/

**Ampliamento del vocabolario  209**
Che tempo fa? · Alcune espressioni di tempo con *volta, di, ogni tutti/e*

**Struttura ed uso  212**
L'imperfetto · Espressioni negative · Pronomi personali di forma tonica · Pronomi relativi *che* e *cui*

**Comunicare subito!  224**
In tabaccheria e all'ufficio postale · Espressioni di cortesia ed interiezione

# LEZIONE 10ª                    226

**Testo  227**
Un matrimonio elegante

**Nota culturale  230**
La moda italiana

**Pronuncia  231**
Il suono /ʎ/

**Ampliamento del vocabolario  231**
I capi di vestiario, i tessuti ed i materiali · I colori

**Struttura ed uso  235**
Contrasto fra l'imperfetto ed il passato prossimo · Verbi riflessivi con articoli di abbigliamento e parti del corpo · Plurale di alcuni nomi ed aggettivi · *Sapere e conoscere*

**Leggere e capire  244**
Miniracconto

***Ripasso:*** *Lezioni 9ª & 10ª  245*

# LEZIONE 11ª                247

**Testo   248**
Fine-settimana sulla neve

**Nota culturale   251**
Lo sci in Italia

**Pronuncia   251**
Il suono /ŋ/

**Ampliamento del vocabolario   252**
Il corpo umano · Oggetti personali utili

**Struttura ed uso   255**
Pronomi complemento indiretto · Costruzione con *piacere* · Futuro semplice · Verbi irregolari nel futuro · Futuro dopo *quando*, *appena* e *se*

**Attualità   268**
Conosce Napoli? · Il totocalcio · Tanto per sapere · Il campanilismo

# LEZIONE 12ª                270

**Testo   271**
Che partita è in programma?

**Nota culturale   274**
Gli sport in Italia

**Pronuncia   274**
I suoni /ts/ e /dz/

**Ampliamento del vocabolario   275**
Gli sport · Parole analoghe: Nomi che finiscono con *-ma*

**Struttura ed uso   277**
Futuro, imperfetto e passato prossimo dei verbi modali · Due pronomi complemento · Futuro di congettura o probabilità

**Comunicare subito!   286**
In farmacia · Mantenersi in forma

*Ripasso: Lezioni 11ª & 12ª   289*

# LEZIONE 13ª                292

**Testo   293**
Cento di questi giorni!

**Nota culturale   296**
La gastronomia italiana

**Pronuncia   296**
Il suono /t/

**Ampliamento del vocabolario   297**
Cibi e pasti · Rivenditori e negozi

**Struttura ed uso   300**
Il condizionale · Aggettivi interrogativi · Pronomi interrogativi · Avverbi di tempo, luogo, modo e quantità

**Scrivere   310**
Fare il riassunto: Da quanto tempo sei a Roma?

# LEZIONE 14ª                313

**Testo   314**
In cerca di un appartamento

**Nota culturale   317**
I giornali italiani

**Pronuncia   318**
Il suono /l/

**Ampliamento del vocabolario   319**
La casa · I mobili e gli elettrodomestici

**Struttura ed uso   322**
Comparativo d'uguaglianza · Comparativo di maggioranza e di minoranza · Tempi progressivi · Trapassato prossimo

**Attualità   332**
Le università italiane · Conosce Siena?

*Ripasso: Lezioni 13ª & 14ª   333*

## LEZIONE 15ª                                     335

**Testo  336**
Perché suonano il clacson?

**Nota culturale  339**
I mezzi di trasporto nelle città italiane

**Pronuncia  339**
Il suono /kw/

**Ampliamento del vocabolario  340**
I mezzi di trasporto · Mestieri, professioni ed altre occupazioni

**Struttura ed uso  344**
Il superlativo relativo degli aggettivi · Il superlativo assoluto · Comparativi e superlativi irregolari di *buono, cattivo, grande* e *piccolo* · Comparativi e superlativi irregolari di *bene, male, poco* e *molto*

**Comunicare subito!  353**
Prendere il treno

## LEZIONE 16ª                                     355

**Testo  356**
Il telegiornale

**Nota culturale  359**
La radio e la televisione in Italia

**Pronuncia  360**
Il suono /d/

**Ampliamento del vocabolario  361**
Paesi e capitali d'Europa · La radio e la televisione

**Struttura ed uso  364**
Congiuntivo presente: verbi che esprimono *desiderio, volontà* e *speranza* · Verbi con congiuntivo presente irregolare · Congiuntivo con espressioni impersonali · Partitivo *di*

**Scrivere  374**
La narrativa: Forza Napoli!

***Ripasso:** Lezioni 15ª & 16ª  376*

## LEZIONE 17ª                                     379

**Testo  380**
Musica leggera o musica classica?

**Nota culturale  384**
La musica ed i giovani

**Pronuncia  385**
Il suono /p/

**Ampliamento del vocabolario  386**
Gli strumenti musicali · I prefissi *in-, s-, dis-,* e *ri-*

**Struttura ed uso  388**
Congiuntivo con espressioni d'emozione, dubbio o convinzione · Congiuntivo dopo le congiunzioni · Congiuntivo passato · Pronome *ne*

**Attualità  398**
Conosce Ravenna? · I parchi nazionali italiani · Le vacanze in Italia

## LEZIONE 18ª                                     400

**Testo  401**
Come vedete il vostro futuro?

**Nota culturale  404**
Gli studenti italiani ed il lavoro

**Pronuncia  404**
Dittonghi e trittonghi

**Ampliamento del vocabolario  406**
Il mondo del lavoro

**Struttura ed uso  409**
Imperativo con i pronomi *lei e loro* · Imperfetto del congiuntivo · L'avverbio di luogo *ci*

**Comunicare subito!  417**
Chiedere informazioni

***Ripasso:** Lezioni 17ª & 18ª  419*

# LEZIONE 19ª                    422

**Testo   423**
   Cosa stai leggendo?
**Nota culturale   426**
   La letteratura italiana contemporanea
**La punteggiatura   427**
**Ampliamento del vocabolario   427**
   Sostantivi composti
**Struttura ed uso   429**
   Trapassato del congiuntivo · Frasi introdotte
   da *se* · Condizionale passato
**Scrivere   436**
   Corrispondenza ufficiale


# LEZIONE 20ª                    437

**Testo   438**
   Una campagna elettorale
**Nota culturale   441**
   Il sistema politico italiano
**Ampliamento del vocabolario   442**
   La politica ed il governo
**Struttura ed uso   443**
   Imperativo con pronomi complemento ·
   Imperativo con due pronomi complemento ·
   Gli aggettivi indefiniti · I pronomi indefiniti
**Attualità   452**
   Conosce Palermo? · Le donne italiane

*Ripasso:* Lezioni 19ª & 20ª   454


# LEZIONE 21ª                    457

**Testo   458**
   Sciopero generale
**Nota culturale   460**
   Il sindacato dei lavoratori
**Ampliamento del vocabolario   461**
   Nomi alterati
**Struttura ed uso   462**
   Passato remoto · Verbi che richiedono una
   preposizione prima dell'infinito · La
   correlazione dei tempi con il congiuntivo
**Comunicare subito!   471**
   All'aeroporto · In albergo


# LEZIONE 22ª                    473

**Testo   474**
   Come si può fermare l'inquinamento?
**Nota culturale   477**
   Industria ed inquinamento
**Ampliamento del vocabolario   478**
   Famiglie di parole
**Struttura ed uso   479**
   La voce passiva · Costruzione impersonale con
   *si* · Aggettivi numerali ordinali
**Scrivere   485**
   Appunti di viaggio

*Ripasso:* Lezioni 21ª & 22ª   488

## REFERENCE SECTION

**Appendix A:** *English Equivalents of Dialogues for*
   **Lezione 1ª to 4ª**   *R1*
**Appendix B:** *Spelling/Sound Correspondences*   *R2*
**Appendix C:** **Avere** *and* **essere**   *R3*
**Appendix D:** *Regular Verbs*   *R4*
**Appendix E:** *Verbs Conjugated with* **essere**   *R5*
**Appendix F:** *Verbs with Irregular Past Participles*
   *R6*
**Appendix G:** *Irregular Verbs*   *R6*

Italian/English End Vocabulary   R10
English/Italian End Vocabulary   R29
Index   R42

# LEZIONE PRELIMINARE

## I. Il saluto

*Il professor Marini e due studenti discutono un problema importante.*

## *Buon giorno! Lei come si chiama?*

**IL PROFESSORE E LO STUDENTE**

| | | | |
|---|---|---|---|
| **Sig. Pavesi** | Buon giorno, signore! | *Mr. Pavesi* | Good morning, (sir)! |
| | Mi chiamo Giuseppe Pavesi. | | My name is Giuseppe Pavesi. |
| | Sono il professore d'italiano. | | I'm the Italian professor. |
| | Lei come si chiama? | | What's your name? |
| **Lorenzo** | Buon giorno, professore. | *Lorenzo* | Good morning, Professor (Pavesi). |
| | Mi chiamo Lorenzo Conti. | | My name is Lorenzo Conti. |

**LA PROFESSORESSA E LA STUDENTESSA**

| | | | |
|---|---|---|---|
| **Sig.ra Bertini** | Buon giorno, signorina! | *Mrs. Bertini* | Good morning, (miss)! |
| | Mi chiamo Paola Bertini. | | My name is Paola Bertini. |
| | Sono la professoressa d'italiano. | | I'm the Italian professor. |
| | E lei, come si chiama? | | And what's your name? |
| **Gabriella** | Buon giorno, professoressa. | *Gabriella* | Good morning, Professor (Bertini). |
| | Mi chiamo Gabriella Battaglia. | | My name is Gabriella Battaglia. |

## *Buona sera! Come sta?*

**IL SIGNOR CORTESE ED IL SIGNOR DINI**

| | | | |
|---|---|---|---|
| **Sig. Cortese** | Buona sera, signor Dini. | *Mr. Cortese* | Good evening, Mr. Dini. |
| | Come sta? | | How are you? |
| **Sig. Dini** | Bene, grazie, e lei? | *Mr. Dini* | Fine, thanks, and you? |
| **Sig. Cortese** | Molto bene, grazie. ... | *Mr. Cortese* | Very well, thanks.... |
| | Arrivederla, signore. | | Good-by, Mr. Dini. |

**LA SIGNORA VALLE E LA SIGNORINA CAMPO**

| | | | |
|---|---|---|---|
| **Sig.na Campo** | Buona sera, signora Valle. | *Miss Campo* | Good evening, Mrs. Valle. |
| | Come sta? | | How are you? |
| **Sig.ra Valle** | Abbastanza bene, e lei? | *Mrs. Valle* | Quite well, and you? |
| **Sig.na Campo** | Bene, grazie. ...A più tardi, signora. | *Miss Campo* | Fine, thanks. . . . See you later, Mrs. Valle. |

**Modificazioni**

1. — **Buon giorno,** signore!    — **Buon giorno,** professore!
     Buona sera                 Buona sera
     Buona notte               Buona notte

*CHIAMARE (TO CALL)*

2. — **Lei come si chiama?**    — Mi chiamo **Cristoforo Colombo.**
     E lei, signora?    *"MY NAME IS"*    Caterina de' Medici
     E lei, signorina?               Monna Lisa
     E lei, signore?    *CHIAMONOGHE*   Galileo Galilei

*" IL MIO NOME E' "*

## NOTA CULTURALE

*" TI CHIAMO" I CALL YOU*

### Use of courtesy and professional titles

The use of first names among adults is less frequent in Italy than in the United States. Often the courtesy titles *signore, signorina,* and *signora* are used in place of a name. In contrast to English usage, professional titles such as *dottore, avvocato* (lawyer), and *ingegnere* (engineer) are commonly used with, or as substitutes for, names. Notice that the titles ending in *-re (signore, dottore, professore,* and *ingegnere)* drop the final *e* when they precede a name:

    Buon giorno, *signore.*    Buon giorno, *signor* Dini.
    Buon giorno, *dottore.*    Buon giorno, *dottor* Paolini.

*Signore, signora,* and *signorina* are usually not capitalized in Italian. However, when they are abbreviated, they are capitalized: *Sig., Sig.$^{ra}$,* and *Sig.$^{na}$*.

— *Buon giorno, dottor Ricci!*
— *Buon giorno, avvocato!*

## Ciao! Come ti chiami?

**ANNA MELANI E PAOLO SALVATORI**

| | | | |
|---|---|---|---|
| **Paolo** | Ciao! Come ti chiami? | *Paolo* | Hi! What's your name? |
| **Anna** | Io? Mi chiamo Anna. E tu, come ti chiami? | *Anna* | Me? My name is Anna. And you, what's your name? |
| **Paolo** | Paolo, ...Paolo Salvatori. | *Paolo* | Paolo, . . . Paolo Salvatori. |

**SILVIA BELLINI ED ENRICO GENOVESI**

| | | | |
|---|---|---|---|
| **Silvia** | Tu ti chiami Paolo Salvatori? | *Silvia* | Is your name Paolo Salvatori? |
| **Enrico** | No, mi chiamo Enrico Genovesi. | *Enrico* | No, my name is Enrico Genovesi. |
| **Silvia** | Ciao, Enrico. Io mi chiamo Silvia, ...Silvia Bellini. | *Silvia* | Hello, Enrico. My name is Silvia, . . . Silvia Bellini. |

## Come stai?

**PATRIZIA MORO E ROSANNA PERONI**

| | | | |
|---|---|---|---|
| **Rosanna** | Come stai, Patrizia? | *Rosanna* | How are you, Patrizia? |
| **Patrizia** | Non c'è male, e tu? | *Patrizia* | Not too bad, and you? |
| **Rosanna** | Benissimo!... Arrivederci, a più tardi. | *Rosanna* | Just great! . . . Good-by, see you later. |
| **Patrizia** | A domani, Rosanna. | *Patrizia* | See you tomorrow, Rosanna. |

**LUIGI RINALDI E MARCELLO BOTTINO**

| | | | |
|---|---|---|---|
| **Luigi** | Ciao, Marcello. Come stai? | *Luigi* | Hi, Marcello. How are you? |
| **Marcello** | Bene, grazie. E tu, come stai? | *Marcello* | Fine, thanks. And how are you? |
| **Luigi** | Mah, così, così. ... A presto, Marcello. | *Luigi* | Oh, so-so. . . . See you soon, Marcello. |
| **Marcello** | Ciao! | *Marcello* | Bye! |

| | | |
|---|---|---|
| **Modificazioni** | 1. — Ciao, Patrizia, come stai? | — **Molto bene.** |
| | | Benissimo! |
| | | Non c'è male. |
| | | Così così. |
| | | Male! |
| | 2. — Ciao, Luigi, arrivederci. | — **A più tardi,** Marcello. |
| | | A presto |
| | | A domani |
| | | Ci vediamo domani |

---

## NOTA CULTURALE

### Levels of formality

In Italian, as in English, speakers use different levels of formality in the language, depending on the situation and the person or persons to whom they are speaking. For example, in Italy, you might use *ciao* as a greeting, and *ciao* or *arrivederci* as a farewell expression for a friend or a member of the family. If you were in a more formal situation, speaking to a stranger or an acquaintance, you might use *buon giorno* as a greeting and *arrivederla* as a farewell expression.

In English, speakers use the pronoun *you* when addressing another person. In Italian, there are several ways of expressing *you* which correspond to informal or formal situations. *Tu* is used in informal situations when addressing someone you know on a first-name basis, such as a child, a friend, a fellow classmate, or a member of the family. *Lei* is used in more formal situations when addressing a stranger, an acquaintance, an older person, or someone in a position of authority.

— *Buon giorno, signora Mancini. Come sta?*
— *Benissimo, grazie. E lei?*
— *Molto bene.*

## Che peccato!

Giulia Campo is walking through piazza San Marco on her way to class when she meets her friend Giacomo Mancini. They shake hands and chat for a minute.

| | | |
|---|---|---|
| **Giulia** | Ciao, Giacomo, come stai? | Hi, Giacomo, how are you? |
| **Giacomo** | Non c'è male, grazie, e tu? | Not bad, thanks, and you? |
| **Giulia** | Bene, grazie.... Ah, ecco il professor Renzi. Buon giorno, professor Renzi. | Fine, thanks. . . . Ah, there's Professor Renzi. Hello, Professor Renzi. |
| **Professor Renzi** | Buon giorno, signorina Campo. Buon giorno, signor Mancini. | Good morning, Miss Campo. Good morning, Mr. Mancini. |
| **Giacomo e Giulia** | Buon giorno, professore. | Hello, professor. |

*The professor continues on his way.*

| | | |
|---|---|---|
| **Giulia** | Scusa, Giacomo, ma sono già in ritardo. | Excuse me, Giacomo, but I'm already late. |
| **Giacomo** | Hai lezione d'italiano con il professor Renzi? | Do you have an Italian class with Professor Renzi? |
| **Giulia** | Sì, fra cinque minuti. | Yes, in five minutes. |
| **Giacomo** | Che peccato! Arrivederci, Giulia. | What a shame! Good-by, Giulia. |
| **Giulia** | Ciao, Giacomo, a presto. | Bye, Giacomo, see you soon. |

---

**Modificazioni**

1. — Sei **in ritardo?**
   in anticipo
   puntuale

   — No, **non sono in ritardo.**
   non sono in anticipo
   non sono puntuale

2. — Hai lezione **d'italiano?**
   d'inglese
   di matematica
   di storia

   — Sì, ho lezione fra **cinque** minuti.
   dieci
   quindici
   venti

## NOTA CULTURALE

### Customary greetings

In Italy, it is customary to shake hands much more frequently than in the United States, with good friends as well as acquaintances, regardless of age. When Italians (and many other Europeans) shake hands, they use one or two short up-and-down shakes, not a series of up-and-down pumping movements, as Americans do. Close friends tend to greet each other with a light kiss on both cheeks or with an embrace or hug, especially if they have not seen each other for a long time.

*—Ciao, Giulia. Come stai?*

# II. I nomi italiani (maschili e femminili)

Some Italian first names are similar to English first names, with slight spelling changes, while others have no English equivalents. Note that many masculine first names ending in **-o** have an equivalent feminine first name ending in **-a.**

Listen and repeat each name after your instructor. Try to identify the Italian equivalent of your own name or find the equivalent of names of family members, friends, and acquaintances. If you like, choose an Italian name for yourself (and perhaps a personality to go with it!) for use during class.

| **Nomi maschili** | | | **Nomi femminili** | | |
|---|---|---|---|---|---|
| Antonio | Giovanni | Paolo | Angela | Elisabetta | Maria |
| Alberto | Giuseppe | Piero | Anna | Franca | Marisa |
| Carlo | Lorenzo | Roberto | Antonella | Francesca | Paola |
| Emilio | Luigi | Romano | Bettina | Gina | Patrizia |
| Enrico | Marcello | Stefano | Carla | Giovanna | Rosanna |
| Franco | Mario | Tommaso | Caterina | Giulia | Silvia |
| Giacomo | Massimo | Valerio | Daniela | Lisa | Teresa |
| Giorgio | Michele | Vittorio | Elena | Luisa | Valeria |

## III. L'alfabeto italiano

The Italian alphabet consists of 21 letters and five additional letters that appear only in foreign words. Accent marks (`and ´) occur on the vowels **a, e, i, o,** and **u** under certain circumstances. Listen and repeat each letter of the alphabet after your instructor.

| Italian alphabet | | | Foreign letters | Capital and lower-case letters | Acute and grave accents |
|---|---|---|---|---|---|
| **a** = a | **h** = acca | **q** = cu | **j** = i lunga | **C** = ci maiuscola | ` = accento grave |
| **b** = bi | **i** = i | **r** = erre | **k** = cappa | **c** = ci minuscola | ´ = accento acuto |
| **c** = ci | **l** = elle | **s** = esse | **x** = ics | | |
| **d** = di | **m** = emme | **t** = ti | **y** = ipsilon | | |
| **e** = e | **n** = enne | **u** = u | **w** = vu doppio | | |
| **f** = effe | **o** = o | **v** = vu | | | |
| **g** = gi | **p** = pi | **z** = zeta | | | |

*[handwritten: EX = S; EXCUSE = SCUSA]*

**A.** You are making a reservation at the Hotel Angiolo in Venice, Italy, by transatlantic telephone. Spell your name to the clerk/receptionist who answers the phone.

▶ Lina De Paolis     Lina: *elle maiuscola, i, enne, a*
De Paolis: *di maiuscola, e, pi maiuscola, a, o, elle, i, esse*

**B.** You are sending a telegram to a friend in Italy announcing your arrival in a few days. Spell out the recipient's name, city, and country. (See p. 13 for a list of names of Italian cities.)

▶ Marco Giuliani, Forlì, Italia     Marco: *emme maiuscola, a, erre, ci, o*
Giuliani: *gi maiuscola, i, u, elle, i, a, enne, i*
Forlì: *effe maiuscola, o, erre, elle, i con l'accento grave*
Italia: *i maiuscola, ti, a, elle, i, a*

Bell'Italia

ALLA SCOPERTA DEL PAESE PIÙ BELLO DEL MONDO          NUMERO 1    MAGGIO 1986 - LIRE 5.000

# IV. I numeri da 0 a 20

Learn the numbers from 0 to 20 (**da zero a venti**) in Italian, as you will
find them very useful in carrying out activities in class.

| | | | |
|---|---|---|---|
| 0 = **zero** | | | |
| 1 = **uno** | 6 = **sei** | 11 = **undici** | 16 = **sedici** |
| 2 = **due** | 7 = **sette** | 12 = **dodici** | 17 = **diciassette** |
| 3 = **tre** | 8 = **otto** | 13 = **tredici** | 18 = **diciotto** |
| 4 = **quattro** | 9 = **nove** | 14 = **quattordici** | 19 = **diciannove** |
| 5 = **cinque** | 10 = **dieci** | 15 = **quindici** | 20 = **venti** |

**A.** Take a poll in class on some of your reasons for learning Italian. On
a scale from 0 to 10, (*da zero a dieci*), rate your interest in the following areas:

▶ to speak Italian when you visit Italy in the future

1. to read Italian newspapers or magazines
2. to understand printed signs when you are in Italy
3. to order food in an Italian restaurant in this country
4. to learn more about Italian culture
5. to be able to cook lasagna from an Italian recipe
6. to understand what the characters are saying in an Italian movie
7. to read the *Divine Comedy* by Dante and other literary classics
   in Italian
8. to sing Puccini's *Madame Butterfly* in Italian

**B.** You are in Florence to attend the wedding of a relative. You call
several Italian friends to get their addresses so that you can send
them invitations to the wedding. Ask them to say aloud the numbers
in their addresses (street number and zip code) according to the model
below.

▶ via del Corso, 18     18: *diciotto*
  34121 Trieste         34121: *tre, quattro, uno, due, uno*

1. via Manzoni, 11       4. piazza Italia, 13
   30122 Venezia            06082 Assisi
2. viale della Vittoria, 16   5. corso Mazzini, 19
   35100 Padova             16124 Genova
3. corso Dante, 17       6. via de' Medici, 12
   80100 Napoli            00197 Roma

## V. Parole analoghe (SIMILAR)

Italian is a Romance language, for it derives from Latin, the tongue spoken by the ancient Romans. Other Romance or neo-Latin languages are French, Portuguese, Spanish, Rumanian, Catalan, and Provençal. English is a Germanic language, but it does contain thousands of words derived from Latin that resemble their Italian equivalents. These words are called *cognates* (**parole analoghe**). Some are close cognates and easily recognizable in print, though their pronunciation may be different; for example:

| | | |
|---|---|---|
| **studente** / student | **possibile** / possible | **studiare** / to study |
| **professore** / professor | **famoso** / famous | **arrivare** / to arrive |
| **lezione** / lesson | **interessante** / interesting | **entrare** / to enter |

Other cognates form groups of words with easily recognizable patterns; for example:

| **-tà** / -ty | **-ale** / -al | **-zione** / -tion |
|---|---|---|
| **città** / city | **nazionale** / national | **informazione** / information |
| **difficoltà** / difficulty | **originale** / original | **modificazione** / modification |
| **università** / university | **speciale** / special | **tradizione** / tradition |

There is a relatively small number of false cognates in Italian. Although these false cognates resemble English words, their meanings are different. An example of a false cognate is **collegio,** which generally means boarding school, not *college.* Context will usually help you realize when you encounter a false cognate.

**A.** Using your knowledge of Italian-English cognates, try to read the caption of the photograph below to see how much you can understand without assistance.

*Tre studentesse visitano la città di Napoli.*

**B.** Complete the following sentences with Italian cognates of *city, interesting,* and *lesson.*

1. Giacomo studia la ___*lezione*___ preliminare.
2. La _città_ di Venezia è bella.
3. La lingua italiana è _interessante_

# VI. Il mondo italiano

You may already know that Italy, a country located in southern Europe, is a peninsula stretching into the Mediterranean Sea and that Rome is the capital of the country. What you may not realize is that Italian is the language of more than 56 million people in Italy. It is also spoken by residents of the Canton Ticino in Switzerland, and by Italians living in many parts of the world. In the United States and Canada there are thousands of American and Canadian citizens who speak Italian as a first or second language and who retain close ties with their relatives in various parts of Italy.

*Carta fisica d'Italia*

**A.** A large number of geographic expressions are Italian-English cognates, although they are pronounced differently in the two languages. Pronounce after your instructor each of the terms listed below. Note that **il, la, l', lo, gli,** and **le** all mean *the.*

**le Alpi** the Alps
**gli Appennini** the Appenines
**la catena di montagne** the mountain chain

**la capitale** the capital
**il centro** the center
**la città** the city
**il fiume** the river
**il golfo** the gulf

*(handwritten notes: ARTICLES / LA f s LE s p / il or m s i m p / LO stor z gli mp)*

**l'isola** the island
**il lago** the lake
**il mare** the sea
**la montagna** the mountain
**il paese** the country; the small town
**la penisola** the peninsula

**il Po** the Po (river)
**il porto** the port
**la provincia** the province
**la regione** the region
**lo stretto** the strait

**B.** Learn the points of the compass in Italian. Give the English cognate of each of the eight points of the compass shown in the drawing.

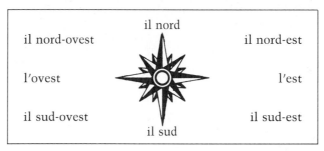

| | il nord | |
|---|---|---|
| il nord-ovest | | il nord-est |
| l'ovest | | l'est |
| il sud-ovest | | il sud-est |
| | il sud | |

**C.** Complete the following statements in Italian, using the points of the compass and the map of Europe shown on page 11. Note that **al** means *to the* in this exercise.

1. La Svizzera è al _NORD-OVEST_ dell'Italia.
2. La Grecia è al _SUD-E_ dell'Italia.
3. La Germania Occidentale e la Germania Orientale sono al _____ dell'Italia.
4. L'Inghilterra è al _NORD_ dell'Italia.
5. La Francia è al _OVEST_ dell'Italia.

**D.** Locate the twenty regions in Italy in the political map on page 14. The regions are given in capital letters (for example, ABRUZZI, CALABRIA).

**E.** Repeat after your instructor the names of the Italian cities listed below. Try to match the names of the cities with the names of the regions in which they are located.

▶ Padova    *Padova: Veneto*

1. Verona    *VENETO*
2. Firenze
3. Milano    *LOMBARDIA*
4. Perugia    *UMBRIA*
5. Venezia    *VENETO*
6. Cagliari
7. Bologna    *EMILIA/ROMAGNA*
8. Napoli    *CAMPANIA*
9. Torino    *PIEMONTE*
10. L'Aquila    *ABRUZZI*
11. Palermo    *SICILIA*
12. Genova    *LIGURIA*

*Carta politica d'Italia*

## Vocabolario

Be sure you know the meaning of the following words and expressions before you proceed to *Lezione 1ª*, and when it is appropriate to use them.

### Greetings

**buon giorno**   hello, good morning
**buona sera**   good evening
**ciao**   hi *(informal)*

### Farewells

**arrivederci**   good-by *(informal)*
**arrivederla**   good-by *(formal)*
**a più tardi**   'till later
**a domani**   'till tomorrow
**a presto**   see you soon
**ci vediamo domani**   see you
    tomorrow
**buona notte**   good night
**ciao**   bye *(informal)*

### Asking someone's name

**come si chiama?**   what's your name?
    *(formal)*
**come ti chiami?**   what's your name?
    *(informal)*
**nome e cognome?**   first name and
    last name?

### Health

**come sta?**   how are you? *(formal)*
**come stai?**   how are you? *(informal)*
**bene, grazie**   fine, thanks
**benissimo!**   just great!
**così così**   so-so
**male**   bad
**non c'è male**   not too bad
**abbastanza bene**   quite well
**molto bene**   very well

### Numbers 0–20

**See list on page 9.**

### Expressions involving time

**sono in ritardo**   I'm late
**sono puntuale**   I'm on time
**sono in anticipo**   I'm early
**già**   already

### Names of courses

**l'inglese**   English
**l'italiano**   Italian
**la matematica**   mathematics
**la storia**   history

### Persons

**lo studente**   (male) student
**la studentessa**   (female) student
**il professore**   (male) professor
**la professoressa**   (female) professor

### Courtesy titles

**signore**   sir; **signor** + *last name*   Mr.
**signora**   Ma'am; **signora** + *last name* Mrs.
**signorina**   Miss

### Other words and expressions

**sì**   yes
**no**   no
**e**   and
**con**   with
**ma**   but
**mah**   oh
**lei**   you *(formal)*
**tu**   you *(informal)*
**di (d'** before **i)**   of
**scusa**   excuse me *(informal)*
**ecco**   there is, there are
**hai lezione?**   do you have a class?
**fra cinque minuti**   in five minutes

*no per adesso - not for now*
*no per ora*

# LEZIONE 1ª

## Lei come si chiama?

*Due studenti vanno tranquillamente in bicicletta nel centro di Milano.*

Two Italian students are participating in an international sports competition. A journalist covering the event on the radio asks the participants to introduce themselves. [*English equivalents of the basic texts for lessons 1–4 are given in Appendix A on page R1.*]

*Emilio Valle, uno studente universitario di Pisa*

**MONOLOGO 1**

Mi chiamo Emilio Valle.
Sono italiano ed ho venti anni.
Sono di Pisa e sono studente.
Frequento l'università di Bologna.
Studio medicina.

*Giulia Campo, una studentessa liceale di Bari*

**MONOLOGO 2**

Mi chiamo Giulia Campo.
Anch'io sono italiana.
Sono una studentessa liceale.
Frequento il liceo scientifico.
Sono di Bari ed ho diciotto anni.

**Domande generali**

1. Emilio Valle è italiano? (Sì, Emilio è ...)
2. Emilio Valle è professore? (No, Emilio non è ...)
3. Emilio frequenta l'università di Napoli? (No, Emilio non frequenta ...)
4. Emilio studia medicina o legge? (Emilio studia ...)
5. Emilio ha venti anni? (Sì, Emilio ha ...)
6. Emilio è di Pisa o di Bologna? (Emilio è di ...)
7. Giulia Campo è italiana o americana? (Giulia è ...)
8. Giulia frequenta il liceo o l'università? (Giulia frequenta ...)
9. Quanti anni ha Giulia? (Ha ...)
10. Di dov'è Giulia? (È di ...)

**Domande personali**

1. Lei come si chiama, signore/signora/signorina? (Mi chiamo ...)
2. Lei è studentessa, signora/signorina? (Sì, sono ...)
3. Lei è una professoressa italiana, signora/signorina? (No, non sono ...)
4. Lei è uno studente americano, signor [Brown]? (Sì, sono ...)
5. Lei frequenta il liceo o l'università? (Frequento ...)
6. Lei studia medicina? (Sì, studio .../No, non studio ...)
7. Quanti anni ha lei? (Ho ...)
8. Di dov'è lei? (Sono di ...)

**Modificazioni**

1. — Quanti anni ha lei?    — Ho **diciotto** anni.
                                     diciannove
                                     quindici
                                     sedici
                                     diciassette

2. — Di dov'è lei?    — Sono di **Bologna.**
                                     Napoli
                                     Torino
                                     Boston
                                     San Francisco

**Vocabolario**   The items listed in the *vocabolario* of each lesson include essential new words and expressions used in the core material *(monologo, dialogo,* etc.) at the beginning of the lesson and in the corresponding exercises and activities *(domande generali, domande personali,* and *modificazioni).* You are expected to learn the items in the *vocabolario* before proceeding to other parts of the lesson.

Parole analoghe

**la medicina**　　**scientifico/a**　　**l'università**

Nomi

**l'anno**   the year
**la legge**   the law
**il liceo**   the high school *(see cultural note on page 20)*

Verbi

**avere**   to have, to possess (something)
**essere**   to be
**frequentare**   to attend
**studiare**   to study

Aggettivi

**americano/a**   American
**italiano/a**   Italian
**liceale**   high school

Altre parole ed espressioni

**a** *(frequently* **ad** *before a vowel)*   at, to
**anche**   also, too; **anch'io**   I, too
**di** *(frequently* **d'** *before the vowel* **i)**   of, from; **di dov'è?**   where is he/she from? where are you *(formal)* from?
**e** *(frequently* **ed** *before a vowel)*   and
**o**   or

**avere + ... anni**   to be . . . years old; **ho venti anni**   I'm twenty years old; **ha diciotto anni**   he/she is eighteen years old; you *(formal)* are eighteen years old
**quanti anni ha?**   how old is he/she? how old are you *(formal)*?

**Pratica**   **A.**   Introduce yourself in Italian to another student, and say what city or town you are from. Then ask him/her for the same information.

▶　S1:   *Ciao, mi chiamo ____ . Sono di Bologna. E tu, come ti chiami?*   GIULIA

　　　S2:   *Mi chiamo ____ e sono di ____ .*   LAURETTA   SKOKIE

**B.**   Pretend that you are at a party at a friend's house and you have just met a young woman/man. Shake hands, then ask her/him what her/his name is, if she/he attends the university or the *liceo,* whether she/he is Italian or American, and where she/he is from.

*Lei come si chiami?*
*Lei frequento il liceo o l'università?*
*Lei italiano or americano*
*Di dove' Lei*

## NOTA CULTURALE

### L'istruzione in Italia

In Italy, education is obligatory for eight years. Children must spend five years in elementary school *(la scuola elementare)* and three years in junior high school *(la scuola media inferiore* or *media dell'obbligo).* They may then choose to continue their education for five years in a *liceo* or in an *istituto (le scuole medie superiori).*

A *liceo* is equivalent to the last three years of an American senior high school and the first two years of an American college. The *liceo classico* offers courses in the humanities while the *liceo scientifico* offers scientific courses. An *istituto* prepares students for specific careers (technical, commercial, industrial, agricultural, etc.) in five years.

Students must pass special government exams *(gli esami di maturità)* in order to graduate from a *liceo* or *istituto.* Upon receiving the *diploma di maturità,* they may be admitted to a university. They must choose their major subject when they register and must enroll in a specific department *(facoltà)* in which they will be required to take all their courses. Upon graduating from the university, they receive *la laurea,* a university degree.

*Il professor Darini parla di geografia agli studenti di un liceo classico.*

## Pronuncia
### I suoni delle vocali

Because English and Italian have their own set of sound-spelling correspondences, the pronunciation sections in this text use a few of the special symbols developed by the International Phonetic Association to represent sounds. Each symbol, given between slash lines (for example, /a/) represents a specific sound. A complete list of symbols, together with the Italian spelling correspondences, is given in Appendix B.

There are five basic vowel sounds in Italian. The sounds /a/ (spelled **a,** as in **Anna**), /i/ (spelled **i,** as in **Milano**), and /u/ (spelled **u,** as in **studente**) are stable; they are always pronounced the same. The sounds /e/ (spelled **e,** as in **bene**) and /o/ (spelled **o,** as in **sono**) may vary slightly.

**A.** Listen and repeat the following words after your instructor:

| /a/ | /e/ | /i/ | /o/ | /u/ |
|-----|-----|-----|-----|-----|
| americana | bene | medicina | sono | Ugo |
| Anna | come | venti | Torino | studente |
| pratica | legge | signore | Roberto | università |

**B.** Read the following sentences aloud. Pay particular attention to the way you pronounce the vowels.

1. Enrico è americano.
2. Sono di Milano.
3. Ugo è studente.
4. Anna ha venti anni.

**C. Proverbio**  Repeat the following Italian proverb to practice the pronunciation of vowel sounds. Then dictate it to another student, letter by letter. Can you explain the meaning of the proverb in English and suggest a situation in which it would be appropriate to use it?

**A buon intenditor poche parole.**
A word to the wise is sufficient.

# Ampliamento del vocabolario

## I. I numeri da 21 a 100

| | | |
|---|---|---|
| 21 = ventuno | 31 = trentuno | 41 = quarantuno |
| 22 = ventidue | 32 = trentadue | 48 = quarantotto |
| 23 = ventitré | 33 = trentatré | 50 = cinquanta |
| 24 = ventiquattro | 34 = trentaquattro | 60 = sessanta |
| 25 = venticinque | 35 = trentacinque | 70 = settanta |
| 26 = ventisei | 36 = trentasei | 80 = ottanta |
| 27 = ventisette | 37 = trentasette | 90 = novanta |
| 28 = ventotto | 38 = trentotto | 100 = cento |
| 29 = ventinove | 39 = trentanove | |
| 30 = trenta | 40 = quaranta | |

Notice that the numbers **venti, trenta, quaranta,** etc. drop the final vowel (**-i** or **-a**) when combined with **uno** and **otto: ventuno, ventotto, trentuno, trentotto, quarantuno, quarantotto,** etc.

**A.** Read aloud the following groups of numbers.

▶ 2 / 20 / 22   *due / venti / ventidue*

1. 3 / 30 / 33
2. 4 / 40 / 44
3. 5 / 50 / 55
4. 6 / 60 / 66
5. 7 / 70 / 77
6. 8 / 80 / 88
7. 9 / 90 / 99
8. 1 / 10 / 100

**B.** Enrico and Luigi are discussing how old some of their friends and acquaintances are. Luigi says that the individuals named are five years older than the age indicated by Enrico. Take the role of Enrico or Luigi.

▶ Enrico: Raffaele ha trentadue anni.   Luigi: *No, Raffaele ha trentasette anni.*

1. Laura ha quarantatré anni.
2. La sorella di Giorgio ha cinquantadue anni.
3. L'amico di Vittorio ha sessantotto anni.
4. Il professore ha trentanove anni.
5. La signora Cosimi ha settantacinque anni.
6. Daniele ha trentasei anni.
7. Il signor Mele ha ottantanove anni.

**C.** Give to one of your friends the phone numbers of the following people. In Italy, phone numbers are generally given in groups of two or three digits.

▶ Marco: 45–71–99   *Il numero di telefono di Marco è quarantacinque, settantuno, novantanove.*

▶ Filippo: 511–37–81   *Il numero di telefono di Filippo è cinque, undici, trentasette, ottantuno.*

1. Giulia: 21–53–41
2. Tiziana: 77–64–33
3. Maurizio: 685–91–55
4. Giuliano: 567–39–48
5. Anna: 297–36–72
6. Luigi: 82–24–16

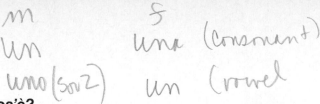

## II. Che cos'è?

1. un libro
2. un quaderno
3. un disco
4. un calendario
5. un foglio di carta

6. un giornale
7. un televisore
8. un dizionario
9. una penna
10. una matita

11. una macchina da scrivere
12. una rivista
13. un registratore
14. una calcolatrice
15. una radio

16. un orologio
17. una sedia
18. un tavolo
19. una porta
20. una finestra

21. un computer
22. uno stereo
23. un telefono
24. uno zaino
25. una lavagna

**D.  Che cos'è?**   Ask a student sitting next to you to identify the object whose number you give.

▶   S1: Numero 16     S2: *È un orologio.*

**E.**   Ask another student if he/she has one of the objects shown in the drawings on page 23.

▶   telefono     S1: *Hai un telefono?*
         S2: *Sì, ho un telefono.*
              *No, non ho un telefono, ma ho una radio.*

# Struttura ed uso

## I. Pronomi personali

— **Lei** è di Firenze, signorina?
— Chi, **io**?
— Sì, **lei.**
— No, sono di Cagliari.

**1.**  A subject pronoun is a personal pronoun (**un pronome personale**) that replaces a noun used as the subject of a sentence. The following chart shows the forms of the Italian subject pronouns most commonly used in conversation. You are already familiar with the subject pronouns **tu** and **lei** (meaning *you,* formal).

| Singular | | Plural | |
|---|---|---|---|
| **io** | I | **noi** | we |
| **tu** | you *(familiar)* | **voi** | you *(familiar)* |
| **lui** | he | **loro** | they *(m. or f.)* |
| **lei** | she / you *(formal)* | | you *(formal)* |

*[handwritten annotations: UN NEPOTA; Amici; Referring to addressing; Lady; COME STA LEI; non conoscere; due nepote; formal class; LORO COME STA]*

**2.** The subject pronoun **lei** may mean either *she* or *you (singular formal)*; the subject pronoun **loro** may mean either *they* or *you (plural formal)*. Context usually makes the meaning clear.

**3.** There are four ways to express *you*: **tu, voi, lei,** and **loro.**
   — **Tu** is used to address a member of one's family, a close friend, a relative, or a child. The plural of **tu** is **voi.**
   — **Lei** is used to address a person with whom one wishes to be somewhat formal, whom one does not know very well, or to whom one wishes to show respect. The plural of **lei** is **loro.**

*Note:* In written Italian, you will encounter the subject pronouns **egli** *(he)*, **ella** *(she)*, **esso** *(he, it)*, **essa** *(she, it)*, **essi** *(they, m.)*, and **esse** *(they, f.)*. You will not be required to use these forms although you will occasionally see them in the supplementary readings in this text.

**A.** Which pronouns would you be likely to use in addressing the following persons: *tu, voi, lei,* or *loro?*

▶  your friend Mario    *tu*

1. two strangers  *loro*
2. your uncle and aunt  *voi*
3. a police officer  *lei*
4. the President of Italy  *lei*
5. your parents  *voi*
6. a group of friends  *voi*
7. your younger cousin  *tu*
8. three friends  *voi*
9. a professor  *lei*
10. your best friend  *tu*

**B.** Give the subject pronouns that would be used to refer to the persons indicated.

▶  Laura e Caterina    *loro*

1. Luigi  *lui*
2. io e Carlo  *noi*
3. il signor Monti  *lei*
4. Maria  *tu*
5. il Sig. Carelli e la Sig.ᵃ Landini  *loro*
6. la signora Nardoni  *lei*
7. Giovanni e Carla  *loro*
8. tu e Paola  *voi*

## II. *Presente di* essere

— **Siete** di Milano?
— Paolo **è** di Milano, ma io **sono** di Siena.

1.  The verb **essere** *(to be)* is one of the most commonly used verbs in Italian. Be sure you know all the present-tense forms shown in the chart below.

| Singular | | | Plural | | |
|---|---|---|---|---|---|
| io | **sono** | I am | noi | **siamo** | we are |
| tu | **sei** | you *(fam.)* are | voi | **siete** | you *(fam.)* are |
| lui/lei<br>lei | **è** | he/she is<br>you *(formal)* are | loro | **sono** | they are<br>you *(formal)* are |

2.  **Essere** is an infinitive and is the basic form of the verb listed in dictionaries and lesson vocabularies. Italian infinitives consist of a single word and end in **-are, -ere,** or **-ire.** English infinitives consist of two words: *to* + verb form.

    **frequentare**   to attend
    **avere**   to have
    **finire**   to finish

3.  In Italian, verb endings change according to the subject of the sentence. Since the verb endings indicate person and number, subject pronouns are often omitted except when necessary for emphasis or to avoid ambiguity.

    |  |  |
    |---|---|
    | **Sono** Franco Bruni. | *I'm* Franco Bruni. |
    | **Siamo** di Napoli. | *We're* from Naples. |
    | *But:* **Lui è** di Bologna e **lei è** di Milano. | *He's* from Bologna and *she's* from Milan. |
    | **Io sono** studente e **loro sono** professori. | *I'm* a student and *they* are teachers. |

**4.** The negative is formed by using **non** before the verb.

**Non sono** di Torino.          *I'm not* from Turin.
Emilio **non è** di Roma.          Emilio *is not* from Rome.

In reply to a question, the adverb **no** is often used to reinforce the
negative statement.

— Lei è studente?          — Are you a student?
— **No, non sono** studente.          — *No, I'm not* a student.

**C.** You and some of your friends are studying in different Italian cities
for a while. Say where each of you is. In your responses, use the
preposition *a*.

▶ Luigi / Napoli      *Luigi è a Napoli.*

1. Marcella e Luisa / Firenze   4. tu / Palermo
2. Francesca / Perugia          5. io / Milano
3. noi / Ancona                 6. tu e Massimo / Pisa

**D.** Say that the following people are from the cities indicated. In your
responses, use the preposition *di*.

▶ loro / Salerno      *Sono di Salerno.*

1. tu / Bari                     6. Marta e Laura / Brescia
2. lei / Genova                  7. il Sig. Campo e la Sig.ʳᵃ Campo /
3. loro / Venezia                   Napoli
4. tu e Giorgio / Pescara        8. io / Avellino
5. noi / Verona

**E.** Ask a classmate if he/she or the other persons mentioned are late.

▶ tu      S1: *Sei in ritardo?*
          S2: *Sì, sono in ritardo.*
              *No, non sono in ritardo. (Sono puntuale.)*

1. Maria  *Lei è*              4. io, Tina e Carlo  *Noi siamo*
2. il professore  *Lui è*      5. loro  *sono*
3. tu e Gianna  *Voi siete*    6. Luigi  *Lui è*

**F.** Answer the following personal questions in Italian.

1. Lei è italiano o italiana?   4. È professore o professoressa?
2. È di Milano?                 5. È all'università o al liceo?
3. È studente o studentessa?

*IO SONO ITALIANA          IO SONO PROFESSORESSA*
*IO SONO DI SKOKIE         IO SONO ALL'UNIVERSITA*
*IO SONO STUDENTESS*

## III. Sostantivi: singolare e plurale

un uomo e un **piccione** ...     un uomo e cinquanta **piccioni**

Singular forms

1. Italian nouns are either masculine or feminine in gender, even those that refer to inanimate objects such as notebooks, pencils, and pens, or those that refer to abstract nouns, such as *love* and *happiness.* There are no neuter nouns in Italian.

| | | | | | |
|---|---|---|---|---|---|
| persons: | **amico** *(m.)* | friend | abstract nouns: | **amore** *(m.)* | love |
| | **amica** *(f.)* | friend | | **felicità** *(f.)* | happiness |
| objects: | **quaderno** *(m.)* | notebook | | | |
| | **rivista** *(f.)* | magazine | | | |

2. Some nouns are classified according to their natural gender.

masculine nouns: **padre** father     **fratello** brother
feminine nouns: **madre** mother     **sorella** sister

3. Most Italian nouns are classified by their vowel ending.
   a. Nouns ending in **-o** or **-io** are usually masculine.

   libr**o**     tavol**o**     orolog**io**     calendar**io**
   *Exception:* **radio** is feminine.

   b. Nouns ending in **-a** are usually feminine.

   sedi**a**     port**a**

c. Nouns ending in **-e** may be either masculine or feminine. The gender of these nouns should be memorized.

    registratore *(m.)*        calcolatrice *(f.)*

d. Nouns ending in an accented vowel may be either masculine or feminine. The gender of these nouns should be memorized.

    città *(f.)*        caffè *(m.)*

**4.** Nouns ending in a consonant (generally nouns of foreign origin) are usually masculine.

    film *(m.)*        computer *(m.)*

## Plural forms

In Italian, noun endings commonly change in the plural form as indicated in the chart below.

| Nouns whose singular ends in: | Plural form ends in: | Examples |
|---|---|---|
| -o | -i | libro → libri |
| -io | -i | orologio → orologi |
| -a | -e | porta → porte |
| -e | -i | studente → studenti |
| -(consonant) | no change | film → film |
| -(accented vowel) | no change | città → città |

*Exceptions:* disco → dis**chi**      amica → ami**che**

**G.** Identify the following nouns as masculine or feminine.

▶    giornale    *masculine*

1. calendario    4. computer    7. studentessa
2. caffè    5. tavolo    8. rivista
3. sedia    6. università

**H.** Give the plural of the following nouns.

▶    penna    *penne*

1. disco    4. giornale    7. orologio
2. dizionario    5. amica    8. libro
3. finestra    6. computer    9. registratore

**I.** Give the singular of the following nouns.

► signorine *signorina*

1. città
2. finestre *finestra*
3. minuti *minuto*
4. porte *porta*
5. studenti *studente*
6. quaderni *quaderno*
7. sedie *sedia*
8. lezioni *lezione*
9. zaini *zaino*

**J.** Show a friend *two* of each of the following items. Begin each response with *ecco*.

► foglio di carta    *Ecco due fogli di carta.*

1. televisore
2. calcolatrice
3. matita
4. rivista
5. telefono
6. orologio
7. tavolo
8. computer

## IV. *Articolo indeterminativo*

**un**'idea                    **un** capolavoro

Forms

The indefinite article (equivalent to *a, an*) is used with singular nouns.
The indefinite article in Italian has four forms: **un, uno, una,** and **un'**.

| | Masculine | Feminine |
|---|---|---|
| **un** { libro / orologio | | **una** porta / **un'**università |
| **uno** { studente / zero | | |

# ARTICLES

*(handwritten: sing ... plural)*
*(handwritten:)*
IL (o)  Lo  (i)
Lo     gli
LA (a) LE (e)
(e)    (i)

1. **Un** is used with a masculine noun beginning with most consonants or with a vowel.

2. **Uno** is used with a masculine noun beginning with **s** + consonant or **z**.

3. **Una** is used with a feminine noun beginning with a consonant.

4. **Un'** is used with a feminine noun beginning with a vowel.

## Uses

1. The indefinite article is used in Italian in much the same way as it is in English.

   | | |
   |---|---|
   | L'Italia non è **un'**isola; è **una** penisola. | Italy is not *an* island; it is *a* peninsula. |
   | Venezia non è **un** paese; è **una** città importante. | Venice is not *a* small town; it is *an* important city. |

2. The indefinite article is usually omitted when stating someone's profession, occupation, or nationality, unless the noun is modified.

   | | |
   |---|---|
   | **Sono studente.** | I'm a student. |
   | **Il signor Paoli è professore.** | Mr. Paoli is a professor. |
   | **Giulia è italiana.** | Giulia is (an) Italian. |
   | *But:* **Sei un dottore intelligente.** | You are *an* intelligent doctor. |

**K.** Indicate whether the following nouns are masculine or feminine by using the appropriate indefinite article *(un, uno, una, un')*.

▶ penna        *una penna*
▶ quaderno     *un quaderno*

| | | | | | |
|---|---|---|---|---|---|
| *uno* | 1. studente | *un* 5. dizionario | *un* 9. computer |
| *un* | 2. liceo | *una* 6. lezione | *un* 10. professore |
| *una* | 3. macchina da scrivere | *uno* 7. zero | *un* 11. registratore |
| *uno* | 4. zaino | *uno* 8. stereo | *un* 12. telefono |

**L.** You are at a store and you ask the clerk to show you each of the items indicated. Be polite and add *per favore* (please) after each item.

▶ libro    *Un libro, per favore.*

*una* 1. giornale          *una* 4. penna          *una* 7. calcolatrice ( $f$ )
*un* 2. quaderno          *un* 5. dizionario     *un* 8. computer
*una* 3. macchina da scrivere   *un* 6. matita

**M.** Someone asks you if you have certain things. Repeat the name of the object, then explain that you have another item.

▶ dizionario / quaderno    S1: *Hai un dizionario?*
                           S2: *Un dizionario? No, ho un quaderno.*

*un* 1. registratore / televisore   *un* 4. radio / calcolatrice *una*
*una* 2. rivista / giornale *un*    *un* 5. orologio / computer
*un* 3. disco / calendario          *un* 6. stereo / radio

**N.** Identify in Italian at least ten items in the drawing shown below of Antonio's messy bedroom *(camera)*. Use the appropriate indefinite article with each item identified. Then give the English equivalent of the indefinite article and item.

▶ una sedia    *a chair*

La camera di Antonio

**A lei la parola**  Can you express the following in Italian?
  1. Ask your teacher where he/she is from. *Professoressa, sei di Roma?*
  2. Tell a friend how old you are. *No quarantotto anni*
  3. State that you don't have a computer. *No, NON SONO un computer*
  4. Deny that you are late. *No, non sono in ritardo*
  5. Say that you have a class in five minutes. *Sono lezione in fra cinque minuti*

# Leggere e capire

## *Developing reading skills*

The *Leggere e capire* selections are intended to help you develop the skills of understanding new reading materials in Italian, improving your knowledge of the language, and opening new interests. By the end of your Italian course, you should be able to read a variety of materials in this section with little or no help from a dictionary or the end vocabulary in your text.

  As you read new material in Italian, follow the steps given below. They will help you gain confidence in your ability to use the language, save you time and effort, and consolidate your other language skills as well.

  1. Read the complete text and concentrate on what you do understand rather than on what you do not. Try to grasp the basic message of sentences and paragraphs, looking for cognates to help you understand the meaning.

  2. Read the text a second time, trying to see how the parts that you understood the first time may clarify some of the parts that you did not understand.

  3. Go back over the selection and underline or write on a separate sheet key words that you still do not understand. There will be a few new, non-cognate words included in most readings. Make an educated guess about the meaning of the words you have not understood, trying to make global sense of the text, rather than a word-for-word English rendition of it.

4. Look up the unfamiliar key words in the end vocabulary, or be more daring and move on to step 5 without checking the vocabulary until after you have finished doing the exercises.

5. Do the exercises, trying to create mental images of key words and phrases rather than trying to translate word for word.

6. Read the selection once more. Remember that you do not need to understand every individual word in the *Leggere e capire* sections in order to understand the basic meaning or message of the selection.

## L'Italia

*Refer to the map on page 12 and the list of geographical terms on pages 12–13 before reading the following paragraph.*

L'Italia è una penisola circondata dal mar Mediterraneo, e Roma, la città più grande, è la capitale del paese. Le regioni d'Italia sono venti, e due di queste regioni, la Sicilia e la Sardegna, sono isole. Lo stretto di Messina è a sud e divide la Sicilia dalla Calabria. Il Po è al nord ed è il fiume più lungo d'Italia. Le Alpi e gli Appennini sono le catene di montagne più importanti. Al nord, l'Italia confina con i seguenti paesi: la Francia, la Svizzera, l'Austria, e la Jugoslavia.

**A.** Match each Italian word with its English equivalent in the right-hand column.

| | | | |
|---|---|---|---|
| 1. penisola | | a. | long |
| 2. città | | b. | south |
| 3. capitale | | c. | important |
| 4. nord | | d. | peninsula |
| 5. lungo | | e. | regions |
| 6. sud | | f. | city |
| 7. montagne | | g. | strait |
| 8. stretto | | h. | north |
| 9. regioni | | i. | mountains |
| 10. importanti | | j. | capital |

**B.  Vero o falso?**   Say whether the following statements are true or false, according to the paragraph on page 34.

1. La capitale d'Italia è Roma.  *TRUE*
2. Il Po è nel sud dell'Italia.  *FALSE*
3. L'Italia è circondata dal mar Mediterraneo.  *TRUE*
4. Le Alpi sono montagne.  *TRUE*
5. L'Italia ha diciotto regioni.  *FALSE*

**C.**  Complete the following sentences.

1. Il mar *MEDITERRANEO* circonda la penisola italiana.
2. Il Po è *FIUME* più lungo d'Italia.
3. Le catene di montagne più importanti sono *LE ALPI* e *gli APPENNINI* .
4. Lo *STRETTO* di Messina è a sud e divide la *SICILIA* dalla Calabria.
5. L'Italia ha *VENTI* regioni.

## Due studenti italiani

Mario Corsetti e Gabriella Armani sono due studenti italiani. Mario ha ventidue anni ed abita a Salerno, in via Mazzini 12. Frequenta l'università di Napoli e studia legge. Gabriella è di Napoli ed abita in via Caracciolo 34. Ha diciassette anni e frequenta il liceo scientifico.

**A.**  Find at least five cognates in the paragraph you have just read.

**B.**  Answer the following questions in complete sentences according to the reading.

1. Come si chiamano i due studenti?  *I DUE STUDENTI CHIAMANO SONO MARIO E GABRIELLA*
2. Quanti anni ha Gabriella?  *GABRIELLA HA DICIASSETTE ANNI*
3. Dove abita Mario?  *MARIO ABITA A SALERNO*
4. Chi frequenta il liceo scientifico?  *GABRIELLA FREQUENTA IL liceo SCIENTIFICO*
5. Mario studia legge o medicina? Dove?  *MARIO STUDIA LEGGE e di Salerno*

**C.**  Complete the following sentences.

1. Gabriella frequenta *Il liceo SCIENTIFICO* e Mario frequenta *l'UNIVERSITA di NAPOLI* .
2. Mario abita a *SALERNO* , in via *MAZZINI* 12.
3. Gabriella è di *NAPOLI* ed abita in *VIA* CARACCIOLO 34 .
4. Mario ha *VENTIDUE* anni.

# LEZIONE 2ª

## Chi è lei?

*Due giovani discutono prima di andare ad un concerto.*

Two participants in the TV show *Una sfida in famiglia* (A family contest) are asked to introduce themselves. [*English equivalents of the following monologues are given in Appendix A, page R1.*]

*Raffaele Renzi, professore d'informatica*

**MONOLOGO 1**

Sono Raffaele Renzi.
Ho trentasette anni.
Sono sposato ed ho un figlio.
Ho una laurea in matematica.
Insegno informatica all'università
   di Roma.
Abito con mia moglie e mio figlio
   in una piccola villa fuori Roma.

*Lisa Renzi Melani, architetto*

**MONOLOGO 2**

Io mi chiamo Lisa Renzi Melani.
Sono la sorella di Raffaele.
Ho trentatré anni.
Anch'io sono sposata, ma non ho
   figli.
Sono architetto e lavoro con mio
   marito.
Abito in un appartamento al
   centro di Roma.

**Domande generali**

1. Quanti anni ha Raffaele? È sposato o non è sposato?
2. Quanti figli ha?
3. Raffaele ha una laurea in medicina o in matematica? Che cosa insegna? Dove?
4. Con chi abita Raffaele? Dove abita?
5. Come si chiama la sorella di Raffaele? Quanti anni ha?
6. Quanti figli ha Lisa?
7. Lisa è architetto o dottoressa? Con chi lavora?
8. Dove abita Lisa?

**Domande personali**

1. Quanti anni ha lei?
2. Lei è sposato/a?
3. Lavora o studia?
4. Abita in una villa o in una casa? È grande o piccola?
5. Ha un appartamento? È grande o piccolo?
6. Abita con la famiglia o abita da solo o da sola?

**Modificazioni**

1. —Chi è lei?

   —Sono **la sorella** di Raffaele.
   l'amica
   il figlio
   l'amico
   il fratello

2. —Con chi abita lei?

   —Abito con **mia moglie**.
   mia madre
   mia zia
   mio marito
   mio padre
   mio zio

___ Sig. Zio Pinetto e Zia Matilde

☐ **è passato**
est venu
has been here · war hier

☑ **ha telefonato**
a téléphoné · phoned
hat angerufen

☑ **ha lasciato la seguente comunicazione:**
a laissé le message suivant · left following message
hat folgende Mitteilung hinterlassen

☐ **ripasserà**
reviendra
will come again
wird nochmals kommen

☐ **richiamerà**
téléphonera de nouveau
will call again
wird nochmals anrufen

Dalle Alpi; i più cari
saluti dagli zii e
cugini Buon Viaggio!!!

☐ **chiede di essere chiamato**
prie de téléphoner
please call · bitte anrufen

☎ _____

☐ **l'attende presso**
vous attend à · waits for you at
wartet auf Sie bei

_____

**alle ore** _____
h

**Vocabolario**

Parole analoghe

**l'appartamento**          **l'architetto**          **la matematica**

Nomi

**l'amica**   (female) friend
**l'amico**   (male) friend
**la casa**   house
**il centro**   downtown
**la famiglia**   family
**la figlia**   daughter
**i figli**   children
**il figlio**   son
**il fratello**   brother
**l'informatica**   computer science
**la laurea**   university degree
**la madre**   mother
**il marito**   husband
**la moglie**   wife
**il padre**   father
**la sorella**   sister
**la villa**   country house
**la zia**   aunt
**lo zio**   uncle

Aggettivi

**grande**   big
**mio/a**   my
**piccolo/a**   small
**sposato/a**   married

Verbi

**abitare**   to live
**insegnare**   to teach
**lavorare**   to work

Altre parole ed espressioni

**chi?**   who?
**con chi?**   with whom?
**dove?**   where?
**fuori**   outside
**in**   in

**all'università**   at the university
**da solo/a**   alone

**Pratica**

**A.** Pretend you have just met Raffaele Renzi at a party in Rome. Introduce yourself and then ask him if he is a professor, where he teaches, and what he teaches. Also ask him if he is married, how many children he has, and where he lives.

**B.** Pretend you are conversing with Lisa Renzi Melani at the same party in Rome. She asks you how old you are, whether you work or study, where and with whom you are living. Respond appropriately.

*Bosco (wood)*
*Liliana Boschi (woods)*

## NOTA CULTURALE

### I cognomi italiani

Italian people generally have one last name, which is the last name of the person's father. In the past, women had to take on the husband's last name when they got married, but since 1975, through reforms in the Italian family law, married women have the right to keep their family's last name to which they add the husband's last name.

The use of last names in Italy came into use in the ninth century, and by the time of the Renaissance they were fully established. Today many of these old forms of identification are used as last names. Some of them may indicate:

a.  the place of origin: Genovesi *(from Genoa)*, Lombardi *(from Lombardy)*, Siciliani *(from Sicily)*;
b.  an ancestor's trade or occupation: Ferrari *(ironmonger)*, Pastore *(shepherd)*, Vaccaro *(cowherd)*, Sarti *(tailor)*, Marinaro *(sailor)*;
c.  father's name, especially before last names came into use: Di Giovanni, Di Giacomo, Di Giuseppe;
d.  physical appearance or characteristic: Biondi (from **biondo**, *blond*), Calvino (from **calvo**, *bald*), Grasso (from **grasso**, *plump*), Mancini (from **mancino**, *left-handed*).

*Titoli, nomi ed uffici*

## **Pronuncia**
### Sillabazione e accento tonico

1.  Most Italian syllables end in a vowel sound. A syllable usually contains one vowel or one or more consonants plus a vowel or a diphthong. A diphthong is a combination of two vowels pronounced as one vowel.

| | | |
|---|---|---|
| Ca·ro·li·na | stu·dia | ma·te·ma·ti·ca |
| Ro·ber·to | a·bi·ta | Mi·la·no |

**2.** In Italian, most words are stressed on the second-to-last syllable. Many others are stressed on the third-to-last syllable. (The Italian equivalent of *stress* is **accento tonico**).

stu·den·*tes*·sa      *a*·bi·to
a·me·ri·*ca*·no      *dia*·lo·go
cul·tu·*ra*·le      *pren*·de·re

**3.** Italian words that are stressed on the last syllable bear a written grave accent on the final vowel.

u·ni·ver·si·*tà*   fa·col·*tà*   ma·tu·ri·*tà*   cit·*tà*

**4.** A small group of words (mostly verb forms) are stressed on the fourth-from-last syllable.

te·*le*·fo·na·no   *a*·bi·ta·no   de·*si*·de·ra·no

**A.** Listen and repeat the following sentences after your instructor. Notice that most of the syllables end in a vowel or in a diphthong. *2 VOWELS*

1. Mi chia·mo   Giu·lia   Cam·po.
2. Ho   di·cian·no·ve   an·ni.

**B.** Listen and repeat after your instructor. Be sure you stress the correct syllable.

*cor*·so      pe·*ni*·so·la      co·*sì*      te·*le*·fo·na·no   *THEY TELEPHONE*
gior·*na*·le      be·*nis*·si·mo      ven·ti·*tré*      *a*·bi·ta·no
fi·*ne*·stra      mo·*no*·lo·go      cit·*tà*      de·*si*·de·ra·no   *IT HAPPENS*
stu·*den*·te      te·*le*·fo·no      per·*ché*      *ca*·pi·ta·no   *CAPITANO CAPTAIN*

**C.** **Proverbio**   Repeat the following Italian proverb and then dictate it to another student, syllable by syllable. Can you explain the meaning of the proverb in English?

**Tutte le strade portano a Roma.**   *CARRY*
All roads lead to Rome.

giorno&notte**R**oma

# Ampliamento del vocabolario

## I. Corsi di studio

Here is a list of names of some of the most common courses of study at the *liceo* or *università*. As you can see, they are mostly cognates, and are therefore easy to learn and to remember, though the pronunciation differs from English.

*il liceo* → *recognizable*

l'antropologia   anthropology
l'architettura   architecture
l'arte *(f.)*   art
la biologia   biology
la chimica   chemistry
l'economia   economics
la filosofia   philosophy
la fisica   physics
la geologia   geology
l'informatica   computer science
la letteratura   literature
le lingue straniere   foreign languages
　il cinese   Chinese
　il francese   French

il giapponese   Japanese
l'inglese *(m.)*   English
l'italiano   Italian
il russo   Russian
lo spagnolo   Spanish
il tedesco   German
la matematica   mathematics
la musica   music
la psicologia   psychology
le scienze politiche   political science
le scienze naturali   natural science
la sociologia   sociology
la storia   history

**A.** Ask several students which foreign language they are studying.

▶ S1: Studi il cinese o l'italiano?    S2: *Studio [l'italiano].*

**B.** Pretend that you have just met some Italian professionals. Ask them what type of degrees they hold.

▶ S1: Lei ha una laurea in filosofia?    S2: *Sì, ho una laurea in filosofia.*
*No, non ho una laurea in filosofia; ho una laurea in sociologia.*

**C.** Based on the content of the following courses, what does each professor teach?

▶ La professoressa Giuliani: le poesie di Petrarca e la *Divina Commedia* di Dante    *Insegna letteratura.*

1. il professor Franceschi: le sculture di Michelangelo ed i dipinti *(paintings)* di Raffaello    *INSEGNA l'arte*
2. la signora Papini: numeri, divisioni, addizioni ed equazioni

*Insegna la matematica*

*Insegna la psicologia*

3. il professor Gaetani: le teorie di Freud e di Jung
4. la professoressa Sansoni: Platone, Aristotele, San Tommaso d'Aquino, Kant e l'esistenzialismo  *la filosofia*
5. il dottor Manna: prodotti, mercato e offerta e domanda  *l'economia*
6. il signor Scaliari: vocabolario (nomi, verbi ed aggettivi) e grammatica  *le lingue straniere*

## II. Nomi che finiscono in -ia

A number of Italian nouns ending in **-ia** have English equivalents ending in **-y,** as in **biologia** = *biology.* Note that the digraph **ph** found in some English words becomes the letter **f** in their Italian counterparts, as in *philosophy* = **filosofia.**

**D.**  Give the English equivalent of the following Italian nouns.

1. sociologia
2. geologia
3. ecologia
4. anatomia
5. cortesia
6. antropologia
7. fotografia
8. criminologia
9. farmacia

# Struttura ed uso

## I. Presente di avere

**Ho** freddo.

**Ho** caldo.

*[handwritten: IO SONO / TU SEI / LEI è / NOI SIAMO / VOI SIETE / LORO SONO]*

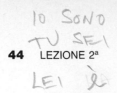

1. Be sure you know all the present-tense forms of **avere** *(to have).* You are already familiar with the forms **ho, hai,** and **ha.**

| Singular | | | Plural | | |
|---|---|---|---|---|---|
| io | **ho** | I have | noi | **abbiamo** | we have |
| tu | **hai** | you *(fam.)* have | voi | **avete** | you *(fam.)* have |
| lui, lei lei | **ha** | {he/she has {you *(formal)* have | loro | **hanno** | {they have {you *(formal)* have |

*[handwritten: "mm" next to tu]*

2. **Avere** is used in many common idiomatic expressions; for example:

| | |
|---|---|
| **avere ... anni** to be . . . years old | **avere fretta** to be in a hurry |
| **avere bisogno di** to need, have need of | **avere paura** to be afraid |
| | **avere ragione** to be right |
| **avere caldo** to be warm | **avere torto** to be wrong |
| **avere freddo** to be cold | **avere sonno** to be sleepy |
| **avere fame** to be hungry | **avere fortuna** to be lucky |
| **avere sete** to be thirsty | **avere voglia di** ( + inf.) to feel like (doing something) |
| **avere pazienza** to be patient | |

*[handwritten: "TEMPO" near avere bisogno di; "gelato" and "BIRTH MARKS" VOGLIA (WISH) near avere voglia di]*

*Esempi:*

| | |
|---|---|
| **Giulio ha sempre fame.** | Giulio is always hungry. |
| **Ho fretta oggi.** | I'm in a hurry today. |
| **Avete molto sonno?** | Are you very sleepy? |
| **Di che cosa hai bisogno?** | What do you need? |
| **Non ho voglia di studiare.** | I don't feel like studying. |

**A.** Complete with the correct form of *avere.*

1. Noi _____ una radio, Carlo _____ uno stereo.
2. Io _____ una sorella, loro _____ un fratello.
3. Tu _____ uno zaino, Gina _____ una calcolatrice.
4. Mio fratello _____ un orologio ed io _____ una radio.
5. Lui _____ venti anni e noi _____ venticinque anni.

*Chalk*

**B.**  Answer the following questions affirmatively or negatively, using the appropriate form of *avere*.

▶  Noi abbiamo un registratore. E tu?   *Sì, anch'io ho un registratore.*
*No, non ho un registratore.*

1. Io ho un giornale. E loro? (Sì, ...)
2. Voi avete un orologio. E lui? (No, ...)
3. Pietro ha un quaderno. E Sara? (Sì, ...)   *Sara ha*
4. Tu hai una calcolatrice. E lei? (Sì, ...)   *Lei ha*
5. Loro hanno un televisore. E tu? (No, ...)   *Ho*
6. Laura ha una macchina da scrivere. E Mario ed Angela? (No, ...)

**C.**  Say that the following people have a degree in the fields indicated.

▶  Franco: filosofia   *Franco ha una laurea in filosofia.*

1. il signor Renzi: scienze politiche
2. Marco e Gilda: lingue straniere
3. noi: biologia
4. la Sig.ʳᵃ Renzi Melani: architettura
5. le signorine: medicina
6. voi: informatica
7. Isabella: musica
8. Ferdinando: sociologia

**D.**  Ask the following persons whether they have one of the following items: *un computer, uno stereo,* or *una radio.*

▶  your classmate Emilio   *Emilio, hai [un computer]?*

1. your friends Raffaele and Lisa
2. your neighbor Mr. Valle
3. your uncle Vittorio
4. your cousin Gino
5. your economics teacher
6. Mr. and Mrs. Campini   *loro hanno*

**E.**  Tell how old the following persons are.

▶  loro / 15   *Hanno quindici anni.*

1. Claudia / 19
2. io / 23
3. Lisa ed Antonio / 33
4. tu / 41
5. il marito di Laura / 56
6. voi / 29
7. il padre di Giorgio / 70
8. la sorella di Ugo / 48

**F.** Ask (1) your sister, (2) three cousins, and (3) your neighbors, Mr. and Mrs. Sarti, questions using the following expressions with *avere*.

▶ avere paura    *Hai paura?*
                          *Avete paura?*
                          *Hanno paura?*

1. avere fame
2. avere pazienza
3. avere ragione
4. avere fretta
5. avere molto freddo
6. avere sonno
7. avere sete
8. avere molto caldo

**G.** State two things you need. Then ask a student sitting near you what things he or she needs.

▶ S1: Ho bisogno di una penna e di due libri. E tu, di che cosa hai bisogno?     S2: *Ho bisogno di [un quaderno e di una matita].*

**H.** What would you say in Italian in the following circumstances? Use an expression with *avere* in your responses.

▶ Your friend Carlo says that students are patient.     *Carlo ha torto.*

1. It's −7° Celsius (20° Fahrenheit) outside and you don't have a coat.
2. It's 30° Celsius (90° Fahrenheit) outside and you are wearing a sweater.
3. You haven't slept for twenty-four hours.
4. You didn't have time to eat breakfast this morning and it's almost lunchtime.
5. You have a doctor's appointment at 11 o'clock and it's now 10:50.
6. Your sister Giulia finds a ten-dollar bill on the street.

*a Fortuna*

**I.** Express in Italian.

1. — I'm always *(sempre)* thirsty.
   — Yes, and you're always hungry, too.
2. — I don't feel like working.
   — And I don't feel like studying.
3. — Is Maria cold?
   — No, she's warm.

4. — I'm right!
   — No, you're wrong!
5. — Do you need a typewriter?
   — Yes, and I also need a piece of paper.

*Io Ho SEMPRE SETE*
*SI E HAI SEMPRE FAME ANCHE*
*Io HO VOGLIA DI LAVOARE*
*E Io HO NON VOGLIA STUDIARE*
*HA MARIA FREDDO*
*NO, HA CALDO*
*Io Ho ragione NO HA TORTO*
*HA BISOGNO DI MACCHINA DI SCRIVERE*
*SI E Io HO BISOGNO DI Sogli di CARTA*

## II. *Articolo determinativo: singolare e plurale*

**Le** cassette, **il** registratore... **la** musica!

Forms

In Italian, the definite article *(the)* changes to agree in number and gender with the noun it modifies. The singular forms of the definite article are **il, lo, la,** and **l'.**

| Masculine ( *o* ) | Feminine ( *a* ) |
|---|---|
| **il** liceo | **la** sedia |
| **lo** ⎰ studente | **l'**amica |
| ⎱ zero | |
| **l'**anno | |

1. **Il** is used with a masculine noun beginning with most consonants.
   **Lo** is used with a masculine noun beginning with **s** + consonant or with **z.**
   **L'** is used with a masculine noun beginning with a vowel.

2. **La** is used with a feminine noun beginning with a consonant.
   **L'** is used with a feminine noun beginning with a vowel.

The plural forms of the definite article are **i**, **gli**, and **le**.

|  | Masculine | Feminine |
|---|---|---|
|  | **i** libri<br>**gli** { anni<br>studenti<br>zaini } | **le** { sorelle<br>università } |

1. **I** is used with a masculine plural noun beginning with most consonants.

2. **Gli** is used with a masculine plural noun beginning with a vowel, **s** + consonant, or **z**.

3. **Le** is used with a feminine plural noun.

## Uses

1. The definite article is used to refer to known persons, places, or things. In a series, it is used before each noun.

   Ecco **gli studenti!**          Here are *the students!*
   Dove sono **i libri e le riviste?**   Where are *the books and the magazines?*

2. The definite article precedes nouns used in a general sense.

   **I libri** sono necessari.     *Books* (in general) are necessary.
   **La musica** è bella.          *Music* (in general) is beautiful.

3. The definite article is generally used before nouns referring to languages, except after **parlare**.

   Studio **il francese ed il giapponese.**   I study *French and Japanese.*
   *But:* Parlo **italiano.**                  I speak *Italian.*

4. The definite article is used with the courtesy titles **signore, signora, signorina**, and with professional titles such as **dottore, dottoressa, professore, professoressa** when talking *about* an individual. It is omitted, however, when talking directly *to* the individual.

   **Il signor Valle** è meccanico.      *Mr. Valle* is a mechanic
   **La dottoressa Gardini** ha fretta.  *Dr. Gardini* is in a hurry.
   *But:* Buon giorno, **professor Renzi.**   Good morning, *Professor Renzi.*
   Arrivederla, **signora Melani.**      Good-by, *Mrs. Melani.*

**J.**    Supply the correct form of the singular definite article.

▶    _____ orologio e _____ televisore    *l'orologio e il televisore*

1. _____ studente e _____ studentessa
2. _____ dottore e *l'* architetto
3. _____ amico e _____ amica
4. _____ italiano, *lo* spagnolo e *il* francese
5. *La* musica, *la* filosofia e *l'* informatica
6. _____ università e _____ città
7. *il* signore e *la* signorina
8. *il* dizionario e *lo* stereo

**K.**    Restate in the plural.

▶    Dov'è l'appartamento?    *Dove sono gli appartamenti!*

1. Dov'è il liceo?
2. Dov'è il giornale?
3. Dov'è la zia di Franca?
4. Dov'è la signorina?
5. Dov'è il figlio di Renzo?
6. Dov'è lo stereo?    *gli*
7. Dov'è lo studente?    *gli*
8. Dov'è il dottore?

**L.**    Complete the phrases with the appropriate form of the definite article, singular or plural.

1. _____ professori e _____ professoresse
2. _____ amiche di Gloria e _____ amici di Antonio
3. _____ riviste e _____ giornali
4. _____ dottoressa e _____ dottore
5. _____ medicina e _____ antropologia
6. _____ dizionario e _____ calendario
7. _____ sorelle e _____ fratelli
8. _____ figlio e *La* famiglia

**M.**    Point out the following persons or objects. Use *ecco* and the correct form of the definite article (singular or plural).

▶    stereo    *Ecco lo stereo.*

*gli*
1. fogli di carta
2. studenti
3. dischi
4. telefono
5. sedia
6. studentessa
7. finestre    *La*
8. tavolo
9. dizionario

**N.** As you are walking with a friend, you see several people whom you know. Greet the people you meet.

▶ il professor Rodini    *Buon giorno, professor Rodini.*

1. la signorina Lanza
2. il dottor Tommasi
3. la signora Facchetti
4. la dottoressa Veronese
5. la professoressa Scarfone
6. il signor Fedeli

## III. Di + *nome per esprimere possesso*

—**Di** chi è la macchina?
—È **di** Paolo Veronesi.

**1.** The preposition **di** plus a proper name is used to express possession or a relationship of some kind.

| | |
|---|---|
| Dov'è la radio **di Gabriele?** | Where is *Gabriele's* radio? |
| La capitale **d'Italia** è Roma. | The capital *of Italy* is Rome. |
| Sono il padre **di Roberto.** | I am *Roberto's* father. |
| È la sorella **di Giacomo.** | She is *Giacomo's* sister. |

**2.** The interrogative expression **di chi?** means *whose?*

**Di chi** è l'appartamento?     *Whose* apartment is it?

**O.** Answer the questions by saying that the following objects belong to the person mentioned last.

▶ Il televisore è di Marco o di Carlo?     *È di Carlo.*

1. Il computer è di Laura o di Silvia?
2. La penna e la matita sono di Valerio o di Antonino?

3. Lo stereo è di Michele o di Pietro?
4. Il libro ed il quaderno sono di Franco o di Vittorio?
5. La macchina da scrivere è di Giacomo o di Marcello?

**P.** Create questions and answers with the following cues.

▶ matita: Paola    *Di chi è la matita? È di Paola.*

1. dizionario: Enrico
2. giornali: Giuseppe
3. registratore: Alessandro
4. penna: Matilde
5. quaderno: Carla
6. calcolatrice: Piero

**Q.** Say that the first person indicated has the objects that belong to the second person.

▶ Marcello / penne / Luisa    *Marcello ha le penne di Luisa.*

1. Patrizia e Carlo / rivista / Enrico     *hanno la rivista di Enrico*
2. noi / stereo / Paola
3. io / dizionario / Mario
4. tu e Laura / macchina da scrivere / Gino
5. Antonella / radio / Giacomo     *Ha la radio di Giacomo*
6. tu / quaderni / Emilio
7. io e Claudio / giornali / Antonio

**R.** Identify two items that belong to a classmate and two items that do not belong to that classmate. Use the nouns in Exercise P or others that you know.

▶ *Il libro ed il quaderno sono di Laura, ma il computer ed il registratore non sono di Laura.*

## IV. Aggettivi possessivi

Dov'è **il mio disco?**

1. Possessive adjectives are adjectives that modify a noun and express the idea of ownership or belonging (for example, *my book, your notebook*). In the responses below, the words in boldface are possessive adjectives that refer to Marisa's belongings. Note that in Italian (a) the possessive adjectives agree in number and gender with the object possessed, *not* with the possessor (in this case, Marisa), and (b) the possessive adjectives are generally preceded by a definite article.

| | |
|---|---|
| — È la matita di Marisa? | — Is it Marisa's pencil? |
| — Sì, è **la sua matita.** | — Yes, it's *her pencil.* |
| — È il registratore di Marisa? | — Is it Marisa's tape recorder? |
| — Sì, è **il suo registratore.** | — Yes, it's *her tape recorder.* |
| — Sono le riviste di Marisa? | — Are they Marisa's magazines? |
| — No, non sono **le sue riviste.** | — No, they aren't *her magazines.* |
| — Sono gli amici di Marisa? | — Are they Marisa's friends? |
| — No, non sono **i suoi amici.** | — No, they aren't *her friends.* |

*Il Telefono. La tua voce* ____

**2.** The following chart shows the forms of the possessive adjectives.

| Subject Pronoun | M. Sg. | M. Pl. | F. Sg. | F. Pl. | English Equivalent |
|---|---|---|---|---|---|
| io | il **mio** libro | i **miei** libri | la **mia** rivista | le **mie** riviste | my |
| tu | il **tuo** libro | i **tuoi** libri | la **tua** rivista | le **tue** riviste | your (fam. sg.) |
| lui/lei | il **suo** libro | i **suoi** libri | la **sua** rivista | le **sue** riviste | his/her/its/your (formal) |
| noi | il **nostro** libro | i **nostri** libri | la **nostra** rivista | le **nostre** riviste | our |
| voi | il **vostro** libro | i **vostri** libri | la **vostra** rivista | le **vostre** riviste | your (fam. pl) |
| loro | il **loro** libro | i **loro** libri | la **loro** rivista | le **loro** riviste | their/your (formal) |

*Notes:* (a) **Suo (sua, sue, suoi)** may mean *his, her, its,* or *your.* Context usually makes the meaning clear.

    — Dov'è la rivista di Enrico?     Where is Enrico's magazine?
    — **La sua rivista** è sul tavolo.     *His* magazine is on the table.

    — Dov'è la rivista di Luisa?     Where is Luisa's magazine?
    — **La sua rivista** è nel salotto.     *Her* magazine is in the living room.

(b) **Loro** *(their)* is invariable; it does not change form when used with a masculine plural noun or with a feminine singular or plural noun.

**3.** Possessive adjectives are used to express family relationships (for example, *my sister, their aunt*). They are not preceded by a definite article when they occur before a *singular, unmodified noun* referring to a relative. Exceptions: **mamma** *(Mom),* **papà** *(Dad)* and sometimes **nonno** *(grandfather)* and **nonna** *(grandmother).*

        **Mia madre** è professoressa.     *My mother* is a teacher.
        **Sua sorella** non studia.     *His sister* doesn't study.
        **Nostro zio** è italiano.     *Our uncle* is Italian.
        **Tuo padre** insegna informatica.     *Your father* teaches computer science.
*But:* **Le sue sorelle** non sono a casa.     *Her sisters* aren't home.
        **La nostra vecchia zia** abita a Roma.     *Our old aunt* lives in Rome.
        **La mia mamma** ha quarantadue anni.     *My Mom* is forty-two years old.
        **Il tuo papà** non lavora.     *Your Dad* doesn't work.

Note, however, that the definite article is *always* used with **loro** + a noun.

        **Il loro fratello** è studente.     Their brother is a student.

**S.** Say that the following items belong or don't belong to the persons indicated in parentheses.

▶ (io) calcolatrice    *Sì, è la mia calcolatrice.*
                      *No, non è la mia calcolatrice.*

1. (tu) giornale         4. (io) quaderno
2. (voi) registratori    5. (lei) matite
3. (loro) zaino          6. (noi) penne

**T.** Restate the following sentences, substituting the nouns indicated in parentheses.

▶ Sono i nostri dizionari. (sedie)    *Sono le nostre sedie.*

1. Ecco il tuo dizionario. (giornale)
2. Silvia ha la sua macchina da scrivere. (computer)
3. Dov'è la sua rivista? (radio)
4. Hai il tuo stereo? (orologio)
5. I miei libri sono qui. (penne)
6. Le vostre matite sono qui. (quaderni)

**U.** Give the correct form of the possessive adjective for the person indicated in parentheses.

▶ (io) _____ sorella    *mia sorella*

1. (tu) _____ zio        5. (noi) _____ fratelli
2. (lui) _____ figlia     6. (voi) _____ figlio
3. (loro) _____ padre     7. (io) _____ zie
4. (lei) _____ madre      8. (tu) _____ papà

**V.** Complete the following paragraphs with the appropriate form of the possessive adjective.

1. Sono Luigi Casanova ed abito a Firenze. _____ madre ha un diploma in musica. _____ padre è architetto. I _____ fratelli Carlo e Stefano lavorano in un piccolo paese fuori Roma. _____ sorella è sposata ed abita in un appartamento nel centro di Firenze.
2. Mario Di Stefano è italiano ed ha venti anni. _____ padre è professore di antropologia e _____ madre è professoressa di biologia. Mario frequenta l'università di Bologna. _____ sorella studia legge all'università di Napoli.

**A lei la parola**    Can you express the following in Italian?

1. Contradict your friend who insists that you are wrong.
2. Find out if your sisters are hungry.
3. There is a calculator on your desk. Inquire as to whose it is.
4. Point out Carlo's knapsack and Marco's watch to one of your friends, using the expression *ecco*.
5. Report that your sister attends the university, and that your brother attends the *liceo*.

# Attualità

In the *Attualità* sections of *Oggi in Italia, Third Edition* you will learn some interesting facts and information about present-day Italy. You should be able to understand most of the content without the help of your instructor or the vocabulary at the end of the text. Use the reading skills you are developing in the *Leggere e capire* sections to get the gist of the passages in *Attualità*.

## Conosce Firenze?

Firenze è una delle più famose città del mondo. Culla° di civiltà,    Cradle
Firenze è la patria° di molti poeti, artisti, e uomini politici. La bellezza°    homeland / beauty
dei suoi monumenti, il patrimonio artistico delle sue gallerie e musei,
le numerose accademie e gli istituti culturali richiamano° a Firenze    attract
5   studiosi, artisti e turisti da ogni° parte del mondo.    every

*Una veduta panoramica
   di Firenze*

## Le regioni italiane

Per ragioni geografiche ed amministrative, l'Italia è divisa° in venti     divided
regioni, ed ogni regione in varie province. Il capoluogo° della regione è     capital (of a region)
la città più importante dal punto di vista° amministrativo. Ad esempio,     point of view
Roma, oltre° ad essere capitale d'Italia, è il capoluogo della regione     in addition
10   Lazio. Milano è capoluogo della Lombardia e Firenze della Toscana.
     Le regioni più industrializzate, Lombardia e Piemonte, sono nel
nord dell'Italia. Per motivi° di carattere geografico ed etnico, alcune     For reasons
regioni italiane hanno uno statuto° speciale ed hanno ampi poteri     constitution
autonomi°: esse° sono il Trentino-Alto Adige, la Valle d'Aosta, il Friuli-     broad autonomous powers / they
15   Venezia Giulia, la Sicilia e la Sardegna.

## Le lingue parlate in Italia

L'italiano è la lingua ufficiale d'Italia, ma in alcune° regioni si parlano°     some / are spoken
anche altre lingue. In Val d'Aosta, oltre l'italiano, si parla° francese; nel     is spoken
Trentino-Alto Adige, il tedesco. Gruppi etnici che mantengono ancora
vive° lingua, cultura e tradizioni diverse, sono presenti in varie regioni.     still keep alive
20   Ci sono° greci in Sicilia ed albanesi nel Molise, nella Calabria e nella     There are
Sicilia. In molte regioni italiane esiste ancora il dialetto; la gente° lo°     people / it
parla specialmente in casa con persone della propria famiglia e con gli
abitanti dello stesso *(same)* paese.

---

**Quanto ricorda?**     How much of the information in the preceding passages can you remember?

▶    I gruppi etnici che mantengono vive     *i greci e gli albanesi*
in Italia lingua, cultura e tradizioni
diverse.

1. Il numero delle regioni d'Italia.
2. Il capoluogo della Lombardia.
3. La città, patria di famosi poeti ed artisti.
4. La gente lo parla specialmente in casa e con persone della propria famiglia.
5. Le lingue parlate in Val d'Aosta.
6. Le regioni più industrializzate d'Italia.
7. Il capoluogo del Lazio e la capitale d'Italia.
8. Le lingue parlate nel Trentino-Alto Adige.

# RIPASSO: Lezioni 1ª & 2ª

In this section, you will review the following: Singular and plural nouns (Exercise A); Numbers 0–100 (Exercise B); The verb **essere** (Exercise C); The verb **avere** (Exercise D); Possession with **di** + *name* (Exercise E); Definite articles (Exercises F, G); Possessive adjectives (Exercise H); Vocabulary and expressions (Exercise I)

**A.** Repeat each noun, first with the form **un/una,** then with **due.** Make the necessary changes in the plural noun. [*Singular and plural of nouns*]

▶ città    *una città, due città*

1. professore
2. zaino
3. televisore
4. studente
5. matita
6. villa
7. porta
8. computer
9. liceo

**B.** Write out in Italian the following number–noun combinations. [*Numbers with nouns*]

1. nineteen years
2. three pens
3. four streets
4. thirty notebooks
5. eighty-five pencils
6. eleven chairs
7. twenty-one students
8. one hundred computers

**C.** Say that the following people are not from the first city indicated, but from the second city. [*The verb* **essere**]

▶ Silvia: Torino / Palermo    *Silvia non è di Torino, è di Palermo.*

1. il professor Ciampi: Venezia / Milano
2. Massimo e Lorenzo: Genova / Chieti
3. io: Trieste / Urbino
4. io e Giacomo: Bari / Napoli
5. tu e Claudia: Salerno / Avellino
6. Maria: Cagliari / Sassari
7. la signorina Valle: Parma / Bologna
8. tu: Terni / Firenze

**D.** Say that the following persons are cold, thirsty, hungry, etc., according to the cues in parentheses. [*Expressions with* **avere**]

▶ Luisa (caldo)    *Luisa ha caldo.*

1. io (ragione)
2. Gina (paura)
3. lui (sete)
4. il professore (fretta)
5. Susanna e Pia (caldo)
6. la sorella di Pino (torto)
7. tu (fame)
8. i figli di Giovanni (fortuna)
9. io e tu (bisogno di studiare)
10. la dottoressa Martini (sonno)

**E.** Deny that the objects mentioned below belong to the person cued. Then say that they belong to Sandro. [*Possession with **di** + name*]

▶ libro / Valerio    *Non è il libro di Valerio. È il libro di Sandro.*

1. registratore / Massimo
2. matita / Giacomo
3. giornale / Roberto
4. calendario / Piero
5. rivista / Caterina
6. calcolatrice / Laura

**F.** Point out the following persons or things, using the expression **ecco** and the appropriate form of the definite article. [*Definite articles*]

▶ giornali    *Ecco i giornali.*

1. appartamento
2. amica di Paola
3. dizionario
4. macchina da scrivere
5. studenti
6. zii di Giuseppe
7. orologio
8. calcolatrice

**G.** Rewrite the following sentences, changing the italicized words to the plural. [*Definite articles*]

1. Hai *la rivista* di Teresa?
2. Ecco *il professore* d'italiano.
3. Abito con *lo zio* di Roberto.
4. Dov'è *la sorella* di Anna?
5. Abbiamo *il disco* di Carlo.
6. Non ho *il giornale* di Filippo.

**H.** Complete the following sentences with the correct form of the possessive adjective in parentheses. Use the definite article if appropriate. [*Possessive adjectives*]

1. (mio) Dove sono _____ quaderni?
2. (tuo) Come sta _____ madre, Angela?
3. (suo) Ha _____ zaino?
4. (nostro) Abbiamo _____ matite.
5. (vostro) _____ zia abita a Bari?
6. (loro) Non ho _____ dischi.
7. (mio) _____ figlie hanno fame.
8. (suo) _____ fratelli non hanno paura.

**I.** Express the following in Italian. [*Vocabulary and expressions*]

1. — How old are you and where do you live?
   — I'm twenty years old and I live in Palermo.
2. — Are you sleepy?
   — No, I'm hungry and thirsty.
3. — Here are Francesca's books and my magazines.
   — And where are my books?
   — Your books are at home (*a casa*).
4. — Does your brother Massimo attend the University of Bologna?
   — No, he attends a *liceo* in Florence.

# LEZIONE 3ª

## Che cosa fai di bello?

WHAT ARE YOU DOING OF BEAUTIFUL

*Studenti di liceo seduti in un caffè all'aperto di Roma*

Piero Salvatori desidera telefonare a Gina Bellini. Entra nel bar°     *See cultural note, p. 63*
"Savoia" dove c'è un telefono pubblico e compra un gettone°. Poi va al     telephone token
telefono e fa il numero°. Fulvia, la sorellina di Gina, risponde.     dials

| | | |
|---|---|---|
| **Fulvia** | Pronto? | |
| **Piero** | Ciao, Fulvia. Sono Piero. C'è Gina°? | Is Gina there? |
| **Fulvia** | Sì, ma è occupata. | |
| **Gina** | Fulvia, è per me la telefonata? | |
5 | **Fulvia** | Sì, è quel noioso di Piero°. | that boring Piero |
| **Gina** | Non fare la spiritosa°. Dammi° il telefono! | Don't be fresh / Give me |

* * *

| | | |
|---|---|---|
| **Gina** | Pronto, Piero, come stai? | |
| **Piero** | Così così. Senti°, che cosa fai di bello oggi? | Listen |
| **Gina** | Niente di speciale. Perché? | |
10 | **Piero** | Hai voglia di prendere° un gelato? C'è una buona | Do you feel like having |
| | gelateria in via Dante, vicino al parco. | |
| **Gina** | Un gelato adesso? Che ore sono? | |
| **Piero** | Sono le quattro e venti. | |
| **Gina** | L'idea mi piace°, ma devo studiare fino alle sei. | I like the idea |
15 | | Domani ho gli esami di storia. | |
| **Piero** | Allora passo a prenderti° verso le sei e mezzo, va | I'll pick you up |
| | bene? | |
| **Gina** | D'accordo. A più tardi! | |

### Domande generali

1. A chi desidera telefonare Piero?
2. Dove entra e che cosa compra?
3. Chi risponde al telefono?
4. Secondo Fulvia, com'è Piero, noioso o simpatico?
5. Che cosa fa di bello Gina oggi?
6. Che ore sono?
7. Secondo Piero, dov'è una buona gelateria?
8. Che cosa deve fare Gina fino alle sei? Perché?
9. A che ora passa Piero a prendere Gina?

### Domande personali

1. Quando lei telefona ad un amico o ad un'amica, usa il telefono pubblico? Usa il gettone?
2. Chi risponde al telefono quando chiama un amico o un'amica?
3. Lei ha una sorellina o un fratellino? È noioso/a o simpatico/a? Fa lo spiritoso/la spiritosa quando risponde al telefono?

4. Lei dove studia quando ha gli esami, a casa o in classe?
5. Che cosa fa di bello oggi? Ha voglia di prendere un gelato? *NON O VOGLIO*
6. C'è una buona gelateria nel suo paese o nella sua città? *nella mio città*

**Modificazioni**

1. — Che cosa compra Piero?    — Compra **un gettone.**
                                           un'aranciata
                                           un gelato
                                           un cappuccino
                                           un espresso

*MILITARY TIME*
*1:00    TREDICI ORA*

2. — Che ore sono?    — Sono **le sei.**      *DODICI*
                                           le nove e un quarto
                                           le ventidue
                                           le otto e mezzo    *DIECIALLUNA*
                                           le quattordici    *SONO L'UNA*

3. — Dov'è il bar?    — Vicino **al parco.**
                                           all'università
                                           alla stazione
                                           allo stadio
*none*                                  alla biblioteca    *LIBRARY*

4. — Chi risponde al telefono?    — **La sorellina** di Gina.
                                           Il fratellino
                                           La nonna
                                           Il nonno
                                           Lo zio
                                           La zia

**Vocabolario**

Parole analoghe

**l'idea**      **la stazione**      **il telefono**

Nomi

**l'aranciata**  orange soda
**il bar**  *see cultural note, p. 63*
**la biblioteca**  library
**il cappuccino**  coffee with steamed
   milk
**l'esame** *(m.)*  exam
**l'espresso**  strong coffee without milk
**il fratellino**  little brother
**la gelateria**  ice cream shop

**il gelato**  ice cream
**il gettone**  token
**il nonno**  grandfather; **la nonna**
   grandmother
**il paese**  small town
**la sorellina**  little sister
**lo stadio**  stadium
**la telefonata**  phone call

Aggettivi

**buono/a**   good
**noioso/a**   boring
**occupato/a**   busy, occupied
**simpatico/a**   nice, attractive

Verbi

**andare** *(irreg.)*   to go; **va**   he/she
    goes, you *(formal)* go
**comprare**   to buy
**desiderare**   to wish, to want
**dovere**   to have to, must
**entrare**   to enter
**fare** *(irreg.)*   to do, to make
**prendere**   to take; to have *(in the
    sense of* to eat, to drink)
**rispondere**   to answer, to respond
**sentire**   to listen; **senti**   listen
**telefonare**   to telephone
**usare**   to use

Altre parole ed espressioni

**adesso**   now
**allora**   well, then
**d'accordo**   agreed, O.K.
**per**   for; **per me**   for me

**perché?**   why?; **perché**   because
**oggi**   today
**poi**   then, after that
**pronto?**   hello *(response on the
    phone)*
**quando?**   when?; **quando**   when(ever)
**secondo**   according to
**stasera**   this evening
**verso**   toward, around (time)

**a che ora?**   at what time?
**a chi?**   to whom?
**c'è**   there is; **c'è Gina?**   is Gina there?
**che cosa fai di bello oggi?**   what are
    you up to today?
**che cosa? (cosa?)**   what?
**che ore sono?**   what time is it?
**com'è ...?**   what is . . . like?
**fino alle sei**   until 6:00
**niente di speciale**   nothing special
**non fare lo spiritoso/la spiritosa!**
    don't be fresh
**passo a prenderti**   I'll pick you *(fam.)*
    up
**l'idea mi piace**   I like the idea
**sono le quattro e venti**   it's 4:20
**va bene?**   O.K.? is that all right?

**Pratica**

**A.** Prepare a dialogue based on the following information: Laura phones
Renato and asks him what he is doing. He says nothing special, that
he has an English exam the next day and has to study until six
o'clock. She asks if he wants to have a *cappuccino* at the bar Giuliani
on *via Napoleone.* He says yes, and agrees to pick her up around six
o'clock.

**B.** You are with your little brother and you pass an ice cream shop. He
tells you he's hungry and feels like having an ice cream. You say
you're hungry, too, and agree to pay for *(pagare)* the ice cream.

## NOTA CULTURALE

### Il bar italiano

An Italian *bar* (unlike most American bars) is a place where one can buy a cup of *espresso* coffee, a *cappuccino*, a sandwich, candy, and mineral water, as well as beer and other alcoholic beverages. Generally, a customer stands at the counter to drink or eat, since it is less expensive to do so than to sit at a table. In good weather, chairs and tables are placed outside the bar. A favorite pastime of many Italians is to sit there and enjoy a *cappuccino* or an *aperitivo* as they watch passers-by.

In most Italian bars, one can also find a public phone. To make a call from a public phone, one can use a coin *(moneta)*, a special token *(gettone)*, or a special card *(tessera)*. Tokens may be purchased at the bar, at newsstands, and at tobacconist shops *(tabaccheria)*, or from machines called *gettoniere*, that often require correct change.

*Amici in un bar mentre prendono un gelato.*

## Pronuncia
### La lettera **h**

The letter **h** is silent in Italian. It is used in some forms of the verb **avere** (**ho, hai, ha, hanno**) and in some interjections (for example, **ah, oh,** and **eh**). It is also present, though never pronounced, in some foreign words currently used in Italian (for example, **hobby, habitat,** and **hotel**).

In the digraphs **ch** and **gh**, the letter **h** helps to form the hard sound of **c** and **g** before the vowels **e** and **i.**

| | | |
|---|---|---|
| **ch**i | **ch**e | analog**h**e |
| **ch**iamo | per**ch**é | lar**gh**i |

**A.** Read the following sentences. Do not pronounce the letter *h.*

1. Quanti anni hai?
2. Oh, che peccato!
3. Dov'è l'hotel Barberini?
4. Con chi abita Michele?

**B.** Write the four sentences that your instructor will dictate to you. Be careful to include the letter *h* when appropriate.

# Ampliamento del vocabolario

## I. La città

| | | | |
|---|---|---|---|
| 1. l'albergo | 6. il museo | 11. la banca | 16. la stazione |
| 2. il ristorante | 7. l'ufficio postale | 12. il teatro | 17. l'ospedale |
| 3. la chiesa | 8. la biblioteca | 13. il cinema | 18. il supermercato |
| 4. lo stadio | 9. il bar | 14. la libreria | 19. la gelateria |
| 5. la farmacia | 10. il mercato | 15. il negozio | 20. il parco |

**A.** Ask another student to tell you on which street each building is located.

▶ S1: Dov'è il ristorante?　　S2: *È in via Nazionale.*

**B.** Ask another student if a particular type of building is on *via Dante.*

▶ S1: C'è un albergo in via Dante?　　S2: *No, non c'è un albergo in via Dante, ma c'è un albergo in via Nazionale.*

**C.** Say that the following people don't work in the first place mentioned below, but in the second.

▶ Emilio: bar / ristorante　　*Emilio non lavora in un bar, ma lavora in un ristorante.*

1. Luisa: biblioteca / teatro
2. Gianni: farmacia / supermercato
3. Chiara: ospedale / negozio
4. Giacomo: stazione / banca
5. Maurizio: albergo / libreria

## II. *Preposizioni semplici*

A preposition is a word used before a noun or a pronoun to show its relation to another word in a sentence. Here are some simple (one-word) prepositions in Italian, some of which you have already learned. Later on in this lesson, you will learn how some of the prepositions contract with definite articles.

| | | |
|---|---|---|
| **di** of, from | **in** in, at | **per** for |
| **a** to, at | **con** with | **tra** (or **fra**) between, among |
| **da** from | **su** on | |

Note that **di** frequently becomes **d'** before a vowel.

**D.** Complete the following sentences with appropriate prepositions.

▶ Io sono _____ Padova.　　*Io sono di Padova.*

1. Il libro è _____ Luciano.
2. Abito _____ via Trieste.
3. Gina va a prendere un gelato _____ Piero.
4. Sono la sorella _____ Giorgio.

5. La signora Marchi abita _____ Firenze.
6. Il computer è _____ il televisore e la radio.
7. Fulvia, è _____ me la telefonata?
8. Ecco il professore _____ italiano.

### III. Nomi che finiscono in -tà

Italian nouns ending in the suffix **-tà** are feminine. A good number of them have English cognates ending in *-ty*; for example, **l'unità** = *unity*, **la nazionalità** = *nationality*.

**E.**  Give the English equivalents of the following nouns.

1. l'università    4. la realtà    7. la responsabilità
2. la facoltà      5. la facilità  8. la curiosità
3. la sincerità    6. la difficoltà 9. l'umanità

**F.**  Complete the following sentences with an Italian equivalent of *faculty, curiosity, university,* or *sincerity*.

1. L' _____ di Bologna è molto famosa.
2. In un amico la _____ è molto importante.
3. La _____ di fisica ha quattro professori.
4. La _____ di Fulvia annoia (*annoys*) Gina.

# Struttura ed uso

## I. L'infinito

FEDERAZIONE ITALIANA PESCA SPORTIVA E ATTIVITA SUBACQUEE    C.O.N.I.

1. Italian infinitives are made up of a stem and an ending. You learned in *Lezione 1ª* that some infinitives end in **-are,** some in **-ere,** and some in **-ire.** Infinitives in **-are** are the most numerous.

| Infinitive | Stem + ending | English equivalent |
|---|---|---|
| comprare | compr + **are** | *to buy* |
| rispondere | rispond + **ere** | *to answer* |
| finire | fin + **ire** | *to finish* |

2. Infinitives are often used as commands in Italian, especially in public signs indicating or forbidding some activity. In this text, infinitives are also used in many of the direction lines for the exercises and activities.

| | |
|---|---|
| **Spingere** | *Push* |
| **Tirare** | *Pull* |
| **Non entrare** | *Do not enter* |
| **Non fumare** | *No smoking* |
| **Completare** in italiano le seguenti frasi. | *Complete the following phrases in Italian.* |
| **Rispondere** alle domande personali. | *Answer the personal questions.* |

## II. Presente dei verbi regolari in -are

— Noi **parliamo** tedesco. E loro?
— **Parlano** giapponese.

— Lei **parla** cinese?
— No, **parlo** russo.

Nella torre di Babele

1. The present tense of regular **-are** verbs is formed by adding the endings **-o, -i, -a, -iamo, -ate,** and **-ano** to the infinitive stem (the infinitive minus the **-are** ending).

| comprare  to buy | | | |
|---|---|---|---|
| **Singular** | | **Plural** | |
| io compr**o** | I buy | noi compr**iamo** | we buy |
| tu compr**i** | you *(fam.)* buy | voi compr**ate** | you *(fam.)* buy |
| lui compr**a** | he buys | loro compr**ano** | {they buy |
| lei compr**a** | {she buys<br>{you *(formal)* buy | | {you *(formal)* buy |

2. The present tense in Italian is equivalent to the present indicative and present progressive in English.

   Paola **compra** una rivista.     Paola *buys (is buying)* a magazine.
   Il signor Martinelli **lavora** in un     Mr. Martinelli *works (is working)* in a
      ospedale.     hospital.
   Fulvia **non parla** inglese.     Fulvia *doesn't speak* English.
   Romano **non arriva** oggi.     Romano *isn't arriving* today.

3. Remember that subject pronouns are often omitted in Italian because the verb endings indicate person and number (p. 26).

   — Roberto abita a Pisa?     — Does Roberto live in Pisa?
   — No, **abita** a Siena.     — No, *he lives* in Siena.

4. The present tense may be used in Italian to express actions intended or planned for the near future.

   **Lavori** domani?     *Are you working/Will you work* tomorrow?
   **Arriva** più tardi.     *He's arriving/He'll arrive* later.

5. In "double-verb constructions," the first verb is conjugated (that is, changes endings), and the second is a dependent infinitive.

   **Desidero andare** a teatro.     *I want to go* to the theater.
   Gianni **desidera comprare** uno stereo.     Gianni *wants to buy* a stereo.

6. Verbs ending in **-care** and **-gare**, like **cercare** *(to look for)* and **pagare** *(to pay for)*, are regular except that they add an **h** in the **tu-** and **noi-** forms to retain the hard sound of the **c** and **g** in the infinitive.

| cercare   to look for | | pagare   to pay for | |
|---|---|---|---|
| cerco | cer**chi**amo | pago | pag**hi**amo |
| cer**chi** | cercate | pag**hi** | pagate |
| cerca | cercano | paga | pagano |

**7.** Here is a list of common regular **-are** verbs. You already know the forms of some of the verbs listed. Many of them are cognates.

| | | |
|---|---|---|
| **abitare**   to live | **giocare**   to play (a game) | **parlare**   to speak |
| **arrivare**   to arrive | **guardare**   to look (at), to | **pensare (di)**   to think (of) |
| **ascoltare**   to listen (to) | watch | **portare**   to bring; to wear |
| **aspettare**   to wait (for) | **guidare**   to drive | **rimandare**   to send back; to |
| **cantare**   to sing | **imparare**   to learn | postpone |
| **cercare**   to look (for) | **incontrare**   to meet | **telefonare**   to telephone |
| **chiamare**   to call | **insegnare**   to teach | **tornare**   to return |
| **comprare**   to buy | **lavorare**   to work | **trovare**   to find |
| **desiderare**   to want, to wish | **mandare**   to send | **usare**   to use |
| **entrare**   to enter | **mangiare**   to eat | **visitare**   to visit |
| **frequentare**   to attend | **pagare**   to pay (for) | |

The verbs **ascoltare, aspettare, cercare, guardare,** and **pagare** do not require a preposition after the verb, as the English equivalents often do.

**A.** Specify what each person buys. Use the cues indicated.

▶  Giancarlo / televisore    *Giancarlo compra un televisore.*

1. io / radio
2. Maria / calendario
3. voi / rivista
4. loro / orologio
5. lui / calcolatrice

6. tu / registratore
7. lei / macchina da scrivere
8. Enrico e Gilda / zaino
9. lei / disco
10. lui / computer

**B.** Answer the following questions. For emphasis, begin each response with the subject pronoun indicated in parentheses.

▶  Chi parla italiano? (io)    *Io parlo italiano.*

1. Chi incontra un amico? (loro)
2. Chi aspetta lo studente? (loro)
3. Chi compra due quaderni? (io)
4. Chi guarda la televisione? (tu)

5. Chi entra adesso? (lei)
6. Chi ascolta la radio? (voi)
7. Chi cerca Carlo? (noi)
8. Chi chiama il dottore? (tu)

**C.** Restate the following sentences by changing each verb to agree with the subject pronoun indicated in parentheses. Omit the subject pronoun in your responses.

▶ Maria telefona a Giuseppe. (noi)    *Telefoniamo a Giuseppe.*

1. Tu porti un libro. (voi)
2. Noi aspettiamo la professoressa. (lui)
3. Teresa paga il gelato. (tu)
4. Lei abita in via Mazzini. (loro)
5. Voi lavorate in un ospedale. (noi)
6. Lui insegna l'italiano. (loro)

**D.** Deny that you and the people indicated do these things today.

▶ Vincenzo / telefonare    *Vincenzo non telefona oggi.*

1. Mauro e Laura / lavorare fino alle cinque
2. io / tornare a Pisa
3. la madre di Marisa / arrivare in ritardo
4. io e Gianni / giocare con Nicola
5. tu ed Enrico / ascoltare la radio
6. tu / rimandare il registratore ad Elio
7. Elena ed Antonio / usare il computer
8. Claudio / usare la calcolatrice

**E.** Report what the following people wish to do. Use the cues indicated and the appropriate form of the verb *desiderare*.

▶ voi / chiamare / fratello / Giovanni    *Desiderate chiamare il fratello di Giovanni.*

1. lui / incontrare / sorella / Paola
2. io / parlare / con / amico / Giuseppe
3. lei / ascoltare / padre / Margherita
4. noi / aspettare / fratello / Giorgio
5. voi / frequentare / liceo a Bologna
6. tu / pagare / dottore
7. loro / comprare / macchina da scrivere
8. noi / cercare / fogli di carta

**F.** Complete each statement with the appropriate form of the verb in parentheses.

1. (lavorare)  Io _____ in un ospedale, ma Paolo _____ in una banca.
2. (insegnare)  Noi _____ l'italiano; loro _____ la matematica.

3. (usare) Tu _____ una matita e lei _____ una penna.
4. (aspettare) Tu e Maria _____ Giovanni; noi _____ il professore.
5. (comprare) Io _____ una rivista; tu _____ un giornale.
6. (frequentare) Gino e Paola _____ l'università; io e Carlo _____ il liceo.
7. (cantare) Maria _____ bene; io _____ male.
8. (guidare) Tu _____ una Fiat; Michele _____ una Ferrari.

**G.** Answer the following questions with plausible responses.

1. Canti bene o canti male?
2. Lavorate in un ospedale o in una banca?
3. Cosa usi, una matita o una penna?
4. Che lingua parli nella classe d'italiano? E nella classe di storia?
5. Desideri guidare? E tua sorella desidera guidare?
6. Voi lavorate? Chi lavora? Chi non lavora?
7. Pensi di telefonare ad un amico o ad un'amica stasera? Pensi di telefonare a tuo padre o a tua madre?

## III. Preposizioni articolate

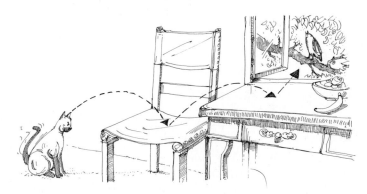

**Dalla** sedia... **al** tavolo... **alla** finestra...

**1.** In Italian five of the most commonly used prepositions contract with definite articles to form single words. These prepositions are: **a** *(to, at)*; **da** *(from, by)*; **di** *(of, about, from)*; **in** *(in, into)*; and **su** *(on)*.

| | |
|---|---|
| Daniele va **al** bar. | a + il = **al** |
| Tornano **dallo** stadio. | da + lo = **dallo** |
| Ecco i libri **degli** studenti. | di + gli = **degli** |
| I ragazzi giocano **nel** parco. | in + il = **nel** |
| Il giornale è **sul** televisore. | su + il = **sul** |

**2.** The following chart shows the most common prepositional contractions.

| | M. Sg. | | | M. Pl. | | F. Sg. | | F. Pl. |
|---|---|---|---|---|---|---|---|---|
| Preposition | +il | +lo | +l' | +i | +gli | +la | +l' | +le |
| a | al | allo | all' | ai | agli | alla | all' | alle |
| da | dal | dallo | dall' | dai | dagli | dalla | dall' | dalle |
| di | del | dello | dell' | dei | degli | della | dell' | delle |
| in | nel | nello | nell' | nei | negli | nella | nell' | nelle |
| su | sul | sullo | sull' | sui | sugli | sulla | sull' | sulle |

**3.** The proposition **con** sometimes contracts with the masculine definite articles **il** and **i.**

Giovanni parla $\begin{Bmatrix} \textbf{con il} \\ \textbf{col} \end{Bmatrix}$ fratello.   Marisa parla $\begin{Bmatrix} \textbf{con i} \\ \textbf{coi} \end{Bmatrix}$ ragazzi.

**4.** Generally, the article is omitted with **in** before certain nouns like **biblioteca, chiesa, cucina** *(kitchen)*, and **banca,** unless the noun is modified with another word or expression.

| | |
|---|---|
| Francesca è **in chiesa.** | Francesca is *in church.* |
| Studiamo **in biblioteca.** | We study *in the library.* |
| Sono **in banca.** | I'm *in the bank.* |
| *But:* Sono **nella Banca d'Italia.** | I'm *in the Bank of Italy.* |

Note also the omission of the definite article in the expression **a casa.**

Piero è **a casa.**   Piero is *at home.*

**5.** In compound prepositions (prepositions consisting of more than one word), only the final element (**a, da, di,** etc.) contracts with the definite article.

| *davanti a* | Passano **davanti al** museo. | They pass *in front of* the museum. |
|---|---|---|
| *vicino a* | Lo stadio è **vicino all'**università. | The stadium is *near* the university. |
| *lontano da* | L'ospedale è **lontano dal** centro. | The hospital is *far from* downtown. |

**H.** Form new sentences by substituting the words in parentheses for the words in italics. Make the necessary contractions.

1. Sono al *museo.* (ufficio postale / università / libreria / albergo / ristorante)

2. Il giornale è sulla *sedia*. (televisore / radio / macchina da scrivere / tavolo / quaderno)
3. Torno dalla *farmacia*. (stadio / mercato / cinema / libreria / ospedale)
4. I gettoni sono del *signore*. (signorine / studenti / dottore / sorelle di Marco / figlio di Gino)

**I.** Complete each sentence with the appropriate contraction of the prepositions indicated.

▶ (a) Carlo è _____ università. *Carlo è all'università.*

1. (in) Maria entra _____ bar Savoia.
2. (di) È il dizionario _____ studenti.
3. (su) I libri sono _____ tavolo.
4. (con) Parlo _____ professore di filosofia.
5. (da) Torniamo _____ ufficio postale.
6. (di) Dov'è il computer _____ amica di Gina?
7. (a) Oggi gli studenti sono _____ stadio.
8. (a) Domani Carlo va _____ cinema.

**J.** Complete each sentence with *a* or *in* or a contracted form of *a* or *in*.

▶ Studio _____ biblioteca. *Studio in biblioteca.*

1. Isabella è _____ libreria.
2. Il ragazzo va _____ stadio oggi.
3. Mia madre entra _____ chiesa di San Giacomo.
4. Tina è _____ farmacia con Stefano.
5. Adesso desidero andare _____ banca.
6. Io e Tommaso entriamo _____ ufficio postale.

**K.** Respond to each question in the negative. Substitute the cued word for the italicized word or expression and make the necessary contractions.

▶ Lui torna dal *teatro?* (stadio) *No, torna dallo stadio.*

1. Il ristorante è vicino al *bar?* (farmacia)
2. Carlo va al *parco?* (stazione)
3. Parlano bene del *professore?* (studenti)
4. Entra nel *negozio?* (libreria)
5. Tornano dal *cinema?* (mercato)
6. Marta parla col *padre?* (cugina)
7. Il ristorante è molto lontano dalla *stazione?* (albergo)
8. Sono i dischi delle *amiche* di Laura? (amici)

## IV. C'è, ci sono, ecco

C'è qualcosa...
**Ecco** un pesce...

**1.** **C'è** *(there is)* and **ci sono** *(there are)* are used to state that objects or people are located or present in a place.

| | |
|---|---|
| **C'è** un ospedale nel centro della città. | *There is* a hospital downtown. |
| **Ci sono** tre studenti in classe. | *There are* three students in class. |

**2.** **Ecco** *(here is, here are, there is, there are)* is used when specifically pointing to objects, people, or something said to which the speaker wants to draw attention. It is often used in exclamatory sentences.

| | |
|---|---|
| **Ecco** un giornale. | *Here is (There is)* a newspaper. |
| **Ecco** Mario e Carlo! | *Here are (There are)* Mario and Carlo! |
| **Ecco** una buon'idea! | *Here's* a good idea! |

**L.** Restate the following sentences, using *ecco* in place of *c'è* or *ci sono*.

▶ C'è un libro.   *Ecco un libro!*

1. Ci sono quattro matite.
2. C'è una biblioteca.
3. Ci sono tre gettoni.
4. C'è un giornale.
5. Ci sono due negozi.
6. C'è un cinema.

**M.** Say whether or not there are the following things or persons in your classroom.

▶ due finestre   *Sì, ci sono due finestre.*
*No, non ci sono due finestre.*

1. un quaderno
2. tre riviste
3. un orologio
4. sei sedie
5. cinque fogli di carta

6. una porta
7. quattro studenti
8. un professore
9. un registratore
10. due calcolatrici

**N.** Say whether or not there are the following buildings or businesses in your town or city.

▶ un ufficio postale      *Sì, c'è un ufficio postale.*

▶ un albergo      *No, non c'è un albergo.*

1. uno stadio
2. un piccolo parco
3. due ospedali
4. una biblioteca

5. due musei
6. tre farmacie
7. un ristorante cinese
8. una stazione

## V. Che ora è? Che ore sono?

È l'una.

Sono le tre.

Sono le dieci.

È l'una e un quarto.
È l'una e quindici.

Sono le quattro
e venti.

Sono le undici e mezzo.
Sono le undici e trenta.

Sono le sei meno
un quarto.

Sono le otto meno
dieci.

È mezzogiorno.
È mezzanotte.
Sono le dodici.

1. **Che ora è?** and **che ore sono?** can be used interchangeably. Both mean *what time is it?*

2. The 24-hour clock system is widely used throughout Italy in most formal and some informal situations, for schedules and appointments as well as in conversation. In the 24-hour clock system, one continues to count after 12 o'clock (noon) until 24 hours (midnight) are reached.

> Le banche sono aperte dalle **8,30 (otto e trenta)** alle **13,30 (tredici e trenta).**
> L'aereo per Milano parte alle **11,00 (undici)** ed arriva alle **16,00 (sedici).**

> Banks are open from 8:30 A.M. to 1:30 P.M.
> The plane for Milan leaves at 11:00 A.M. and arrives at 4 P.M.

3. **È** is used with **l'una, mezzogiorno,** and **mezzanotte** to express *it's one o'clock, it's noon, it's midnight.* **Sono + le** is used with all other hours.

**4.** Time between the full hour and the half hour is expressed by adding minutes to the hour. The word **e** *(and)* is used between the hour and the half hour.

> **Sono le quattordici e venti.**       It's two-twenty P.M.

**5.** Time after the half hour is expressed by subtracting minutes from the next full hour. The word **meno** *(less)* is used between the half hour and the next full hour.

> **Sono le quindici meno cinque.**       It's five to three P.M.

**6.** The expressions **di mattina, del pomeriggio,** and **di sera** are often used to make clear whether one is referring to A.M. or P.M. when *not* using the 24-hour system.

> Sono le quattro **di mattina.**       It's four A.M.
> Sono le quattro **del pomeriggio.**    It's four P.M.
> Sono le dieci **di sera.**             It's ten P.M.

**7.** The expression **a che ora?** is used to ask *at what time?* The response requires the preposition **a (a mezzogiorno, a mezzanotte)** or a prepositional contraction (**all'una, alle due, alle tre,** etc.).

> — **A che ora** mangi?          — *At what time* do you eat?
> — Mangio **a mezzogiorno.**     — I eat *at noon.*
>
> — **A che ora** arriva Enrico?  — *At what time* does Enrico arrive?
> — Arriva **alle dieci.**        — He arrives *at ten.*

**O.** Tell what time it is in the following digital clocks. Use the 24-hour clock system in your responses.

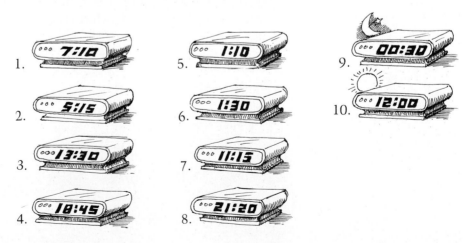

1. 7:10
2. 5:15
3. 13:30
4. 18:45
5. 1:10
6. 1:30
7. 11:15
8. 21:20
9. 00:30
10. 12:00

**P.**   Tommaso and Loredana disagree about the time. Tommaso says that it's a certain hour, and Loredana says no, it's one hour later. Take Loredana's role in responding to Tommaso's statements. Use the 24-hour clock system in your responses.

▶   Tommaso: Sono le ventuno.      Loredana: *No, sono le ventidue!*

1. Sono le undici.
2. È mezzogiorno.
3. Sono le sette.
4. Sono le quindici.
5. È l'una.
6. Sono le dodici.
7. Sono le diciassette.
8. Sono le venti.

**Q.**   There is normally a six-hour difference in time between New York and Rome. Tell what time it is in Rome, according to the hours given for New York.

▶   New York: Sono le quindici e trenta.      Rome: *Sono le ventuno e trenta.*

1. È l'una e venticinque.
2. Sono le quattro e un quarto.
3. È mezzogiorno e cinque.
4. Sono le venti e trenta.
5. Sono le dodici e venti.
6. Sono le quattordici e trenta.

---

**A lei la parola**

Can you express the following in Italian?

1. Inquire about what time your instructor arrives in class in the morning.
2. Ask a friend if he/she wishes to eat at twelve-thirty.
3. Find out if there is a restaurant on Manzoni Street.
4. Your friends Gianni and Caterina are coming toward you. Point them out to other friends.
5. Clarify which school you attend by saying that you attend the university, not the *liceo*, or vice versa.

---

# Comunicare subito!

## *Conversazioni telefoniche*

Telephone conversations are difficult to carry on in any language, but especially when one attempts to do so in a foreign country. The following conversations in Italian will help you learn how to cope with the telephone when you get to Italy some day. The sidenotes will explain some non-guessable new words and expressions.

1. Giampiero è a Livorno e desidera telefonare ad un amico di Roma. Entra in un bar e parla con la cassiera°. — cashier

| | |
|---|---|
| **Giampiero** | Buon giorno, signorina. Dieci gettoni, per favore. |
| **Cassiera** | Ecco a lei°. — Here you are |
| **Giampiero** | Grazie. Scusi, dov'è il telefono? |
| **Cassiera** | Lì, a destra°, vicino alla porta, ma il telefono non funziona. È guasto°. — There, to the right / It's out of order |
| **Giampiero** | Un'altra domanda, per cortesia. |
| **Cassiera** | Prego°. — Please (go ahead) |
| **Giampiero** | Qual è il prefisso° per Roma? — area code |
| **Cassiera** | Zero sei. |
| **Giampiero** | Molte grazie. |

*Il dottor Martinelli telefona a sua moglie da un telefono pubblico.*

2. Pino Collodi chiama l'Albergo Medici perché desidera parlare con la signorina Giannini.

| | | |
|---|---|---|
| **Centralinista°** | Albergo Medici, buon giorno. | operator |
| **Pino** | Buon giorno, signorina. Stanza° 35, per favore. | Room |
| **Centralinista** | Un attimo°, le passo la linea°. | Just a moment / I'll connect you |
| **Pino** | Grazie. | |

3. Il signor Motta telefona al Teatro dell'Opera. Un uomo° risponde al telefono.

| | | |
|---|---|---|
| **L'uomo** | Pronto? | man |
| **Signor Motta** | Senta°, a che ora comincia° lo spettacolo di stasera? | Listen / begins |
| **L'uomo** | Che spettacolo? | |
| **Signor Motta** | Non parlo con il Teatro dell'Opera? | |
| **L'uomo** | No. È la Clinica Rastelli. | |
| **Signor Motta** | Mi scusi°. Ho sbagliato numero°. Buon giorno. | Excuse me / I've dialed the wrong number |

**Pratica**

Create dialogues based on the following information.

1. Gianni is in Pisa and wants to make a phone call. He asks a woman where he can find a public phone. She tells him that there is one near the supermarket on Manzoni Street.
2. Graziella enters a bar in Florence. She asks the cashier for ten tokens. She also wishes to know the area code for Rome. The cashier tells her that 06 is Rome's area code, but the phone is out of order.
3. Lorenzo calls the theater "La Fenice" because he wants to know at what time the evening show begins. The man who answers the phone tells him that he does not know what Lorenzo is talking about and says Lorenzo has dialed the wrong number. The place Lorenzo has called is the police station *(la questura)!*

*Il telefono non funziona. È guasto.*

IT IS BROKEN

# LEZIONE 4ª

## Cosa prendono i signori?

*Un bar all'aperto in Piazza San Marco a Venezia*

È martedì pomeriggio. Enzo Genovesi e Bettina Lombardi sono ad un caffè all'aperto. Vogliono ordinare qualcosa da bere e da mangiare, ma il cameriere non arriva subito. Dopo una lunga attesa°, Enzo perde la pazienza e chiama il cameriere.

*a long wait*

| | |
|---|---|
| **Enzo** | Cameriere, siamo qui da molto tempo°. Ci vuole servire° o no? |
| **Cameriere** | Sì, un po' di pazienza, signori. È impossibile servire tutti allo stesso tempo.... Cosa prendono? |
| **Bettina** | Un tè freddo ed un tramezzino al tonno, per favore. |
| **Cameriere** | E lei, signore? |
| **Enzo** | Una Coca-Cola ed un panino al prosciutto, grazie. |
| **Cameriere** | Va bene, subito. |

*we've been here for a long time*
*Do you want to serve us*

5

\* \* \*

| | |
|---|---|
| **Enzo** | Allora, Bettina, che cosa fai giovedì sera? Sei libera? |
| **Bettina** | Credo di sì. Perché? |
| **Enzo** | Ho due biglietti per il Teatro tenda°. Vuoi venire con me? |
| **Bettina** | Volentieri! Cosa c'è in programma? |
| **Enzo** | Musica e danze folcloristiche della Sardegna. |
| **Bettina** | Bene, mi piace molto la musica della Sardegna! |
| **Enzo** | Ah, finalmente arriva il cameriere. |
| **Cameriere** | Signori, ecco i cappuccini. |
| **Enzo** | Ma quali cappuccini°! Volevamo° un tè freddo, una Coca-Cola, un panino al prosciutto ed un tramezzino al tonno. |
| **Cameriere** | Mi scusino°, signori. C'è un po' di confusione. Torno subito. |
| **Enzo** | Speriamo bene.° |

10

*See cultural note on p. 85*

15

*(But) what cappuccinos / We wanted*

20

*Excuse me*

*Let's hope so.*

## Domande generali

1. Dove sono Enzo e Bettina?
2. Che cosa decide di fare Enzo dopo una lunga attesa?
3. Che cosa ordina Bettina?
4. Cosa ordina Enzo?
5. Perché Enzo domanda a Bettina se è libera giovedì sera?
6. Cosa c'è in programma al Teatro tenda?
7. Cosa porta il cameriere quando arriva?
8. Cosa risponde Enzo?
9. Che scusa dà il cameriere?

**Domande personali**

1. Preferisce il latte, la limonata o la Coca-Cola?
2. Quando va ad un caffè all'aperto? Va la mattina, il pomeriggio o la sera?
3. Lei perde la pazienza quando un cameriere non arriva subito?
4. Le piace la musica americana? E la musica italiana?
5. Le piacciono le danze americane? E le danze folcloristiche?
6. Le piace il caffè espresso? Ed a suo padre o a sua madre piace?

**Modificazioni**

1. — Cosa prendono i signori?    — **Un caffè,** per favore.
   Un bicchiere di latte
   Un bicchiere d'acqua
   Un panino al prosciutto
   Un tramezzino al tonno

2. — Un caffè anche    — No, preferisco **un tè freddo.**
   per lei?                   un'aranciata  *ORANGE JUICE ADE*
   una limonata
   acqua minerale
   una spremuta d'arancia  *SQUEEZED ORANGE JUICE*

3. — Sei libero/a giovedì sera?    — **No, mi dispiace.**
   *ARE YOU FREE?*              Sì, perché?
   *LEI E LIBERO ES SERA*      Credo di sì, perché?
   Credo di no.
   No, sono impegnato/a.

**Vocabolario**

Parole analoghe

**la confusione**       **folcloristico/a**       **la musica**
**la danza**            **impossibile**           **la pazienza**

Nomi

**l'acqua (minerale)**  mineral water        **la spremuta d'arancia**  freshly
**il bicchiere**  (drinking) glass              squeezed orange juice
**il biglietto**  ticket                    **il tè**  tea; **il tè freddo**  iced tea
**il caffè**  café; coffee                  **il tramezzino al tonno**  tuna
**il cameriere**  waiter                        sandwich (on triangular-shaped
**il/la cliente**  customer                      crustless bread)
**il latte**  milk
**la limonata**  lemon soda, lemonade      Aggettivi
**il panino al prosciutto**  ham
   sandwich                                **impegnato/a**  busy, engaged
**la Sardegna**  (the island of) Sardinia  **libero/a**  free

**lungo/a**  long
**prossimo/a**  next
**questo/a**  this

Verbi

**credere**  to believe; to think
**decidere (di** + *inf.)*  to decide
**ordinare**  to order (food)
**perdere**  to lose
**preferire**  to prefer
**servire**  to serve
**venire** *(irreg.)*  to come
**volere** *(irreg.)*  to wish, to want

Altre parole ed espressioni

**dopo**  after
**finalmente**  at last
**se**  if
**subito**  right away, immediately

**tutti**  everybody, everyone
**volentieri**  gladly, willingly

**all'aperto**  outdoors, in the open air
**allo stesso tempo**  at the same time
**cosa c'è in programma?**  what's playing?
**con me**  with me
**credo di no**  I don't think so; **credo di sì**  I think so
**mi dispiace**  I'm sorry
**mi scusino**  excuse me
**per favore**  please
**qualcosa da bere e da mangiare**  something to drink and eat
**un po' di confusione**  a little mix-up
**una lunga attesa**  a long wait
**un po' di pazienza**  (have) a little patience
**giovedì sera**  Thursday evening

**Pratica**

A. You meet a friend at an Italian bar in Siena. First you shake hands and greet one another, and then you suggest that you have something to eat or to drink. When the waiter asks you what you want, you order iced tea for your friend and orange juice for yourself.

B. You meet a friend in the Piazza del Popolo in Naples. Your friend asks you whether you are free next Saturday. You say yes and ask why. Your friend replies that he/she has two tickets for the theater under a tent and asks if you want to go with him/her. You accept gladly. You ask what's playing and your friend says the name of the play is *Una lunga attesa.*

## NOTA CULTURALE

### Il teatro italiano

Italians love going to the theater. Today most Italian cities have one or more theaters where operas, dances, traditional and contemporary plays, and experimental works are performed. During the summer months there are also performances in the open air, especially in cities and towns that have ancient Roman amphitheaters. In addition to these there is also the "theater under a tent" *(Teatro tenda)*.

*Teatro tenda* has become very popular in Italy in recent years. To reduce production costs and to lower the price of admission tickets, many theater companies now present their shows *(spettacoli)* under huge tents in *piazze* and other open areas rather than in traditional theaters or amphitheaters. By presenting different kinds of shows, these companies hope to attract a large number of people, especially the young. The *Teatro tenda* thus becomes the focal point of many cultural, musical, and folkloristic events, enthusiastically supported by city governments, especially during the summertime.

*Un tipico Teatro tenda*

## Pronuncia
### Consonanti doppie

When a consonant is doubled in Italian, the sound is usually lengthened or held slightly, or it is pronounced more forcefully.

**A.** Ascoltare l'insegnante e ripetere le seguenti coppie di parole. *(Listen to your instructor and repeat the following pairs of words.)*

| | | |
|---|---|---|
| contesa / contessa | copia / coppia | cadi / caddi |
| tufo / tuffo | fato / fatto | soma / somma |
| sono / sonno | sera / serra | pala / palla |

**B.** Leggere ad alta voce le seguenti parole. Fare attenzione alla pronuncia delle consonanti doppie. *(Read aloud the following words. Pay attention to the way you pronounce the double consonants.)*

| caffè | Bettina | Vittorio | ecco | bicchiere |
|-------|---------|----------|------|-----------|
| penna | interessante | oggi | allora | quattro |

**C.** **Filastrocca** *(Nonsense rhyme)* Leggere ad alta voce la seguente filastrocca per imparare a distinguere il suono delle consonanti doppie. *(Read aloud the following nonsense rhyme to learn to distinguish the sound of double consonants.)*

| | |
|---|---|
| **Apelle, figlio di Apollo,** | Apelles, son of Apollo, |
| **fece una palla di pelle di pollo.** | made a ball from chicken skin. |
| **Tutti i pesci vennero a galla** | All the fish came to the surface |
| **per vedere la palla di pelle di** | to see the ball of chicken skin |
| **   pollo** | made by Apelles, son of Apollo. |
| **fatta da Apelle, figlio di Apollo.** | |

# Ampliamento del vocabolario

## I. I giorni della settimana

The days of the week in Italian are **lunedì, martedì, mercoledì, giovedì, venerdì, sabato, domenica.**

1. **Lunedì** (not **domenica**) is the first day of the week on Italian calendars.

2. The days of the week are not capitalized in Italian.

3. All the days of the week except **domenica** are masculine.

4. The definite article is used with days of the week to express repeated occurrences, as *on Mondays, on Tuesdays,* etc. The definite article is omitted when only one specific day is meant. Contrast:

   **Il lunedì** vado al cinema.      *On Mondays I go to the movies.*
   **Lunedì** vado al cinema.      *On (this) Monday I'm going to the movies.*

5. The invariable adjective **ogni** is frequently used with the days of the week in the sense of *every single.*

   **Ogni martedì** vado al caffè.      *Every single Tuesday I go to the café.*

   **A.** Domandare ad un altro studente o ad un'altra studentessa che cosa fa questo lunedì, martedì, ecc. L'altro studente/l'altra studentessa deve usare i verbi in **-are** a p. 69 della *Lezione 3ª* nelle sue risposte. *(Ask another student what he or she is going to do this Monday, Tuesday, etc. The other student must use the **-are** verbs on p. 69 of Lesson 3 in his/her responses.)*

   ▶ Che cosa fai lunedì?      *Lunedì telefono a Roberta.*

   **B.** Indichi i giorni e le ore in cui lei lavora. *(Indicate the days and hours during which you work.)*

   ▶ *Lavoro il martedì e il venerdì. Il martedì lavoro dalle nove alle undici, e il venerdì, dalle tre alle cinque.*

   **C.** Dia ad un amico o ad un'amica il suo orario settimanale delle lezioni. *(Give a friend your weekly class schedule.)*

   ▶ *Ogni lunedì ho lezione di [storia] e di [fisica]. Ogni martedì ...*

## II. Alcune espressioni di tempo

On the next page is a list of some useful time expressions that you can use to refer to events that occur today, tomorrow, the day after tomorrow, or some day in the near future.

| | |
|---|---|
| **oggi** today | **domani** tomorrow |
| **stamattina** this morning | **domani mattina (domattina)** tomorrow morning |
| **oggi pomeriggio** this afternoon | **domani pomeriggio** tomorrow afternoon |
| **stasera** this evening | **domani sera** tomorrow night |
| **stanotte** tonight | **dopodomani** the day after tomorrow |
| | |
| **lunedì mattina** Monday morning | **la mattina** in the morning |
| **martedì pomeriggio** Tuesday afternoon | **il pomeriggio** in the afternoon |
| **mercoledì sera** Wednesday evening | **la sera** in the evening |
| **giovedì notte** Thursday night | **la notte** in the nighttime |

**D.** Rispondere alle seguenti domande personali. *(Answer the following personal questions.)*

1. A che ora ha lezione domani mattina?
2. Che cosa fa oggi pomeriggio? E domani?
3. Che lezione ha lunedì mattina?
4. Come sta oggi?
5. Che cosa fa di bello stasera? domani mattina? domani pomeriggio?
6. Quando ha gli esami? domani? dopodomani?

# Struttura ed uso

## I. Presente dei verbi regolari in -ere ed -ire

Non **capisco** perché Elena non mi **risponde.**

## Verbi in **-ere**

**1.** The present tense of regular **-ere** verbs is formed by adding the present-tense endings **-o, -i, -e, -iamo, -ete,** and **-ono** to the infinitive stem.

| **vendere**  to sell | |
|---|---|
| vend**o** | vend**iamo** |
| vend**i** | vend**ete** |
| vend**e** | vend**ono** |

**2.** The following **-ere** verbs are regular in the present tense.

| | |
|---|---|
| **chiedere**  to ask | **prendere**  to take; to have (eat/drink) |
| **chiudere**  to close | **ricevere**  to receive |
| **decidere**  to decide | **rispondere**  to answer |
| **discutere**  to discuss | **scrivere**  to write |
| **leggere**  to read | **spendere**  to spend (time/money) |
| **mettere**  to put, to place | **vedere**  to see |
| **perdere**  to lose | **vendere**  to sell |

*Esempi:*

**Ricevo** una telefonata.                *I receive* a telephone call.
**Non rispondono** alle domande.          *They don't answer* the questions.
A chi **scrivi**, Bettina?                 To whom *are you writing*, Bettina?

*Note:* The verb **decidere** requires the preposition **di** before an infinitive.

Enzo **decide di chiamare** il             Enzo *decides to call* the waiter.
  cameriere.

The verb **discutere** requires the preposition **di** before a noun.

**Discutiamo di** politica.                *We discuss* politics.

Verbi in **-ire**

1. Regular verbs ending in **-ire** are divided into two categories: those that follow the pattern of **servire** *(to serve)* and those that follow the pattern of **preferire** *(to prefer)*. The endings are the same for both groups, but verbs like **preferire** insert **-isc-** between the stem and the ending in all singular forms and the third-person plural.

| **servire**   to serve | | **preferire**   to prefer | |
|---|---|---|---|
| serv**o** | serv**iamo** | prefer**isco** | prefer**iamo** |
| serv**i** | serv**ite** | prefer**isci** | prefer**ite** |
| serv**e** | serv**ono** | prefer**isce** | prefer**iscono** |

2. The following **-ire** verbs are regular in the present tense.

| *Verbs like* **servire:** | *Verbs like* **preferire:** |
|---|---|
| **aprire**   to open | **capire**   to understand |
| **dormire**   to sleep | **finire**   to finish |
| **offrire**   to offer | **obbedire**   to obey |
| **partire**   to leave, to depart | **pulire**   to clean |
| **seguire**   to take (courses); to follow | **restituire**   to return, to give back |
| **sentire**   to hear; to feel | **spedire**   to mail; to send |
| **soffrire**   to suffer; to bear | **suggerire**   to suggest |

*Esempi:*

| **Aprite** i libri in classe? | *Do you open your books in class?* |
|---|---|
| **Partiamo** per l'Italia domani. | *We leave for Italy tomorrow.* |
| Non **restituiscono** le penne al professore. | *They don't return the pens to the professor.* |
| **Obbedisci** a tuo padre? | *Do you obey your father?* |

*Note:* The verbs **finire** and **suggerire** require the preposition **di** before an infinitive. English uses a form with *-ing*.

| A che ora **finisce di studiare**? | What time *do you finish studying?* |
|---|---|
| **Suggerisco di prendere** un gelato. | *I suggest having an ice cream.* |

3. Remember that in double-verb constructions, the first verb is conjugated and the second verb remains in the infinitive form.

   **Preferiamo prendere** un caffè.   *We prefer to drink a cup of coffee.*

**A.** Dire che le prime persone dormono mentre gli altri guardano un film. *(Say that the first persons mentioned sleep while the others watch a movie.)*

▶    Carlo / lei     *Carlo dorme mentre lei guarda un film.*

1. tu / loro
2. lui / loro
3. loro / i signori Cortese
4. noi / Gina e Lisa
5. Carlo e Giacomo / io
6. i ragazzi / noi
7. i suoi amici / tu e Mario
8. Antonia / suo padre e sua madre

**B.** Dire che le seguenti persone leggono molto ma capiscono poco. *(Say that the following persons read much but understand little.)*

▶    Maria     *Maria legge molto ma capisce poco.*

1. tu ed Orazio
2. gli studenti
3. io
4. tu
5. la signora Betti
6. loro

**C.** Indicare la preferenza di ciascuna persona. *(Tell what each person prefers).*

▶    tu / caffè; lei / tè freddo     *Tu preferisci un caffè e lei preferisce un tè freddo.*

1. lui / panino al prosciutto; io / tramezzino al tonno
2. il professore / spremuta d'arancia; la signora / limonata
3. noi / aranciata; voi / acqua minerale
4. tu / leggere; io / ascoltare la radio
5. io e Graziella / telefonare; tu e Laura / scrivere

**D.** Rispondere ad ogni domanda in maniera appropriata. *(Answer each question appropriately.)*

▶    Il signore parte per Napoli.     *Le signorine partono per [Pisa].*
     E le signorine?

1. Tu suggerisci di vendere i biglietti. E voi?
2. Io obbedisco a mia madre. E tu?
3. Lei segue un corso d'informatica. E loro?
4. La ragazza capisce il francese. E i ragazzi?
5. Tu dormi molto. E Augusto e Antonella?
6. Lui preferisce un cappuccino. E gli amici?
7. Io offro un caffè allo zio. E voi?
8. Lui finisce di mangiare. E loro?

**E.**   Rispondere alle seguenti domande personali. *(Answer the following personal questions.)*

1. Lei capisce l'italiano? E il francese? E il tedesco?
2. A chi scrive lei? Scrive molte lettere?
3. Da chi riceve telefonate?
4. Che cosa legge la sera?
5. Preferisce andare a teatro o al cinema stasera?
6. Suggerisce di prendere un caffè o un tè?
7. Vede gli amici martedì sera? giovedì mattina?
8. Perde la pazienza con gli amici?
9. A che ora finisce di studiare?
10. Segue un corso di matematica o di medicina?

**F.**   Scegliere cinque delle domande precedenti e fare un'intervista ad un amico o ad un'amica. Riferire le risposte alla classe. *(Choose five of the preceding questions and interview a friend. Report the answers to the class.)*

**G.**   Completare ogni frase in maniera appropriata con la forma corretta di uno dei verbi indicati. Nella lista c'è un verbo in più. *(Complete each sentence appropriately with the correct form of one of the verbs in the list. There is one extra verb in the list.)*

dormire    finire      decidere    offrire    preferire
ricevere   prendere    partire     capire     seguire

1. Io non _____ la lezione d'italiano.
2. Noi _____ di andare al Teatro tenda.
3. Tu _____ una telefonata da Caterina ogni lunedì.
4. Io e Gino _____ un bicchiere d'acqua minerale.
5. Il professore _____ di leggere il libro.
6. Perché tu non _____ un caffè a Luigi?
7. I signori Cristini _____ in albergo stasera.
8. Io _____ il caffè e poi _____ per la Sardegna.

## II. Formulare le domande in italiano

Dov'è la pizza?

### General questions

1. Interrogative sentences that may be answered by *yes* or *no* are formed in several ways:

   a) by using rising intonation at the end of a sentence:

      **I signori prendono qualcosa?**

      **Preferisci un caffè?**

   b) by adding a tag phrase like **non è vero?** at the end of a sentence:

      Paola prende una spremuta d'arancia, **non è vero?**

   c) If the subject (noun or pronoun) is used, it generally occurs at the beginning of the sentence before the verb.

      **Lei** è italiano?
      **Carlo** ha una macchina da scrivere?

Specific questions

2. Interrogative sentences that ask for specific information are introduced by interrogative words such as **come** *(how)*, **quando** *(when)*, **dove** *(where)*, **che** or **che cosa** *(what)*, **chi** *(who)*, and **perché** *(why)*. If there is an expressed subject, it usually comes after the verb.

| | |
|---|---|
| **Come** sta Marisa? | **Che cosa** prendono i signori? |
| **Quando** leggi? | **Chi** ha una penna? |
| **Dove** abita Pietro? | **Perché** è impegnata Valeria? |

H.  Trasformare ciascuna delle seguenti frasi in due domande generali, usando gli schemi indicati. *(Change each of the following sentences into two general questions, using the patterns indicated.)*

▶   Marisa lavora oggi.    *Marisa lavora oggi?*
                            *Marisa lavora oggi, non è vero?*

1. Franco parla con lo zio.
2. Ornella offre un caffè a Maurizio.
3. Lei studia venerdì sera.
4. I signori partono domani.
5. Paola è americana.
6. Voi cercate il dottore.
7. Marco frequenta l'università.
8. Tu sei libero giovedì sera.
9. La dottoressa va al ristorante.
10. La nonna non sta bene.

I.  Formulare delle domande di cui le seguenti frasi sono le risposte, usando le espressioni interrogative indicate. *(Form questions to which the following statements are answers, using the interrogative expressions indicated.)*

▶   Marco va al cinema. (dove)    *Dove va Marco?*

1. Gli studenti scrivono bene. (come)
2. Gino e Mario sono al museo. (dove)
3. Loro studiano il pomeriggio. (quando)
4. Vendiamo la macchina da scrivere. (che cosa)
5. Lei compra un libro. (che cosa)
6. Chiamano Luisa per avere informazioni. (perché)
7. Alfredo arriva stasera. (chi)
8. Restituisco il dizionario alla professoressa. (cosa)
9. Leggo il libro di Moravia. (che)

**J.** Fare una domanda logica sulle persone e sulle attività che seguono, usando una parola interrogativa appropriata. *(Ask a logical question about the people and activities that follow, using an appropriate interrogative word.)*

▶ Laura / prendere un'aranciata con Marco    *Con chi prende un'aranciata Laura?*

1. loro / finire di studiare alle sei
2. la signorina Marchesi / partire per Milano domani
3. Luisa e Sandra / restituire il dizionario a Roberto
4. Gino / arrivare / allo stadio alle tre
5. i signori Parenti / preferire / partire stasera
6. Antonella / decidere / di tornare a casa / per studiare le lezioni

**K.** Fare ad un altro studente o ad un'altra studentessa il maggior numero di domande possibili sul dialogo introduttivo di questa lezione per vedere quanto ne ricorda. *(Ask another student as many questions as possible about the opening dialogue of this lesson to see how much of it he/she can remember.)*

## III. *Verbi irregolari:* dare, fare, stare, volere

— Lupo, **facciamo** una passeggiata.
— Veramente, non **voglio**.

1. **Dare, fare, stare,** and **volere** are irregular in some forms of the present tense.

| dare   to give | | fare   to do | | stare   to be | | volere   to wish, to want | |
|---|---|---|---|---|---|---|---|
| **do**  | diamo | **faccio** | **facciamo** | sto | stiamo | **voglio** | **vogliamo** |
| **dai** | date  | **fai**    | fate | **stai** | state | **vuoi** | volete |
| **dà**  | **danno** | fa | **fanno** | sta | **stanno** | **vuole** | **vogliono** |

*Esempi:*

— **Dai** il libro a Carlo o a Pietro?     — Che cosa **fate** stasera?
— **Do** il libro a Pietro.     — Non **facciamo** niente di speciale.

— Gino e Paolo **stanno** bene?     — **Vuoi** una penna?
— Gino **sta** bene, ma Paolo **sta** male.     — No, **voglio** una matita.

2. **Volere** may be followed by a noun or by a dependent infinitive.

**Voglio un registratore.**     I want a tape recorder.
**Voglio comprare un registratore.**     I want to buy a tape recorder.

3. **Fare** is used in many common idiomatic expressions; for example:

| | |
|---|---|
| **fare colazione**  to have breakfast or lunch | **Faccio colazione** alle otto. |
| **fare una domanda**  to ask a question | **Facciamo una domanda** a Luigi. |
| **fare una gita**  to go on an excursion | **Fai una gita** con Emilio? |
| **fare una passeggiata** to take a walk | Mio padre **fa una passeggiata** nel parco. |
| **fare bel tempo**  to be nice *(weather)* | Oggi **fa bel tempo**? |
| **fare fotografie**  to take pictures | Mi piace **fare fotografie.** |
| **fare freddo**  to be cold *(weather)* | **Non fa freddo** stasera, non è vero? |
| **fare caldo**  to be hot *(weather)* | **Fa caldo** stamattina. |

4. **Stare** in the sense of *to be* is used primarily with expressions of health.

— Come **stai?**     How are you?
— **Sto** bene, grazie.     I'm fine, thanks.

**L.** Sostituire il soggetto delle seguenti frasi con gli altri soggetti indicati, coniugando il verbo nella forma appropriata. *(Replace the subject with the other subjects indicated, conjugating the verb in the appropriate form.)*

1. Claudio vuole andare al cinema. (tu / voi / noi / io)
2. Cosa fate domani? (tu / loro / la professoressa / noi)

3. Sto abbastanza bene. (il professor Binti / tu e Gino / gli studenti / io e tu)
4. Diamo il dizionario allo studente. (lui / lui e lei / tu / io)

**M.** Completare le seguenti frasi con una forma appropriata del verbo *volere*.

1. Io _____ comprare un orologio e Teresa _____ comprare una radio.
2. Voi _____ ordinare un panino, e noi _____ ordinare un tramezzino.
3. Tu _____ mangiare adesso, ed io _____ mangiare più tardi.
4. Il bambino _____ un foglio di carta e le bambine _____ una matita e due penne.
5. Noi _____ discutere di politica, ma loro _____ parlare di teatro.
6. Cameriere, non _____ servire i giovani?

**N.** Domandare alle seguenti persone come stanno e cosa fanno stasera. *(Ask the following persons how they are and what they are doing this evening.)*

▶ Paolo    *Come stai, Paolo? Che cosa fai stasera?*

1. Susanna e Filippo
2. Anna
3. il signor Dini
4. i signori Cristini
5. il professore d'italiano
6. voi e Caterina

**O.** Dire quello che ciascuna persona dà e a chi lo dà. *(State what each person gives and to whom.)*

▶ io / libro / Gianni    *Io do il libro a Gianni.*

1. noi / gettone / Pina
2. cameriere / tè / Tina
3. loro / caffè / amici
4. tu ed Enrico / rivista / Francesco
5. mia madre / limonata / mio padre
6. mio nonno / panino / mia nonna

**P.** Rispondere alle seguenti domande personali con frasi complete. *(Answer the following personal questions with complete sentences.)*

1. Vuole fare fotografie domani?
2. Che cosa fa giovedì sera?
3. Sta a casa quando fa bel tempo?
4. Cosa dà al suo amico oggi?
5. Fa freddo o fa caldo oggi?
6. Con chi fa una gita sabato pomeriggio?
7. Come sta sua sorella?
8. Dove vuole fare colazione stamattina? Al bar? A casa?

**A lei la parola**     Can you express the following in Italian?

1. Ask your friends if they want a ham sandwich and a lemonade.
2. Find out whether your classmates understand the teacher.
3. State that you always have breakfast at seven-thirty in the morning.
4. Deny that you watch television on Sundays.
5. You wish to find out where the post office is. Ask a passer-by.

# Leggere e capire

Review the suggestions for developing reading skills on pages 33–34, and then read the following passage about Tommaso Genovesi's activities for Saturday and Sunday. Read it straight through, for general understanding. Look for cognates to help you understand what the passage means; don't stop to look up words in the end vocabulary. See if you can do all the exercises that follow the passage without help from your instructor.

### Le attività di Tommaso Genovesi

Oggi pomeriggio e domani mattina studio perché dopodomani ho gli esami di storia e sociologia. Stasera non faccio niente di speciale, ma verso le sette penso di fare una passeggiata con il mio amico Francesco al parco di Santa Lucia, non molto lontano dal mio appartamento.

Domani sera sono impegnato. Io e la mia amica Antonella andiamo a teatro ad ascoltare un concerto di musica classica. Mi piace la musica classica ed ho due biglietti per un concerto molto interessante.

Il teatro è vicino al ristorante "Il buongustaio", dove Antonella generalmente suggerisce di andare a mangiare qualcosa dopo il concerto. Domani sera però, voglio andare al Caffè Filippini. Perché? Perché non ho abbastanza soldi.

**A.** Con riferimento alla lettura, rispondere alle domande con frasi complete. *(Answer all the questions in complete sentences, according to the reading.)*

    1. Cosa fa Tommaso oggi pomeriggio e domani mattina? Perché?
    2. Dove va stasera e con chi?
    3. Perché va a teatro domani sera?
    4. Dove pensa di andare dopo il concerto? Perché?

**B.** Trovare nella lettura le seguenti espressioni e trascriverle così come sono nel testo. *(Locate in the reading the following expressions and write them as they appear in the text.)*

    1. history and sociology     6. to eat something
    2. a music concert     7. to walk in the park
    3. classical music     8. to the restaurant
    4. however     9. enough money
    5. not very far     10. tomorrow evening

**C.** Senza guardare la lettura, completare il brano seguente con parole italiane appropriate. *(Without referring to the reading, complete the following paragraph with appropriate Italian words.)*

    Dopodomani ho gli _____ di storia e _____ . Domani sera però, la mia amica ed io _____ a teatro ad _____ un concerto di musica _____ . Dopo il concerto penso di _____ qualcosa al Caffè Filippini perché non ho _____ soldi.

**D.** Creare un buon titolo per il brano dell'esercizio C. *(Create a good title for the paragraph in exercise C.)*

# RIPASSO: Lezioni 3ª & 4ª

In this section, you will review the following: Regular **-are**, **-ere**, and **-ire** verbs (Exercises A–C); Prepositional contractions (Exercise D); **c'è, ci sono** (Exercise E); **ecco** (Exercise F); Clock time (Exercise G); Asking questions (Exercise H); **dare, fare, stare,** and **volere** (Exercise I); Vocabulary and expressions (Exercise J)

**A.** Chiedere le seguenti informazioni ad un altro studente o ad un'altra studentessa. Fare le domande usando il pronome **tu.** *(Ask the following information of another student. Make up questions using the **tu**-form.)* [*Regular* **-are**, **-ere**, *and* **-ire** *verbs*]

1. if he/she is meeting a friend today
2. if he/she is looking for a tape recorder
3. if he/she lives in Palermo
4. if he/she writes to a friend
5. if he/she receives a phone call from a friend
6. if he/she has coffee at a bar with friends
7. if he/she prefers to work or study
8. if he/she sleeps a lot
9. if he/she is leaving for Rome soon
10. if he/she reads the newspaper

**B.** Creare una frase logica per ogni soggetto della colonna A, usando le parole indicate nelle colonne B e C. *(Create a logical sentence for each subject from column A, using the cued words from columns B and C.)* [*Regular* **-are**, **-ere**, **-ire** *verbs*]

| A | B | C |
|---|---|---|
| 1. Io | rispondere | a Roberto |
| 2. Carla | telefonare | di vendere la radio |
| 3. Le sorelle di Lina | suggerire | i libri |
| 4. Io e tu | mandare | alle domande |
| 5. Tu e Carla | perdere | un caffè agli amici |
| 6. Gli studenti | vedere | di andare a teatro |
| | arrivare | il russo e il francese |
| | offrire | al telefono |
| | studiare | tardi domani mattina |
| | | una lettera a mia madre |
| | | i vostri amici |

**C.** Abbinare i verbi di significato contrario, considerando che c'è un verbo in più nella colonna di destra. *(Match the verbs of opposite meaning, keeping in mind that there is one extra verb in the column on the right.)* [*Regular* **-are, -ere, -ire** *verbs*]

| | | | |
|---|---|---|---|
| 1. mandare | | a. | chiedere |
| 2. chiudere | | b. | perdere |
| 3. rispondere | | c. | comprare |
| 4. trovare | | d. | sentire |
| 5. vendere | | e. | partire |
| 6. arrivare | | f. | aprire |
| | | g. | ricevere |

**D.** Completare le seguenti frasi con la forma corretta delle preposizioni articolate. *(Complete the following sentences with the correct form of the prepositional contractions.)* [*Prepositional contractions*]

1. (a) Vai _____ università o _____ bar?
2. (da) Tornano _____ albergo o _____ museo?
3. (su) I libri sono _____ tavolo e non _____ sedia.
4. (in) Pietro entra _____ negozio e poi _____ ristorante.
5. (di) Il gelato è _____ ragazzo e non _____ ragazza.
6. (a) Arrivate _____ ventitré o _____ tredici?
7. (con) I giovani italiani parlano _____ padre di Renzo e _____ fratelli di Gino.
8. (da) Partono _____ stadio o _____ stazione?

**E.** Indicare quante cose e persone ci sono nell'aula di scienze del signor Bonetti. *(Indicate how many things and people there are in Mr. Bonetti's science class.)* [**C'è, ci sono**]

▶ diciassette ragazze     *Ci sono diciassette ragazze.*
▶ una porta     *C'è una porta.*

1. trentatré studenti
2. quattro calcolatrici
3. un orologio
4. un registratore
5. trentasette libri
6. un professore
7. due finestre
8. un computer

**F.** Indicare gli articoli e le persone nell'esercizio E, usando la parola **ecco.** *(Point to the items listed in exercise E, using the word **ecco**.)* [*Ecco*]

▶   diciassette ragazze      *Ecco diciassette ragazze.*

▶   una porta      *Ecco una porta.*

**G.** Dire quale lezione ha Marisa, secondo le ore indicate nel suo orario scolastico del lunedì. *(Tell what class Marisa is in, according to the times indicated in her Monday schedule.)* [*Clock time*]

| L'orario scolastico di Marisa il lunedì | |
| --- | --- |
| 8,30 | matematica |
| 9,30 | fisica |
| 10,30 | inglese |
| 11,30 | chimica |
| 12,30 | geografia |

▶   Sono le nove e dieci.      *Marisa ha lezione di matematica.*

1. Sono le undici.
2. Sono le tredici.
3. Sono le dieci e un quarto.
4. È mezzogiorno e cinque.
5. Sono le nove.
6. Sono le dieci meno venti.

**H.** Formulare le domande in relazione alle seguenti risposte, usando le parole indicate. *(Form questions for the following answers, using the words indicated.)* [*Asking questions*]

▶   Enzo offre un caffè a Bettina. (cosa)      *Cosa offre Enzo a Bettina?*

1. Giulio è alla gelateria con Enrico. (con chi)
2. Il cameriere porta due panini. (chi)
3. I ragazzi vogliono andare al cinema. (dove)
4. Il professore parte domenica. (quando)
5. Ho due biglietti per il teatro. (che cosa)
6. Marta non sta bene. (come)
7. Laura è libera giovedì sera. (quando)
8. Preferiamo acqua minerale. (che cosa)

**I.** Completare le frasi con la forma corretta del presente di **dare, fare, stare** o **volere**. *(Complete the sentences with the appropriate form of the present tense of dare, fare, stare, or volere.)* [*Present tense of* **dare, fare, stare, volere**]

    1. Luigi non _____ colazione stamattina.
    2. Io non _____ andare a teatro con Michele.
    3. Voi _____ male oggi?
    4. Loro _____ una gita con gli amici.
    5. Gli studenti _____ il compito al professore.
    6. Lei non _____ andare a casa adesso.
    7. Luisa, tu come _____ ?
    8. Adriana _____ il dizionario all'amica.

**J.** Esprimere in italiano le seguenti conversazioni. *(Express the following conversations in Italian.)* [*Vocabulary and expressions*]

    1.
| | |
|---|---|
| **Paolo** | Do you want something to drink? |
| **Luigi** | Yes, thanks, I'll have a lemonade. |
| **Paolo** | I prefer an orange soda. Waiter, one lemonade and one orange juice, please. |
| **Waiter** | Right away, sir! |

    2.
| | |
|---|---|
| **Gabriella** | What are you doing the day after tomorrow? |
| **Giulio** | I'm leaving for Rome. |
| **Gabriella** | When do you return to Florence? |
| **Giulio** | Sunday evening. Why? |
| **Gabriella** | Because I'm thinking of going to the movies with you. |

    3.
| | |
|---|---|
| **Caterina** | Maria, how are you? |
| **Maria** | Fine, thanks. What are you up to? |
| **Caterina** | Nothing special. I have exams in two days. |
| **Maria** | Too bad. Are you free Friday evening? |
| **Caterina** | Yes, why? |
| **Maria** | I have two tickets for the theater. Do you want to go with me? |
| **Caterina** | Gladly! I like the theater a lot. |

# LEZIONE 5ª

## Che prezzi!

*La domenica mattina, Romani e turisti visitano il famoso mercato di Porta Portese.*

**SCENA 1ª**

È la settimana di Carnevale e c'è un'atmosfera d'allegria per le strade
di Roma. Giulietta Arbore e Teresa Brancati passeggiano in una via del
centro e guardano le vetrine dei negozi eleganti.

|  |  |  |
|---|---|---|
| **Teresa** | Quante belle cose! | |
| **Giulietta** | Sì, ma che prezzi pazzeschi! | |
| **Teresa** | Non esagerare. Non sono tutti cari i negozi del centro. | |
| 5 **Giulietta** | Senti, ho un'idea brillante. Perché non andiamo a Porta Portese° domenica mattina? | *See cultural note, p. 108* |
| **Teresa** | Ma scherzi°? Sai bene che mi piace dormire la domenica mattina. | Are you kidding? |
| **Giulietta** | Ma dai°! Chi dorme non piglia pesci°. Vengo da te 10 verso le nove. | Go on! / The early bird catches the worm. |
| **Teresa** | Quanta fretta°! Che cosa devi comprare? | Such a rush! |
| **Giulietta** | Un vecchio costume. Fra due giorni vado ad un ballo in maschera di Carnevale e penso di vestirmi da Giulietta°. | I'm thinking of dressing as Juliet. |
| 15 **Teresa** | *(Con ironia)* Che idea originale! Bene, faccio un piccolo sforzo e vengo con te. | |

**SCENA 2ª**

È domenica mattina e Teresa e Giulietta sono al mercato di Porta
Portese, dove vogliono fare acquisti a buon mercato.

|  |  |  |
|---|---|---|
| **Teresa** | Giulietta, ecco un costume carino e costa solo diecimila lire. | |
| **Giulietta** | Sì, è vero, ma forse è per una Giulietta piuttosto 20 grassa. ... E guarda un po', c'è anche un buco°. | hole |
| **Rivenditore** | Signorina, due punti° ed il costume è perfetto. | stitches |
| **Giulietta** | Non è mica facile°. Senti, Teresa, tu che sai cucire così bene. ... | That's not really easy to do. |
| **Teresa** | Mi dispiace, ma non ho molto tempo libero. | |
| 25 **Rivenditore** | Signorina, se vuole, faccio un piccolo sconto. | |
| **Giulietta** | Facciamo settemila lire e lo prendo°. | I'll take it |
| **Rivenditore** | Va bene, ma lei mi vuole rovinare°! | you want to bankrupt me |

**Domande generali**

1. Perché c'è un'atmosfera d'allegria per le strade di Roma?
2. Dove sono Giulietta e Teresa?
3. Che cosa fanno le due ragazze?
4. Dove desidera andare Giulietta domenica mattina?
5. Cosa fa Teresa la domenica mattina?
6. Che cosa deve comprare Giulietta? Perché?
7. Com'è il costume che trova Teresa?
8. Il rivenditore vende il costume a Giulietta a buon mercato?

**Domande personali**

1. Dove va a passeggiare domenica? Con chi va?
2. Come sono i negozi nel suo paese o nella sua città? Sono piccoli? grandi? eleganti? Sono cari o a buon mercato?
3. Che cosa le piace fare il sabato mattina? E il sabato sera?
4. Le piace fare acquisti a buon mercato? Cosa compra?
5. Sa cucire? Sa cucire bene o male? Le piace cucire?
6. I rivenditori nel suo paese o nella sua città fanno gli sconti o vendono a prezzi fissi?

**Modificazioni**

1. — Quante belle cose!                — Sì, ma che prezzi **pazzeschi**!
                                          alti
                                          esagerati
                                          esorbitanti

2. — Vieni da me o vai **da Laura**?    — Vado da Laura.
      da Enzo                           — Vengo da te.
      dallo zio
      dalla nonna
      da loro

3. — Ti piacciono **i negozi eleganti**?   — Sì, mi piacciono molto.
      le canzoni americane                  — No, non mi piacciono.
      le ragazze italiane
      i ragazzi americani

**Vocabolario**

Parole analoghe

| | | |
|---|---|---|
| l'atmosfera | elegante | originale |
| brillante | esagerato/a | perfetto/a |
| il costume | esorbitante | la scena |
| difficile | l'ironia | |

## Nomi

**l'allegria**  joy
**il ballo in maschera**  masked ball
**la canzone**  song
**il Carnevale**  Mardi Gras
**la lira**  lira (Italian currency)
**il prezzo**  price
**la ragazza**  girl
**il ragazzo**  boy
**il rivenditore**  vendor
**lo sconto**  discount
**la settimana**  week
**la strada**  street
**il tempo**  time
**la vetrina**  store window
**la via**  street

## Aggettivi

**alto/a**  high, tall
**carino/a**  pretty
**caro/a**  expensive
**facile**  easy
**grasso/a**  fat
**pazzesco/a**  wild, crazy
**tutto/a**  all
**vecchio/a**  old

## Verbi

**costare**  to cost
**cucire**  to sew
**esagerare**  to exaggerate
**passeggiare**  to take a walk

**sapere** *(irreg.)*  to know, to know how
**venire** *(irreg.)*  to come

## Altre parole ed espressioni

**che**  that; who
**diecimila**  ten thousand
**forse**  perhaps
**piuttosto**  rather
**settemila**  seven thousand
**solo**  only

**a buon mercato**  inexpensive, cheap
**a prezzi fissi**  at fixed prices
**che prezzi!** what prices!; **che prezzi pazzeschi!**  what wild prices!
**è vero**  it's (that's) true
**faccio un piccolo sforzo**  I'll make a small effort
**fare acquisti**  to make purchases
**fare uno sconto**  to give a discount
**mi piacciono i negozi eleganti** I like elegant stores; **ti piacciono le canzoni americane?**  do you like American songs?
**non esagerare!**  don't exaggerate!
**quante belle cose!**  what a lot of beautiful things!
**sai cucire**  you know how to sew
**vengo da te**  I'm coming to your house; **vado da Laura**  I'm going to Laura's house

**Pratica**

**A.** Immagini di andare da solo/a a Porta Portese a comprare un quadro *(painting)* per la sua stanza *(room)*. Lei chiede al rivenditore di farle *(to give you)* uno sconto di seimila lire. Il rivenditore esita un po', ma poi offre uno sconto di quattromila lire e lei compra il quadro. Crei *(Create)* un dialogo appropriato.

**B.** Scrivere un dialogo fra Gabriele e Stefano. Vogliono comprare uno stereo ed un registratore. Vanno prima in un negozio molto caro e poi in un altro dove tutto è a buon mercato.

## NOTA CULTURALE

### Fare spese nelle città italiane

The most elegant and expensive stores of Italian cities are generally located in the downtown area. Their beautifully decorated windows attract the attention of many prospective buyers and passers-by, since the downtown area is the place where people go to shop and meet their friends.

There are also neighborhood stores that are less pretentious and consequently less expensive where people shop on a regular basis. In most cities, there are daily or weekly outdoor markets where one can find many different products at lower or bargain prices. In some cities there are also flea markets such as the one in the Porta Portese area in Rome. Porta Portese is one of the many gates along the walls that surround ancient Rome. It is located along the Tiber River and faces the district of Testaccio. The Porta Portese flea market takes place every Sunday. This famous flea market is an attraction not only for the present-day Romans, but also for tourists looking for bargains and antiques.

*Una vetrina elegante di Firenze*

Come "Portobello" a Londra

Come "La Pulce" a Parigi

ROMA

**Porta Portese**

IL PIU' GRANDE MERCATO

DELLA COMPRAVENDITA

Di Tutto per Tutti

Inserzioni Gratuite ★

Tel. 770041 (8 linee a ricerca automatica)

Anno VIII · N. 65 ● Venerdì 20 settembre 1985 L. 1000

# **Pronuncia**
## I suoni /**k**/ e /**č**/

The sounds /**k**/, as in **che**, and /**č**/, as in **liceo**, are easy to pronounce, but may be troublesome for English speakers to read. The sound /**k**/ is spelled **ch** or **c**. The sound /**č**/ is spelled **c**.

$$/\mathbf{k}/ \begin{cases} = \mathbf{ch} \text{ before } \mathbf{e} \text{ or } \mathbf{i} \\ = \mathbf{c} \text{ (or } \mathbf{cc}) \text{ before } \mathbf{a}, \mathbf{o}, \text{ or } \mathbf{u} \end{cases}$$

$$/\mathbf{č}/ = \mathbf{c} \text{ (or } \mathbf{cc}) \text{ before } \mathbf{e} \text{ or } \mathbf{i}$$

**A.**   Ascoltare l'insegnante e ripetere le seguenti parole.

| /**k**/ = **ch** or **c** | | /**č**/ = **c** | |
|---|---|---|---|
| per**ch**é | **c**aro | ri**c**evere | die**c**i |
| Mi**ch**ele | pi**cc**olo | pia**c**ere | fa**c**ile |
| **ch**i | Fran**c**o | li**c**eo | vi**c**ino |
| **ch**iama | **c**ostume | **c**entro | arrivder**c**i |

**B.**   Leggere ad alta voce le seguenti frasi, e fare attenzione alla pronuncia di *c* e *ch*.

1. Chi chiama Michele?
2. Arrivederci alle undici!
3. C'è anche un buco nel costume.
4. Tu sai cucire, Carla?
5. Che cosa deve comprare?
6. Faccio un piccolo sconto.

**C.**   **Proverbi**   Leggere ad alta voce i seguenti proverbi per imparare a distinguere i suoni /**k**/ e /**č**/. Poi dettarli (*dictate them*) ad un altro studente o ad un'altra studentessa.

**Patti chiari, amici cari.**
   Clear agreements make good friends.

**Lontano dagli occhi, lontano dal cuore.**
   Out of sight, out of mind.

# Ampliamento del vocabolario

## I. Caratteristiche personali

Luigi è **basso**.  Paolo è **alto**.

Enrico è **grande**.  Carlo è **piccolo**.

Gina è **intelligente**.  Marisa è **stupida**.

Elena è **grassa**.  Iole è **magra**.

La signora Dini è **ricca**.  La signorina Donato è **povera**.

Luisa è **allegra**.  Giulietta è **triste**.

Il diavolo è **cattivo**.  L'angelo è **buono**.

Pietro è **giovane**.  Il signor Montilio è **vecchio**.

Giorgio è **bello**.  Alberto è **brutto**.

Note that usually an adjective that ends in **-o** refers to a male and an adjective that ends in **-a** refers to a female. An adjective that ends in **-e** may refer to either a male or a female.

## Altre caratteristiche personali

**calmo/a**  calm, tranquil
**nervoso/a**  nervous

**dinamico/a**  dynamic, energetic
**pigro/a**  lazy

**disinvolto/a**  carefree, self-possessed
**timido/a**  shy, timid

**sincero/a**  sincere
**falso/a**  insincere

**divertente**  amusing
**noioso/a**  boring

**prudente**  careful, cautious
**audace**  bold, daring

**simpatico/a**  nice, pleasant
**antipatico/a**  unpleasant

**gentile**  kind, courteous
**sgarbato/a**  rude

**onesto/a**  honest
**disonesto/a**  dishonest

**A.** Descrivere una delle persone rappresentate nel disegno *(drawing)*. Usare almeno *(at least)* quattro aggettivi nella descrizione.

▶ *La signora Montesi è vecchia; ha ottanta anni. È molto ricca, ...*

Stefano Pastore      Maria Montesi      Antonio Calvino      Valentino De Santis

**B.** Come sono le persone indicate nelle seguenti frasi? Completare ogni frase con un aggettivo appropriato.

1. La signora Fantini ha molti soldi e compra oggetti molto cari. È _____ .
2. Il dottor Valenti ha ottantadue anni e non cammina molto bene. È _____ .
3. Mi piace la musica, mi piacciono le canzoni e mi piace anche la danza. Sono _____ .
4. Mio fratello non lavora. Ha sedici anni e frequenta il liceo. È _____ .

5. A mia sorella non piace studiare e non piace lavorare. È
_____ .

6. Quella donna ha una laurea in medicina e una laurea in legge. È
_____ .

7. Non devo mangiare il gelato e la pizza. Sono piuttosto _____ .

8. Sandro non è timido e in classe parla sempre in italiano. È
_____ .

**C.** Desceiva se stesso/a *(yourself)*, o un amico o un'amica, usando alcuni
aggettivi ed altre espressioni utili.

▶ *Mi chiamo Giorgio Donati. Sono giovane; ho venti anni ...*

## II. *Tappe della vita* (Stages of life)

il bambino   il ragazzo   il giovane   l'uomo   l'anziano
(*pl.* gli uomini)

la bambina   la ragazza   la giovane   la donna   l'anziana

Note that some adjectives in Italian are used as nouns.

**giovane** young     **il giovane** the young man
**la giovane** the young woman

**D.** Dire come si chiamano, di quale città italiana sono e quanti anni hanno le persone rappresentate nel disegno a pagina 112. Usare la fantasia!

► *Il bambino si chiama Mario. È di Roma ed ha un anno.*

**E.** Indicare quale relazione c'è fra le persone nel disegno a pagina 112. Usare la fantasia!

► *La donna è moglie dell'uomo.*

# Struttura ed uso

## I. Concordanza degli aggettivi qualificativi

Angelina è sempre **allegra.**

In Italian, descriptive adjectives (**aggettivi qualificativi**) agree in number and gender with the nouns they modify, in contrast to English usage. There are two main classes of descriptive adjectives.

**1.** Adjectives whose masculine singular ends in **-o** have four forms.

| | |
|---|---|
| Roberto è **alto.** | Roberto is *tall.* |
| Marisa è **alta.** | Marisa is *tall.* |
| Roberto ed Enrico sono **alti.** | Roberto and Enrico are *tall.* |
| Marisa e Paola sono **alte.** | Marisa and Paola are *tall.* |

**2.** Adjectives whose masculine singular ends in **-io** also have four forms, but they do not add a second **i** in the masculine plural.

> Lo zio di Ennio è **vecchio.**  Ennio's uncle is *old.*
> Gli zii di Gina sono **vecchi.**  Gina's uncles are *old.*

**3.** Adjectives whose masculine singular ends in **-e** have only two forms.

> Enrico è ⎱ **triste.**  Enrico is ⎱ *sad.*
> Carla è ⎰  Carla is ⎰

> I ragazzi sono ⎱ **tristi.**  The boys are ⎱ *sad.*
> Le ragazze sono ⎰  The girls are ⎰

**4.** When a descriptive adjective modifies two or more nouns of different gender, the masculine plural form is always used.

> Stefano ed Antonella sono **allegri.**  Stefano and Antonella are *happy.*
> Mio fratello e mia sorella sono **bassi.**  My brother and sister are *short.*

**5.** The following chart summarizes the agreement of many common descriptive adjectives.

|  |  | Singular | Plural | Examples |
|---|---|---|---|---|
| **Class 1** | *m.* | **-o** | **-i** | alto, alti |
|  | *f.* | **-a** | **-e** | alta, alte |
| **Class 2** | *m./f.* | **-e** | **-i** | triste, tristi |

**6.** Adjectives of nationality are descriptive adjectives, and may have four forms or two forms, as shown in the chart below.

| Four forms | Two forms |
|---|---|
| americano, -a, -i, -e | canadese, -i |
| italiano, -a, -i, -e | cinese, -i |
| messicano, -a, -i, -e | francese, -i |
| russo, -a, -i, -e | giapponese, -i |
| spagnolo, -a, -i, -e | inglese, -i |
| tedesco, -a, -chi, -che | |

**A.** Dire che le seguenti cose e persone sono vecchie, moderne, nuove *(new)* o giovani, usando *(using)* la forma appropriata dell'aggettivo.

▶   museo di questa città / vecchio      *Il museo di questa città è vecchio.*

1. ospedale vicino allo stadio / nuovo
2. teatro Sistina / moderno
3. zia di Lina / giovane
4. il nonno e la nonna / vecchio
5. riviste di Massimo / vecchio
6. biblioteca dell'università / moderno
7. macchina da scrivere di Paolo / nuovo
8. sorellina di Marisa / giovane

**B.** Dire che le seguenti persone e cose sono belle, usando la forma appropriata dell'aggettivo.

▶   costume di Giulietta      *Il costume di Giulietta è bello.*

1. orologi di mio padre
2. canzoni italiane
3. chiese di Roma
4. Piazza Navona
5. negozi di Firenze
6. Università di Urbino

**C.** Completare la seconda frase con un aggettivo di significato opposto *(opposite meaning)* a quello usato nella prima frase.

▶   Antonella è allegra. Luigi e Filippo _____ .      *Luigi e Filippo sono tristi.*

1. Alberto è povero. Anna e Nino _____ .
2. Laura è buona. Le figlie di Carla _____ .
3. Teresa è intelligente. Roberto _____ .
4. Le ragazze sono piccole. I ragazzi _____ .
5. Gianni è giovane. Alfredo _____ .
6. Luisa è grassa. Angela e Maria _____ .
7. La madre di Franca è bella. Le zie di Aldo _____ .
8. Io sono alto. Gli amici di Riccardo _____ .

**D.** Dare la nazionalità delle seguenti persone.

▶ Mary (canadese)   *Mary è canadese.*

1. Charles e Diana (inglese)
2. Pablo e Maria (spagnolo)
3. Anne e Sylvie (francese)
4. Helga (tedesco)
5. Bill e Bob (americano)
6. Dimitri ed Ivan (russo)

## II. Posizione degli aggettivi qualificativi con i nomi

— È una **bella donna,** non è vero?
— Sì, è vero. È proprio una **donna bella**!

There are two main categories of adjectives: *descriptive* (adjectives that indicate the qualities of a noun) and *limiting* (adjectives that specify and can be demonstrative, numerical, possessive or indefinite adjectives). The position of descriptive and limiting adjectives in relationship to a noun varies.

### Descriptive adjectives

**1.** In Italian, most descriptive adjectives follow the noun they modify, in contrast to English usage.

| | |
|---|---|
| Ho un'**idea brillante.** | I have a *brilliant idea.* |
| Non ho molto **tempo libero.** | I don't have much *free time.* |
| Ecco un **costume carino!** | There's a *pretty costume!* |
| Che **prezzi pazzeschi!** | What *wild prices!* |

**2.** Certain common descriptive adjectives, such as **bello, cattivo,** and **buono,** ordinarily precede the noun they modify. When they follow the noun, it is usually for emphasis or contrast.

— Lisa è una **bella ragazza.**

— Sì, è vero. È proprio una **ragazza bella!**

— Lisa is a *beautiful girl.*

— Yes, it's true. She's really a *beautiful girl!*

— Carlo è un **cattivo ragazzo?**

— No, è un **ragazzo buono.**

— Is Carlo a *bad boy?*

— No, he's a *good boy.*

**3.** Here is a list of common descriptive adjectives that generally precede the noun. They may follow the noun to indicate emphasis.

| | |
|---|---|
| **bello/a**   beautiful; nice | **grande**   large, great |
| **bravo/a**   capable, good | **lungo/a**   long |
| **brutto/a**   ugly | **nuovo/a**   new |
| **buono/a**   good | **piccolo/a**   small, little |
| **caro/a**   dear | **stesso/a**   same |
| **cattivo/a**   bad | **vecchio/a**   old |
| **giovane**   young | **vero/a**   true, real |

**4.** The adjective **bello** is a regular four-form adjective when it occurs after the verb **essere** or when it follows a noun. When it precedes a noun, it has the following forms:

| M. Singular | M. Plural | F. Singular | F. Plural |
|---|---|---|---|
| il **bel** museo | i **bei** musei | la **bella** donna | le **belle** donne |
| il **bello** stadio | i **begli** stadi | la **bell'**amica | le **belle** amiche |
| il **bell'**uomo | i **begli** uomini | | |

### Limiting adjectives

**1.** Limiting adjectives (including demonstrative, possessive, and numerical adjectives) always precede the noun they modify.

**Questa sera** Teresa va a teatro.

La domenica **mia sorella** dorme fino a tardi.

Ho **due fratelli.**

*This evening* Teresa is going to the theater.

*My sister* sleeps late on Sundays.

I have *two brothers.*

**2.** The adjective **molto (molta, molti, molte)** means *much* or *many* and always precedes the noun it modifies.

Non ho **molto lavoro** oggi.       I don't have *much (a lot of) work* today.
Ho **molti dischi** americani.       I have *many* American *records.*

Note that **molto** can also be an adverb with the meaning *very* or *a lot.* When used as an adverb, **molto** has only one form. As an adverb, it can modify an adjective, another adverb, or a verb.

I negozi italiani sono **molto eleganti.**       The Italian stores are *very elegant.*
La signora Bellini è **molto alta.**       Mrs. Bellini is *very tall.*
Pino guida **molto lentamente.**       Pino drives *very slowly.*
Mio fratello **spende molto.**       My brother *spends a lot.*

**E.**   Dire ad un amico/un'amica che i seguenti luoghi ed oggetti sono belli.

▶   il parco       *Il parco è bello.*

1. lo stadio moderno
2. la vecchia chiesa
3. la via centrale
4. i nuovi alberghi
5. il teatro del centro
6. i negozi eleganti
7. le biblioteche inglesi
8. il museo di Firenze

**F.**   Trasformare le seguenti espressioni dal singolare al plurale.

▶   la signorina elegante       *le signorine eleganti*

1. il nonno magro
2. la famiglia americana
3. la bella signora
4. lo studente canadese
5. il grande ospedale
6. la giovane grassa
7. il costume nuovo
8. la studentessa generosa

**G.**   Completare ogni frase con la forma corretta degli aggettivi.

▶   (allegro) Lucia è una ragazza _____ .       *Lucia è una ragazza allegra.*

1. (alto) Mauro è un ragazzo _____ .
2. (inglese) Ecco due signore _____ .
3. (americano) Jane e Kathy sono studentesse _____ .
4. (italiano) Ecco una professoressa _____ .
5. (nuovo) Ho due _____ costumi.
6. (intelligente) Abbiamo molte amiche _____ .
7. (magro) Dario è un ragazzo molto _____ .

**H.** Dire che le cose che Milena compra, ha, ecc. sono belle, mettendo l'aggettivo prima del nome.

▶ Compra molti dischi. *Compra molti bei dischi.*

1. Ha un'automobile italiana.
2. Abita in un appartamento in via Nazionale.
3. Compra un libro per la madre.
4. Ha un costume nuovo.
5. Lavora in un albergo del centro.
6. Va sempre a vedere film americani.
7. Legge molti libri d'arte.
8. Guarda un programma alla televisione.

**I.** Completare le seguenti frasi con l'uso corretto di *molto.*

▶ Il nonno è _____ vecchio    *Il nonno è molto vecchio*
  ed ha _____ pazienza.       *ed ha molta pazienza.*

1. Ci sono _____ belle cose nei negozi del centro.
2. I prezzi sono _____ alti.
3. Non è _____ difficile trovare vecchi costumi.
4. A Porta Portese Rita spende _____ lire.
5. Carlo è _____ intelligente.
6. In via Dante ci sono _____ vetrine eleganti.
7. Il bambino di Francesco è _____ bello.
8. Perché parli _____ in classe?
9. Non ho _____ fame, ma ho _____ sonno.

*Un ristorante all'aperto in Piazza Navona a Roma*

### III. Due significati speciali di da (tempo e luogo)

**Da quanto tempo** sei qui?

1. The present tense is used with **da** plus expressions of time to indicate *for how long something has been going on up to the present time.* Compare the following Italian and English sentences and notice the difference in the verb tenses used.

| | |
|---|---|
| — Da quanto tempo **sei** a Genova? | — How long *have you been* in Genoa? |
| — **Sono** a Genova da due settimane. | — *I've been* in Genoa for two weeks. |
| — Da quanto tempo **lavori**? | — How long *have you been working*? |
| — **Lavoro** da un mese. | — *I've been working* for one month. |

2. **Da** may mean *at* or *to someone's house or place of business* when it is followed by a noun referring to a person. **Da** contracts with the definite article.

| | |
|---|---|
| Andiamo **da Rosa.** | We're going *to Rosa's (house).* |
| Sono **dal dottore.** | I'm *at the doctor's (office).* |
| Vai **dalla signorina Capezio?** | Are you going *to Miss Capezio's (house)?* |

J.  Domandare ad un altro studente o ad un'altra studentessa da quanto tempo fa le seguenti attività.

▶  guardare la televisione (un'ora)  S1: *Da quanto tempo guardi la televisione?*
S2: *Da un'ora.*

1. ascoltare la radio (mezz'ora)
2. abitare a Genova (un anno)
3. lavorare qui (due anni)
4. aspettare Marco (dieci minuti)
5. studiare l'italiano (tre mesi)
6. essere in Svizzera (due settimane)
7. leggere il giornale (venti minuti)
8. guardare le vetrine (due ore)

**K.** Dica che lei va a casa o nei posti di lavoro delle seguenti persone, usando *da* + la forma appropriata dell'articolo determinativo.

▶ la signora Ricci    *Vado dalla signora Ricci.*

| | | |
|---|---|---|
| 1. dottore | 3. zia | 5. Aldo |
| 2. professore | 4. nonni | 6. meccanico |

**L.** Dire dove sono le seguenti persone.

▶ Lidia e Laura: architetto    *Lidia e Laura sono dall'architetto.*

1. Paolo: Carla
2. noi: sorella di Raffaele
3. tu: nonni
4. il signor Renzi: figli

5. tu e Giacomo: signora Bettini
6. il signor Carelli: ingegner Bruni

# IV. *Verbi irregolari:* andare e venire

**Vieni** a fare due passi con me?

**1.** The verbs **andare** and **venire** are irregular in some forms of the present tense.

| andare    to go | | venire    to come | |
|---|---|---|---|
| **vado** | andiamo | **vengo** | veniamo |
| **vai** | andate | **vieni** | venite |
| **va** | **vanno** | **viene** | **vengono** |

**2. Andare** and **venire** require **a** before an infinitive.

I ragazzi **vanno a mangiare** al ristorante.　　The boys *are going* to the restaurant *to eat.*

**Vengo a fare colazione** con te domani.　　*I'm coming to have lunch* with you tomorrow.

**M.** Un gruppo di studenti arriva a Firenze da varie città italiane. Dire da quale città viene ognuno e a quale città va.

▶　Marco: Assisi / Pisa　　*Marco viene da Assisi e va a Pisa.*

1. Aldo: Firenze / Roma　　　4. Anna e Bettina: Milano / Ravenna
2. io: Orvieto / Napoli　　　　5. Paola: Bologna / Torino
3. noi: Palermo / Venezia　　　6. voi: Bari / Siena

**N.** Domandare se le seguenti persone vengono dai luoghi indicati.

▶　Paola ed Andrea: banca / mercato　　*Vengono dalla banca o dal mercato?*

1. la signorina Lorenzi: ufficio postale / chiesa
2. Michele: museo / biblioteca
3. i signori Colonna: albergo / stazione
4. la sorella di Fabio: cinema / teatro
5. gli amici di Silvia: liceo / università
6. il dottor Donati: bar / ristorante

**O.** Dire che queste persone vanno al luogo indicato.

▶　Maurizio: ospedale　　*Maurizio va all'ospedale.*

1. mia nonna: chiesa di San Giacomo
2. noi: biblioteca nazionale
3. tu: stazione

4. i suoi cugini: teatro Sistina
5. Antonio: università
6. tu e Riccardo: ristorante

**P.**  Formare frasi complete con le parole indicate nelle colonne A, B e C.

| A | B | C |
|---|---|---|
| io |  | lavorare con te |
| tu | andare | studiare in biblioteca |
| lui | venire | mangiare da mia cugina |
| loro |  | comprare il prosciutto al mercato |
| noi |  | vedere il tuo nuovo costume |
|  |  | fare acquisti al centro |

## V. Che e quanto *nelle esclamazioni*

**Che** bello! Andiamo in montagna!

1. **Che** plus a noun or an adjective is used to express surprise, approval, annoyance, or astonishment in exclamatory sentences. The exact meaning depends on the context or situation. The equivalent in English is *what a!* (+ noun, or adjective and noun) or *how!* (+ adjective).

> **Che** bambino noioso!       *What an* annoying child!
> **Che** bello!       *How* beautiful!

2. **Quanto** (-a, -i, -e) plus a noun is used to express surprise or astonishment in exclamatory sentences. The equivalent in English is *such (a lot of)!, what (how much)!, so much!,* etc.

| | |
|---|---|
| **Quanto** gelato! | *Such a lot of* ice cream! |
| **Quanta** pazienza! | *What (How much)* patience! |
| **Quanti** negozi! | *So many* stores! |
| **Quante** domande! | *So many* questions! |

**Q.** Domandare ad un altro studente o ad un'altra studentessa come si dicono *(how one says)* le seguenti espressioni in italiano, usando *(using)* la parola esclamativa **che**.

▶ What confusion!    S1: *Come si dice "What confusion" in italiano?*

                              S2: *Si dice "Che confusione!"*

1. What a library!          3. What a museum!
   How beautiful!             How beautiful!
   What a beautiful library!    What a beautiful museum!
2. What a hotel!            4. What a waiter!
   How beautiful!             How nice!
   What a beautiful hotel!      What a nice waiter!

**R.** Domandare ad un altro studente o ad un'altra studentessa come si dicono le seguenti espressioni in italiano, usando la forma appropriata della parola esclamativa *quanto.*

▶ So many things!    S1: *Come si dice "So many things!" in italiano?*

                              S2: *Si dice "Quante cose!"*

1. So much hunger!      4. What thirst!
2. Such a lot of work!    5. Such elegant stores!
3. So many children!     6. Such a rush!

**S.** Reagire *(React)* alle seguenti situazioni in maniera opportuna, usando alcune esclamazioni della lista.

| | | |
|---|---|---|
| che cattivo/a! | che peccato! | che intelligente! |
| che fortuna! | che bravo/a! | quanta volontà! |
| che bello/a! | che generoso/a! | che bel complimento! |

1. Il professore d'italiano dice *(says)* che non ci sono esami oggi.
2. Suo fratello dice che c'è un ballo in maschera sabato.
3. A Claudia non piace andare al Teatro tenda.

4. La sua amica dice che parla quattro lingue.
5. Un bambino di quattro anni scrive il suo nome.
6. Paolo dice che desidera fare molte cose.
7. Il signor Carletti dà molti soldi al figlio.
8. Il professore dice che lei è intelligente.

**A lei la parola**
1. Tell your professor that you have an old typewriter.
2. Ask another student how long he/she has been studying Italian.
3. Say that your mother is coming Tuesday afternoon.
4. State that you have been reading for twenty minutes.
5. You go to a masked ball. React to the many beautiful costumes you see.

# Attualità

## Conosce Venezia?

Venezia è costruita sull'acqua. Barche°, motoscafi° ed eleganti gondole          Boats / motorboats
trasportano i cittadini ed i turisti da un luogo all'altro della città.
Chiamata la "Serenissima" o la città di San Marco e del Leone alato°,          winged
Venezia fu° una delle più prospere repubbliche marinare del Medioevo.          was
Centro storico monumentale è la splendida Piazza San Marco con la
basilica di San Marco e il Palazzo Ducale. Venezia è oggi centro di
numerose attività culturali come la Mostra internazionale d'arte
cinematografica, l'Esposizione internazionale, la Biennale d'Arte ed il
Carnevale in costume. Di grande attrazione turistica è la rievocazione°          reenactment
della Regata storica che viene fatta nella prima domenica di settembre.
La Regata si svolge sul Canal Grande ogni anno dal 1300 e ad essa
prendono parte 300 personaggi in vivaci e bellissimi costumi
folcloristici.

ANTICO PIGNOLO
ROSTERIA VENEZIA PIZZERIA

## *La Città del Vaticano*

*Veduta panoramica di
Piazza San Pietro*

In Italia ci sono due stati indipendenti: la Città del Vaticano e San
Marino.

La Città del Vaticano è lo stato sovrano più piccolo del mondo. È
situata dentro la città di Roma, sulla riva destra° del fiume Tevere. Ha    right bank
circa mille abitanti ed una superficie di 0,44 Km² (zero virgola
quarantaquattro chilometri quadrati). La Città del Vaticano fu°    was
costituita come stato independente l'11 febbraio 1929
(millenovecentoventinove) con un concordato tra lo Stato Italiano e la
Santa Sede°. Il Vaticano stampa° propri francobolli° ed una moneta°    Holy See / prints / stamps /
propria, ma usa la lira italiana.    currency

Il territorio del Vaticano comprende la piazza e la basilica di San
Pietro, il palazzo, i musei ed i giardini° vaticani. Inoltre°, al Vaticano    gardens / Furthermore
appartengono° vari palazzi nella città di Roma e le basiliche di San    belong
Giovanni in Laterano, Santa Maria Maggiore e San Paolo fuori le
mura°.    outside the walls

## San Marino

San Marino è una piccola repubblica indipendente dall'Italia situata fra le province di Pesaro ed Urbino (Marche) e di Forlì (Emilia-Romagna). Ha circa ventimila abitanti ed una superficie di circa 60 Km² (sessanta chilometri quadrati). San Marino è lo stato più antico° d'Europa ed è indipendente dall'Italia dall'885 (ottocentottantacinque) dopo Cristo.

　ancient

L'economia dello stato, inizialmente agricolo, si basa oggi sul turismo e sull'artigianato°. San Marino stampa propri francobolli, molto ricercati° dai collezionisti.

　craftsmanship
　sought after

**Abbinamento**　Abbinare correttamente gli elementi della colonna A con quelli della colonna B. C'è un elemento in più nella colonna B.

| A | B |
|---|---|
| 1. La Piazza di San Marco | a. San Marino e Città del Vaticano |
| 2. Piccolo stato nel centro di Roma | b. San Giovanni in Laterano |
| 3. Un attributo della città di Venezia | c. le gondole |
| 4. Lo stato più antico dell'Europa | d. Venezia |
| 5. Una basilica romana che appartiene alla città del Vaticano | e. La Biennale d'Arte |
| 6. Due stati indipendenti in Italia | f. Venezia e Viareggio |
| 7. Caratteristici mezzi di trasporto di Venezia | g. la città del Vaticano |
| | h. la Serenissima |
| | i. San Marino |

*Francobolli della Città del Vaticano*

# LEZIONE 6ª

## Ma dove ha preso i soldi?

*Moto e motorini sono il soggetto di discussione di questi giovani.*

Edoardo Filipponi e Valerio Marotta, due giovani napoletani, sono nella pizzeria "Il Marinaio." Mentre mangiano una pizza, parlano fra di loro.

| | | |
|---|---|---|
| **Edoardo** | Sabato scorso sono andato dal meccanico per fare aggiustare i freni della mia macchina°, e lì, sai chi ho incontrato? Sergio. | to have the brakes of my car fixed |
| **Valerio** | Ma non è andato in vacanza in Inghilterra il quindici giugno? | |
| **Edoardo** | No, ha rimandato la partenza° al venti luglio. Comunque ho visto il suo ultimo acquisto. | he postponed his departure |
| **Valerio** | Che acquisto ha fatto? | |
| **Edoardo** | Ha comprato una nuova moto rossa di marca giapponese. | |
| **Valerio** | Davvero!° Ma dove ha preso i soldi?° | Really! / But where did he get the money? |
| **Edoardo** | Aspetta un minuto. Ordiniamo prima un po' di vino? | |
| **Valerio** | Perché no! Questa pizza è molto buona, ma mette molta sete°. Signorina, del vino°, per piacere. | it makes one very thirsty / some wine |
| **Signorina** | Rosso o bianco? | |
| **Valerio** | Rosso, grazie. | |
| **Signorina** | Va bene. | |
| **Valerio** | Dunque, questi soldi da dove sono venuti? | |
| **Edoardo** | È molto semplice: ha vinto al totocalcio°. | a lottery based on the results of soccer matches |
| **Valerio** | Sergio è sempre fortunato. Io gioco ogni settimana ma non vinco mai. Quindi niente moto° per me. | no motorcycle |
| **Edoardo** | Poverino! Ah, ecco il vino. Prendi! Bevi e dimentica° la tua sfortuna. | Drink and forget |

**Domande generali**

1. Dove sono Edoardo e Valerio?
2. Che cosa fanno?
3. Dov'è andato Edoardo sabato scorso?
4. Chi ha incontrato?
5. Quando parte Sergio per l'Inghilterra?
6. Che cosa ha comprato Sergio?
7. Dove ha preso i soldi?
8. Secondo Valerio, com'è Sergio?
9. Cosa fa Valerio ogni settimana?
10. È fortunato Valerio? Perché o perché no?

**Domande personali**

1. Dove va lei quando vuole mangiare una pizza?
2. Che cosa preferisce bere quando mangia una pizza?
3. Lei ha la moto, la macchina o la bicicletta? Di che marca è? Quale marca preferisce?
4. Se lei ha una moto o una macchina, come le piace guidare? Lentamente o velocemente?
5. Gioca alla lotteria? Vince qualche volta?
6. C'è il totocalcio nel suo paese o nella sua città?

**Modificazioni**

1. — Dove sei andato/a **sabato** scorso?
                           lunedì
                           giovedì
                           il mese
                           l'anno
— Sono andato/a **dal meccanico.**
                      da Marta
                      all'ospedale
                      in Italia
                      negli Stati Uniti

2. — È partito/a il quindici giugno?       — No, parto il **venti** luglio.
                                                         dieci
                                                        quindici
                                                        trenta
                                                        primo

3. — Ordiniamo **un po' di vino rosso?**     — **Buona idea!**
                    un po' di acqua             No, basta così.
                    una limonata                Si, volentieri.
                    una birra                    Si, chiamo il cameriere?
                    un cappuccino             Perché no!

**Vocabolario**

Parole analoghe

| | | |
|---|---|---|
| **fortunato/a** | **il meccanico** | **la pizzeria** |
| **la lotteria** | **la pizza** | |

Nomi

| | |
|---|---|
| **l'acquisto**  purchase | **giugno**  June |
| **la birra**  beer | **l'Inghilterra**  England |
| **il freno**  brake | **luglio**  July |

**la macchina**  car
**la marca**  brand name
**il mese**  month
**la moto(cicletta)**  motorcycle
**la partenza**  departure
**la sfortuna**  bad luck, misfortune
**i soldi**  money
**gli Stati Uniti**  the United States
**il totocalcio**  lottery based on soccer
  games
**il vino**  wine

**preso**  *irreg. p.p. of* **prendere**
**venuto**  *irreg. p.p. of* **venire**
**vincere**  to win; **vinto**  *irreg. p.p.*
**visto**  *irreg. p.p. of* **vedere**

Altre parole ed espressioni

**comunque**  however
**davvero!**  really!
**dunque**  then, so
**lentamente**  slowly
**lì**  there
**mentre**  while
**poverino/a!**  you poor thing!
**prima**  first
**qual/e?** (*pl.* **quali**)  which?
**quindi**  therefore
**sempre**  always
**velocemente**  fast

Aggettivi

**bianco/a**  white
**napoletano/a**  Neapolitan, from
  Naples
**niente**  no, none
**rosso/a**  red
**scorso/a**  last
**semplice**  simple
**sfortunato/a**  unlucky, unfortunate
**ultimo/a**  latest, last *(in a series)*

**aspetta un minuto**  wait a minute
**basta così**  that's enough
**fra di loro**  between (among)
  themselves
**in vacanza**  on vacation
**non ... mai**  never, not . . . ever
**per piacere**  please
**perché no?**  why not?
**il venti luglio**  July 20
**il quindici giugno**  June 15

Verbi

**aggiustare**  to fix
**dimenticare**  to forget
**fatto**  *irreg. p.p. of* **fare**

**Pratica**

**A.** Immagini di dovere andare a riprendere la sua moto dal meccanico. Lei telefona al suo amico Marco per chiedergli un passaggio. Marco risponde che gli dispiace ma non può accompagnarlo, perché deve andare al centro con suo fratello.

**B.** Prepari un brano sulle attività che pensa di fare ogni giorno di questa settimana. Usi alcuni dei seguenti verbi ed espressioni.

comprare una moto
fare le spese
cucire un costume
passeggiare nel parco

andare a teatro o al cinema
parlare con gli amici
partire per le vacanze
giocare al totocalcio

## NOTA CULTURALE

### I giovani italiani

Italian young people are not very different from their American counterparts. The majority of them attend secondary school, and, after graduation *(dopo la maturità)*, a good number of them go to work, while others go to the university or other institutions of higher learning such as *l'Accademia delle Belle Arti* or *il Conservatorio di Musica*. During the summer months, many go abroad for vacation or to learn a foreign language. One year of military service is obligatory for all young men.

Young adults often live at home with their parents *(i genitori)*. This is due mainly to economic reasons, a chronic housing shortage, and the closely-knit nature of many Italian families. They enjoy sports, music, dancing, parties, and trips, and they love spending time doing things with their friends such as taking walks, going to the movies, and having snacks at an outdoor *caffè*, *bar*, or a fast food establishment.

But to have *la macchina*, *la moto* or *il motorino*—a moped—is the aspiration of most Italian young people. Since the weather in Italy is generally rather mild, the *moto* or *motorino* is their favorite way of getting around town. This means of transportation has many advantages in the eyes of the young. It is fast and it isn't cumbersome, very attractive qualities when one considers the narrow streets and the heavy traffic of Italian cities. Most important, in a country where gasoline *(la benzina)* is very expensive, *le moto ed i motorini* are very cheap to run.

*Due giovani studenti sono pronti per fare una corsa in motocicletta.*

## Pronuncia
I suoni /**r**/ e /**rr**/

Italian /**r**/ (spelled **r**) and /**rr**/ (spelled **rr**) are very different from English /**r**/ as pronounced in the United States. Italian /**r**/ is "trilled" once, that is, pronounced with a single flap with the tip of the tongue against the gum ridge behind the upper front teeth. This produces a sound similar to the *tt* in *bitter, better, butter,* when the English words are pronounced rapidly. The sound /**rr**/ is produced with a multiple flap of the tip of the tongue.

**A.** Ascoltare l'insegnante e ripetere le seguenti parole.

| /**r**/ | | /**rr**/ | |
|---|---|---|---|
| radio | trova | arrivederci | carriera |
| ragazza | grazie | Inghilterra | terra |
| andare | Franco | birra | Corrado |
| desidera | frequento | arrivare | Ferrari |

**B.** Leggere ad alta voce le seguenti frasi. Fare particolare attenzione alla pronuncia di *r* e *rr*.

1. Franco telefona a Marisa Martinelli.
2. Romana desidera andare in Inghilterra.
3. Buon giorno, Signor Rossini.
4. Arrivederci, signorina.

**C. Proverbio**  Leggere ad alta voce il seguente proverbio e poi dettarlo ad un altro studente o ad un'altra studentessa.

**Rosso di sera, bel tempo si spera.**
Red sky at night, sailor's delight.

# Ampliamento del vocabolario

## I. Le stagioni ed i mesi dell'anno

| **la primavera** | **l'estate** *(f.)* | **l'autunno** | **l'inverno** |
|---|---|---|---|
| aprile | luglio | ottobre | gennaio |
| maggio | agosto | novembre | febbraio |
| giugno | settembre | dicembre | marzo |

**1.** The months of the year are not capitalized in Italian.

    **aprile** April   **luglio** July

**2.** The preposition **a** is usually used with the names of the months to express *in*, as *in February, in March,* etc.

    **A febbraio** vado in Italia.    *In February* I go to Italy.

**3.** The first day of the month is expressed with an ordinal number. The other days are expressed with cardinal numbers.

| | |
|---|---|
| È il **primo (di)** novembre. | It's the *first of* November. (It's November 1.) |
| È il **due (tre, quattro,** ecc.**) (di)** dicembre. | It's the *second (third, fourth, etc.) of* December. |

Note that the definite article **il** is always used in front of the ordinal or cardinal number in expressing dates. The preposition **di** between the day and the month is optional.

4. The prepositions **in** and **di (d')** are used with the names of the seasons to express *in*.

> **in primavera**   in spring      **in autunno**   in fall
> **d'estate**   in summer          **d'inverno**   in winter

5. The adjectives pertaining to the four seasons are: **primaverile, estivo/a, autunnale, invernale.**

> È una bella giornata **primaverile.**      It's a beautiful *spring* day.
> Ho un bel vestito **estivo.**              I have a beautiful *summer* dress.

**A.** Rivolgere *(Ask)* le seguenti domande ad un altro studente o ad un'altra studentessa.

1. Quale stagione dell'anno preferisci?
2. In quale stagione dell'anno è il tuo compleanno *(birthday)*?
3. In quale stagione è il compleanno di tuo fratello o di tua sorella?
4. Quali sono i mesi invernali?
5. Fai gite in montagna nella stagione estiva o autunnale?
6. In quale stagione giochi a tennis?
7. Qual è la data di oggi? e di domani?
8. Qual è il primo mese dell'anno? e l'ultimo?

**B.** Esprimere le seguenti date in italiano.

▶ March 10     *È il dieci (di) marzo.*

▶ October 1st  *È il primo (di) ottobre.*

| | | |
|---|---|---|
| 1. April 5 | 3. May 9 | 5. December 21 |
| 2. January 1 | 4. July 24 | 6. September 11 |

**C.** Imparare *(Learn)* i seguenti versi rimati sui mesi:

| | |
|---|---|
| **Trenta giorni ha novembre,** | Thirty days has November, |
| **con aprile, giugno e settembre,** | April, June, and September. |
| **di ventotto ce n'è uno,** | Of twenty-eight there's only one. |
| **tutti gli altri ne han trentuno.** | All the rest have thirty-one. |

1. Qual è il mese che ha solamente *(only)* ventotto giorni?
2. Quali sono i mesi che hanno trenta giorni? Quali trentuno?
3. Quanti giorni ha il mese di febbraio in un anno bisestile *(leap year)*?

## II. Alcune espressioni di tempo al passato

Here is a list of some useful time expressions you can use to refer to events that occurred yesterday, recently, or a long time ago in the past.

---

*Espressioni con* **ieri**

**ieri**   yesterday
**ieri mattina**   yesterday morning
**ieri pomeriggio**   yesterday afternoon
**ieri sera**   yesterday evening
**l'altro ieri**   the day before yesterday

*Espressioni con* **scorso**

**sabato scorso**   last Saturday
**la settimana scorsa**   last week
**il mese scorso**   last month
**l'anno scorso**   last year

*Espressioni con* **fa**

**un'ora fa**   one hour ago
**due giorni fa**   two days ago
**tre settimane fa**   three weeks ago
**quattro mesi fa**   four months ago
**cinque anni fa**   five years ago
**molto tempo fa**   a long time ago
**poco tempo fa**   not long ago, a little while ago
**qualche tempo fa**   some time ago

---

**D.**   Risponda brevemente alle seguenti domande, indicando quando lei ha fatto le seguenti cose. Usi alcune espressioni di tempo al passato.

▶   Quando ha mangiato la pizza?   *Ieri sera.*

1. Quando ha comprato la macchina nuova?
2. Quando è andato/a in Italia?
3. Quando è arrivato/a all'università?
4. Quando ha comprato il giornale?
5. Quando è stato/a in ospedale?
6. Quando è andato/a allo stadio?
7. Quando è andato/a al bar con gli amici?

CAFFÈ — BAR — PIZZERIA — BIRRERIA

**Federale**

**FEDERALE PIAZZA**
RITROVO AMICO

Piccolo ristorante
Piatti per buongustai

# Struttura ed uso

## I. *Passato prossimo con* avere

**Hai dormito** bene?

1. The present perfect tense (**il passato prossimo**) is used to describe past actions and events, particularly those that have occurred in the recent past. It is often accompanied by an expression of past time such as **ieri, domenica scorsa,** or **un'ora fa.** Compare the following Italian and English conversational exchanges.

| | |
|---|---|
| — **Che cosa hai comprato ieri?** | — What did you buy yesterday? |
| — **Ho comprato un motorino.** | — I bought a moped. |
| | |
| — **Che museo hanno visitato domenica scorsa?** | — Which museum did they visit last Sunday? |
| — **Hanno visitato il Museo di Belle Arti.** | — They visited the Museum of Fine Arts. |
| | |
| — **Quando ha telefonato Anna?** | — When did Anna call? |
| — **Ha telefonato un'ora fa.** | — She called an hour ago. |

**2.** The present perfect of the majority of Italian verbs is formed with the present tense of the auxiliary verb **avere** and the past participle. These verbs are in most cases transitive; that is, they take a direct object that answers the question "what" or "whom."

| Present perfect | | Direct object |
|---|---|---|
| Ho comprato | (che cosa?) | una macchina nuova. |
| Ho venduto | (che cosa?) | la moto. |
| Ho finito | (che cosa?) | la lezione. |
| Ho visto | (chi?) | Paolo. |
| Ho chiamato | (chi?) | Maria. |

**3.** The past participle of regular verbs is formed by adding:

-**ato** to the infinitive stem of -**are** verbs;
-**uto** to the infinitive stem of -**ere** verbs;
-**ito** to the infinitive stem of -**ire** verbs.

**4.** Here is the present perfect tense of the regular verbs **comprare, vendere,** and **finire.**

| comprare | vendere | finire |
|---|---|---|
| stem + -**ato** | stem + -**uto** | stem + -**ito** |
| **ho** comprato | **ho** venduto | **ho** finito |
| **hai** comprato | **hai** venduto | **hai** finito |
| **ha** comprato | **ha** venduto | **ha** finito |
| **abbiamo** comprato | **abbiamo** venduto | **abbiamo** finito |
| **avete** comprato | **avete** venduto | **avete** finito |
| **hanno** comprato | **hanno** venduto | **hanno** finito |

**5.** The English equivalent of the **passato prossimo** is expressed with either the simple past or the compound past, depending on context.

**Ho visitato** Firenze molte volte.  *I have visited* Florence many times.
**Ho visitato** Firenze il mese scorso.  *I visited* Florence last month.

**6.** In negative sentences, **non** precedes the auxiliary verb **avere.** The second negative word, if any, precedes the past participle.

**Non ho dormito** bene la notte scorsa.  *I didn't sleep* well last night.
**Non ho mai giocato** a tennis.  *I have never played* tennis.

**7.** Many short adverbs such as **già, sempre,** and **mai** *(ever, never)* usually precede the past participle.

| | |
|---|---|
| **Ho già mangiato,** grazie. | *I have already eaten,* thank you. |
| **Ho sempre pagato** il conto. | *I always paid* the bill. |
| **Ha mai visitato** l'Europa? | *Have you ever visited* Europe? |

**A.** Valerio parte per Londra questa sera. Dire a che ora i suoi amici l'hanno chiamato per augurargli *(to wish him)* "Buon viaggio!"

▶    Giorgio / alle dieci    *Giorgio ha telefonato a Valerio alle dieci.*

1. Michele / alle due
2. Angela / all'una
3. Pina e Susanna / alle undici
4. io / alle nove

5. noi / alle tre
6. tu / alle sette
7. lei / alle cinque
8. tu e Giacomo / alle otto

**B.** Completare le seguenti frasi con il passato prossimo degli infiniti elencati *(listed).*

**-are** verbs: **cercare, ordinare, accompagnare, aggiustare, comprare, incontrare**

1. Maria _____ una pizza.
2. Il professore _____ il libro e la penna.
3. Io _____ un amico al ristorante.
4. Giulio _____ Tina al Teatro tenda.
5. Noi _____ una macchina tedesca.
6. Il meccanico _____ i freni della macchina vecchia.

**-ere** verbs: **vendere, perdere, ricevere, vedere**

7. Ieri mia madre _____ i biglietti del treno.
8. Chi _____ il computer a Gianni?
9. Ieri sera io _____ due amiche nella gelateria del Corso.
10. Roberto _____ la telefonata da Claudio?

**-ire** verbs: **capire, dormire, servire, restituire, finire**

11. Antonella _____ la lezione di matematica?
12. Giacomo _____ le riviste a Lorenzo.
13. Il cameriere _____ l'aranciata e la limonata.
14. Loro quando _____ di lavorare?
15. Voi _____ bene nell'albergo Colonna?

**C.** Trasformare il verbo al passato prossimo, aggiungendo un'espressione di tempo riferita al passato.

▶  Carla incontra un amico.    *Ieri sera Carla ha incontrato un amico.*

1. Rimando la partenza.
2. Aspettiamo Luigi alla stazione.
3. Tommaso accompagna Luisa al cinema.
4. Io guido da Roma a Napoli.
5. Capisco la lezione d'italiano.
6. Ricevete una telefonata dalla nonna?
7. La signora Manini guarda la televisione.
8. Io e Luisa parliamo italiano.

**D.** Formulare frasi per indicare se queste persone hanno fatto o non hanno fatto le seguenti cose ieri.

▶  io / comprare un gelato    S1: *Sì, ieri ho comprato un gelato.*
  S2: *No, ieri non ho comprato un gelato.*

1. gli studenti / studiare in biblioteca
2. Mario / telefonare ai figli
3. tu e Carlo / dormire bene
4. Daniela / finire di leggere il libro
5. noi / ricevere le amiche
6. i bambini / giocare nel parco
7. le ragazze / pulire la macchina
8. lui / incontrare un'amica
9. lei / restituire il registratore a Roberto
10. io / vedere un film russo

**E.** Rispondere alle seguenti domande personali.

▶  Lei ha mai guidato una Ferrari?    *Sì, ho guidato una Ferrari.*
  *No, non ho mai guidato una Ferrari.*

1. Ha mai visitato l'Europa?
2. Ha mai comprato una macchina giapponese?
3. Ha mai aggiustato i freni della macchina?
4. Ha mai visitato Porta Portese?
5. Ha mai preparato una pizza?

## II. *Passato prossimo con* **essere**

**Sei uscita** senza ombrello?

1. The present perfect of a number of verbs (for example, **andare**) is formed with the auxiliary verb **essere.** The past participle of these verbs agrees in gender and number with the subject.

| | |
|---|---|
| Mario **è andato** a Siena. | Mario *has gone* to Siena. |
| Luisa **è andata** a Perugia. | Luisa *has gone* to Perugia. |
| Filippo e Fabrizio **sono andati** a Pisa. | Filippo and Fabrizio *have gone* to Pisa. |
| Anna ed Alessandra **sono andate** a Padova. | Anna and Alessandra *have gone* to Padua. |

2. Here is the present perfect tense of **andare.**

| andare | | | |
|---|---|---|---|
| io | **sono andato/andata** | noi | **siamo andati/andate** |
| tu | **sei andato/andata** | voi | **siete andati/andate** |
| lui/lei | **è andato/andata** | loro | **sono andati/andate** |

3. Verbs conjugated with **essere** are intransitive; that is, they do not take a direct object or answer the question "what." Many of them involve movement to and from a place.

| | |
|---|---|
| **Siamo partiti lunedì.** | We left on Monday. |
| **Paolo è entrato nel ristorante.** | Paolo entered the restaurant. |

**4.** Here is a list of common verbs that form the present perfect with
the auxiliary **essere.**

| | | |
|---|---|---|
| **andare** | *to go* | **Siete andati** in Italia? |
| **arrivare** | *to arrive* | Il treno **è arrivato** alle otto. |
| **diventare** | *to become* | Mario **è diventato** noioso. |
| **entrare** | *to enter* | Io **sono entrato** nel bar. |
| **partire** | *to depart, to leave* | **Siamo partiti** alle nove. |
| **restare** | *to stay, to remain* | La nonna **è restata** a casa. |
| **tornare** | *to return* | Mia sorella **è tornata** ieri. |
| **uscire** | *to go out* | Con chi **è uscita** Lidia? |
| **venire** | *to come* | **È venuto** il professore? |

**5.** A few verbs take **essere** when they are intransitive and **avere** when
they are transitive.

**Sono passati** molti anni.          Many years *have passed.*
**Ho passato** molti anni in Italia.  *I spent* many years in Italy.

Gli esami **sono finiti.**            The exams *are over.*
**Ho finito** gli esami.              *I finished* the exams.

**F.** Dire dove sono andate le seguenti persone l'anno scorso.

▶ io (= Giorgio) / Torino      *Sono andato a Torino.*

1. Laura / in Sicilia
2. noi (= Carlo e Iole) / in
   Francia
3. tu (= Lisa) e Franca / in
   Germania
4. tu (= Silvia) / a Palermo
5. Giorgio e Sandro / a Pisa
6. io (= Enrico) e Maria / in
   Svizzera
7. voi (= Caterina e Daniele) /
   a Venezia
8. lei (= Antonio) / in Italia

**G.** L'anno scorso Angela è andata negli Stati Uniti. Descrivere la sua
vacanza, mettendo le seguenti frasi al passato prossimo.

▶ Angela va negli Stati Uniti.      *L'anno scorso Angela è andata
                                     negli Stati Uniti.*

1. Parte da Genova alle nove.
2. Arriva a Nuova York dopo undici ore.
3. Resta a Nuova York due settimane con i suoi amici, Valerio e
   Gino.
4. Va a visitare molti musei e alcune belle chiese di Nuova York.
5. La sera va a teatro e al cinema.
6. Ritorna in Italia dopo una bella vacanza di quattro settimane.

**H.** Mettere in contrasto *(contrast)* quello che le seguenti persone fanno di solito *(usually)* con quello che hanno fatto nel passato (l'anno scorso, la settimana scorsa, ecc.).

▶ Di solito arrivo alla lezione d'inglese in ritardo, ma due giorni fa ...

*Di solito arrivo alla lezione d'inglese in ritardo, ma due giorni fa sono arrivato/a in anticipo.*

1. Di solito parto per l'Europa in febbraio, ma l'anno scorso ...
2. Di solito torniamo a casa alle dieci, ma tre settimane fa ...
3. Di solito andiamo a teatro, ma l'altro ieri ...
4. Di solito la bambina viene al parco con suo padre, ma stamattina ...
5. Di solito Luisa va al cinema con Orazio, ma sabato scorso ...

**I.** Rispondere alle seguenti domande personali.

1. Lei è andato/a in vacanza l'anno scorso? Dov'è andato/a?
2. È uscito/a sabato sera? Dov'è andato/a? Al cinema o al ristorante? Con chi è uscito/a? A che ora è tornato/a a casa?
3. A che ora è arrivato/a all'università o al liceo oggi? A che ora è arrivato/a ieri?
4. È arrivato/a all'università o al liceo in macchina o in autobus *(bus)*?

## III. Participi passati irregolari

—Pinocchio, attenzione al fuoco!
—Che **hai detto?**

1. Many Italian verbs, particularly **-ere** verbs, have irregular past participles. They do not follow the patterns **-ato**, **-uto**, and **-ito** of regular **-are**, **-ere**, and **-ire** verbs; for example, **aprire: aperto; bere: bevuto.**

2. Here is a list of common verbs with irregular past participles. A more complete list is given in Appendix F. Asterisks indicate that the present perfect tense is formed with **essere.**

| | | |
|---|---|---|
| aprire: **aperto** | *to open* | Chi **ha aperto** la porta? |
| bere: **bevuto** | *to drink* | **Ho bevuto** una limonata. |
| chiedere: **chiesto** | *to ask (for)* | Che cosa **hai chiesto** a Maria? |
| chiudere: **chiuso** | *to close* | I ragazzi **hanno chiuso** la finestra. |
| dire: **detto** | *to say, to tell* | Che cosa **hai detto?** |
| discutere: **discusso** | *to discuss* | **Hanno discusso** di politica. |
| *essere: **stato** | *to be* | Ieri **sono stato** dal medico. |
| fare: **fatto** | *to do, to make* | **Avete fatto** colazione? |
| leggere: **letto** | *to read* | Signorina, **ha letto** molto bene. |
| mettere: **messo** | *to place, to put* | Non **ho messo** la rivista sul tavolo. |
| *morire: **morto** | *to die* | Mio zio **è morto** l'anno scorso. |
| *nascere: **nato** | *to be born* | Quando **è nato** tuo fratello? |
| offrire: **offerto** | *to offer* | Il signore **ha offerto** un caffè a mia zia. |
| perdere: **perso (perduto)** | *to lose* | Mario **ha perso** la calcolatrice. |
| prendere: **preso** | *to take* | Chi **ha preso** la mia penna? |
| *rimanere: **rimasto** | *to stay, to remain* | Voi **siete rimasti** a Palermo? |
| rispondere: **risposto** | *to answer* | Non **ho risposto** bene alla domanda. |
| *scendere: **sceso** | *to get off, to descend* | Noi **siamo scesi** alla stazione centrale. |
| scrivere: **scritto** | *to write* | **Hai scritto** una bella lettera. |
| soffrire: **sofferto** | *to suffer* | Mio nonno **ha sofferto** molto. |
| spendere: **speso** | *to spend* | I miei genitori **hanno speso** poco. |
| vedere: **visto (veduto)** | *to see* | **Abbiamo visto** i bambini nel parco. |
| *venire: **venuto** | *to come* | **Sono venuto** a prendere i libri. |
| vincere: **vinto** | *to win* | Sergio **ha vinto** al totocalcio. |

*Notes:* **Perdere** and **vedere** have both regular and irregular past participles. **Perduto** and **veduto** can be used interchangeably with **perso** and **visto.**

**Hai perso (perduto)** la penna?       *Have you lost* the pen?
**Abbiamo visto (veduto)** un quadro di Raffaello.       *We saw* a painting by Raphael.

**Stato,** the past participle of **stare,** is also used as the past participle of **essere.** Both **essere** and **stare** have the same forms in the present perfect. The meaning is usually clear from the context.

Ieri **sono stato** dal medico.       Yesterday *I was* at the doctor's.
Ieri Valerio **è stato** a letto.       Yesterday Valerio *stayed* in bed.

**J.** Riferire *(Report)* che alcuni studenti hanno visitato Ravenna la settimana scorsa, e lì hanno visto alcune belle chiese ed hanno fatto molte fotografie.

▶ Luciana    *Ha visto (veduto) molte chiese ed ha fatto molte fotografie.*

1. Franco
2. Maria e Fabio
3. noi
4. tu
5. io
6. Susanna
7. voi
8. io e Giorgio

**K.** Ogni volta *(Every time)* che Gianni vuole fare qualcosa, sua sorella Teresa dice che l'ha già fatta *(has already done it)*. Assumere il ruolo di Teresa.

▶ Gianni: Apro le finestre?    Teresa: *No, io ho già aperto le finestre.*

1. Chiudo la porta?
2. Chiedo i soldi alla mamma?
3. Rispondo alla zia?
4. Offro un'aranciata a Silvia?
5. Metto la macchina nel garage?
6. Faccio il caffè?
7. Scrivo allo zio?
8. Faccio una fotografia al nonno?

**L.** Dire quello che hanno fatto le seguenti persone ieri pomeriggio, coniugando il verbo al passato prossimo.

▶ Scrivo a mia sorella.    *Ieri pomeriggio ho scritto a mia sorella.*

1. Vendi la macchina a Paolo.
2. Adriana finisce di lavorare alle quindici.
3. Leggiamo il giornale di Milano.
4. Mia sorella perde il quaderno.
5. Vedo i miei amici allo stadio.
6. Gianni e Teresa bevono birra in una pizzeria.
7. Michele discute di politica con Edoardo.
8. Marta fa una fotografia alla bambina e poi parte.

**M.** Completare le seguenti frasi con il passato prossimo dei verbi elencati in basso. Usare ciascun verbo una volta sola *(only once)*.

nascere    offrire    rispondere
morire     perdere    scrivere

1. Il bambino _____ il 2 ottobre; ha un anno.
2. Mia sorella _____ i libri.
3. Tu _____ a Giorgio?
4. Suo nonno _____ la settimana scorsa.
5. Il signor Bonotti _____ un'aranciata a Roberto.
6. Perché (tu) non _____ a quello studente?

## IV. *Imperativo dei verbi regolari* (tu, noi, voi)

**Non tardate, ritornate** prima delle dieci!

1. The affirmative **tu-, noi-,** and **voi**-commands of regular verbs are exactly the same as the **tu-, noi-,** and **voi**-forms of the present tense except that the final **-i** of the **tu**-form of **-are** verbs changes to **-a.**

| Affirmative commands of **guardare, leggere, finire** | | |
|---|---|---|
| **tu**-commands | **guarda!** | look! |
| | **leggi!** | read! |
| | **finisci!** | finish! |
| **noi**-commands | **guardiamo!** | let's look! |
| | **leggiamo!** | let's read! |
| | **finiamo!** | let's finish! |
| **voi**-commands | **guardate!** | look! |
| | **leggete!** | read! |
| | **finite!** | finish! |

Note that a **noi**-command is used to express a suggestion or an urgent appeal, not a direct command. It is equivalent to English *let's +* verb.

2. Negative **tu**-commands are formed with **non** + infinitive. Negative **noi**- and **voi**-commands are formed with **non** + the corresponding command forms.

| Negative commands of **guardare, leggere, finire** | | |
|---|---|---|
| **tu**-commands | **non guardare!** | don't look! |
| | **non leggere!** | don't read! |
| | **non finire!** | don't finish! |
| **noi**-commands | **non guardiamo!** | let's not look! |
| | **non leggiamo!** | let's not read! |
| | **non finiamo!** | let's not finish! |
| **voi**-commands | **non guardate!** | don't look! |
| | **non leggete!** | don't read! |
| | **non finite!** | don't finish! |

3. Subject pronouns are omitted in Italian commands, just as they are in English commands.

**Guarda,** Giorgio, ecco un bel motorino!          *Look,* Giorgio, there's a beautiful moped!
Carla e Anna, **finite** presto il lavoro!          Carla and Anna, *finish* your work quickly!
**Andiamo!**          *Let's go!*

**N.** Ordinare agli amici di svolgere queste attività.

▶ Gianna: telefonare al nonno     *Gianna, telefona al nonno!*

1. Francesca: invitare Paolo al ballo in maschera
2. Anna e Giorgio: scrivere a Filippo
3. Luigi: prendere una spremuta d'arancia
4. Paolo: restituire la calcolatrice a Luisa
5. Franca: studiare la lezione d'inglese
6. Giorgio ed Enrico: venire da me stasera
7. Marta: partire immediatamente
8. Luisa, Tina e Caterina: giocare con i bambini
9. Giuseppe: pagare il cameriere

**O.** La madre chiede a Maria di non fare le cose che le aveva ordinato precedentemente. Assumere il ruolo della madre di Maria, usando l'imperativo negativo.

▶ Maria, telefona alla zia!     *No, non telefonare alla zia!*

1. Maria, chiama tua sorella!
2. Maria, guarda la televisione!
3. Maria, ascolta la radio!
4. Maria, finisci di studiare!
5. Maria, bevi l'acqua minerale!
6. Maria, leggi il giornale!
7. Maria, aspetta Michele!
8. Maria, cerca il dizionario!

**P.** Programmi con i suoi amici di fare o di non fare le seguenti cose questo fine-settimana *(weekend)*. Usi la forma *noi* dell'imperativo dei verbi.

▶ visitare il Museo di scienze naturali     S1: *Visitiamo il Museo di scienze naturali!*
S2: *No, non visitiamo il Museo di scienze naturali!*

1. vedere un film italiano
2. partire per Venezia
3. mangiare in un buon ristorante
4. fare una gita al mare
5. scrivere al nostro professore
6. andare in montagna

**Q.** Suggerisca agli amici di non fare le attività dell'esercizio P, usando la forma *voi* dell'imperativo negativo dei verbi.

▶ visitare il Museo di scienze naturali     *Non visitate il Museo di scienze naturali!*

## V. Imperativo di sette verbi irregolari

Sette regole importanti per i bambini:

**Siate** buoni!
**State** zitti!
**Fate** attenzione!
**Abbiate** pazienza!
**Non date** fastidio!
**Non andate** in mezzo alla strada!
**Non dite** bugie!

1. The affirmative **tu**-commands of seven common verbs (**andare, avere, dare, dire, essere, fare,** and **stare**) and the **voi**-commands of **essere** and **avere** are irregular.

2. The affirmative **noi**-commands are identical to the corresponding **noi**-forms of the present tense.

3. The negative **tu**-commands of the seven verbs are formed with **non** + infinitive. The negative **noi**- and **voi**-commands are formed by using **non** + the corresponding command forms.

| | Affirmative | Negative | | Affirmative | Negative |
|---|---|---|---|---|---|
| **andare** | va' | non andare | **essere** | sii | non essere |
| | andiamo | non andiamo | | siamo | non siamo |
| | andate | non andate | | siate | non siate |
| **avere** | abbi | non avere | **fare** | fa' | non fare |
| | abbiamo | non abbiamo | | facciamo | non facciamo |
| | abbiate | non abbiate | | fate | non fate |
| **dare** | da' | non dare | **stare** | sta' | non stare |
| | diamo | non diamo | | stiamo | non stiamo |
| | date | non date | | state | non state |
| **dire** | di' | non dire | | | |
| | diciamo | non diciamo | | | |
| | dite | non dite | | | |

**R.** Formulare frasi usando la forma *tu* dell'imperativo dei verbi indicati.

▶ fare una passeggiata     *Fa' una passeggiata.*

1. essere qui alle dieci
2. andare al cinema
3. stare lì
4. dare i biglietti al signore
5. avere pazienza
6. andare a giocare
7. stare calmo
8. dire qualcosa

**S.** Trasformare le frasi dell'esercizio R alla forma *voi* dell'imperativo.

▶ fare una passeggiata     *Fate una passeggiata.*

**T.** Dare dei suggerimenti *(suggestions)* alle seguenti persone, usando la forma appropriata dell'imperativo.

▶ Michele ha sete.     *Bevi un'aranciata!*
                        *Prendi un bicchiere d'acqua!*

1. Elena ha molto da fare.
2. Io, Giorgio e Carlo abbiamo caldo.
3. Luigi e Franco vanno a mangiare al ristorante.
4. Io e Viola desideriamo andare a teatro.
5. Giampiero desidera guardare un programma alla televisione.
6. Giuseppina e Paola non desiderano finire il lavoro.

**A lei la parola**

1. State that you usually drink tea but that you had coffee this morning.
2. Ask your instructor if he/she went to the theater last week.
3. Ask your mother if she slept well last night.
4. Suggest to your friends that you all watch TV.
5. Tell your sister not to go to the movies with Peter.

# «*andiamo all'Olimpia*»

# VIVIAMO COSÌ!

Ecco alcune scene della vita degli Italiani. **1** Ragazze in Vespa in una via del centro di Roma. Oggi è molto comune per i giovani italiani usare moto, motorini o Vespe per andare ad incontrare gli amici nel centro della città. **2** Alcuni studenti prendono un gelato seduti in uno splendido giardino di un bar di Positano. Questa ed altre cittadine della costa amalfitana sono luoghi pittoreschi di grande attrazione turistica.

1

2

**3** Un caratteristico mercato di fiori a Rapallo, stupenda cittadina della riviera ligure. Il clima mite di questa zona permette un'intensa coltivazione di fiori che non solo vengono venduti in tutta l'Italia, ma sono esportati anche all'estero.   **4** La Galleria di Napoli è un grande centro di ritrovo per studenti, amici ed uomini d'affari. Dentro questa grande e spettacolare struttura ci sono bar, ristoranti e negozi frequentati sia dai napoletani che dai turisti.

3

4

**5** Murano, piccola cittadina vicino a Venezia, è spesso luogo di attività sportive come canottaggio e vela. La foto indica appunto lo svolgimento di una di queste manifestazioni. Ma Murano è famosa in tutto il mondo per un'altra cosa: la produzione e la lavorazione del vetro. **6** Piazza del Campo a Siena è il luogo in cui due volte all'anno ha luogo il Palio. Questa gara ippico-folcloristica richiama ogni volta un gran numero di spettatori italiani e stranieri.

5

6

**7** Il Carnevale di Venezia ha una lunga e famosa tradizione. Dopo vari anni di disinteresse da parte dei veneziani, il Carnevale ha oggi riacquistato la sua importanza di un tempo. Donne, uomini, ragazzi, ragazze e bambini partecipano con entusiasmo al Carnevale indossando costumi multicolori e stupende maschere tradizionali.

7

# Comunicare subito!

## *Le presentazioni*

One of the first communicative "acts" you may participate in when you have an opportunity to meet Italian-speaking people in this country and abroad are introductions, both formal (**ufficiali**) and informal (**alla buona**). Role-play the following conversations with the help of your instructor, and see how much you can understand without referring to the sidenotes beside each dialogue.

### *Presentazioni ufficiali*

1. Alberto Marini desidera presentare suo padre al professore d'italiano.

| | |
|---|---|
| **Alberto** | Professor Battisti, le presento mio padre. |
| **Professore** | Lieto di conoscerla°, signor Marini. |
| **Signor Marini** | Il piacere° è mio, professore. |

I'm pleased to meet you
The pleasure

2. Paola presenta il suo amico Silvano Rossi alla madre.

| | |
|---|---|
| **Paola** | Mamma, ti presento il mio amico Silvano Rossi. |
| **La mamma** | Ciao, Silvano, mi fa molto piacere° conoscerti. |
| **Silvano** | Buon giorno, signora. Sono molto lieto di conoscerla. |

I'm very pleased

### *Presentazioni alla buona*

3. Claudio presenta la sua ragazza al suo amico Giovanni.

| | |
|---|---|
| **Claudio** | Giovanni, posso presentarti la mia amica Vanna? |
| **Giovanni** | Con piacere. Ciao, Vanna. Posso darti del tu°? |
| **Vanna** | Naturalmente. Ciao, Giovanni. |

May I use *tu* with you?

4. Renzo Santosuosso assiste alla lezione di filosofia e si presenta alla studentessa seduta° vicino a lui.

seated

| | |
|---|---|
| **Renzo** | Ciao. Posso presentarmi? Mi chiamo Renzo Santosuosso. |
| **La studentessa** | Renzo che? |
| **Renzo** | Santosuosso. |
| **La studentessa** | Piacere. Io mi chiamo Tiziana Giusti. |
| **Renzo** | Bel nome, Tiziana! |

*Filippo presenta la sua ragazza ad alcune amiche.*

**Pratica**

Preparare dialoghi appropriati.

**A.** È il giorno in cui *(which)* i genitori visitano i professori. I suoi genitori vengono alla lezione d'italiano e lei li *(them)* presenta alla sua professoressa.

**B.** Immagini di essere al bar a prendere un caffè con suo fratello quando entra la sua amica Gina Frattini. Lei presenta suo fratello a Gina.

**C.** Immagini di andare a prendere la sua ragazza o il suo ragazzo per portarla/lo al cinema. Quando bussa *(you knock),* viene ad aprire la porta la madre della ragazza o del ragazzo. Quindi lei si presenta alla signora.

# RIPASSO: Lezioni 5ª & 6ª

In this section, you will review the following: Descriptive adjectives (Exercise A); Adjectives of nationality (Exercise B); **molto** (Exercise C); **da** (Exercise D); **venire** (Exercise E); **che** and **quanto** (Exercise F); Present perfect (Exercise G); Irregular past participles (Exercise H); **Tu-, noi-,** and **voi-**commands (Exercise I); Vocabulary and expressions (Exercise J)

**A.** Descrivere le seguenti persone, usando in ogni descrizione almeno due aggettivi riportati in basso. [*Descriptive adjectives*]

| vecchio | noioso | brutto | generoso |
| grasso | cattivo | allegro | elegante |
| triste | basso | timido | gentile |

1. i miei amici
2. le ragazze americane
3. i ragazzi italiani
4. il professore d'italiano
5. la zia di Tonino
6. io e tu
7. il figlio del dottore
8. mia nonna

**B.** Rispondere ad ogni domanda al negativo. Poi dare l'informazione corretta, usando gli aggettivi indicati. [*Adjectives of nationality*]

| canadese | americano | inglese | tedesco |
| italiano | francese | spagnolo | russo |

▶ Carl è americano?    *Non è americano, è canadese.*

1. Giulio è canadese?
2. I signori White sono italiani?
3. Marta e Giacomo sono inglesi?
4. Pablo è francese?
5. Ivan è americano?
6. Pierre è cinese?
7. Bob e Richard sono russi?

**C.** Completare le seguenti frasi, usando la forma corretta di **molto**. [*Use of molto*]

▶ Carla è _____ simpatica.    *Carla è molto simpatica.*

1. Ci sono _____ studenti in questa classe.
2. I professori hanno _____ pazienza.
3. Laura è _____ bella.
4. Giulio e Gianni sono _____ alti.
5. Abbiamo _____ libri e _____ riviste.
6. Chi è _____ magro? Chi è _____ grasso?

**D.** Formulare frasi complete usando le seguenti espressioni. [*Use of **da** with expressions of time*]

▶ (noi) / studiare il francese / due anni     *Studiamo il francese da due anni.*

1. la nonna / non stare bene / una settimana
2. (loro) / comprare dischi francesi / tre anni
3. (tu) / lavorare in banca / un anno
4. Gino / ascoltare la radio / un'ora
5. Claudio e Giorgio / aspettare gli amici / venti minuti
6. (voi) / bere birra / due ore
7. i ragazzi / giocare / molto tempo
8. Giampiero / frequentare l'università / quattro anni

**E.** Dire che le seguenti persone non vengono all'ora o nel giorno stabilito. [*Irregular verb **venire***]

▶ dottore / domani     *Il dottore non viene domani.*

1. i figli di Giuseppe / giovedì
2. la zia / settimana prossima
3. voi / alle tre
4. io e Pino / oggi pomeriggio
5. tu ed Elena / stasera
6. io / domani mattina
7. tu / alle nove
8. le signore / a mezzogiorno

**F.** Cambiare le seguenti frasi, usando **che** o **quanto**. [*Use of **che** and **quanto***]

▶ Il negozio è bello.     *Che bel negozio!*
▶ Ci sono molti costumi.     *Quanti costumi!*

1. C'è un'atmosfera di allegria.
2. Il ragazzo è intelligente.
3. Legge molti giornali.
4. Gino ha fame.
5. La lezione è difficile.
6. Tina ha molta pazienza.
7. Il museo è interessante.
8. Mangiano molti panini.

**G.** Gli eventi seguenti sono successi *(happened)* la settimana scorsa. Coniugare ciascun verbo al passato prossimo, usando l'ausiliare *(auxiliary)* **avere** o **essere**. [*Present perfect*]

1. Sergio e Tommaso vanno in vacanza ad Assisi.
2. Sergio incontra Tommaso alla stazione di Roma.
3. Tommaso compra due biglietti di andata e ritorno *(round-trip)*.
4. I due amici mangiano e bevono sul treno.
5. Arrivano a Spoleto a mezzogiorno.
6. A Spoleto prendono un altro treno per Assisi.
7. Ad Assisi visitano le vecchie chiese della città.
8. Ritornano a Roma alle sedici del giorno seguente.

**H.** Dica che cosa avete fatto domenica scorsa lei ed i suoi amici. [*Irregular past participles*]

▶ fare una gita     *Abbiamo fatto una gita.*

1. spendere molti soldi
2. scrivere molte lettere
3. bere molto caffè
4. chiedere informazioni alle ragazze
5. discutere di sport
6. offrire la pizza agli amici
7. rimanere in città
8. vedere un film interessante

**I.** Le seguenti persone generalmente non fanno queste cose. Ordinare loro di farle *(to do them),* usando le forme **tu, noi** o **voi** dell'imperativo dei verbi. [***Tu-, noi-, voi-**command forms*]

▶ Teresa non va in centro.                    *Va' in centro!*
▶ Giacomo ed Anna non fanno colazione.     *Fate colazione!*

1. Franca non va a teatro.
2. Noi non facciamo attenzione in classe.
3. Enrico e Roberto non puliscono la macchina.
4. I ragazzi non sono allegri.
5. Pierluigi non ha pazienza.
6. Silvia non è gentile.
7. Io, mio fratello e mia sorella non andiamo dalla nonna.
8. Ferdinando non dà il giornale a Maurizio.

**J.** Esprimere in italiano le seguenti conversazioni. [*Vocabulary and expressions*]

1. **Luigi** I'm hungry!
   **Sergio** Are you kidding? You ate a ham sandwich an hour ago.
   **Luigi** I'm still hungry. There's a small restaurant near here. Why don't we have a pizza?
   **Sergio** Be patient. It's only one o'clock.

2. **Anna** Have you seen Silvia?
   **Mirella** Yes, on Thursday, when she left for Milan.
   **Anna** Did you see the German motorbike she won at the lottery?
   **Mirella** Yes, she's lucky. I have no luck at all.
   **Anna** Come on, let's have an ice cream and forget your bad luck!

# LEZIONE 7ª

## Il mercato all'aperto

*Gli italiani fanno la spesa al mercato all'aperto.*

È sabato mattina. Sono le dieci e Gabriella Marcantonio, una giovane
segretaria Milanese, si sveglia. Ancora mezzo addormentata° si alza dal        half asleep
letto, si lava, e si veste lentamente. Poi, mentre beve una tazzina di
caffè, pensa a quello che deve fare nella mattinata°. Tra le altre cose        in the morning
5   deve anche fare la spesa. Siccome° Gabriella lavora a tempo pieno ed         Since
ha un orario continuato°, durante la settimana non ha molto tempo              continuous schedule
libero. Quando può, va a fare la spesa ad un supermercato vicino
all'ufficio dove lavora. Questa mattina, però, ha deciso di andare al
mercato all'aperto non molto lontano dal suo appartamento. A
10  Gabriella non piacciono il rumore e la confusione del mercato
all'aperto, ma ci va ogni tanto perché c'è una migliore scelta di frutta e
verdura.

   Finalmente verso le undici Gabriella esce di casa e quando arriva
al mercato si ferma ad una bancarella di un fruttivendolo.

| | | |
|---|---|---|
| 15 | **Fruttivendolo** | *(ad alta voce)* Comprate queste belle arance. |
| | | Guardate che bell'uva; è una delizia°. *(si rivolge a°* | a delight (delicious) / he turns to |
| | | *Gabriella)* Buon giorno, signorina, mi dica°. | may I help you |
| | **Gabriella** | Quanto costano quelle arance? |
| | **Fruttivendolo** | Duemila lire al chilo. |
| 20 | **Gabriella** | Un chilo, per favore. |
| | **Fruttivendolo** | Subito. |
| | **Gabriella** | E quell'uva, quanto costa? |
| | **Fruttivendolo** | Tremila. È dolce come il miele°. Vuole assaggiarla°? | honey / taste it |
| | **Gabriella** | Sì, grazie ... Veramente buona, ma mi sembra un po' |
| 25 | | cara. |
| | **Fruttivendolo** | Ma signorina, anche se gira° tutto il mercato, meglio | even if you go around / you won't find any better |
| | | di questa non la trova°. |
| | **Gabriella** | Se lo dice lei° ... Allora faccia° anche un chilo d'uva. | If you say so / give me |
| | **Fruttivendolo** | Certo, signorina. Vuole altro?° | Do you want anything else? |
| 30 | **Gabriella** | No, grazie. Per oggi basta. |
| | **Fruttivendolo** | Cinquemila lire. |
| | **Gabriella** | Ecco a lei°, grazie. Buon giorno. | Here you are |

**Domande generali**

1. A che ora si sveglia Gabriella Marcantonio?
2. Che cosa fa dopo che si è svegliata?
3. Perché Gabriella non ha molto tempo libero?
4. Dove fa la spesa durante la settimana? e oggi?
5. Cosa non piace a Gabriella del mercato all'aperto?
6. Quando arriva al mercato, dove si ferma?
7. Secondo il fruttivendolo, cosa è dolce come il miele?
8. Cosa compra Gabriella? Quanto costano le arance? Quanto costa l'uva?

**Domande personali**

1. A che ora si sveglia la mattina?
2. Si alza presto o tardi ogni mattina? e il sabato? e la domenica?
3. Che cosa beve la mattina? latte? caffè? tè? spremuta d'arancia?
4. Va a fare la spesa oggi? Fa la spesa ogni giorno? una volta alla settimana? due o tre volte alla settimana?
5. C'è un mercato all'aperto o un supermercato vicino a casa sua?
6. Dove va a fare la spesa il sabato?

**Modificazioni**

1. — A che ora si alza lei?　　　　— Mi alzo **alle dieci.**
　　　　　　　　　　　　　　　　　alle otto
　　　　　　　　　　　　　　　　　molto tardi
　　　　　　　　　　　　　　　　　a mezzogiorno

2. — Bevi **una tazza di caffè?**　— **No, non bevo caffè.**
　　un bicchiere d'acqua　　　　　Sì, grazie.
　　un bicchiere di latte　　　　　Volentieri.
　　una tazza di tè　　　　　　　Non adesso.

3. — Con chi esci stasera?　　　　— **Esco con Paola.**
　　　　　　　　　　　　　　　　　Stasera non esco.
　　　　　　　　　　　　　　　　　Esco con gli amici.
　　　　　　　　　　　　　　　　　Esco con la mia ragazza/il mio
　　　　　　　　　　　　　　　　　　ragazzo

**Vocabolario**

Nomi

**l'arancia** orange
**la bancarella** stall
**la frutta** fruit
**il fruttivendolo** fruit vendor
**il letto** bed
**il rumore** noise

**la scelta** choice
**la segretaria** secretary
**la tazzina** small cup
**l'ufficio** office
**l'uva** grape(s)
**la verdura** green vegetables

Aggettivi

**altro/a**   other, another
**dolce**   sweet
**duemila**   two thousand
**fresco/a**   fresh
**lontano/a da**   far from
**migliore**   better
**milanese**   from Milan
**tremila**   three thousand

Verbi

**alzarsi**   to get up
**fermarsi**   to stop
**lavarsi**   to wash (oneself)
**svegliarsi**   to wake up
**uscire** *(irreg.)*   to go out (**esco, esci, ecc.**)
**vestirsi**   to get dressed

Altre parole ed espressioni

**ancora**   still
**basta**   it's enough
**certo**   certainly, of course
**ci**   there
**durante**   during
**però**   however
**quello** that one; **quello che**   that which
**tra**   among
**veramente**   really

**al chilo**   per kilo (metric weight)
**a tempo pieno**   full-time
**fare la spesa**   to shop (for food)
**mi sembra**   it seems to me, I think
**il mio ragazzo/la mia ragazza**   my boyfriend/my girlfriend
**ogni tanto**   every once in a while
**quante volte?**   how many times? **una volta**   one time
**quanto costa?**   how much is it?
**vicino all'ufficio**   near the office

*Un tipico supermercato italiano*

**Pratica**

**A.** Dica che cosa fa suo padre o sua madre da quando si sveglia fino a quando va al lavoro. A che ora si sveglia? Cosa beve? Come si veste, lentamente o in fretta? Legge il giornale? Ascolta il giornale radio?

**B.** Gabriella Marcantonio ha ricevuto nella posta il seguente questionario. Assumere il ruolo di Gabriella e riempire il questionario.

---

### Questionario

Il Comune di Milano intende costruire un mercato coperto in via Manzoni in sostituzione di quello all'aperto. Lo scopo di questo questionario è di scoprire come fanno la spesa gli abitanti del quartiere e quale tipo di mercato preferiscono.

1. Chi fa la spesa in famiglia?
   □ lei
   □ la madre
   □ il padre
   □ _____

2. Dove fa la spesa?
   □ al mercato all'aperto
   □ al supermercato
   □ al negozio vicino casa

3. Quante volte alla settimana fa la spesa?
   □ una volta
   □ due volte
   □ più di due volte

4. Che cosa non le piace del mercato all'aperto?
   □ il rumore
   □ la confusione
   □ le strade chiuse al traffico
   □ _____

5. Che cosa pensa di un nuovo mercato coperto in via Manzoni?
   □ è una buon'idea
   □ non mi interessa
   □ è inutile

---

*Cuore Verde*
*Findus*
*gli Spinaci*

## NOTA CULTURALE

### Il mercato rionale

Opportunamente distribuiti in varie zone della città, i mercati rionali all'aperto o coperti hanno una funzione importante nella compravendita[1] di ortaggi[2], frutta, carne e pesce[3]. Alcuni di questi mercati si sono poi specializzati nella vendita di prodotti particolari che danno il nome al mercato stesso[4]. Un esempio è Campo de' Fiori a Roma, dove, molti anni fa, ogni martedì, le donne arrivavano[5] dalla campagna per vendere fiori.

Con la nascita[6] e lo sviluppo[7] del supermercato, l'importanza del mercato rionale è in qualche città diminuita. La donna moderna, entrata nel settore di lavoro, non ha più tempo per andare al mercato ogni giorno ed ha trovato più conveniente fare la spesa settimanalmente al supermercato. Comunque per molti il mercato rionale oltre ad esercitare un certo fascino folcloristico rimane[8] il luogo dov'è ancora possibile comprare alimentari freschi ed a buon mercato.

*Mercato rionale di Roma*

1. buying and selling   2. vegetables   3. meat and fish
4. itself   5. used to arrive   6. birth, origin
7. development   8. remains

## Pronuncia
### I suoni /s/ e /z/

The sound /s/ (unvoiced) is represented by the letters **s** and **ss**. The sound /z/ (voiced) is represented by the letter **s**. In standard Italian, intervocalic **s** (that is, **s** between two vowels) and **s** before **b, d, g, l, m, n, r,** and **v** are usually pronounced /z/.

**A.** Ascoltare l'insegnante e ripetere le seguenti parole.

| /s/ | /s/ | /z/ | /z/ |
|-----|-----|-----|-----|
| sei | adesso | spesa | sbagliare |
| pasta | benissimo | casa | sdoppiare |
| settimana | classe | usato | slitta |
| disco | studentessa | risultato | sveglia |

**B.** Leggere le seguenti frasi ad alta voce e fare attenzione alla pronuncia delle lettere *s* e *ss*.

1. Sono le sette di sera.
2. La studentessa è in classe.
3. Passo da Lisa verso le sei.
4. Adesso chiamo il professore.
5. A che ora si sveglia Sandra?

**C.** **Proverbi**  Leggere ad alta voce i seguenti proverbi e poi dettarli ad un altro studente o ad un'altra studentessa.

**Sbagliando s'impara.**
   One learns by making mistakes.

**Non c'è rosa senza spine.**
   Life is not a bed of roses.

# Ampliamento del vocabolario

## I. I numeri da 100 in poi

| | |
|---|---|
| 100 = **cento** | 1.000 = **mille** |
| 101 = **centouno** | 1.100 = **millecento** |
| 120 = **centoventi** | 1.420 = **millequattrocentoventi** |
| 150 = **centocinquanta** | 2.000 = **duemila** |
| 200 = **duecento** | 3.000 = **tremila** |
| 300 = **trecento** | 4.000 = **quattromila** |
| 400 = **quattrocento** | 5.000 = **cinquemila** |
| 500 = **cinquecento** | 10.000 = **diecimila** |
| 600 = **seicento** | 15.000 = **quindicimila** |
| 700 = **settecento** | 100.000 = **centomila** |
| 800 = **ottocento** | 200.000 = **duecentomila** |
| 900 = **novecento** | 1.000.000 = **un milione** |

1. A period is used instead of a comma in numbers starting with 1000.

   *Italian:* 1.000          *English:* 1,000

2. A comma is used instead of a decimal point to express fractional amounts.

   *Italian:* 1.000,39          *English:* 1,000.39

3. **Mille** becomes **mila** in the plural and is attached to a preceding number.

> **duemila**   two thousand
> **tremila**   three thousand

4. **Milione (milioni)** requires a **di**-phrase plus noun when no other number follows **milione (milioni).**

> un milione **di lire**                     a million lire
> due milioni **di persone**               two million people
> *But:* un milione duecentomila dollari    one million two hundred thousand dollars

## II. L'anno, il decennio e il secolo

1. Calendar years are expressed first in thousands and then in hundreds, as a single long word. Generally the definite article precedes the calendar year.

> Carlo è nato nel 1979 (**millenovecentosettantanove**).    Carlo was born in 1979.
> Sono andato a Roma nel 1985
>    (**millenovecentottantacinque**).    I went to Rome in 1985.

2. Calendar years in the present century are sometimes shortened to **il** (**l'**) + the last two digits.

> **L'85** è stato un bell'anno.    '85 was a nice year.
> Sono stato in Italia **nell'81.**    I was in Italy *in '81.*

3. A decade (**decennio**) is normally expressed with **gli anni** + *numeral.*

> **Gli anni ottanta** sono molto interessanti.    *The eighties* are very interesting.
> Mi piacciono le canzoni **degli anni sessanta.**    I like the songs *of the sixties.*

4. From 1200 on, centuries (**i secoli**) can be referred to with the combination *numeral* + **cento.**

> **il Duecento**   1200–1299
> **il Trecento**   1300–1399

> **A.** Leggere ad alta voce in italiano.
>
> ► 150 biglietti   *centocinquanta biglietti*
>
> 1. 365 giorni          5. 950 negozi
> 2. 1.000 dollari       6. 1.000.000 di lire
> 3. 400 questionari     7. 2.000 anni
> 4. 15.000 persone      8. 1.420 studenti

**B.** Domandare ad un altro studente o ad un'altra studentessa quanto costano queste cose. *(Lit. = lire)*

▶ questo motorino / Lit. 800.000    S1: *Quanto costa questo motorino?*
    S2: *Costa ottocentomila lire.*

1. quella macchina / Lit. 15.000.000
2. questa moto / Lit. 7.000.000
3. quel televisore / Lit. 1.500.000
4. una bottiglia d'acqua minerale / Lit. 1.100
5. un biglietto per il teatro / Lit. 18.500
6. un litro di vino / Lit. 1.700
7. un gelato / Lit. 1.800
8. un caffè / Lit. 500
9. una spremuta d'arancia / Lit. 1.900

**C.** Leggere ad alta voce in italiano gli anni ed i decenni che seguono.

| | | |
|---|---|---|
| 1. 1789 | 4. in '82 | 7. in the 70's |
| 2. 1890 | 5. in '78 | 8. in the 80's |
| 3. 1986 | 6. in '68 | 9. in the 90's |

**D.** Scegliere e poi dire ad alta voce la data corretta di ciascuno dei se-guenti eventi storici.

Ecco le date: 1776, 1492, 1963, 1945, 1865, 1789, 1914

1. la fine della seconda guerra *(war)* mondiale
2. l'indipendenza degli Stati Uniti
3. la Rivoluzione francese
4. la guerra civile negli Stati Uniti
5. l'inizio *(beginning)* della prima guerra mondiale
6. la morte del presidente Kennedy

**E.** Dire in che anno è nato ed è morto ciascuno *(each)* dei seguenti famosi personaggi italiani.

▶ Leonardo da Vinci (1452–1519)    *Leonardo da Vinci è nato nel millequattrocentocinquantadue ed è morto nel millecinquecentodiciannove.*

1. Dante Alighieri   (1265–1321)
2. Maria Montessori   (1870–1952)
3. Giuseppe Garibaldi   (1807–1882)

4. Matilde Serao   (1856–1927)
5. Michelangelo Buonarroti   (1475–1564)
6. Grazia Deledda   (1871–1936)
7. Giuseppe Verdi   (1813–1901)
8. Roberto Rossellini   (1907–1977)
9. Enrico Fermi   (1901–1954)
10. Elsa Morante   (1915–1985)

**F.** Dire in quale secolo sono nati i personaggi indicati nell'esercizio E.

▶   *Leonardo da Vinci è nato nel Quattrocento.*

## III. Gli alimentari, la verdura e la frutta

Gli alimentari *(Food products)*

**il burro**   butter
**la carne**   meat
**il formaggio**   cheese
**il latte**   milk
**l'olio d'oliva**   olive oil
**il pane**   bread
**la pasta**   pasta
**il pepe**   pepper
**il pesce**   fish
**il prosciutto**   cured ham
**il riso**   rice
**il salame**   salami
**il sale**   salt
**l'uovo** *(m.)*, **le uova** *(f. pl.)*   egg

La verdura *(Vegetables)*

**gli asparagi**   asparagus
**i broccoli**   broccoli
**il carciofo**   artichoke
**la carota**   carrot
**la cipolla**   onion
**i fagiolini**   string beans
**i funghi**   mushrooms
**la lattuga**   lettuce
**la melanzana**   eggplant
**la patata**   potato
**il peperone**   pepper
**il pomodoro**   tomato
**gli spinaci**   spinach
**gli zucchini**   zucchini squash

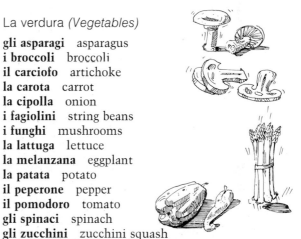

La frutta *(Fruit)*

**l'albicocca**   apricot
**l'ananas** *(m.)*   pineapple
**l'arancia**   orange
**la banana**   banana
**la ciliegia**   cherry
**la fragola**   strawberry
**il limone**   lemon
**la mela**   apple
**la pera**   pear
**la pesca**   peach
**il pompelmo**   grapefruit
**l'uva**   grape(s)

**G.** Immagini di andare al mercato a fare la spesa per domani. Dica cosa vuole comprare per la colazione, per il pranzo o per la cena *(break-fast, dinner, or supper).*

**H.** Immagini di essere in un mercato all'aperto vicino ad una bancarella per comprare frutta fresca. Prepari un dialogo appropriato fra lei ed il fruttivendolo, basato sul dialogo a pagina 157.

**I.** Rispondere alle seguenti domande personali.

1. Preferisce la carne o il pesce?
2. Mangia verdura? Che verdura preferisce?
3. Che frutta le piace? Mangia la frutta ogni giorno?
4. Preferisce la spremuta d'arancia o di pompelmo?
5. Se vuole stare a dieta un giorno, cosa mangia?
6. Usa il burro, la margarina o l'olio d'oliva?
7. Quale tipo di formaggio compra? Compra formaggi italiani?
8. Quale tipo di pasta compra?

# Struttura ed uso

## *I. Aggettivi dimostrativi* questo e quello

**quei** pesci    **questi** pesci

**quel** pesce    **questo** pesce

Mamma polipo indica gli altri pesci al piccolo polipo.

## Questo

**1.** The demonstrative adjective **questo** *(this)* agrees in gender and number with the noun it modifies. The form **quest'** is usually used with singular nouns of either gender that begin with a vowel.

| | |
|---|---|
| **Questo** pompelmo è squisito. | *This* grapefruit is delicious. |
| **Questa** banana non è matura. | *This* banana is not ripe. |
| **Queste** patate sono vecchie. | *These* potatoes are old. |
| **Quest'**orologio è di Giorgio. | *This* watch belongs to Giorgio. |

**2.** The following chart shows all six forms of the demonstrative adjective **questo.**

| **M. Sg.** | **M. Pl.** | **F. Sg.** | **F. Pl.** |
|---|---|---|---|
| questo<br>quest' | questi | questa<br>quest' | queste |

## Quello

**1.** The demonstrative adjective **quello** agrees in gender and number with the noun it modifies. The form **quell'** is usually used with singular nouns of either gender that begin with a vowel.

| | |
|---|---|
| Il questionario è su **quel** tavolo. | The questionnaire is on *that* table. |
| **Quello** studente non parla inglese. | *That* student doesn't speak English. |
| Entrano in **quella** banca. | They are entering *that* bank. |
| **Quei** giornali sono di Franco. | *Those* newspapers belong to Franco. |
| **Quegli** studenti studiano sempre. | *Those* students always study. |
| **Quell'**aula è grande. | *That* classroom is large. |

**2.** Here is a chart of the eight forms of the demonstrative adjective **quello.** Note that **quello** follows a pattern similar to that of the prepositional contractions with definite articles.

| **M. Sg.** | **M. Pl.** | **F. Sg.** | **F. Pl.** |
|---|---|---|---|
| quel<br>quello<br>quell' | quei<br>quegli | quella<br>quell' | quelle |

**A.** Sostituire le parole in corsivo con le parole fra parentesi.

1. Questo *stereo* non è di Tommaso.  (fogli / casa / motocicletta / orologio / quaderno)
2. Guarda questo *formaggio!*  (carne / pasta / funghi / olio d'oliva / pesce)
3. Questo *ragazzo* è bello!  (signorine / monumenti / rivista / città / museo)

**B.** Domandare ad un altro studente o ad un'altra studentessa perché non compra le seguenti cose.

▶  pesce fresco    *Perché non compri questo pesce fresco?*

1. prosciutto di montagna
2. olio d'oliva in bottiglia
3. fagiolini freschi
4. mele rosse
5. broccoli a buon mercato
6. pepe
7. patate gialle
8. peperoni

**C.** Domandare ad un altro studente o ad un'altra studentessa chi sono le seguenti persone.

▶  la signora    *Chi è quella signora?*

▶  i professori    *Chi sono quei professori?*

1. lo studente vicino alla porta
2. la studentessa che parla
3. i ragazzi noiosi
4. gli studenti che ascoltano la radio
5. la signorina alta
6. i signori seduti al tavolo
7. la signora grassa
8. i signori che bevono vino

**D.** Rispondere alle domande dell'esercizio C, usando la forma corretta di *quello*. Usare la fantasia!

▶  la signora    *Quella signora è [la madre di Pino].*

▶  i professori    *Quei professori sono [gli amici di mio padre].*

**E.** Immagini di parlare con un amico o con un'amica delle cose che vuole comprare. Usi la forma corretta di *questo* e di *quello*.

▶  penna / quaderni    *Compro questa penna e quei quaderni.*

1. radio / televisore
2. carne / carciofi
3. spinaci / carote
4. pomodori / zucchini
5. rivista / giornale
6. patate / asparagi
7. costume / bicicletta
8. arance / limoni

## II. *Pronomi dimostrativi* questo e quello

— Un chilo di mele, per favore.
— **Queste** o **quelle?**

**1.** In the following Italian sentences, the words in boldface type are demonstrative pronouns (**pronomi dimostrativi**). They agree in gender and number with the nouns they replace.

| | |
|---|---|
| Quella chiesa è bella, ma **questa** è brutta. | That church is beautiful, but *this one* is ugly. |
| Usi questo bicchiere o **quello?** | Do you use this glass or *that one?* |
| Quegli alberghi sono nuovi, ma **questi** sono vecchi. | Those hotels are new but *these* are old. |
| Leggi queste riviste o **quelle?** | Do you read these magazines or *those?* |

**2.** Here is a chart of the forms of the demonstrative pronouns **questo** and **quello.** Note that they have only four forms each.

| M. Sg. | M. Pl. | F. Sg. | F. Pl. |
|---|---|---|---|
| questo | questi | questa | queste |
| quello | quelli | quella | quelle |

**F.** Trasformare le frasi, sostituendo alle parole in corsivo i pronomi dimostrativi corrispondenti.

▶     Quei *pomodori* sono belli.    *Quelli sono belli.*

▶     Queste *mele* sono piccole.    *Queste sono piccole.*

1. Questa *farmacia* è grande.
2. Preferisco quel *giornale.*
3. Compriamo questi *libri.*
4. Quegli *asparagi* sono cari.
5. Queste *carote* sono grandi.
6. Quelle *lezioni* sono difficili.
7. Quegli *orologi* non sono cari.
8. Mi piace questa *casa.*
9. Bevo quest'*aranciata.*
10. Quell'*ospedale* è moderno.

**G.** Le seguenti persone vogliono comprare cose diverse. Indicare quali cose preferiscono.

▶     Lucia desidera comprare    *Preferisce quella calcolatrice, non* una calcolatrice.    *questa.*

1. Giacomo vuole comprare due riviste.
2. Piero desidera comprare una macchina.
3. Marisa vuole comprare le banane.
4. La signorina desidera comprare un computer.
5. Carla vuole comprare i fagiolini.
6. Antonella desidera comprare un costume.

**H.** Completare le seguenti frasi in maniera logica, usando un pronome dimostrativo appropriato.

▶     Questa penna è nuova e ...    *Questa penna è nuova e quella è vecchia.*

1. Questi signori sono americani e ...
2. Questo cameriere è simpatico e ...
3. Quel ristorante è piccolo e ...
4. Quell'uomo è alto e ...
5. Questa studentessa studia poco e ...
6. Queste ragazze ascoltano la radio e ...
7. Quei ragazzi sono allegri e ...
8. Quel tè è caldo e ...

## III. Verbi riflessivi

La madre veste il suo bambino.    Il bambino **si veste** da solo.

**1.** A reflexive verb is one in which the object of the verb refers to or represents the same person or thing as the subject. In the sentences below, the words in boldface type are reflexive verbs.

| | |
|---|---|
| **Mi lavo** ogni mattina. | *I wash (myself)* every morning. |
| **Ti vesti** elegantemente. | *You dress (yourself)* elegantly. |
| Franco **si sveglia** alle sette. | Franco *wakes (himself) up* at seven o'clock. |

**2.** Reflexive verbs are more common in Italian than in English. Some Italian reflexives express ideas that are not normally expressed with reflexive verbs in English. For example:

| | |
|---|---|
| Luigi **si diverte.** | Luigi *has a good time* (amuses himself). |
| Giovanni **si siede.** | Giovanni *sits down* (seats himself). |
| **Mi alzo** alle otto. | I *get up* (raise myself) at eight o'clock. |
| **Vi sentite** male. | *You're not feeling* well. |
| I ragazzi **si mettono a** studiare. | The boys *begin to* study. |

**3.** In the present tense, the reflexive pronoun comes before the verb. It usually follows (and in writing is attached to) an infinitive minus the final **e.**

| | |
|---|---|
| **Mi vesto** adesso. | *I get dressed* now. |
| Ora vado a **vestirmi.** | Now I'm going to *get dressed.* |
| **Ti lavi** adesso? | *Are you washing (yourself)* now? |
| Ora vai a **lavarti?** | Now are you going to *wash (yourself)?* |

**4.** In the present perfect tense, reflexive verbs always take the auxiliary **essere,** and therefore the past participle agrees with the subject.

| | |
|---|---|
| Paola **si è svegliata** alle sei. | Paola *woke up* at six. |
| I ragazzi non **si sono lavati.** | The boys *didn't wash.* |
| Luisa, **ti sei lavata** stamattina? | Luisa, *did you wash* this morning? |

**5.** Some Italian verbs have both a non-reflexive and a reflexive use, depending upon context.

| | |
|---|---|
| I ragazzi **alzano le mani.** | The boys *raise their hands.* |
| I ragazzi **si alzano.** | The boys *get (themselves) up.* |

**6.** The following chart shows the complete conjugation of the reflexive verb **lavarsi.** Note that in vocabulary lists and in dictionaries, the reflexive pronoun is always attached to the infinitive minus the final **e: lavare** to wash; **lavarsi** to wash oneself.

| **lavarsi** to wash (oneself) | |
|---|---|
| io **mi lavo** | noi **ci laviamo** |
| tu **ti lavi** | voi **vi lavate** |
| lui/lei **si lava** | loro **si lavano** |

**7.** Here is a list of some common reflexive verbs in Italian. Remember that the English equivalents are often expressed without a reflexive structure.

| | | |
|---|---|---|
| **addormentarsi** | *to fall asleep* | **Mi addormento** presto. |
| **alzarsi** | *to get up* | Mario **si alza** sempre tardi. |
| **chiamarsi** | *to be called, to be named* | **Mi chiamo** Giuseppe. |
| **divertirsi** (a + *inf.*) | *to have a good time, to enjoy oneself* | **Ti diverti** con gli amici? **Mi diverto a** giocare a tennis. |
| **lavarsi** | *to wash (oneself)* | **Mi lavo** le mani. |
| **mettersi** | *to put on (clothing)* | **Ti metti** il cappello. |
| **mettersi** (a + *inf.*) | *to begin to, to start to* | **Mi metto a** studiare. |
| **prepararsi** (**per**) | *to get ready* | Luisa **si prepara per** uscire. |
| **sentirsi** | *to feel* | Valeria non **si sente** bene. |
| **svegliarsi** | *to wake up* | **Mi sveglio** sempre alle sei. |
| **vestirsi** | *to get dressed* | **Ci vestiamo** adesso. |

**I.** Immagini di avere un fratello gemello *(twin)* di nome Luigi, che fa esattamente le stesse cose che fa lei.

▶ Mi sveglio alle sei.     *Anche lui si sveglia alle sei.*

1. Mi alzo alle sette.
2. Mi lavo ogni mattina.
3. Mi vesto da solo.
4. Mi preparo per uscire.
5. Mi metto a studiare alle quattro.
6. Mi diverto a giocare con Paolo.
7. Mi addormento alle undici.

**J.** È domenica pomeriggio e tutti sono a casa. Dire che cosa si mette a fare ciascuna delle seguenti persone.

▶ Daniela / studiare      *Daniela si mette a studiare.*

▶ io / ascoltare la radio      *Mi metto ad ascoltare la radio.*

1. Piero / leggere il giornale
2. noi / guardare la televisione
3. tu / scrivere una lettera
4. loro / dormire
5. Franca e Luciana / lavorare
6. Gianpaolo / parlare di sport
7. io / giocare con i bambini
8. voi / discutere di politica

**K.** Cambiare le seguenti frasi secondo i soggetti suggeriti.

▶ Mi lavo ogni mattina. (lui)      *Si lava ogni mattina.*

1. Le ragazze si svegliano presto. (la ragazza)
2. Ti addormenti al cinema. (io)
3. Rosanna si diverte molto a teatro. (Rosanna e Laura)
4. Ci prepariamo per partire. (voi)
5. Si alzano alle sette. (tu)
6. Mia madre si mette a lavorare. (le mie sorelle)
7. Ci vestiamo lentamente. (loro)
8. Non mi chiamo Antonio. (lei)

**L.** Domandare ad un altro studente o ad un'altra studentessa se fa le seguenti cose.

▶ svegliarsi presto      S1: *Ti svegli presto la mattina?*
la mattina      S2: *Sì, mi sveglio presto la mattina.*
         *No, non mi sveglio presto la mattina.*

1. addormentarsi presto la sera
2. alzarsi tardi la domenica
3. mettersi a lavorare subito
4. prepararsi adesso per uscire
5. mettersi il costume per il ballo in maschera
6. divertirsi sempre al cinema

**M.** Cambiare le seguenti frasi al passato prossimo. Ricordare che il participio passato deve concordare *(agree)* con il soggetto nel genere e nel numero.

▶ Le studentesse si alzano presto. *Le studentesse si sono alzate presto.*

1. Vittorio si sveglia presto.
2. Patrizia si veste alle sette.
3. Gli studenti si mettono a leggere.
4. Mi diverto a giocare con Laura.
5. Paolo e Luigi non si sentono bene.
6. Ti alzi alle dieci?
7. Io e Claudio ci prepariamo per partire.

## IV. *Verbi riflessivi con significato di reciprocità*

— Perché non **vi salutate**?
— Non **ci parliamo** più.

1. Plural reflexive verbs used with the reflexive pronouns **ci, vi,** and **si** may convey a reciprocal meaning. The English equivalents are expressed with phrases such as *to each other, with one another*, etc.

| | |
|---|---|
| **Ci scriviamo** ogni settimana. | We *write to each other* every week. |
| **Vi aiutate,** non è vero? | You *help one another*, right? |
| Paolo e Luciana **si vedono** ogni sabato. | Paolo and Luciana *see each other* every Saturday. |

**2.** Here are a few reflexive verbs often used with reciprocal meaning.

| | | |
|---|---|---|
| **aiutarsi** | *to help each other* | Le ragazze **si sono aiutate.** |
| **amarsi** | *to love each other* | **Si amano** molto. |
| **incontrarsi** | *to meet (each other)* | Dove **vi siete incontrati?** |
| **innamorarsi** | *to fall in love* | Carlo e Giulia **si sono innamorati.** |
| **odiarsi** | *to hate each other* | Maria e Giulia **si sono sempre odiate.** |
| **parlarsi** | *to speak to each other* | Perché non **vi parlate?** |
| **salutarsi** | *to greet each other* | Gli amici **si salutano.** |
| **scriversi** | *to write to each other* | Perché **si scrivono** così spesso? |
| **vedersi** | *to see each other* | **Ci vediamo** ogni settimana. |

**N.** Trasformare le seguenti frasi, usando il pronome *loro* come soggetto.

▶ Noi ci incontriamo a Firenze.    *Loro si incontrano a Firenze.*

1. Noi ci scriviamo spesso.
2. Noi ci vediamo domani mattina.
3. Noi ci aiutiamo volentieri.
4. Noi ci siamo scritte ogni giorno.
5. Noi ci siamo incontrati allo stadio.
6. Noi ci siamo viste alla stazione.

**O.** Formulare frasi riferite al presente con le parole indicate.

▶ noi / incontrarsi / questo pomeriggio    *Ci incontriamo questo pomeriggio.*

1. loro / scriversi / spesso
2. noi / salutarsi / ogni mattina
3. voi / incontrarsi / al bar
4. gli amici / salutarsi / al ristorante
5. Franco e Mirella / vedersi / qualche volta
6. io e Alberto / incontrarsi / a Milano
7. tu e Stefania / aiutarsi / sempre
8. Tina e Vera / vedersi / ogni settimana

**P.** Trasformare ciascuna frase dell'esercizio O al passato prossimo, usando l'ausiliare *essere* e facendo concordare il participio passato con il soggetto.

▶ noi / incontrarsi / questo pomeriggio    *Ci siamo incontrati questo pomeriggio.*

## V. *Verbi irregolari:* bere, dire, uscire

— Perché non **bevi**?
— **Bevo** solo acqua minerale.

The following chart shows the present tense of the irregular verbs **bere,**
**dire,** and **uscire.**

| **bere** *to drink* | | **dire** *to say* | | **uscire** *to go out* | |
|---|---|---|---|---|---|
| **bevo** | **beviamo** | **dico** | **diciamo** | **esco** | usciamo |
| **bevi** | **bevete** | **dici** | dite | **esci** | uscite |
| **beve** | **bevono** | **dice** | **dicono** | **esce** | **escono** |

**Q.** Le prime persone indicate riferiscono cosa bevono le seconde persone. Formulare frasi complete nel presente con i verbi *dire* e *bere.*

▶    Marco / Luisa / limonata    *Marco dice che Luisa beve una*
                                       *limonata.*

1. io / loro / spremuta d'arancia
2. voi / io / tè freddo
3. i signori Celli / noi / caffè
4. tu / Michele / acqua minerale
5. io e Carlo / tu e Giorgio / bicchiere di latte
6. lei / tu / cappuccino

**R.**  Dire a che ora esce ogni persona.

▶  Giancarlo / alle dieci di mattina    *Giancarlo esce alle dieci di*
*mattina.*

1. Luisa e sua madre / a mezzogiorno
2. noi / alle quindici e trenta
3. tu e Mario / di casa / alle quattordici
4. lei / dall'ospedale / alle diciassette
5. i miei genitori / alle sedici
6. io / alle due del pomeriggio

**S.**  Riferire che le seguenti persone escono e compiono (*carry out*) le azioni indicate.

▶  Enrico: andare a lavorare    *Enrico esce e va a lavorare.*

1. Franco: andare a scuola
2. io: fare una passeggiata
3. noi: telefonare a Roberto
4. tu: comprare una rivista
5. voi: incontrare gli amici
6. loro: fare colazione al bar

**T.**  Rispondere alle seguenti domande personali.

1. A che ora esce di casa la mattina?
2. A che ora esce dalla lezione d'italiano?
3. Esce ogni sera? ogni venerdì? ogni sabato?
4. Esce con gli amici o con un'amica?
5. Quando esce, che dice alla mamma?
6. Cosa dice agli amici quando pagano il conto?
7. Cosa beve quando ha sete?
8. Cosa beve con un panino al prosciutto?

**A lei la parola**

1. You're at the market. Inquire about the price of "these apples."
2. Report that you go out of the house every morning at eight.
3. Find out if your instructor drinks iced tea.
4. Ask a friend at what time he/she gets up in the morning.
5. Find out if your friends had a good time at the theater last night.

# Leggere e capire

Leggere il seguente brano per una comprensione generale e poi fare gli esercizi che seguono.

## La famiglia Petroni

La famiglia Petroni abita a Bari in un grande appartamento nel centro della città. Il signor Petroni è medico e lavora all'Ospedale Civile della città. La moglie del dottor Petroni è professoressa ed insegna lingue straniere al liceo classico. I Petroni hanno due figli: Daria, di dodici anni, che frequenta la scuola media, e Pierluigi, di dieci, che frequenta ancora la scuola elementare.

Con la famiglia Petroni abita Silvana, la madre della signora. Silvana non lavora, sta a casa ed ogni mattina esce di casa e va al mercato a fare la spesa. A Silvana non piace molto andare al supermercato. Preferisce fare la spesa giornaliera al mercato all'aperto dove trova sempre alimenti freschi. Ogni giorno compra carne o pesce, verdura, frutta ed altri generi alimentari. Quando rientra, prepara da mangiare per i ragazzi che tornano da scuola. Oggi Silvana ha comprato il pesce, gli asparagi, il pane, l'uva, le fragole e le banane. Ai ragazzi non piace molto il pesce, ma mangiano volentieri la frutta.

**A.   Vero–Falso**   Dire se le frasi seguenti sono vere o false secondo la lettura. Se sono false, dare l'informazione corretta.

1. Il dottor Petroni abita a Bari da solo.
2. Daria e Pierluigi sono i figli della professoressa Petroni.
3. La moglie del dottore insegna all'università di Bari.
4. Silvana va a fare la spesa per la famiglia.
5. La signora Petroni va spesso al supermercato.
6. Ai ragazzi piace il pesce ma non la frutta.

**B.   Completare le frasi seguenti secondo la lettura.

1. La signora Petroni è ...
2. Al liceo la signora ...
3. Pierluigi frequenta ...
4. Daria frequenta la scuola media ed ha ...
5. La persona che abita con la famiglia Petroni è ...
6. Silvana fa la spesa ogni giorno ...
7. Oggi Silvana ha comprato ...

**C.** Cercare nella lettura un sinonimo per ciascuna delle seguenti parole.

1. ogni giorno
2. dottore
3. resta
4. comprare (generi alimentari)
5. cose
6. fuori
7. vegetali
8. fa da mangiare

**D.** Scegliere dalla seconda colonna le espressioni che si collegano (*join*) logicamente con le espressioni della prima colonna.

1. Mangi il pesce?
2. Mi piace molto questo supermercato.
3. Perché la signora rimane a casa?
4. Dove vai adesso?
5. Quali lingue straniere insegna la signora?

a. Esco a fare la spesa.
b. Il francese e lo spagnolo.
c. No, preferisco la carne.
d. Non lavora.
e. Io invece faccio la spesa al mercato all'aperto.

*Silvana va al mercato.*

# LEZIONE 8ª

## Chi mi accompagna?

*Un centro commerciale di Milano*

Sono le nove di sera e la famiglia Ottaviani è a cena. Seduti° al tavolo        Seated
sono il padre (Carlo), la madre (Luciana) ed i loro due figli Stefano ed
Alessandra. Carlo è un funzionario di banca e sua moglie lavora a
tempo parziale in un'agenzia di viaggi. I figli sono studenti.

|  |  |  |
|---|---|---|
| **La madre** | Alessandra, domani devo andare al centro dalla sarta°. Puoi darmi un passaggio con la macchina alle due? | dressmaker |
| **Alessandra** | Veramente ho da fare. Perché non lo chiedi a Stefano? | |
| **Stefano** | Ma scherzi? Io non la posso proprio accompagnare. Sono molto occupato domani. | |
| **Alessandra** | Ma perché sempre io devo accompagnare la mamma? | |
| **Il padre** | Ragazzi, per favore, non cominciate a litigare°. Alessandra, che cosa devi fare domani? | don't start to quarrel |
| **Alessandra** | Devo uscire con Mariella. L'ho vista ieri mattina ed ho fissato un appuntamento per domani pomeriggio. | |
| **Il padre** | E tu, Stefano, perché non puoi dare un passaggio alla mamma? | |
| **Stefano** | Domani vado a giocare a tennis con Fabio. Ho prenotato il campo da tennis° e non posso assolutamente rimandare. | I have reserved the tennis courts |
| **Il padre** | Ragazzi, queste non mi sembrano buone ragioni per non accompagnare la mamma. | |
| **Alessandra** | Mamma, perché questa volta non prendi un tassì o l'autobus? | |
| **Stefano** | È vero. È una buona idea! | |
| **La madre** | Quante scuse! Le vostre attività sono sempre molto importanti. E le mie? | |
| **Il padre** | Ma dai°, Luciana, non prendertela°. | Come on / don't get angry about it |
| **Stefano** | Mamma, non è per cattiveria° che non vogliamo accompagnarti, ma gli impegni sono impegni ... | it's not out of meanness |
| **La madre** | Ed io intanto subisco sempre le conseguenze° dei vostri impegni. Da lunedì comincio a prendere lezioni di guida. | I always suffer the consequences |

5

10

15

20

25

30

**Domande generali**

1. Dove sono seduti Carlo, Luciana ed i loro figli?
2. Che lavoro fa Carlo? Dove lavora?
3. Lavora sua moglie? Dove?
4. Cosa fanno i loro figli?
5. Dove deve andare domani la madre?
6. Perché Alessandra non la può accompagnare?
7. Perché Stefano non la può accompagnare?
8. Cosa suggerisce Alessandra alla madre?
9. Cosa comincia a fare la madre da lunedì?

**Domande personali**

1. Come si chiama suo padre? e sua madre?
2. Quanti fratelli ha? Quante sorelle?
3. È sempre molto occupato/a o è piuttosto libero/a?
4. Ha impegni oggi pomeriggio? Che cosa deve fare?
5. Gioca a tennis? Con chi gioca?

**Modificazioni**

1. — Non ti posso proprio **accompagnare.**     — **Perché, sei occupato/a?**
        incontrare                      Che cosa devi fare?
        aspettare                     Mi dispiace.
        capire                           Sei sicuro/a?

2. — Quando hai visto **Mariella?**           — **L'ho vista** ieri mattina.
        Paolo                              L'ho visto
        i tuoi amici                    Li ho visti
        le amiche di Gino          Le ho viste
        mia sorella                 L'ho vista

3. — Sono importanti le **vostre** attività?
                  sue
                  loro
                  tue

   — No, le **nostre** non sono importanti.
        sue
        loro
        mie

**Vocabolario**

Parole analoghe

| accompagnare | l'attività | importante |
|---|---|---|
| assolutamente | la conseguenza | occupato/a |

Nomi

**l'agenzia di viaggi** travel agency
**l'autobus** *(m.)* bus
**la cena** supper
**il funzionario** manager
**l'impegno** engagement, appointment
**la scusa** excuse
**il tassì** taxi

Verbi

**cominciare (a** + *inf.*) to begin, to start
**litigare** to quarrel
**potere** to be able, can
**prenotare** to reserve
**sembrare** to seem, to appear
**subire (subisco,** *ecc.***)** to undergo, to suffer

Altre parole ed espressioni

**intanto** meanwhile
**proprio** just

**a tempo parziale** part-time
**avere da fare** to be busy
**da domani** starting tomorrow (from tomorrow on)
**dare un passaggio** to give a ride
**fissare un appuntamento** to make a date
**giocare a tennis** to play tennis
**la lezione di guida** driving lesson

**Pratica**

**A.** Immagini di dovere andare in biblioteca e di chiedere un passaggio a sua sorella, che ha un motorino. Sua sorella dice di sì, ma spiega che deve prima andare all'ufficio postale. Lei risponde che ha abbastanza tempo. Prepari un dialogo appropriato.

**B.** Claudia ha un appuntamento dal dentista ed ha bisogno di un passaggio. Suo marito Luigi dice che non può dare un passaggio a Claudia perché ha da fare. Lui suggerisce di prendere un tassì. Scrivere un dialogo appropriato.

*IN BIBLIOTECA*

## NOTA CULTURALE

### La famiglia italiana

La famiglia tradizionale italiana con i suoi forti legami affettivi[1] è ancora viva in molti paesi e piccole città di provincia. Spesso generazioni diverse condividono[2] la stessa casa o appartamento; e nonni, zie o zii non sposati fanno parte del nucleo familiare. Nella famiglia tradizionale il padre ha sempre il ruolo più importante, dato che[3] da lui dipendono finanziariamente tutti gli altri componenti della famiglia.

Invece[4] nelle grandi città e nei centri industriali dove è più facile trovare lavoro, la famiglia tradizionale è pressoché scomparsa[5]. Spesso la coppia sposata[6] vive da sola, e tutti e due[7], l'uomo e la donna, lavorano a tempo pieno[8]. Con lo sviluppo[9] economico anche i figli riescono a[10] trovare lavoro ed acquistano così una maggiore indipendenza.

1. strong emotional ties    2. live together, share    3. given the fact that    4. On the other hand    5. has almost disappeared
6. married couple    7. both of them    8. full-time
9. development    10. succeed in

*Un padre a passeggio con sua figlia*

## Pronuncia
### I suoni /ʃ/ e /sk/

The sound /ʃ/ is represented in spelling as **sc** before **e** and **i**. The sound /**sk**/ is represented in spelling as **sc** before **a, o,** and **u,** and as **sch** before **e** and **i.**

**A.**   Ascoltare l'insegnante e ripetere le seguenti parole.

| /ʃ/ | | /sk/ | | |
|---|---|---|---|---|
| es**c**e | pros**c**iutto | **sc**opa | pes**c**a | pes**ch**e |
| **sc**ientifico | preferis**c**e | **sc**usa | dis**c**utere | **sch**erzi |
| las**c**iare | preferis**c**i | **sc**oprire | as**c**oltare | pazze**sch**i |
| us**c**ire | pes**c**e | **sc**olorito | subis**c**o | tede**sch**i |

**B.** Leggere ad alta voce le seguenti frasi. Fare attenzione alla pronuncia della combinazione delle lettere *sc* e *sch*.

1. Preferisci uscire presto?
2. Esce dal liceo scientifico.
3. Preferisco ascoltare la radio.
4. Preferiscono mangiare le pesche.

**C. Proverbi** Leggere ad alta voce i seguenti proverbi e poi dettarli ad un altro studente o ad un'altra studentessa.

**Da cosa nasce cosa.**
One thing leads to another.
**In bocca chiusa non entrano mosche.**
Keep your mouth shut and you won't get into trouble.

# Ampliamento del vocabolario

## I. La famiglia ed i parenti

You already know many nouns referring to family members and relatives (**il padre, la madre; il fratello, la sorella; lo zio, la zia; il nonno, la nonna; il figlio, la figlia**). Here are some additional nouns to add to the list.

| | | | |
|---|---|---|---|
| **i genitori** | parents | **il suocero** | father-in-law |
| **i parenti** | relatives | **la suocera** | mother-in-law |
| **il cugino** | (male) cousin | **il genero** | son-in-law |
| **la cugina** | (female) cousin | **la nuora** | daughter-in-law |
| **il nipote** | grandson; nephew | **il cognato** | brother-in-law |
| **la nipote** | granddaughter; niece | **la cognata** | sister-in-law |

*Note:* Masculine plural nouns (like **gli zii** and **i cugini**) may refer to all-male groups or to a mixed group of males and females. Context will usually make the meaning clear.

## Altre espressioni utili

| | | | |
|---|---|---|---|
| **la coppia** | couple | **essere sposato/a** | to be married |
| **divorziare** | to divorce | **fidanzarsi** | to become engaged |
| **essere celibe** | to be single (man) | **sposarsi** | to get married |
| **essere divorziato/a** | to be divorced | **vivere insieme** | to live together |
| **essere nubile** | to be single (woman) | | |

**A.** Rispondere alle seguenti domande personali.

1. Ha un cugino o una cugina? Quanti anni ha? Dove abita?
2. Ha uno zio? Dove abita? È celibe o sposato?
3. Quanti fratelli ha? Quante sorelle? Abitano con i genitori?
4. Lei è celibe/nubile o è sposato/a? È fidanzato/a?
5. Ha un cognato o una cognata? Quando si è sposato suo fratello? Quando si è sposata sua sorella?
6. Secondo lei, è bene sposarsi molto giovane?
7. Se è celibe/nubile, pensa di sposarsi presto? In che anno? In che mese?

**B.** Assumere il ruolo di Marisa o di Luigi ed indicare il grado di parentela *(relationship)* con gli altri componenti della famiglia.

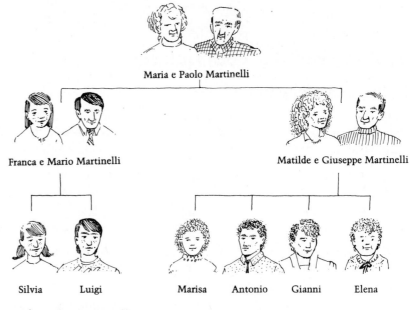

La famiglia Martinelli

▶ Marisa: *Antonio è mio fratello. Luigi è* _____ .

**C.** Completare le seguenti frasi con parole appropriate.

1. La sorella di mio marito è mia _____ .
2. Mio _____ Giuseppe è il fratello di mio padre.
3. Mia sorella _____ con Nino il venti giugno.
4. Gianni e Pina sono una _____ molto simpatica.
5. La madre di mia moglie è mia _____ .
6. I nonni parlano sempre dei _____ .
7. Non ho molti _____ . La mia famiglia è piuttosto piccola.
8. La mia amica Marina _____ con un bel ragazzo e si sposano fra due mesi.

## II. Lei guida?

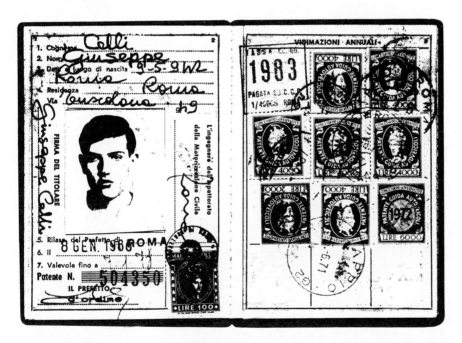

*Una patente di guida*

The following new words and expressions will be useful to you in talking about driving a car.

**la benzina**  gasoline
**controllare l'olio (le gomme)**  to check the oil (tires)
**fare il pieno**  to fill it up
**guidare (velocemente/lentamente)**  to drive (fast/slowly)

**noleggiare un'automobile**  to rent a car
**parcheggiare**  to park
**il parcheggio a pagamento**  pay parking
**la patente di guida**  driver's license
**la stazione di servizio**  gas station

**D.** Rispondere alle seguenti domande personali.

1. Lei ha la patente? Guida?
2. Quanto costa la benzina nella sua città o nel suo paese?
3. Guida velocemente o lentamente? Guida molto bene?
4. Dove parcheggia? In un garage o nella strada *(street)*?
5. Quante volte alla settimana fa il pieno?
6. Che cosa fa controllare quando va alla stazione di servizio?
7. Noleggia spesso una macchina? Perché?

# Struttura ed uso

## I. *Verbi modali:* dovere, potere e volere

Non **devo mangiare** più!

1. A modal verb (**verbo modale**) is a helping verb generally followed by a dependent infinitive. The modal verb may express the duty (**dovere**), ability (**potere**), or will (**volere**) of the doer. You are already familiar with the present-tense forms of **volere** (presented in *Lezione 4ᵃ*) and with some of the present-tense forms of the modal verbs **dovere** and **potere**. The irregular forms are indicated in boldface in the following chart.

| Subject pronouns | dovere  must, to have to | potere  to be able, can | volere  to want, to wish |
|---|---|---|---|
| io | devo | posso | voglio |
| tu | devi | puoi | vuoi |
| lui/lei | deve | può | vuole |
| noi | dobbiamo | possiamo | vogliamo |
| voi | dovete | potete | volete |
| loro | devono | possono | vogliono |

**2.** Modal verbs can be used sometimes without a dependent infinitive, especially in responses.

> — Puoi aspettare un momento?   — Can you wait a moment?
> — **No, non posso.**            — *No, I can't.*

**A.**  Dire cosa devono fare oggi le seguenti persone. Usare la forma appropriata del tempo presente di *dovere.*

> ▶  noi: lavorare   *Dobbiamo lavorare.*

1. io: comprare i biglietti
2. tu: andare al liceo
3. lui: mangiare a casa
4. i ragazzi: bere qualcosa
5. noi: pulire la casa
6. lei: trovare una stazione di servizio
7. voi: finire il lavoro
8. loro: usare un computer

**B.**  Dire che le seguenti persone non possono fare certe attività. Usare la forma appropriata del tempo presente di *potere.*

> ▶  Paolo vuole uscire, ...        *ma non può.*
> ▶  Noi vogliamo mangiare, ...     *ma non possiamo.*

1. Voglio fare una passeggiata, ...
2. Vuoi comprare una moto, ...
3. Vuole andare a piedi al centro, ...
4. Le mie sorelle vogliono fare colazione, ...
5. Mia cugina vuole vedere Venezia, ...
6. Volete vedere un film, ...

**C.** Dire cosa vogliono fare le seguenti persone, usando la forma appropriata del presente di *volere.*

▶  Piero: andare al cinema    *Piero vuole andare al cinema.*

1. Liliana: cominciare a giocare
2. noi: studiare informatica
3. tu: andare in vacanza a febbraio
4. Franco: divertirsi sempre
5. voi: prendere un tassì
6. Maria e sua sorella: andare dalla sarta
7. Mario e Dino: prenotare il campo da tennis
8. io: fare una passeggiata con mio padre

## II. *Pronomi possessivi*

**Il mio appartamento** è scuro!    **Il mio** è luminoso!

**1.** The possessive pronouns are identical in form to the possessive adjectives, which were presented in *Lezione 2ª*. They agree in number and gender with the thing possessed, not with the possessor. They are regularly used with a definite article except when they follow a form of **essere**, in which case the article is optional.

| | |
|---|---|
| Ecco **i miei biglietti.** | Here are *my tickets.* |
| Ecco **i miei.** | Here are *mine.* |
| Ho trovato **la tua penna.** | I found *your pen.* |
| Ho trovato **la tua.** | I found *yours.* |
| *But:* È **la sua macchina?** | Is that *your car?* |
| È **(la) sua?** | Is that *yours?* |

**2.** The definite article is never omitted with the possessive pronoun **loro,** even after the verb **essere.**

Dov'è **la loro casa?**        Where is *their house?*
Dov'è **la loro?**             Where is *theirs?*

**3.** The following chart shows the forms of the possessive pronouns.

| Subject Pronouns | M. Sg. | M. Pl. | F. Sg. | F. Pl. |
|---|---|---|---|---|
| io | il mio | i miei | la mia | le mie |
| tu | il tuo | i tuoi | la tua | le tue |
| lui/lei | il suo | i suoi | la sua | le sue |
| noi | il nostro | i nostri | la nostra | le nostre |
| voi | il vostro | i vostri | la vostra | le vostre |
| loro | il loro | i loro | la loro | le loro |

**D.** Carla ed alcuni amici vanno a scuola. Carla dice che ognuno ha le cose proprie. Usare le parole indicate per completare le frasi di Carla.

▶ Io ho il mio *registratore,* e Maria ...        *Io ho il mio registratore, e Maria ha il suo.*

1. Io ho le mie *penne,* e Gianna ...
2. Io ho le mie *matite,* e voi ...
3. Io ho i miei *fogli di carta,* e Federico e Filippo ...
4. Io ho la mia *calcolatrice,* e Luciana ...
5. Io ho il mio *computer,* e tu ...
6. Io ho il mio *quaderno,* e Maria ...

**E.** Anna fa una serie di domande ad Elena. Assumere il ruolo di Elena e rispondere, usando la forma appropriata del pronome possessivo.

▶ Anna: Il mio quaderno è sul tavolo. Dov'è il tuo? (sulla sedia)        Elena: *Il mio è sulla sedia.*

1. I miei libri costano diecimila lire. Quanto costano i tuoi? (quindicimila)
2. La mia macchina è nel garage. Dov'è la tua? (dal meccanico)
3. Il mio ragazzo è ricco. E il tuo? (povero)
4. Il mio dottore lavora in quest'ospedale. Dove lavora il tuo? (nell'Ospedale Civile)
5. Le mie riviste sono nuove. Come sono le tue? (vecchie)

**F.** Dica che il primo dei seguenti oggetti appartiene *(belongs)* a lei ed il secondo a Paolo, usando la forma corretta del pronome possessivo.

▶ il quaderno vecchio e   *Il quaderno vecchio è mio;*
il quaderno nuovo   *il quaderno nuovo è suo.*

1. il libro d'italiano e il libro d'inglese
2. la macchina rossa e la macchina bianca
3. questi orologi e quell'orologio
4. la calcolatrice giapponese e la calcolatrice tedesca
5. queste verdure e quei formaggi
6. queste mele e quelle pere

**G.** Carlo domanda a Gino di chi sono le seguenti cose. Assumere il ruolo di Gino, usando la forma appropriata del pronome possessivo.

▶ Carlo: Questi calendari, sono tuoi o   Gino: *Sono (i) suoi.* (o)
di Tommaso?   *Sono (i) miei.*

1. Questo zaino, è tuo o di Stefano?
2. Questa frutta, è nostra o dei nonni?
3. Questo stereo, è vostro o di Laura?
4. Quei giornali, sono tuoi o i loro?
5. Quelle penne, sono tue o sono mie?
6. Questa macchina da scrivere, è tua o di tuo fratello?

## III. *Pronomi complemento diretto*

—Vedi bene il film dal tuo posto?
—Veramente non **lo** vedo per niente!

1. Direct-object pronouns (**i pronomi complemento diretto**) answer the question *whom?* or *what?* In the questions below, the words in boldface are direct-object noun phrases (definite article + noun). In the responses, the words in boldface are direct-object pronouns that replace the noun phrases.

| | |
|---|---|
| — Luciana visita **il nonno?** | — Does Luciana visit *her grandfather?* |
| — Sì, **lo** visita. | — Yes, she visits *him.* |
| — Stefano chiama **la madre?** | — Does Stefano call *his mother?* |
| — No, non **la** chiama. | — No, he doesn't call *her.* |
| — Chi accompagna **le signore?** | — Who accompanies *the ladies?* |
| — Mariella **le** accompagna. | — Mariella accompanies *them.* |

2. The following chart shows the forms of the direct-object pronouns.

| Singular *(m. or f.)* | | Plural *(m. or f.)* | |
|---|---|---|---|
| **mi (m')** | me | **ci (c')** | us |
| **ti (t')** | you *(fam.)* | **vi (v')** | you *(fam.)* |
| **lo (l')** | him, it | **li** | them *(m.)*, you *(formal, m.)* |
| **la (l')** | her, it, you *(formal)* | **le** | them *(f.)*, you *(formal, f.)* |

Note that the direct-object pronouns **lo (l')**, **la (l')**, **li** and **le** have more than one meaning. Context usually makes the meaning clear.

3. The pronouns **mi, ti, lo,** and **la** usually drop the final vowel before a verb that begins with a vowel sound.

| | |
|---|---|
| Giorgio **m'**invita a ballare. (**m'** = **mi**) | Giorgio invites *me* to dance. |
| Chi **t'**aspetta? (**t'** = **ti**) | Who is waiting for *you?* |
| Mario? **L'**incontriamo alle dieci. (**l'** = **lo**) | Mario? We're meeting *him* at 10. |
| Anna? **L'**accompagno a casa. (**l'** = **la**) | Anna? I'll accompany *her* home. |

The pronoun **ci** may drop the final vowel before a verb that begins with **e** or **i**. The pronoun **vi** may drop the final vowel before a verb that begins with any vowel sound.

| | |
|---|---|
| **C'**invitano al cinema? (**c'** = **ci**) | Are they inviting *us* to the movies? |
| **V'**aspetta il vostro amico? (**v'** = **vi**) | Is your friend waiting for *you?* |

The pronouns **li** and **le** retain the final vowel, even when they precede a verb that begins with a vowel sound.

| | |
|---|---|
| Emilio e Lucia? **Li** incontriamo stasera. | Emilio and Lucia? We're meeting *them* this evening. |

**4.** Direct-object pronouns usually precede the conjugated verb form. In double-verb constructions with modals, the direct-object pronoun may precede the conjugated verb form or follow and be attached to the infinitive, in which case the final **e** of the infinitive is dropped.

| | |
|---|---|
| Studio le lezioni. **Le** studio. | I study the lessons. I study *them*. |
| Non invito Marisa. Non **l'**invito. | I don't invite Marisa. I don't invite *her*. |

Non **la** posso accompagnare. ⎫
Non posso **accompagnarla**. ⎭    I can't go with *her*.

**H.** Dire chi compra gli oggetti indicati.

▶ Chi compra il libro? (mia sorella)    *Mia sorella lo compra.*

1. Chi compra i dischi? (mio fratello)
2. Chi compra le riviste? (mia madre)
3. Chi compra i biglietti? (mio padre)
4. Chi compra il gelato? (mio cugino)
5. Chi compra la pizza? (mia nuora)
6. Chi compra l'orologio? (mio zio)

**I.** Porre (*Ask*) le seguenti domande ad altri studenti che dovrebbero *(should)* usare *mi (m'), ti (t')*, o *ci (c')* nelle loro risposte, secondo il modello riportato.

▶ Il tuo amico ti cerca spesso?    *Sì, mi cerca spesso.*

1. Tua madre ti chiama?
2. Tuo cugino t'invita spesso al bar?
3. Tuo zio t'aspetta alla stazione?

▶ M'aspetti dopo la lezione?    *Sì, t'aspetto dopo la lezione.*

4. M'incontri al bar stasera?
5. M'inviti a prendere un caffè?
6. M'ascolti con attenzione?

▶ I parenti vi visitano spesso?    *No, non ci visitano spesso.*

7. I nonni vi visitano spesso?
8. I cugini vi cercano spesso?
9. Le cugine v'invitano spesso?

**J.** Rispondere alle seguenti domande personali, usando nelle risposte il pronome corrispondente al complemento diretto.

▶ Capisce la lezione di oggi? *Sì, la capisco. (No, non la capisco.)*

1. Capisce il dialogo?
2. Capisce il tedesco?
3. Prende il tè?
4. Compra le matite?
5. Legge le riviste italiane?
6. Aspetta il suo amico dopo la lezione?
7. Adesso aspetta le sue sorelle?
8. Sua madre la chiama per telefono ogni giorno?
9. Invita gli zii a pranzo *(to dinner)?*
10. Studia la storia italiana?

**K.** Dica se stasera lei pensa di fare le seguenti cose, usando nelle risposte il pronome corrispondente al complemento diretto.

▶ guardare la televisione *Sì, stasera penso di guardarla.*
*No, stasera non penso di guardarla.*

1. spedire il questionario
2. incontrare Patrizia
3. usare la calcolatrice
4. restituire i libri
5. pulire la macchina
6. accompagnare la mamma

**L.** Rispondere alle seguenti domande.

▶ Vuole prendere lezioni di guida? *Sì, le voglio prendere.*
*Sì, voglio prenderle.*

1. Puoi darmi un passaggio?
2. Adesso devi pulire la casa?
3. Vuoi mangiare i panini al prosciutto?
4. Dobbiamo vedere la città di Siena?
5. Possiamo noleggiare la macchina?

## IV. *Concordanza del participio passato con i pronomi complemento diretto*

— Chi ha rotto la tazza?
— **L'ha rotta** lui!

1. The past participle of a verb conjugated with **avere** agrees in gender and number with the preceding direct-object pronouns **lo (l'), la (l'), li,** or **le.**

| | |
|---|---|
| Hai invitato **il tuo amico?** | Sì, l'ho **invitato.** |
| Hai visto **la signora?** | Sì, l'ho **vista.** |
| Hai comprato **i biglietti?** | Sì, **li** ho **comprati.** |
| Hai letto **queste riviste?** | Sì, **le** ho **lette.** |

2. Agreement is optional with the preceding direct-object pronouns **mi (m'), ti (t'), ci (c'),** and **vi (v').**

Maria, **ti** ha $\begin{Bmatrix} \textbf{invitato} \\ \textbf{invitata} \end{Bmatrix}$ Filippo?    Sì, **mi** ha $\begin{Bmatrix} \textbf{invitato.} \\ \textbf{invitata.} \end{Bmatrix}$

Ragazzi, **vi** ha $\begin{Bmatrix} \textbf{chiamato} \\ \textbf{chiamati} \end{Bmatrix}$ la zia?    Sì, **ci** ha $\begin{Bmatrix} \textbf{chiamato.} \\ \textbf{chiamati.} \end{Bmatrix}$

**M.** Ernesto è in partenza per Napoli. Maria, la moglie, chiede al marito se ha preso le seguenti cose. Assumere il ruolo di Ernesto, rispondendo affermativamente e facendo la concordanza necessaria.

▶ Maria: Hai preso la radio?  Ernesto: *Sì, l'ho presa.*

▶ Maria: E i dischi?  Ernesto: *Sì, li ho presi.*

1. E i biglietti?
2. E le riviste?
3. E il registratore?
4. E la calcolatrice?

5. E la penna nuova?
6. E i libri?
7. E il giornale?
8. E le matite?

**N.** Alessandra non ha avuto il tempo di fare tutto quello che doveva *(had to)* fare, ma la sua amica Elena l'ha aiutata. Dire che cosa ha fatto Elena.

▶ Alessandra ha comprato la frutta?  *No, Elena l'ha comprata.*

1. Ha prenotato il campo da tennis?
2. Ha restituito il dizionario a Marianna?
3. Ha fatto la spesa?
4. Ha preparato i panini al prosciutto?
5. Ha fatto la telefonata a Francesco?
6. Ha accompagnato la zia?

**O.** Teresa risponde alla madre che le chiede se ha fatto alcune cose. Assumere il ruolo di Teresa.

▶ Hai spedito il questionario?  *Sì, l'ho spedito.*

1. Hai chiamato il nonno?
2. Hai comprato la pasta?
3. Hai letto la rivista?
4. Hai trovato quel costume?
5. Hai visto lo zio?
6. Hai pagato il meccanico?

7. Hai ripassato la lezione?
8. Hai accompagnato le bambine?
9. Hai studiato il francese?
10. Hai fissato l'appuntamento con il dottore?

**P.** Porre le seguenti domande ad un altro studente o ad un'altra studentessa.

1. Ti ha chiamato [Stefano]?
2. Ci ha visto la professoressa?
3. Vi ha sentito la mamma?
4. Mi hai ascoltato con attenzione?
5. Ti ha incontrato [Maria]?

**A lei la parola**

1. Report that you live with your parents.
2. Ask your instructor how his/her mother is.
3. Your teacher wants to know if you understand him/her. Say that you understand him/her very well.
4. When your sister comes home you want to know if she bought the theater tickets. She apologizes because she didn't buy them.
5. Report to your father that you went to the gas station to fill up the car tank, but deny that you drove fast.

# Attualità

## Conosce Torino?

Torino è, dopo Milano, il secondo tra i maggiori° centri industriali           largest
italiani. La città conserva ancora oggi l'originale struttura romana,
ampliata e perfezionata dai Savoia° dal XVI (sedicesimo) secolo° in poi.        Savoy royal family / century

    Torino ha avuto un enorme sviluppo° industriale dopo la seconda          development
guerra mondiale. La sua industria tessile° e quella automobilistica (Fiat       textile
e Lancia) sono oggi all'avanguardia non solo in Italia, ma anche
all'estero°.                                                                     abroad

## L'automobile e le autostrade in Italia

In quasi° tutte le famiglie italiane, l'automobile non è solo usata per         almost
andare a lavorare, ma è anche il mezzo° insostituibile per gli                  means
spostamenti°, per le gite di fine-settimana e per andare in vacanza. La         moving about
diffusione dell'automobile permette agli italiani di muoversi° più             move
facilmente su tutto il territorio nazionale, grazie° anche al gran numero       thanks to
di strade ed autostrade.

    Le autostrade italiane sono moderne, belle e comode. Sono fornite°        supplied
di numerose aree di servizio con stazioni di rifornimento° di benzina e        filling stations
luoghi di ristoro°. In molte aree di parcheggio, ci sono giardini con          refreshment stops
panchine°, fontanelle d'acqua e servizi igienici°. Tutte le autostrade          benches / rest rooms
sono a pagamento ed il pedaggio° è basato° sulla potenza° del motore            toll / based / power
dell'automobile. L'autostrada del Sole è la più lunga e pittoresca.
Partendo da Milano, essa attraversa° tutto il paese ed arriva fino al sud       crosses
dell'Italia.

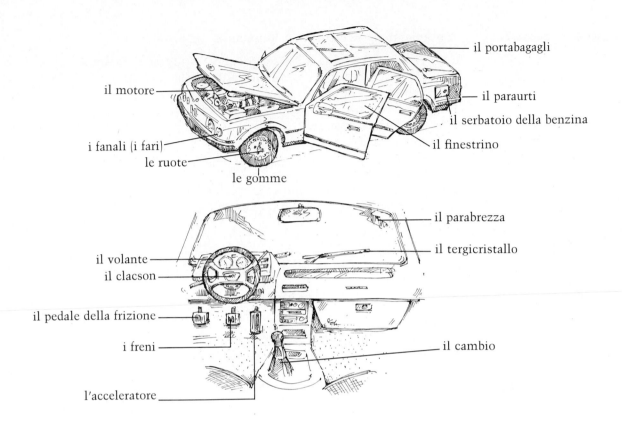

il portabagagli

il motore

il paraurti

il serbatoio della benzina

i fanali (i fari)

il finestrino

le ruote

le gomme

il parabrezza

il tergicristallo

il volante

il clacson

il pedale della frizione

i freni

il cambio

l'acceleratore

## Dialogo: *Il pieno°, signore?*

Marco si ferma° ad un distributore di benzina° di una stazione di servizio. Il benzinaio° si avvicina° alla sua Fiat.

| | |
|---|---|
| **Il benzinaio** | Il pieno, signore? |
| **Marco** | No, solo venti litri di benzina. |
| **Il benzinaio** | Va bene. Controllo° anche il livello° dell'olio? |
| **Marco** | Sì. Vuole controllare anche la pressione delle gomme, per favore? |
| **Il benzinaio** | Volentieri! |
| **Marco** | Scusi, mi può lavare° il parabrezza°? |
| **Il benzinaio** | Perché no! |
| **Marco** | La ringrazio° molto. |
| **Il benzinaio** | Non c'è di che°! |

Shall I fill it up

stops / gas pump

gas attendant / approaches

Shall I check / level

can you wash / windshield

Thank you

Don't mention it

**Quanto ricorda?**

Completare le seguenti frasi con parole appropriate.

1. Torino è il _____ tra i maggiori centri industriali italiani.
2. L'autostrada del _____ è molto pittoresca.
3. Venti _____ di benzina, per favore.
4. Faccio controllare anche la pressione delle _____ ?
5. L'industria tessile e _____ di Torino sono all'avanguardia in Italia e anche all'estero.
6. La _____ dell'automobile permette agli italiani di muoversi più facilmente.
7. La _____ e la _____ sono due tipi di automobili italiane.
8. L'autostrada più lunga d'Italia parte da Milano e arriva fino al _____ del paese.

# RIPASSO: Lezioni 7ª & 8ª

In this section, you will review the following: Demonstrative adjectives
(Exercise A); Demonstrative adjectives and pronouns (Exercise B); Irregular
verbs **bere, dire, uscire** (Exercise C); Reflexives (Exercise D); Modal verbs
(Exercise E); Possessive adjectives and pronouns (Exercise F); Direct-object
pronouns (Exercises G–H); Vocabulary and expressions (Exercise I)

**A.** Dire come sono o cosa fanno le seguenti persone. Usare la forma corretta
di **questo** e di **quello**. [*Demonstrative adjectives*]

▶ Questo bambino è alto. (bambina / bassa)   *Quella bambina è*
  *bassa.*

1. Questa signora lavora molto. (signorine / poco)
2. Quei giovani sono tristi. (signora / allegra)
3. Queste studentesse scrivono bene. (studenti / leggono)
4. Quel questionario è vecchio. (quaderno / nuovo)
5. Questo pane è buono. (pesce / cattivo)
6. Quest'albergo è grande. (ospedale / piccolo)
7. Quelle macchine sono belle. (negozi / eleganti)

**B. Questo o quello?** Indichi la sua preferenza, alternando **questo** e **quello**.
[*Demonstrative adjectives and pronouns*]

▶ *Preferisco questo libro e non quello.*

▶ *Preferisco quel libro e non questo.*

| 1. banane | 3. sedia | 5. orologio | 7. frutta |
| 2. computer | 4. dischi | 6. vino | 8. albicocche |

**C.** Formulare frasi complete secondo i modelli, usando i verbi **dire** e **uscire**.
[*Irregular verbs **bere, dire, uscire***]

▶ io / Tommaso / sei   *Dico che esco con Tommaso alle sei.*

1. tu / Giorgio / domani
2. loro / i professori / più tardi
3. voi / le amiche / due
4. io e tu / Valerio / stasera

Le seguenti persone dicono cosa bevono.

▶ io / vino   *Dico che bevo vino.*

5. i signori Tosi / caffè
6. il nonno / spremuta d'arancia
7. voi / tè freddo
8. Carla / cappuccino

**D.** Trasferire l'azione al presente. [*Reflexives*]

1. Ci siamo svegliati tardi.
2. Carlo e Peppe si sono salutati.
3. I giovani si sono visti al museo.
4. Perché vi siete addormentati in classe?
5. Marta non si è sentita bene.
6. Si sono incontrati allo stadio.
7. I ragazzi si sono aiutati.
8. Mi sono vestita presto.

**E.** Creare frasi originali con le parole ed espressioni delle colonne A, B e C.
[*Modal verbs*]

| A | B | C |
|---|---|---|
| i genitori | dovere | prendere la sua macchina |
| la mia amica Carla | potere | visitare i suoi nonni |
| la sorella di Tina | volere | parlare con i nipoti |
| le zie | | salutarsi |
| gli zii | | comprare un nuovo registratore |
| la nipote | | litigare con tutti |
| mio cognato | | giocare con i bambini |
| mia nuora | | andare all'ospedale |

**F.** Completare le frasi con la forma corretta degli aggettivi e dei pronomi possessivi. [*Possessive adjectives and pronouns*]

▶ Lui ha pulito _____ macchina ed       *Lui ha pulito la sua macchina ed*
io ho pulito _____ .                     *io ho pulito la mia.*

1. Noi andiamo con _____ macchina e voi andate con _____ .
2. Tu hai incontrato _____ amici ed io ho incontrato _____ .
3. Loro hanno parlato con _____ amici e noi con _____ .
4. Tu accompagni _____ madre ed io accompagno _____ .
5. Carla ha aiutato _____ cugino ed io ho aiutato _____ .
6. Io uso _____ calcolatrice e loro usano _____ .
7. Oggi Tommaso ha incontrato _____ nonno e noi abbiamo incontrato _____ .
8. Voi siete usciti con _____ famiglia e noi con _____ .

**G.** Trascrivere le seguenti frasi, sostituendo alle parole in corsivo i pronomi complemento diretto appropriati. [*Direct-object pronouns*]

1. Elisa porta *il costume rosso.*
2. Prendiamo *la motocicletta.*
3. Chiamo *il meccanico.*
4. Guardate spesso *la televisione?*
5. Patrizia guida *la macchina.*
6. Suggeriscono di comprare *quel libro.*
7. Ascolta *i dischi di Franco.*
8. Aspettiamo *i nostri cugini.*
9. Gli italiani leggono anche *le riviste americane.*
10. Vado a prendere *il giornale.*

**H.** Risponda alle domande di Marco, indicando quando lei ha fatto le seguenti cose. [*Direct-object pronouns*]

▶   Quando hai visto le bambine di Luca? (martedì)     *Le ho viste martedì.*

1. Quando hai comprato il registratore? (ieri)
2. Quando hai chiamato i nonni? (stamattina)
3. Quando hai incontrato le figlie di Maria? (due giorni fa)
4. Quando hai ricevuto la telefonata di Renato? (un'ora fa)
5. Quando hai preso la calcolatrice? (venti minuti fa)
6. Quando hai accompagnato i tuoi genitori? (venerdì)

**I.** Esprimere in italiano la seguente conversazione fra Mirella e Tonino. [*Vocabulary and expressions*]

**Mirella**  Tonino, I have to meet Angela at the supermarket. Can you give me a ride?
**Tonino**  Of course. But I'll have to use Luigi's car and not mine.
**Mirella**  Why? Where's yours?
**Tonino**  My sister took it to go the dressmaker's.
**Mirella**  What a nice brother you are! *My* brother never gives me his car.
**Tonino**  That's because his is new and mine is old.
**Mirella**  It's not that. He does it out of spite . . .

# LEZIONE 9ª

## Ti scrivo da Perugia

*La Fonte Maggiore nella storica piazza di Perugia*

Lisa Di Stefano è una giovane italo-americana di Boston che studia
pittura moderna all'Accademia di Belle Arti° di Perugia. Ora scrive al
suo ragazzo Robert Dale, un giovane fotografo che studia l'italiano da
due anni a Madison, Wisconsin.

Fine Arts Academy

Perugia, 10 ottobre

Caro Bob,

sono qui a Perugia da due settimane e finalmente ho il tempo di
scriverti due righe°. Pensavo di scriverti in inglese, ma poi ho cambiato
5   idea e come vedi, scrivo in italiano. Non ho ancora avuto notizie da te
e ti prego di rispondere presto alla mia lettera.

Questa città è antica e molto bella. La gente è simpatica e ci sono
moltissimi studenti stranieri come me. Qui ormai° siamo in pieno
autunno, ma fa ancora bel tempo. Però di notte la temperatura scende
10   di parecchi gradi e fa abbastanza freddo. Che tempo fa lì?

Io sto bene. Le lezioni all'Accademia non sono ancora cominciate e
quindi non sono molto occupata. Ho abbastanza tempo libero e mi
diverto ad andare in giro per i negozi°. Ho già visto antichi oggetti
d'arte°, ceramiche locali, molte belle maglie e camicie alla moda e
15   bellissime valige e borse di cuoio. Che sfortuna non avere molti soldi!

E tu come stai? Che fai? Ieri ricordavo con piacere° i giorni passati°
insieme e provavo nostalgia. Mi tornavano alla mente° le gite che
facevamo al mare l'estate scorsa ... A proposito, quando mi mandi le
foto fatte sulla spiaggia?

20   Per ora è tutto° e ti abbraccio affettuosamente.

Lisa

a few lines

by now

going shopping
art objects

with pleasure / spent
I recalled

That's all for now

**Domande generali**

1. Chi è Lisa? Dov'è? Perché?
2. Da quanto tempo è a Perugia Lisa?
3. Perché scrive al suo ragazzo in italiano?
4. Secondo Lisa, com'è Perugia? e la gente?
5. In quale stagione dell'anno è a Perugia Lisa? Che tempo fa lì?
6. Perché non è occupata Lisa?
7. Come passa il tempo libero?
8. Cosa ha già visto nei negozi?
9. Cosa ricordava Lisa ieri?

**Domande personali**

1. Lei scrive lettere? A chi?
2. Riceve spesso lettere? Da chi?
3. Da quanto tempo studia l'italiano?
4. Conosce una città antica e bella? Quale?
5. Come si diverte quando ha tempo libero?
6. Che tempo fa oggi? Che tempo faceva ieri?
7. Faceva gite l'estate scorsa? Andava al mare o in montagna?

**Modificazioni**

1. — Sei occupato/a?                 — No, non sono **ancora** occupato/a.
                                                        affatto
                                                        mai
                                                        più

2. — Faceva gite con **lui**?       — **Sì, spesso.**
                        lei                 Qualche volta.
                        loro                No, mai.
                        te                  No, affatto.
                        voi                 Raramente.

3. — Che tempo fa?               — Fa **bel tempo.**
                                                        freddo
                                                        cattivo tempo
                                                        fresco

**Vocabolario**

Parole analoghe

**la ceramica** (*pl.* **ceramiche**)      **la lettera**          **moderno/a**
**la foto(grafia)**                                   **locale**                **la temperatura**
**italo-americano/a**

Nomi

**la borsa**   handbag
**la camicia**   (man's) shirt
**il fotografo**   photographer
**la gente**   people
**il grado**   degree
**la maglia**   sweater
**la notizia**   (piece of) news, news item
**la pittura**   painting
**la spiaggia**   beach
**il tempo**   weather; time
**la valigia** (*pl.* **valige**)   suitcase

Aggettivi

**antico/a** (*pl.* **antichi/e**)   old, ancient
**bellissimo/a**   very beautiful
**moltissimo/a**   very many
**parecchi/ie**   several
**straniero/a**   foreign

Verbi

**abbracciare**   to hug
**cambiare**   to change
**conoscere**   to know, to be acquainted
  with
**pregare** (**di** + *inf.*)   to beg
**provare**   to feel, to experience
**ricordare**   to remember
**scendere**   to go down

Altre parole ed espressioni

**affettuosamente**   affectionately
**come**   as, like
**insieme**   together
**ora**   now
**raramente**   rarely
**spesso**   often

**alla moda**   fashionable
**al mare**   at (to) the seashore
**a proposito**   by the way
**avere il tempo di**   to have the time to
**avere notizia di**   to hear from
**cambiare idea**   to change one's mind
**che tempo fa lì?**   what's the weather
  like there? **fa abbastanza freddo**
  it's quite cold; **fa cattivo tempo**
  it's bad weather; **fa fresco**   it's
  cool
**di cuoio**   (made) of leather
**di notte**   at night
**di parecchi gradi**   by several degrees
**in montagna**   in (to) the mountains
**in pieno autunno**   in the middle of
  autumn
**non ... mai** not ever, never; **non ...
  ancora**   not yet; **non ... affatto**
  not . . . at all; **non ... più** not any
  longer, no longer
**provare nostalgia**   to be homesick

**Pratica**

**A.** Immagini di seguire un corso estivo all'università e di scrivere una
lettera alla mamma. Ecco le cose di cui parla:

a. come sta
b. che cosa studia
c. che tempo fa
d. quello che fa di bello
e. se prova nostalgia
f. che ha bisogno di soldi

**B.** Immagini di essere in vacanza in Italia e di scrivere una cartolina
*(postcard)* ad un amico/un'amica. Dica da quanto tempo è lì e racconti *(tell)* che ha visto e fatto parecchie cose finora *(until now).*

## NOTA CULTURALE

### Imparare l'italiano in Italia

Imparare l'italiano in Italia è un'esperienza simpatica e interessante. Per chi studia una lingua straniera non c'è di meglio del[1] contatto diretto con la gente del paese dove la lingua viene parlata[2]. Esistono in molte città accademie ed istituti riservati all'insegnamento dell'italiano agli stranieri. Il Centro Linguistico Italiano ''Dante Alighieri'', per esempio, offre programmi d'italiano a Roma, Firenze e Siena. Questa scuola è riconosciuta[3] dal Ministero della Pubblica Istruzione, ha ottimi[4] insegnanti altamente qualificati ed offre corsi mensili[5].

Inoltre[6], molte università italiane organizzano programmi di lingua, letteratura, arte e cultura per stranieri, specialmente d'estate. Giovani di tutte le parti del mondo approfittano annualmente di queste opportunità per imparare la lingua italiana, conoscere più a fondo i costumi e la vita sociale degli italiani e godere[7] allo stesso tempo di un soggiorno piacevole[8] in Italia.

*Un gruppo di studenti stranieri davanti all'Università di Roma*

1. there is nothing better than   2. is spoken
3. recognized   4. excellent   5. monthly
6. In addition   7. enjoy   8. pleasant stay

# Pronuncia
## I suoni /g/ e /ǧ/

1. The hard sound /g/, as in **prego** and **leggo,** is spelled **g** or **gg** before the letters **a, o,** and **u.** It is spelled **gh** before the letters **e** and **i.**
2. The soft sound /ǧ/, as in **gente,** is spelled **g** or **gg** and occurs only before the letters **e** and **i.**

**A.** Ascoltare l'insegnante e ripetere le seguenti parole.

| /g/ | | /ǧ/ | |
|-----|-----|-----|-----|
| prego | lunghe | gennaio | suggerire |
| ragazzo | laghi | gente | oggetto |
| Liguria | alberghi | gentile | oggi |

**B.** Leggere ad alta voce le seguenti frasi e fare attenzione alla pronuncia delle lettere *g* e *gg*.

1. I dialoghi sono troppo lunghi.
2. Gli alberghi e i negozi della città sono eleganti.
3. Leggo il giornale tutti i giorni.
4. Mi dai un passaggio oggi pomeriggio?

**C. Proverbi**   Leggere ad alta voce i seguenti proverbi e poi dettarli ad un altro studente o ad un'altra studentessa.

**Quando il gatto non c'è, i topi ballano.**
When the cat's away, the mice will play.

**Un bel gioco dura poco.**
Fun doesn't last long.

# Ampliamento del vocabolario

## I. Che tempo fa?

È il primo maggio.
Fa bel tempo. C'è
il sole ed è sereno.

È il sette gennaio.
Fa freddo. Nevica e
tira molto vento.

È il quindici agosto.
Fa cattivo tempo.
Piove ed è molto
umido.

È l'undici ottobre.
Fa fresco ed è
nuvoloso.

## Espressioni utili

**Che tempo fa?**   What's the weather like?
**Quali sono le previsioni del tempo di oggi?**   What's the weather forecast today?
**Il clima è mite.**   The climate is mild.

**Fa bel tempo.**   It's nice weather.
**Fa cattivo tempo.**   It's terrible weather.
**Fa freddo.**   It's cold.
**Fa fresco.**   It's cool.
**Fa caldo.**   It's hot.
**Fa molto caldo (freddo, fresco).**   It's very hot (cold, cool).

**Nevica.**   It's snowing.
**Piove.**   It's raining.
**Tira (molto) vento.**   It's (very) windy.
**C'è il sole.**   It's sunny.
**C'è la nebbia.**   It's foggy.
**È afoso.**   It's sultry (muggy).
**È sereno.**   It's clear.
**È nuvoloso.**   It's cloudy.

**A.**   Rispondere alle seguenti domande.

1. Che tempo fa oggi? È sereno? È nuvoloso? Piove? C'è il sole?
2. Com'è il clima qui d'estate? In autunno? d'inverno? in primavera?
3. Nevica in Italia? Dove? Nevica negli Stati Uniti? Dove?
4. Quali sono le previsioni del tempo di domani?
5. Quando fa passeggiate lei? In quale stagione?
6. Lei fa gite d'inverno? Dove va?

**B.**   Completare le seguenti frasi in maniera appropriata con una delle espressioni indicate.

| | | |
|---|---|---|
| molto caldo | la nebbia | nevica |
| umido e afoso | le previsioni | vento |
| il sole | nuvoloso | |

1. Questo pomeriggio non esco perché fa freddo e _____ .
2. Sai quali sono _____ del tempo di domani?
3. Perché non aprite le finestre? Fa _____ qui.
4. Ti piace guidare quando c'è _____ ?
5. Quando tira _____ mia nonna diventa nervosa.
6. Non mi piace stare in questa città d'estate perché il clima è _____ .
7. Perché non andiamo al mare? Oggi finalmente c'è _____ e fa caldo.
8. Secondo le previsioni del tempo, domani è _____ e forse piove.

## II. Alcune espressioni di tempo con volta, di, ogni, tutti/e

volta

**a volte**   at times
**una volta al giorno (alla settimana, al mese, all'anno)**   once a day (a week, a month, a year)
**una volta ogni tanto**   once in a while
**qualche volta**   sometimes

ogni

**ogni anno (mese, settimana, giorno)**   each year (month, week, day)
**ogni estate (autunno, inverno, primavera)**   each summer (fall, winter, spring)
**ogni lunedì (martedì, ecc.)**   each Monday (Tuesday, etc.)

di

**di quando in quando**   from time to time
**di rado**   seldom
**di solito**   usually

tutti/tutte

**tutti i giorni (mesi)**   every day (month)
**tutte le sere (le settimane)**   every evening (week)

**C.** Rispondere brevemente alle seguenti domande personali con un'espressione appropriata di tempo con *volta, di, ogni,* o *tutti/e,* per indicare che l'attività succede più di una volta.

▶   Va a fare la spesa?      *Sì, ogni settimana.*

1. Studia in biblioteca?
2. Va in chiesa?
3. Va al centro?
4. Si alza presto la domenica?
5. Dà un passaggio a sua madre?
6. Accompagna sua nonna al mercato?
7. Va allo stadio con i suoi amici?
8. Gioca a tennis con suo padre?
9. Scrive lettere ai parenti?
10. Guarda la televisione?
11. Ascolta la musica?
12. Legge il giornale?
13. Beve latte?
14. Fa gite con gli amici?

# Struttura ed uso

## I. L'imperfetto

Quando **ero** bambina, **abitavo** in una bella casa ed **avevo** un gatto ed un cane.

Forms

1. The chart below shows forms of the imperfect tense of a regular **-are, -ere,** and **-ire** verb. The endings of the imperfect are identical for all regular and for most irregular verbs. They are attached to the infinitive stem.

| Infinitive;<br>Infinitive stem: | comprare<br>compr- | prendere<br>prend- | partire<br>part- |
|---|---|---|---|
| io | compr**avo** | prend**evo** | part**ivo** |
| tu | compr**avi** | prend**evi** | part**ivi** |
| lui / lei | compr**ava** | prend**eva** | part**iva** |
| noi | compr**avamo** | prend**evamo** | part**ivamo** |
| voi | compr**avate** | prend**evate** | part**ivate** |
| loro | compr**avano** | prend**evano** | part**ivano** |

**2.** The verb **essere** is irregular in all forms of the imperfect.

| essere | |
|---|---|
| ero | eravamo |
| eri | eravate |
| era | erano |

**3.** The verbs **bere, dire,** and **fare** have irregular imperfect stems.

| | Stem | Imperfect tense |
|---|---|---|
| bere | **bev-** | bevevo, bevevi, ecc. |
| dire | **dic-** | dicevo, dicevi, ecc. |
| fare | **fac-** | facevo, facevi, ecc. |

Uses

**1.** The imperfect tense (**l'imperfetto**) is used to describe an action in the past or a situation or condition that existed over an indefinite period of time in the past. In this use, the equivalent in English may be expressed as *was (were)* plus the *-ing* form of the verb.

> **Ascoltava** la radio da solo.             *He was listening to* the radio by himself.
> **Leggevamo** il libro con attenzione.       *We were reading* the book attentively.

**2.** The imperfect tense is used to describe a habitual or repeated past action. Words or expressions such as **di solito** *(usually)*, **sempre** *(always)*, **una volta al giorno** *(once a day)*, **qualche volta** *(sometimes)*, **spesso** *(often)* are frequently used with the imperfect. In this use, the equivalent in English may be expressed as *used to* or *would* + the verb form.

> **Andava** sempre con Lina.             *He used to (would)* always *go* with Lina.
> Di solito, **parlavo** con Gino e Filippo.       Usually, *I would speak* with Gino and Filippo.

**3.** The imperfect tense is used to describe actions in progress in the past when something else happened, or that occurred while something else was going on.

> **Dormivo** quando Paolo è entrato.       *I was sleeping* when Paolo entered.
> Mentre **studiavano, guardavano** la           While *they were studying, they were*
>    televisione.                               *watching* television.

**4.** The imperfect tense is used to describe weather, clock time, age, health, and emotional and psychological states in the past.

| | |
|---|---|
| **Faceva** bel tempo ieri. | The weather *was* nice yesterday. |
| **Erano** le tre e venti di mattina. | It *was* twenty after three in the morning. |
| **Avevo** quindici anni nel 1981. | I *was* fifteen years old in 1981. |
| Osvaldo non **si sentiva** bene ieri. | Osvaldo *was* not *feeling* well yesterday. |
| La signora **pensava** alla casa dove **abitava** quando **era** bambina. | The lady *was thinking* about the house where she *used to live* when she *was* a child. |

**A.** Dica se lei faceva le seguenti cose quando aveva dodici anni.

▶ andare al mare  *Sì, andavo al mare.*

1. guidare la macchina
2. ballare bene
3. frequentare l'università
4. studiare l'italiano
5. spendere molti soldi
6. andare in montagna d'estate
7. lavorare il sabato
8. giocare a tennis qualche volta

**B.** Indicare quante volte le seguenti persone facevano queste cose l'anno scorso. Usare un'espressione della lista in basso e l'imperfetto del verbo.

| di solito | qualche volta | una volta ogni tanto |
|---|---|---|
| sempre | ogni sabato | ogni settimana |
| spesso | tutti i giorni | |

▶ Mirella va a teatro?  *No, ma l'anno scorso andava a teatro [ogni sabato].*

1. Marco va al bar?
2. Luisa fa le spese a Porta Portese?
3. Annalisa scrive lettere al suo ragazzo?
4. Dormite la domenica pomeriggio?
5. Fai una passeggiata nel parco?
6. I suoi amici fanno gite in montagna?

**C.** Dire dove o con chi le seguenti persone erano sabato sera.

▶ Maria (all'ospedale)  *Maria era all'ospedale.*

1. Piero (a teatro)
2. Marco e Lucio (con gli amici)
3. tu (al cinema)
4. io (a casa)
5. noi (alla stazione)
6. voi (ad una festa)
7. tu e Marisa (al ristorante)
8. Anita e Carla (con gli zii)

**D.** Indicare cosa faceva Luigi mentre Teresa faceva altre cose.

▶  studiare / ascoltare la radio    *Luigi studiava mentre Teresa ascoltava la radio.*

1. giocare a tennis / dare un passaggio alla sorellina
2. guardare la televisione / leggere il giornale
3. mangiare un panino / bere un tè freddo
4. fare il pieno / controllare le gomme
5. andare al mercato / ripassare le lezioni
6. pulire la moto / usare il computer
7. cercare un telefono / parcheggiare la macchina
8. dormire / fare una passeggiata

**E.** Completare le seguenti frasi con espressioni di senso compiuto *(logical)* usando l'imperfetto del verbo.

1. Quando ero piccolo/a, ...
2. Ieri, mentre guidavo, ...
3. Molto spesso, i miei amici ...
4. Quando mio padre andava a lavorare ...
5. Scrivevano una lettera mentre ...
6. Mentre ero in Italia, ...
7. Ricordavo con piacere ...
8. Ogni lunedì ...

## II. Espressioni negative

— Vedi qualcosa?
— **Non** vedo **niente.**

**1.** Here is a list of the most commonly used negative expressions in Italian. You have already learned a number of them, such as **non ... mai, non ... più, non ... ancora** and **non ... affatto.**

| | | |
|---|---|---|
| non ... affatto | *not at all* | **Non** leggo **affatto.** |
| non ... mai | *never* | **Non** studiano **mai.** |
| non ... { niente / nulla | *nothing* | **Non** capisci **niente (nulla).** |
| non ... nessuno | *no one* | **Non** vedete **nessuno?** |
| | *not any* | **Non** vedo **nessun** film. |
| non ... { neanche / nemmeno / neppure | *not even* | **Non** parla **neanche (nemmeno, neppure)** con sua sorella. |
| non ... più | *no more, no longer* | **Non** la chiamano **più.** |
| non ... ancora | *not yet* | **Non** è **ancora** giorno. |
| non ... né ... né | *neither . . . nor* | **Non** andiamo **né** a Catania **né** a Palermo. |

**2.** Negative expressions are usually made up of **non** + main verb + second negative word (or words). Note that in Italian, two negative words ("double negatives") do not make an affirmative, as they do in English.

| | |
|---|---|
| **Non** capisco **niente.** | I *don't* understand *anything.* |
| **Non** vedo **nessuno.** | I *don't* see *anyone.* |
| **Non** prendo **mai** quel treno. | I *never* take that train. |
| **Non** studio **affatto.** | I *don't* study *at all.* |

**3.** The negative pronoun **nessuno** *(no one)* is invariable.

Non parlo con **nessuno**.

The negative adjective **nessuno** is used in the singular only. It has the same endings as the indefinite article **un** before a noun.

| | |
|---|---|
| Non ho **nessun** quaderno. | I *don't* have *a single* notebook (*any* notebooks). |
| Non ho **nessuna** penna. | I *don't* have *a single* pen (*any* pens). |

**4.** **Niente** or **nessuno** may precede the verbs in some instances. When this takes place, **non** is omitted.

| | |
|---|---|
| — Chi ha letto il giornale? | — Who read the newspaper? |
| — **Nessuno** l'ha letto. | — *No one* read it. |
| — Cosa era a buon mercato? | — What was cheap? |
| — **Niente** era a buon mercato. | — *Nothing* was cheap. |

**F.** Dica che lei non fa mai o affatto le seguenti cose.

▶ leggere il giornale    *Non leggo mai (affatto) il giornale.*

1. studiare la filosofia
2. scrivere lettere in cinese
3. vestirsi alla moda
4. ricevere zero in italiano
5. guardare la televisione la mattina
6. provare nostalgia

**G.** Dire che Carlo non ha nessuno degli oggetti indicati.

▶ valige di cuoio    *Carlo non ha nessuna valigia di cuoio.*

1. computer italiani
2. maglie italiane
3. calcolatrici americane
4. ceramiche spagnole
5. camicie rosse
6. registratori giapponesi

**H.** Immagini di non sentirsi bene e di non volere vedere nessuno o fare niente. Risponda alle seguenti domande in forma negativa.

▶ Parla con gli amici?    *No, non parlo con nessuno.*

▶ Fa qualcosa?    *No, non faccio niente.*

1. Incontra Ugo a piazza Navona?
2. Telefona a sua cugina?
3. Ascolta la radio?
4. Aspetta l'amico di Tina?
5. Prende un cappuccino?
6. Legge una rivista inglese?
7. Abbraccia i suoi nonni?
8. Riceve i parenti domenica?
9. Studia arte moderna?
10. Cerca libri interessanti?
11. Vede le sorelle di Giovanni?
12. Fa una gita?

Splendida gita
DI 2 GIORNI SULLA
COSTA AZZURRA
MONTECARLO - NIZZA - CANNES

**I.** Risponda alle seguenti domande dicendo che lei non fa le seguenti cose. Usi le espressioni negative fra parentesi.

▶ È ancora stanco? (non ... più)     *No, non sono più stanco.*

1. Fa la spesa? (non ... neanche)
2. Va al cinema o a teatro? (non ... né ... né ...)
3. Compra molta carne? (non ... affatto)
4. Vede i suoi amici una volta ogni tanto? (non ... nessuno)
5. Usa questa calcolatrice? (non ... nessuno)
6. Lei è sempre in ritardo? (non ... mai)
7. Ha un impegno? (non ... nessuno)
8. Compra qualche cosa oggi? (non ... niente)

**J.** Usare la forma negativa *non ... né ... né* secondo l'esempio.

▶ Quella ragazza è bella e alta.     *Quella ragazza non è né bella né alta.*

1. Questa borsa è elegante ed a buon mercato.
2. La mia valigia è vecchia e piccola.
3. Perugia è grande e brutta.
4. Quelle albicocche sono care e piccole.
5. Questi fagiolini sono freschi e squisiti.
6. La primavera è fredda e lunga.

## III. Pronomi personali di forma tonica

— Vuoi volare **con me?**
— No, preferisco volare **con lui.**

1. Disjunctive pronouns (**pronomi personali di forma tonica**) are used principally as the objects of a preposition, such as **a, con, da, di,** and **per**.

> Paola dà un libro **a noi.** — Paola gives a book *to us.*
> Vuoi venire **con me?** — Do you want to come *with me?*
> Andiamo **da loro** questo pomeriggio. — Let's go *to their house* this afternoon.
> Non parliamo **di lei.** — Let's not speak *of her.*
> Ecco un regalo **per te.** — Here's a present *for you.*

2. The following chart shows the disjunctive pronouns used with the preposition **con**. Note that the disjunctive pronouns **lui, lei, noi, voi,** and **loro** are identical to the subject pronouns.

| Singular | | Plural | |
|---|---|---|---|
| con **me** | with me | con **noi** | with us |
| con **te** | with you *(fam.)* | con **voi** | with you *(fam.)* |
| con **lui** | with him | con **loro** | with them, with you *(formal)* |
| con **lei** | with her, with you *(formal)* | | |

3. Disjunctive pronouns are used instead of object pronouns for emphasis or if there are two or more objects.

> Parlo **a lui,** non **a te.** — I'm speaking *to him,* not *to you.*
> Hanno chiamato **me** e **lui.** — They called *him* and *me.*

4. The disjunctive pronoun **sé** is used in place of **lui/lei** and **loro** to mean *himself/herself, themselves,* and the formal *yourself, yourselves.*

> Fa tutto **da sé.** — He/she does everything *by himself/herself.*
> Fanno tutto **da sé.** — They do everything *by themselves.*

K. Roberto ogni giorno mangiava con persone diverse. Indicare con chi mangiava, usando i pronomi personali di forma tonica.

▶ il sabato / Carla     *Il sabato Roberto mangiava con lei.*

1. la domenica / Paolo e Marco
2. il lunedì / tu
3. il martedì / Federico
4. il mercoledì / io ed Elena
5. il giovedì / io
6. il venerdì / tu e Gianni

**L.** Rispondere alle frasi seguenti, usando i pronomi personali di forma tonica appropriati.

▶ Parlano di Maurizio?  *Sì, parlano di lui.*
*No, non parlano di lui. Parlano [di voi].*

1. Mangiano dai loro genitori?
2. Hai ricevuto una telefonata dal tuo amico?
3. C'è una lettera per la mamma?
4. Stasera Giancarlo viene con te e Luisa?
5. Venite al museo con me e Mauro?
6. Il calcolatore nuovo è per Carla?
7. Sono andati dalla nonna stamattina?

**M.** Dire che le seguenti persone fanno certe cose da sé.

▶ lui: pulire la Fiat  *Pulisce la Fiat da sé.*

1. Carlo: studiare la matematica
2. tua cugina: leggere la lettera
3. Pietro: andare dal dentista
4. i bambini: vestirsi
5. tu: pulire la tavola
6. la signora: preparare la cena
7. io: imparare l'italiano
8. lei: fare la spesa

## IV. *Pronomi relativi* che e cui

Ecco il ragazzo **di cui** ti ho parlato.

1. Relative pronouns like **che** and **cui** connect a dependent clause to a main clause and refer to a specific noun (the antecedent) in the main clause.

| Main clause | dependent clause |
|---|---|
| Lisa è una giovane | **che** studia pittura a Perugia. |
| Robert è il giovane | a **cui** Lisa scrive una lettera. |

2. The most common relative pronoun in Italian is **che** *(who, whom, that, which)*. It replaces nouns or pronouns that designate persons, things, or abstract ideas. **Che** may be the subject or the direct object of a dependent clause. In the first two sentences below, **che** is the subject of the dependent clause. In the last two sentences, **che** is the direct object of the dependent clause.

| | |
|---|---|
| Ecco il ragazzo **che** ha fatto la festa. | There is the boy *who* gave the party. |
| Ecco i biglietti **che** erano sul tavolo. | Here are the tickets *that* were on the table. |
| Ecco il ragazzo **che** ho conosciuto ieri. | There is the boy *(whom)* I met yesterday. |
| Ecco i biglietti **che** ho comprato stamattina. | Here are the tickets *(that, which)* I bought this morning. |

Note that the relative pronoun **che** is never omitted in Italian. In English, *whom, which* and *that* are often omitted when they function as the direct object of a dependent clause.

3. The relative pronoun **cui** is used when the dependent clause is introduced by a preposition. **Cui** replaces nouns or pronouns that designate persons, things, and places. Note that in conversation, **dove** is often used instead of **in cui** to refer to places.

| | |
|---|---|
| Ecco l'amico **di cui** parlo spesso. | Here's the friend *(of whom)* I often talk about. |
| Ecco la signora **con cui** è uscita mia madre. | Here's the lady *with whom* my mother went out. |
| Ecco i signori **a cui** abbiamo telefonato. | Here are the gentlemen *whom* we telephoned. |
| Ecco il negozio $\begin{Bmatrix} \textbf{in cui} \\ \textbf{dove} \end{Bmatrix}$ lavoro. | Here is the store $\begin{Bmatrix} \textit{in which} \\ \textit{where} \end{Bmatrix}$ I work. |

**N.** Immagini di essere seduto/a ad un bar all'aperto con un amico e di chiedergli chi sono le persone che vedete.

▶ Quel ragazzo parla con Maria. *Chi è quel ragazzo che parla con Maria?*

1. Quell'uomo fa il pieno di benzina.
2. Quel signore beve il caffè.
3. Quella signora parla al telefono.
4. Quella ragazza legge il giornale.
5. Quelle bambine mangiano il gelato.
6. Quei ragazzi vanno a giocare a tennis.
7. Quel ragazzo vende le riviste.
8. Quegli studenti chiamano il cameriere.

**O.** Esprima la sua preferenza sulle seguenti cose, usando il verbo *preferire*.

▶ la lezione *Questa è la lezione che preferisco.*

▶ i funghi *Questi sono i funghi che preferisco.*

1. la maglia      4. il ristorante   7. la frutta
2. l'albergo      5. le verdure      8. l'automobile
3. le camicie     6. la pasta        9. la pittura

**P.** Completare le seguenti frasi in maniera originale.

▶ Mi piacciono le persone ... *Mi piacciono le persone che sono allegre.*

1. Mi piacciono le ragazze ...     5. Ho un amico ...
2. Conosco la signora ...          6. È Paola ...
3. Ho letto il giornale ...        7. Ascoltano il disco ...
4. Abbiamo visto il film ...       8. Ho ricevuto la lettera ...

**Q.** Immagini di mostrare agli amici alcune foto del suo viaggio in Italia. Usi *in cui* per i luoghi *(places)* e *con cui* per le persone.

▶ l'albergo *Ecco l'albergo in cui ho dormito.*

▶ gli amici *Ecco gli amici con cui sono andato a Venezia.*

1. la città       4. la villa       7. il bar
2. lo zio         5. il paese       8. i parenti
3. le ragazze     6. il ristorante

**R.** Supponga di essere ad una festa e di rispondere a Giorgio che le domanda chi sono le persone presenti. Lei gli dice che sono le persone di cui gli ha parlato.

▶  Giorgio: Chi è quel signore basso?  Lei: *È il signore di cui ti ho parlato.*

1. Chi è quella signora magra?
2. Chi sono quei giovani alti?
3. Chi è quel ragazzo con la camicia bianca?
4. Chi è quella ragazza che parla con Dino?
5. Chi è quell'uomo che beve il caffè?
6. Chi sono quei ragazzi che cantano?

**S.** Dare delle informazioni sulle seguenti persone o cose, completando le frasi con *in cui, con cui,* ecc.

▶  Ecco l'ufficio in ...  *Ecco l'ufficio in cui lavoravo.*

1. Ecco la signorina di ...
2. Telefono agli amici con ...
3. Scrivo una lettera alla signora a ...
4. Parli con gli studenti con ...
5. È il film di ...
6. Sono le studentesse a ...
7. Ecco la biblioteca in ...
8. È il poeta di ...
9. Non trovo la foto di ...
10. Quello è l'uomo con ...

**A lei la parola**

1. Point out that your boyfriend or girlfriend never takes walks when it rains.
2. Notify your friend that you like taking a trip with him/her.
3. Find out whether your friends used to watch TV on Saturday mornings when they were children.
4. Ask your instructor if he/she has read the book that you gave him/her last week.
5. Identify the friend with whom you play tennis once a week.

# Comunicare subito!

## In tabaccheria e all'ufficio postale

If you should travel to Italy, you will soon learn that you must go to a tobacco shop to buy stamps, stationery, and cards. The following conversations will help you to cope with buying these items and mailing your cards and letters back home.

1. Sabrina Johnson entra in una tabaccheria° del centro di Firenze per comprare dei francobolli° e delle cartoline illustrate da mandare ai suoi amici.

  **Sabrina**   Buon giorno. Vorrei° delle cartoline illustrate e dei francobolli.

  **Tabaccaio**   Ecco, signorina. Le cartoline sono all'angolo° e lei può sceglierle benissimo.

  **Sabrina**   Che tipo di francobolli devo usare sulle cartoline da mandare per via aerea negli Stati Uniti?

  **Tabaccaio**   Quelli da ottocento. Quanti ne vuole?

  **Sabrina**   Dieci, per favore.

*tobacco shop*
*stamps*

*I'd like*

*in the corner*

2. Renato Preschi è all'ufficio postale per spedire una raccomandata°. Si mette in fila° e dopo un po' è di fronte allo sportello°.

  **Renato**   Vorrei spedire questa lettera per mezzo di raccomandata.

  **Impiegato**   Mi dispiace, signore. Le raccomandate si accettano° solo allo sportello numero 4. Qui vendiamo francobolli solamente.

  **Renato**   Devo mettermi in un'altra fila allora. Intanto, mi servono anche dei francobolli. Ne vorrei dieci da seicento.

  **Impiegato**   Ecco a lei. Sono seimila lire.

*registered letter*
*He gets in line / window*

*are accepted*

**Pratica**     Preparare dialoghi appropriati.

   **A.** Immagini di andare ad una tabaccheria per comprare carta da lettere, buste *(envelopes)* e francobolli.

   **B.** Supponga di essere all'ufficio postale perché deve spedire un pacco. Chieda ad un impiegato a quale sportello *(window, counter)* deve andare.

## *Espressioni di cortesia ed interiezione*

In Italian as in English there are some basic brief expressions which are useful in conveying a wish or a warning in different social situations. There is an irrepressible quality about these frequently and commonly used expressions: a "Happy Birthday" wish to someone celebrating a birthday, and a "Careful!" warning to someone near danger are spontaneous reactions in certain social circumstances. Here is a list of some common courtesy expressions and interjections in Italian.

**Alla salute! (Salute!)**   To your health!
   Cheers!
**Attenzione!**   Careful!
**Auguri!**   Best wishes!
**Bravo/a!**   Bravo!
**Congratulazioni!**   Congratulations!
**In bocca al lupo!** Good luck! (*literally*,
   In the mouth of the wolf!);
   *Response:* **Crepi il lupo!**   May
   the wolf die!

**Buon Anno!**   Happy New Year!
**Buon appetito!**   Enjoy your meal!
**Buon compleanno!**   Happy birthday!
**Buon divertimento!**   Have a good
   time!
**Buona fortuna!**   Good luck!
**Buona giornata!**   Have a good day!
**Buone vacanze!**   Have a nice
   vacation!
**Buon viaggio!**   Have a good trip!

**Che cosa dice?**   Che cosa direbbe *(would you say)* alle persone nelle seguenti circostanze?

1. Alla fine di un bel concerto di un pianista famoso.
2. Al suo amico che parte per l'Italia.
3. Alla sua amica che spera *(hopes)* d'incontrare un uomo molto ricco.
4. Al bambino che attraversa *(crosses)* la strade da solo.
5. Ai suoi amici che vanno al cinema.
6. A sua sorella che oggi compie *(completes)* venti anni.
7. Ai suoi genitori che oggi vanno all'isola di Capri per una settimana.
8. Quando beve un bicchiere di vino con gli amici.
9. Alla sorella di Giuseppe che si sposa fra una settimana.
10. Quando è seduto/a al tavolo di un ristorante con la sua famiglia.

# LEZIONE 10ª

## Un matrimonio elegante

*Una felice coppia di sposi dopo la ceremonia di matrimonio*

Ieri Mirella Baldini è andata al matrimonio di sua cugina Oriana ed ora racconta l'avvenimento° alla sua amica, Rosanna Modica.

          event

**Rosanna**   Allora, dimmi, com'è andata°? Sono curiosa di sapere tutto.

          how did it go?

**Mirella**   È stato un matrimonio fantastico. Mia cugina portava un vestito da sposa semplice ma molto elegante, un romantico modello di Laura Biagiotti. Giuseppe era così emozionato che ha perfino fatto cadere l'anello di matrimonio°.

          he even dropped the wedding ring

**Rosanna**   *(ride)* Povero Giuseppe. Sai che figura°! Lui che è sempre così spigliato° e disinvolto! C'era molta gente?

          how embarrassing!
          carefree

**Mirella**   Sì, c'erano per lo meno cento persone, per lo più giovani.

**Rosanna**   Gli sposi hanno ricevuto gli invitati a casa di Oriana?

**Mirella**   No. Il rinfresco ha avuto luogo nella villa di mio zio che è grande ed accogliente°.

          comfortable

**Rosanna**   E tu, cosa ti sei messa?

**Mirella**   Mi sono messa la gonna di velluto nero, la camicetta di seta bianca ed i sandali di camoscio° nero.

          suede

**Rosanna**   Scommetto che hai fatto colpo su qualcuno!°

          I bet you made an impression on someone!

**Mirella**   Macché°! I ragazzi invitati erano quasi tutti simpatici, ma nessuno era il mio tipo.

          Not a chance!

**Rosanna**   Perché sorridi? Nascondi forse qualcosa?

**Mirella**   *Io?* No, niente.

**Rosanna**   Ma continua. Avete anche ballato?

**Mirella**   Certo. C'era un famoso complesso rock che ha suonato fino alle tre del mattino°.

          in the morning

**Rosanna**   Questo è tutto?

**Mirella**   Beh°, prima di andare via ho conosciuto il chitarrista del complesso.

          Well . . .

**Rosanna**   Ecco dunque perché sorridevi!

**Mirella**   Sì, infatti. Luciano è carino e molto simpatico. Siamo rimasti d'accordo° di vederci domani sera.

          We decided

**Rosanna**   Ah sì? E dove pensate di andare?

**Mirella**   Non lo so. Forse in una discoteca del centro.

**Rosanna**   Buon divertimento, allora!

**Mirella**   Grazie. La prossima volta ti racconto tutto.

| | |
|---|---|
| **Domande generali** | 1. Dov'è andata ieri Mirella? |
| | 2. A chi racconta l'avvenimento? |
| | 3. Com'è stato il matrimonio? |
| | 4. Com'era Giuseppe? |
| | 5. Quanta gente c'era? |
| | 6. Dove ha avuto luogo il rinfresco? |
| | 7. Che si è messa Mirella? |
| | 8. Chi ha incontrato Mirella prima di andare via? |
| | 9. Dove pensano di andare domani sera Mirella e Luciano? |

| | |
|---|---|
| **Domande personali** | 1. Lei va qualche volta a matrimoni eleganti? Dove? Con chi va? |
| | 2. Lei balla? Le piace la musica rock o la musica classica? Perché? |
| | 3. Si mette vestiti eleganti per andare a feste? |
| | 4. Le piacciono le camicie o le camicette di seta o di poliestere? |
| | 5. Conosce complessi rock? Quali? |
| | 6. Che tipo di ragazzo/a preferisce? alto/a, intelligente, ecc.? |

**Modificazioni**

1. — Com'è stato **il rinfresco**?     — È stato **fantastico**!
     il matrimonio                              meraviglioso
     lo spettacolo                              noioso
     il ricevimento                             divertente

2. — E tu, come ti     — Mi sono messo/a **la giacca nera.**
     sei vestito/a?           il maglione bianco
                                    i sandali marrone
                                    i pantaloni marrone
                                    il vestito blu

3. — C'era molta gente?     — **C'erano per lo meno cento persone.**
                                      Non c'era nessuno!
                                      C'erano solo dieci persone.
                                      Sì, un bel po'.

**Vocabolario**

Parole analoghe

| | | |
|---|---|---|
| **blu** | **curioso/a** | **la persona** |
| **classico/a** | **fantastico/a** | **il poliestere** |
| **continuare** | **il modello** | **i sandali** |

Nomi

**l'avvenimento**  event
**la camicetta**  blouse
**il/la chitarrista**  guitarist
**il complesso (rock)**  (rock) band
**la discoteca**  discotheque
**la giacca**  jacket
**la gonna**  skirt
**il maglione**  sweater
**il matrimonio**  wedding
**il mattino**  morning
**i pantaloni**  pants, trousers
**il ricevimento**  reception
**il rinfresco**  reception, party
**la seta**  silk
**lo spettacolo**  show
**gli sposi**  the bride and groom
**il tipo**  type
**il velluto**  velvet
**il vestito** dress; suit; **il vestito da
    sposa**  wedding dress

Aggettivi

**carino/a**  nice, cute
**emozionato/a**  excited, filled with
    emotion
**invitato/a**  invited
**marrone**  brown

**meraviglioso/a**  marvelous
**nero/a**  black
**romantico/a**  romantic

Verbi

**ballare**  to dance
**nascondere**  to hide
**raccontare**  to tell
**ridere**  to laugh
**sapere** *(irreg.)*  to know
**scommettere**  to bet
**sorridere**  to smile
**sonare**  to play (music)

Altre parole ed espressioni

**infatti**  as a matter of fact
**qualcosa**  something
**quasi**  almost
**tutto**  everything, all

**andare via**  to leave, to go away
**avere luogo**  to take place
**non lo so**  I don't know
**per lo meno**  at least
**per lo più**  for the most part
**prima di** (+ *inf.*)  before (. . . ing)
**un bel po'**  a great deal

**Pratica**

**A.** Immagini di essere andato/a al ricevimento di matrimonio di suo
zio. Racconti al suo amico o alla sua amica:

1. quando è andato/a
2. con chi è andato/a
3. che cosa si è messo/a
4. quante persone c'erano al ricevimento
5. quello che ha fatto
6. chi ha conosciuto
7. quanto tempo è rimasto/a lì

**B.** Scrivere un riassunto basato sul dialogo a pagina 227. Per esempio:

▶ *Mirella dice che è andata al ricevimento di matrimonio di ...*

## NOTA CULTURALE

### La moda italiana

Lo sviluppo[1] della moda italiana come industria
risale[2] agli inizi degli anni cinquanta, quando sarti[3]
e disegnatori famosi cominciarono a presentare
annualmente[4] le loro creazioni al pubblico. Firenze
è stata da sempre il centro di queste manifestazioni
di moda, ma negli ultimi anni ad essa si sono
affiancate[5] con notevole successo le città di Roma,
Milano e Torino.

Per quasi tutti gli italiani, vestire bene è molto
importante. Essi prestano molta attenzione allo stile
del loro abbigliamento[6], alla qualità della stoffa[7] e
degli accessori, ed all'abbinamento[8] dei colori.

Le creazioni della moda italiana hanno successo
non solo in Italia ma anche all'estero. La moda
italiana è molto ricercata[9] nel mercato
internazionale. Gucci, Pucci, Missoni, Valentino,
Ferragamo e Biagiotti sono alcuni dei rappresentanti
della moda italiana famosi in tutto il mondo.
Dovuto al costante aumento dell'esportazione,
l'industria della moda contribuisce in maniera
rilevante[10] alla bilancia commerciale[11] italiana. Le
esportazioni più diffuse sono quelle di camicie,
scarpe, borse e articoli di cuoio. È da ricordare[12] che
il successo dell'Alta Moda italiana nel mercato
nazionale ed internazionale ha contribuito in Italia
allo sviluppo di nuovi settori commerciali come
quello della biancheria[13] e della cosmetica.

*Alla scelta di un nuovo modello in un elegante
negozio*

1. development    2. goes back    3. tailors    4. yearly
5. have lined up    6. clothing    7. fabric
8. coordination    9. sought after    10. considerable
11. balance of trade    12. it should be remembered
13. linens and underclothes

# Pronuncia
## Il suono /ʎ/

The sound /ʎ/, spelled **gli**, is somewhat like the *lli* in *million*. This sound may present problems of interference for English readers who tend to pronounce it like the combination *gli* in *glitter*.

**A.** Ascoltare l'insegnante e poi ripetere le seguenti parole.

| | | |
|---|---|---|
| **gli** | bi**gli**etto | abbi**gli**amento |
| fi**gli** | fo**gli** | botti**gli**a |
| a**gli** | ma**gli**a | Ca**gli**ari |
| e**gli** | fami**gli**a | sba**gli**are |

**B.** Leggere ad alta voce le seguenti frasi e fare attenzione alla pronuncia delle lettere *gli*.

1. Voglio una bottiglia di vino.
2. I figli abitano con la famiglia.
3. Compro due biglietti per Cagliari.

**C.** **Proverbi** Leggere ad alta voce i seguenti proverbi e poi dettarli ad un altro studente o un'altra studentessa.

**Meglio tardi che mai.**
　　Better late than never.

**Tale il padre tale il figlio.**
　　Like father, like son.

# Ampliamento del vocabolario

## I. I capi di vestiario, i tessuti ed i materiali

Gli articoli di abbigliamento

**le calze** *(f. pl.)* stockings, hose
**i calzini** socks
**la camicetta** blouse
**la camicia** shirt
**il cappello** hat
**il cappotto** (over)coat
**la cravatta** tie
**la giacca** jacket
**la gonna** skirt

**i guanti** gloves
**l'impermeabile** *(m.)* raincoat
**il maglione** (heavy) sweater
**i pantaloni** pants
**i sandali** sandals
**le scarpe** shoes
**la sciarpa** scarf
**gli stivali** boots
**il vestito** dress, suit

I tessuti ed i materiali

**il cotone**  cotton
**il cuoio (la pelle)**  leather, hide
**la flanella**  flannel
**la lana**  wool

**il lino**  linen
**il poliestere**  polyester
**la seta**  silk
**il velluto**  velvet, corduroy

Espressioni utili

**calzare**  to fit (shoes, gloves)
**indossare**  to wear; to put on
**gli indumenti**  clothing
**levarsi**  to take off (clothing)
**la misura**  size (clothing, shoes)
**portare**  to wear
**il prezzo**  price

**spogliarsi**  to undress
**la taglia**  size (clothing)

**a quadri**  checkered
**a righe**  striped
**a tinta unita**  one color
**con le maniche lunghe (corte)**  with
   long (short) sleeves

**A.** Identificare i seguenti articoli di abbigliamento e dire quanto costa
ciascuno. Usare la fantasia!

▶ *Il numero cinque è una camicetta. Costa [...] lire.*

**B.** Identificare i capi di vestiario che portano le persone nella foto a pagina 230.

▶ *La donna porta i pantaloni, le scarpe e ...*

**C.** Identifichi due capi di vestiario indossati oggi da lei e da un altro studente/un'altra studentessa.

▶ *Io porto una gonna di lino ed una camicetta di seta. Franco porta un paio di pantaloni di lana ed una camicia di cotone.*

**D.** Dica che cosa indossa nelle seguenti circostanze.

▶ Va ad un matrimonio elegante.  *Porto un vestito di seta e un cappotto di lana.*

1. Fa caldo e va a fare una gita al mare.
2. Piove, fa freddo e tira vento.
3. Cerca lavoro e va a sostenere un colloquio *(interview)* presso una banca della sua città.
4. Va in montagna con la moto.
5. Stasera ha un appuntamento per andare a mangiare una pizza con gli amici.
6. Sabato sera va a teatro ad ascoltare un concerto di musica classica.
7. Questa mattina deve andare al mercato all'aperto per comprare frutta e verdura.

## II. I colori

| | | | |
|---|---|---|---|
| **arancione** orange | **blu** blue | **marrone** brown | **rosso/a** red |
| **azzurro/a** sky-blue | **giallo/a** yellow | **nero/a** black | **verde** green |
| **bianco/a** white | **grigio/a** grey | **rosa** pink | **viola** purple |

Note that the adjectives **arancione, blu, marrone, rosa,** and **viola** are invariable; that is, their forms do not change when they modify a feminine or plural noun.

PAGINE GIALLE
ELETTRONICHE

**E.** Che cosa indossa con i seguenti articoli di vestiario?

1. Un paio di pantaloni di lino bianco.
2. Una gonna di lana a tinta unita.
3. Una giacca di lana blu.
4. Una camicetta di seta rossa.
5. Una maglia grigia.
6. Una cravatta a righe gialle e marrone.
7. Un paio di scarpe nere di cuoio.
8. Un paio di sandali marrone.

**F.** Supponga di essere in un negozio per comprare alcuni articoli di abbigliamento. Prepari un dialogo appropriato fra lei e la commessa *(salesperson)*. Ecco un esempio:

| | |
|---|---|
| **La commessa** | Buon giorno, signore. |
| **Lei** | Buon giorno. Vorrei comprare una camicia di cotone con le maniche lunghe. |
| **La commessa** | A righe o a tinta unita? |
| **Lei** | A righe. |
| **La commessa** | Di che colore? |
| **Lei** | Bianca con le righe blu. |
| **La commessa** | Che misura porta lei? |
| **Lei** | Porto la misura 42. |
| **La commessa** | Aspetti un momento. Le porto alcuni modelli. |

**G.** Le seguenti frasi sono in ordine sbagliato. Metterle in ordine per formare un brano di senso compiuto.

1. Anche le scarpe e la borsa di Francesca erano marrone.
2. La signora Cercato e sua figlia sono entrate in un negozio elegante del centro ed hanno comprato un paio di pantaloni verdi, due maglie gialle, una camicetta azzurra ed un vestito rosa.
3. La signora portava un cappotto grigio, le scarpe nere e una borsa rossa.
4. Ieri la signora Cercato e sua figlia Francesca sono andate al centro.
5. Francesca invece portava una gonna verde scuro, una camicetta bianca ed una giacca marrone.

# Struttura ed uso

## I. Contrasto fra l'imperfetto ed il passato prossimo

**È mancata** l'acqua proprio mentre **mi facevo** la doccia.

1. The sentences below all describe past events. Compare the sentences on the left (which use the imperfect) with the sentences on the right (which use the present perfect).

   | **Imperfect** | **Present Perfect** |
   |---|---|
   | Ogni sera **guardavo** la televisione. | Ieri sera **ho guardato** il telegiornale. |
   | Ogni settimana **andavamo** al cinema. | Sabato scorso **siamo andati** a teatro. |
   | **Parlava** di politica con suo padre. | Stamattina **ha parlato** con Giorgio. |

2. The imperfect describes habitual, recurring actions in the past, whereas the present perfect describes unique, specific actions in the past. Expressions such as **ogni sera, ogni settimana,** and **di solito** often signal recurring actions. Expressions such as **ieri, sabato scorso** and **stamattina** often signal specific actions.

3. When both tenses occur in the same sentence, the imperfect describes an event in progress when another event happened. That other event is expressed in the present perfect.

   **Sono arrivati** mentre **leggevo** il giornale.  *They arrived* while *I was reading* the paper.

   **Dormivano** quando **ho telefonato.**  *They were sleeping* when *I called.*

**A.** Stefano dice che cosa faceva di solito e che cosa ha fatto ieri. Assumere il ruolo di Stefano.

▶ mangiare: a casa / al ristorante    *Di solito, mangiavo a casa.*
*Ieri ho mangiato al ristorante.*

1. uscire: con Maria / con Teresa
2. andare al bar: con gli amici / da solo
3. finire di lavorare: alle cinque / alle sette
4. fare: colazione a casa / colazione al bar
5. scrivere: a mia nonna / a mio zio
6. indossare: la giacca a righe / la giacca a tinta unita
7. mettersi: i sandali / le scarpe nere

**B.** Maurizio ha passato buona parte del pomeriggio a Piazza della Repubblica. Assumere il ruolo di Maurizio e raccontare *(tell)* agli amici quello che ha visto, mettendo il secondo verbo all'imperfetto.

▶ due ragazzi che passeggiano    *Ho visto due ragazzi che*
*passeggiavano.*

1. un bambino che mangia il gelato del fratellino
2. alcune signorine che bevono un caffè
3. due signore che entrano in un negozio di scarpe
4. alcuni giovani che discutono di politica
5. tre bambine che giocano fra di loro
6. molti turisti che escono dalla chiesa
7. un signore che legge una rivista

**C.** Dire una cosa che hanno fatto le seguenti persone quando avevano l'età *(age)* indicata fra parentesi.

▶ Giovanna (diciotto anni)    *Quando Giovanna aveva diciotto*
*anni, è andata in Germania.*

1. Paolo (venti)                5. mio zio (trenta)
2. Gianna e Luisa (diciannove)  6. mia nonna (cinquanta)
3. Filippo (tre)                7. mio fratello (ventotto)
4. i nostri cugini (diciassette) 8. i nostri genitori (quaranta)

**D.** Rispondere alle seguenti domande personali.

1. Quanti anni aveva quando è andato/a a scuola la prima volta?
2. Che tempo faceva ieri quando è andato/a al cinema?

3. Quando era piccolo/a, quali programmi guardava alla televisione? Quali lingue parlava? Quale scuola frequentava? Quali città visitava spesso?
4. Quando era più giovane giocava a tennis? Dormiva molto?
5. Quando era bambino/a andava al parco? Con chi andava?
6. Quando era piccolo/a pensava di diventare ingegnere? dottore? dentista? meccanico? professore/professoressa?

## II. Verbi riflessivi con articoli di abbigliamento e parti del corpo

Si è messo **la** cravatta senza **la** camicia.

1. In reflexive structures, the definite article (not the possessive adjective) is used with articles of clothing and parts of the body when the possessor is clearly understood.

| Mi metto **la** camicia. | I put on *my* shirt. |
| Mi lavo **le** mani. | I wash *my* hands. |

2. When the subject of the sentence is plural, the article of clothing or part of the body is in the singular if each individual in the group has or uses only *one* of that particular item.

| I ragazzi si levano **il cappotto**. | The boys take off *their coats*. |
| I bambini si lavano **la faccia**. | The children wash *their faces*. |

**E.** Dire quali articoli di abbigliamento si mette ciascuna persona.

▶ io / i guanti    *Mi metto i guanti.*

1. loro / i pantaloni a righe
2. Giorgio / la giacca verde
3. Marta e Paola / la maglia di lana
4. mia sorella / l'impermeabile rosa
5. tu / il vestito blu e giallo
6. voi / le scarpe nuove di camoscio
7. noi / il cappotto marrone
8. le signorine / la gonna lunga di velluto

**F.** Dire se le seguenti persone si lavano le mani o la faccia.

▶ Lucio    *Lucio si lava le mani, ma non si lava la faccia.*

1. io      3. noi     5. Monica e Luciana
2. voi     4. tu      6. Elena

**G.** Dire che le persone indicate nell'esercizio F non si sono lavate le mani; si sono lavate la faccia.

▶ Lucio    *Lucio non si è lavato le mani; si è lavato la faccia.*

**H.** Esprimere in italiano.

1. — What color hat did you put on?
   — I put on my green hat.
2. — Did you take off your silk shirt?
   — No, I took off my wool pants.
3. — Which boots did you put on?
   — We put on our leather boots.
4. — Which skirt did you put on?
   — I put on my linen skirt.
5. — Did they take off their wool socks?
   — No, they took off their cotton socks.
6. — Did Laura and Lidia take off their brown coats?
   — No, they took off their blue coats.

## III. *Plurale di alcuni nomi ed aggettivi*

Che **facce simpatiche!**

There are some nouns and adjectives in Italian whose formation of the plural depends on where the stress falls within the word. Among these are nouns and adjectives ending in **-co, -go,** and **-ca, -ga,** and nouns ending in **-cia, -gia.**

1. Masculine nouns and adjectives ending in **-co, -go,** whose stress falls on the next-to-the-last syllable, generally form their plural in **-chi, -ghi.**

   | | |
   |---|---|
   | Questo p*a*rco è ant*i*co. | Questi par**chi** sono anti**chi.** |
   | Quel l*a*go è l*a*rgo. | Quei la**ghi** sono lar**ghi.** |

   But if the stress falls on any other syllable, the plural endings generally are **-ci** and **-gi.**

   | | |
   |---|---|
   | Che m*e*dico simp*a*tico! | Che medi**ci** simpati**ci!** |
   | Lo psic*o*logo ha ragione. | Gli psicolo**gi** hanno ragione. |

2. Feminine nouns and adjectives ending in **-ca, -ga** generally form their plurals in **-che, -ghe,** regardless of stress.

   | | |
   |---|---|
   | La tua ami**ca** è simpati**ca.** | Le tue ami**che** sono simpati**che.** |
   | Quella sociolo**ga** è americana. | Quelle sociolo**ghe** sono americane. |
   | Questa è una parola analo**ga.** | Queste sono parole analo**ghe.** |

3. Feminine nouns ending in **-cia, -gia**, whose stress falls on the **i**, form their plural in **-cie, -gie**.

> la farma**cia**    le farma**cie**
> la bu**gia** *(lie)*    le bu**gie** *(lies)*

4. Feminine nouns ending in **-cia, -gia** which are stressed on any other syllable, generally form the plural in **-ce** and **-ge**.

> la fac**cia**    le fac**ce**
> la vali**gia**    le vali**ge**

5. Summary of forms in **-co, -go, -ca, -ga, -cia, -gia**:

| M. Sg. | M. Pl. | F. Sg. | F. Pl. |
|--------|--------|--------|--------|
| -co    | -chi   | -ca    | -che   |
|        | -ci    | -ga    | -ghe   |
| -go    | -ghi   | -cia   | -cie   |
|        | -gi    |        | -ce    |
|        |        | -gia   | -gie   |
|        |        |        | -ge    |

**I.**    Dire che le cose indicate sono lunghe, larghe, ecc. Fare attenzione ai sostantivi ed aggettivi che finiscono in *-go* o *-ga*.

> ▶    Questa gonna è lunga.    *Anche quelle gonne sono lunghe.*
> ▶    Questo lago è largo.    *Anche quei laghi sono larghi.*

1. Quest'albergo è nuovo.
2. Questa bottega è piccola.
3. Questa strada è lunga.
4. Questa riga è blu.
5. Questo radiologo è intelligente.
6. Questo psicologo è giovane.

**J.**    Completare le frasi seguenti con la forma appropriata dei sostantivi o aggettivi in *-go* della lista in basso. (Ci sono due parole in più.)

> lungo    psicologo    alberghi    albergo    analoghe
> lunghi    biologi    laghi    lunga

1. Non capiamo il dialogo perchè è molto _____ .
2. Quello _____ è professore all'università di Bologna.
3. Mio zio va sempre allo stesso _____ .
4. Quei _____ lavorano molto.

5. Via Nazionale è una strada molto _____ .
6. I _____ italiani sono magnifici.
7. Le parole "sistema" e "system" sono _____ .

**K.** Volgere al plurale i nomi e gli aggettivi in -co e -ca.

► Questa giacca è bianca.    *Queste giacche sono bianche.*

1. Questo rinfresco è fantastico!
2. Questa chiesa è antica.
3. L'amico di Marco è simpatico.
4. Questa ragazza è sempre stanca.
5. Abbiamo visitato una biblioteca di Roma.
6. Questo disco è di Stefano.

**L.** Completare le frasi seguenti con i nomi e gli aggettivi in basso. Usare ciascun nome ed aggettivo una sola volta.

ricca    biblioteca  simpatiche  amiche
ricchi   classici    stanco      meccanico

1. Le studentesse di questa classe sono _____ .
2. A Roma ci sono molti licei _____ .
3. Franco è sempre molto _____ .
4. Mio padre è _____ e lavora in un garage.
5. La madre di Dora è _____ .
6. I nonni di Michele sono _____ .
7. Le _____ di Gino sono belle.
8. La _____ della nostra città è vecchia.

**M.** Mettere al plurale le parole indicate. Fare tutti i cambiamenti necessari.

► Ecco *la valigia* di Michele.    *Ecco le valige di Michele.*

1. *La farmacia* è chiusa.
2. Che *bugia!*
3. Dove metto *la buccia* (skin) della frutta?
4. Questa *spiaggia* (beach) italiana è bella.
5. Mangi quella *ciliegia?*
6. Che *faccia* carina!

## *IV.* Sapere e conoscere

**So** molte cose...          ma non **conosco** molta gente.

1. **Sapere** is used to refer to knowledge of factual information (names, numbers, directions). This information is of the type that can be *imparted to someone else.* **Sapere +** *infinitive* refers to knowledge in the sense of *knowing how to do something.*

   > **So** il tuo numero di telefono.    I *know* your telephone number.
   > **Sappiamo** parlare cinese.    We *know how* to speak Chinese.

2. **Conoscere** *(to be acquainted with)* refers to knowledge in the sense of *knowing a person, a place, a thing,* or some other subject of knowledge that is acquired first-hand and cannot be imparted to another person.

   > Lisa **conosce** l'amico di Roberto.    Lisa *knows* Robert's friend.
   > **Conoscono** Pisa.    They *know* Pisa.

3. The following chart shows the present tense of **sapere** and **conoscere**.

| sapere | | conoscere | |
|--------|--------|-----------|-----------|
| so | sappiamo | conosco | conosciamo |
| sai | sapete | conosci | conoscete |
| sa | sanno | conosce | conoscono |

**N.** Domandare ad un amico/un'amica se sa o sa fare le seguenti cose. Rispondere logicamente.

> ▶ ballare
>
> S1: *Sai ballare?*
> S2: *Sì, so ballare abbastanza bene.*
>
> ▶ l'indirizzo di Luisa
>
> S1: *Sai l'indirizzo di Luisa?*
> S2: *No, mi dispiace, non lo so.*

1. parlare spagnolo
2. giocare a tennis
3. alcuni proverbi italiani
4. cantare
5. aggiustare la moto
6. leggere il cinese
7. il mio numero di telefono
8. cucinare le lasagne

**O.** Domandare alle seguenti persone se conoscono le persone, i luoghi o le cose indicate.

> ▶ tu: Paola          *Conosci Paola?*
> ▶ lei: la Spagna      *Conosce la Spagna?*

1. voi: l'amica di Giorgio
2. loro: Venezia
3. tu: mio cugino
4. Giovanna: quel libro di Sciascia
5. lei: i signori De Santis
6. ragazzi: questa canzone

**P.** Supponga di volere avere delle informazioni su uno studente/una studentessa. Faccia le seguenti domande a Paolo, cominciando ogni frase con *Sai* o *Conosci*.

> ▶ dove abita      *Sai dove abita?*

1. il suo numero di telefono
2. dove studia
3. se ha il ragazzo/la ragazza
4. il suo indirizzo
5. se sa giocare a tennis
6. i suoi genitori
7. le sue amiche
8. che fa questo fine-settimana
9. se gli/le piace ballare
10. sua sorella

---

**A lei la parola**

1. Comment on the fact that when you were a child, you used to go play in the park with your friends every afternoon.
2. Point out that it is very cold today, and therefore, you'll put on your hat and your gloves.
3. Compliment your friends, saying that they are all very nice.
4. Find out if the young man/young woman you just met knows how to play tennis.
5. Find out which Italian cities your instructor knows.

---

# Leggere e capire

## *Miniracconto*

Leggere il miniracconto seguente e fare attenzione alle attività di Luca dopo che si è alzato.

Sono le dieci di mattina e Luca si sveglia all'improvviso.
Immediatamente ricorda che ha un appuntamento con gli amici per andare a fare una gita ai Castelli Romani. Si rende conto° che è tardi e   *he realizes*
che ha dormito più del solito. Subito si alza, si fa la doccia, si lava e si veste in fretta e furia. Poi, senza neanche mangiare, esce di casa, prende la macchina e va verso il luogo fissato per l'appuntamento.
Quando Luca arriva, gli amici non sono lì ad aspettarlo.
Completamente sorpreso, Luca guarda il suo orologio e pensa che dopo tutto non è arrivato con molto ritardo. I suoi amici potevano pure aspettarlo. Pensa e ripensa, alla fine capisce la situazione e sorride a denti stretti°. Oggi è sabato, e l'appuntamento era invece per domenica.   *he smiles to himself*

**A.** Rispondere alle domande basate sul miniracconto.

1. Come e quando si sveglia Luca?
2. Quali sono i suoi programmi per quel giorno?
3. Cosa fa dopo che si è alzato?
4. Mangia a casa?
5. Come va all'appuntamento?
6. Perché è sorpreso Luca?
7. Che cosa fa Luca quando capisce la situazione?
8. Per quale giorno era l'appuntamento? Che giorno è oggi?

**B.** Fra i seguenti titoli scegliere il più appropriato e spiegare il perché della scelta.

"Un appuntamento fra amici"
"Una mattina affaccendata *(busy)*"
"In fretta e furia"
"Un appuntamento mancato *(missed)*"
"Che addormentato!"

**C.** Assumere il ruolo di Luca, riassumendo il miniracconto nella prima persona singolare.

# RIPASSO:   Lezioni 9ª & 10ª

In this section, you will review the following: Negative expressions (Exercise
A); Disjunctive pronouns (Exercise B); Imperfect (Exercise C); Contrast
between imperfect and present perfect (Exercises D–E); Reflexives with parts
of the body and clothing (Exercise F); Nouns and adjectives ending in -co and
-ca (Exercise G); Vocabulary and expressions (Exercise H)

**A.** Rispondere alle seguenti domande usando le espressioni negative. [*Negative expressions*]

▶ Conosce molti studenti all'università?    *No, non conosco nessuno.*

1. Ha molto da fare?
2. Studia tutte le sere?
3. Mangia la pasta e il pesce?
4. Con chi va al cinema?
5. È arrivata la zia dall'Italia?

**B.** Dire che Franco cucina per le seguenti persone, usando il pronome personale. [*Disjunctive pronouns*]

▶ Riccardo    *Cucina per lui.*

1. tu e Giorgio
2. io
3. Fernando ed Anna
4. io e Carla
5. Tina
6. lei e suo fratello

**C.** Le seguenti persone hanno fatto lo stesso lavoro ogni estate per diversi anni. Dire dove lavorava ogni persona. [*Imperfect*]

▶ Concetta / in un negozio    *Concetta lavorava in un negozio.*

1. Paolo / in un ristorante
2. io e Laura / in un cinema
3. Enrico / in un bar
4. Mariella e Pina / in un teatro
5. Pietro e Mauro / in un garage
6. io / in un supermercato
7. tu / in una banca
8. voi / in un ospedale

**D.** Formulare frasi con le parole suggerite, cambiando un infinito al passato prossimo e l'altro all'imperfetto. [*Contrast between imperfect and present perfect*]

▶ Mario / entrare / mentre / io /
ascoltare / radio

*Mario è entrato mentre
ascoltavo la radio.*

1. tu / venire / mentre / noi / essere al cinema
2. Laura / partire / per Pisa / quando / avere / vent'anni
3. loro / prendere l'autobus / mentre / io / parlare / signora
4. Giorgio / vedere / due professori / che / discutere
5. io / parcheggiare / mentre / voi / ordinare / caffè

**245**

**E.** Completare il brano che segue con la forma appropriata del passato prossimo e dell'imperfetto dei verbi fra parentesi secondo il contesto *(context)*. [*Contrast between imperfect and present perfect*]

Il mese scorso io (andare) _____ spesso a fare visita a mio nonno che non (abitare) _____ molto lontano. Un giorno io (andare) _____ a vederlo ma la nonna mi (dire) _____ che il nonno (essere) _____ in ospedale ma che non (stare) _____ troppo male. Io allora (decidere) _____ di andare a visitarlo e quando (arrivare) _____ vicino all'ospedale, io (incontrare) _____ le mie zie che (andare) _____ anche loro dal nonno. Allora tutti insieme (entrare) _____ per vedere il nonno che (essere) _____ molto felice di vederci.

**F.** Cambiare le frasi seguenti al passato prossimo. [*Reflexives with parts of the body and clothing*]

1. Valerio si lava le mani.
2. Ti metti i pantaloni?
3. Perché vi mettete quelle scarpe vecchie?
4. Mi lavo la faccia prima di uscire.
5. Io e Rosanna ci mettiamo un maglione arancione.

**G.** Formulare frasi di senso compiuto, usando il verbo **essere** con le parole della colonna A e gli aggettivi della colonna B. [*Nouns and adjectives ending in* -**co** *or* -**ca**]

▶   i miei fratelli / simpatico    *I miei fratelli sono simpatici.*

A | B | |
--- | --- | ---
1. quei dottori | bianco | tedesco
2. quella camicia | stanco | ricco
3. quel programma | simpatico | antipatico
4. suo fratello | fantastico |
5. le mie amiche | |

**H.** Esprimere in italiano le seguenti conversazioni. [*Vocabulary and expressions*]

1. **Filippo**  Hi, Paolo. Where did you go yesterday?
   **Paolo**  I went to see Anna, but she was at the library.
   **Filippo**  What did you do then?
   **Paolo**  I returned home and watched an old movie on TV.

2. **Luisa**  Was it raining yesterday when you went to the wedding reception?
   **Teresa**  No, but it was very hot and humid.
   **Luisa**  Did you dance a lot?
   **Teresa**  Yes. There was a rock band that played until midnight. No one wanted to go home.

# ARTE E CULTURA IN ITALIA

1

2

L'origine della civiltà italiana si perde nei secoli. Gli Etruschi prima dei Romani hanno lasciato un notevole patrimonio artistico. I Romani poi hanno dato origine ad una civiltà le cui tracce sono ancora oggi evidenti non solo in Italia ma anche in molti paesi europei. **1** Il Colosseo è uno degli esempi più visibili dell'arte romana. **2** La caduta dell'Impero Romano ha dato il via alla cultura medievale. Il castello di Merano è un esempio tipico dell'architettura del Medio Evo in Italia.

3

L'Italia è il paese dove è nato il Rinascimento. Ci sono
molti esempi straordinari della creatività umana
nell'architettura e nell'arte dell'Italia rinascimentale.
**3** L'elegante cupola del Brunelleschi è una meraviglia
dell'architettura del Rinascimento a Firenze.   **4** Il Mosè,
uno dei capolavori di Michelangelo, è in una basilica di
Roma.   **5** Venezia, la meravigliosa città costruita
sull'acqua, è una delle più belle metropoli del
Rinascimento.

4

5

Oggi l'Italia è un paese moderno e dinamico, dove è sempre evidente una lunga tradizione artistica e culturale. Ci sono luoghi dove ancora si conservano aspetti tradizionali e popolari. **6** Ci sono molte cittadine come Rivello, in Calabria, dove la gente continua ad abitare in antiche case addossate l'una sull'altra. **7** La Sardegna è ricca di manifestazioni festive e balli folcloristici in splendidi costumi tradizionali.

6

7

Agli Italiani piace celebrare le feste.  **8** È veramente qualcosa di spettacolare vedere i fuochi artificiali sul mare della Laguna di Venezia.

# LEZIONE 11ª

## Fine-settimana sulla neve

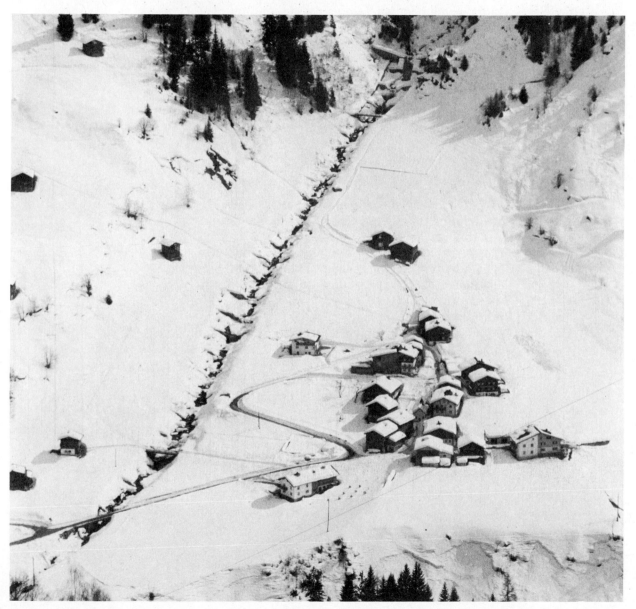

*Tipico villaggio alpino durante la stagione invernale*

È giovedì sera e Graziella Di Santo è dalla sua amica Sandra Pierini. Le due amiche programmano un brevissimo soggiorno in montagna.

|   | | |   |
|---|---|---|---|
| | **Graziella** | Sandra, perché non andiamo a passare un fine-settimana sulla neve? | |
| | **Sandra** | Ottima idea. Ma ho bisogno di comprare un nuovo paio di sci. | |
| 5 | **Graziella** | Ti piacciono i miei? Li vendono a prezzo ridotto in un negozio di via Salaria. Perché non vai a comprarli là? | |
| | **Sandra** | Ottimo! Con i prezzi di oggi risparmiare è sempre utile. Andremo a sciare a Campo Imperatore? | |
| 10 | **Graziella** | Sì, se non ti dispiace. | |
| | **Sandra** | Ma non dormiremo mica° dove abbiamo dormito l'ultima volta? | really |
| | **Graziella** | No, no. Quell'albergo non piace neanche a me. | |
| | **Sandra** | Trovare un altro albergo a buon prezzo nei dintorni°, | in the area |
| 15 | | però, sarà un problema. | |
| | **Graziella** | Sì, perché sono tutti cari. Ma lascia fare a me°. Mio cognato ha un miniappartamento non molto lontano dalle piste e sono quasi sicura che potremo dormire lì. | leave it up to me |
| 20 | **Sandra** | Speriamo di sì. Quando gli telefoni? | |
| | **Graziella** | Gli farò una telefonata appena tornerò a casa. Intanto pensa ad un mezzo di trasporto°. | means of transportation |
| | **Sandra** | Ci ho già pensato. Possiamo usare la macchina di mio fratello. Stasera gli chiederò se ci presta la sua | |
| 25 | | Fiat. Tanto° lui, poverino, non può guidare la macchina perché si è slogato° un braccio. | Since / he sprained |
| | **Graziella** | Oh, non lo sapevo. | |
| | **Sandra** | Non ti preoccupare, non è niente di grave. | |
| | **Graziella** | Bene, allora ti darò un colpo di telefono° domani sera | I'll phone you |
| 30 | | per stabilire l'ora della partenza. | |
| | **Sandra** | D'accordo. Ciao. | |

**Domande generali**

1. Che cosa chiede Graziella a Sandra?
2. Di che cosa ha bisogno Sandra?
3. Dove ha comprato gli sci Graziella?
4. Dove andranno a sciare le due amiche?
5. Dove potranno dormire Graziella e Sandra?
6. È facile trovare un albergo nei dintorni di Campo Imperatore?
7. Come andranno a Campo Imperatore?
8. Che cosa è successo al fratello di Sandra?
9. Quando stabiliranno le due amiche l'ora della partenza?

**Domande personali**

1. Vuole passare un fine-settimana sulla neve?
2. Sa sciare? Se non sa sciare, vuole imparare?
3. Andrà a sciare questo fine-settimana? Con chi andrà?
4. Se andrà a sciare avrà bisogno di comprare qualcosa? Che cosa dovrà comprare?
5. Che cosa si mette quando va a sciare?
6. Se non andrà a sciare questo fine-settimana, cosa farà?

**Modificazioni**

1. — Quando telefonerai **a tuo cognato?**       — Appena tornerò a casa.
   alla tua amica
   a tuo cugino
   a tua zia

2. — Non mi piacciono **questi sci!**        — **Neanche a me!**
   questi pantaloni           A me piacciono molto.
   quei luoghi                Come sei difficile!
   quegli alberghi            A te non piace niente!

3. — Ti è piaciuto **quell'albergo?**      — **Non mi è piaciuto granché.**
   il lago                  Sì, mi è piaciuto molto.
   quel luogo               No, non mi è piaciuto affatto.
   lo spettacolo            È stato troppo lungo.

## Vocabolario

### Parole analoghe

**il miniappartamento**      **il problema**

### Nomi

**il braccio**  arm
**il fine-settimana**  weekend
**il lago**  lake
**il luogo**  place
**la neve**  snow
**il paio (le paia)**  pair
**la pista**  trail
**lo sci**  ski
**il soggiorno**  stay

### Aggettivi

**brevissimo/a**  very short
**ottimo/a**  excellent
**utile**  useful

### Verbi

**passare**  to spend (time)
**prestare**  to lend, loan
**programmare**  to plan
**risparmiare**  to save
**sciare**  to ski
**slogarsi**  to sprain; to dislocate
**stabilire**  to establish, set (time)

### Altre parole ed espressioni

**appena**  as soon as
**granché**  a great deal
**invece**  instead
**là**  there
**ottimo!**  great!
**troppo**  too

**a prezzo ridotto**  at a reduced price
**che cosa è successo?**  what happened?
**non è niente di grave**  it's nothing serious
**non ti preoccupare**  don't worry
**l'ora della partenza**  departure time
**se non ti dispiace**  if you don't mind
**speriamo di sì**  let's hope so

## Pratica

**A.** Comporre un dialogo basato sulle seguenti informazioni. È una giornata afosa del mese di luglio a Roma. La temperatura è di 32 gradi centigradi. Silvia vuole andare alla spiaggia *(beach)* di Ostia e telefona alla sua amica Elena per domandarle se vuole andare con lei. La macchina di Silvia è dal meccanico e quindi le due amiche decidono di andare al mare con la metropolitana *(subway)*. Partiranno alle 11,30 e arriveranno a Ostia alle 12,00. Torneranno a casa la sera alle 20,00.

**B.** Descrivere in dieci frasi tutto quello che può essere successo *(could have happened)* a Sandra ed a Graziella quando sono andate a Campo Imperatore: come sono andate, per quanto tempo, dove hanno dormito, se si sono slogate una gamba *(leg)* o un braccio, ecc.

## NOTA CULTURALE

### Lo sci in Italia

In Italia lo sci è oggi lo sport invernale praticato da moltissimi giovani. D'inverno, intere famiglie approfittano[1] del fine-settimana e di periodi di vacanza per trascorrere[2] allegramente un po' di tempo sulla neve.

In Italia ci sono stati da sempre centri di sci molto belli e rinomati[3]. Sulle Alpi, fama internazionale hanno Madonna di Campiglio, Sestriere e Cortina d'Ampezzo, che nel 1956 fu[4] la sede della 7ª Olimpiade invernale. I successi sportivi di atleti italiani alle Olimpiadi ed in gare[5] internazionali hanno portato lo sci all'attenzione della gente e, di recente, lo sci è diventato uno sport di massa. Nuovi centri di sci sono stati aperti sulle Alpi e sugli Appennini. Uno dei più frequentati dell'Italia centrale è Campo Imperatore, situato alle pendici[6] del Gran Sasso, la vetta[7] più alta degli Appennini.

Anche le scuole incoraggiano[8] gli studenti verso lo sci. Durante l'inverno, vacanze settimanali sulla neve sono organizzate per studenti di ogni età. In speciali centri sportivi e sotto la guida[9] di maestri di sci[10], questi giovani vengono a contatto con la neve ed imparano a sciare.

*Due giovani in seggiovia in un centro di sci*

1. take advantage    2. to spend    3. renowned    4. was
5. competitions    6. slopes    7. peak    8. encourage
9. guidance    10. ski instructors

## Pronuncia
### Il suono /ŋ/

The sound /ŋ/ in Italian, spelled **gn**, sounds very much like the sound *ny*, as in *canyon*.

**A.**  Ascoltare l'insegnante e ripetere le seguenti parole.

| | | | |
|---|---|---|---|
| si**gn**ore | monta**gn**a | co**gn**ome | spa**gn**olo |
| si**gn**orina | biso**gn**a | co**gn**ato | Spa**gn**a |

**B.** Leggere ad alta voce le seguenti frasi. Fare attenzione alla pronuncia delle lettere *gn*.

1. Il signor Cristini va in montagna.
2. La signorina ha bisogno di una lavagna.
3. Accompagno mia cognata in Spagna.

**C.** **Proverbi**   Leggere ad alta voce i seguenti proverbi e poi dettarli ad un altro studente o ad un'altra studentessa.

**Al bisogno si conosce l'amico.**
A friend in need is a friend indeed.

**Ogni medaglia ha il suo rovescio.**
There are always two sides to a coin.

# Ampliamento del vocabolario

## I. Il corpo umano

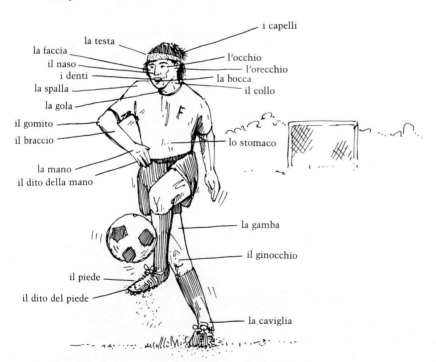

Note that **il braccio, il dito, il ginocchio,** and **la mano** are irregular in the plural:

> **il braccio, le braccia**       **il ginocchio, le ginocchia**
> **il dito, le dita**             **la mano, le mani**

The noun **capelli** *(hair)* is used in the plural in Italian:

> **Ho i capelli biondi.**       I have *blond hair.*

## *Altre parole ed espressioni*

**Ti (Le) fa male la testa?**   Do you have a headache?
**Mi fanno male i piedi.**   My feet hurt.
**Mi fa male la gola.**   My throat hurts.
**Mi sono fatto male al piede sinistro (destro).**   I hurt my left (right) foot.

**Ho la febbre.**   I have a fever.
**i capelli biondi (castani, neri, grigi)**   blond (brown, black, grey) hair
**i capelli lunghi (corti)**   long (short) hair
**gli occhi blu (verdi, castani)**   blue (green, brown) eyes

**A.** Completare le seguenti frasi con un sostantivo appropriato del corpo umano.

1. I miei _____ sono biondi.
2. Gli _____ di Luisa sono castani.
3. Ho le _____ lunghe.
4. Mi fa male la _____ .
5. Ho le scarpe nuove e mi fanno male i _____ .
6. Ho le _____ fredde.
7. Mi sono fatto/a male al _____ .
8. Quando gioco a tennis uso il _____ destro.

**B.** Descriva uno dei suoi amici o parenti o uno dei personaggi *(characters)* di questo libro di testo *(textbook)*. Dica se la persona è alta o bassa, giovane o vecchia, magra o grassa. Menzioni il colore dei capelli e degli occhi e qualche caratteristica personale della persona.

**C.** Domandi allo studente/alla studentessa vicino a lei se gli/le fanno male le seguenti parti del corpo.

▶   la mano destra     S1: *Ti fa male la mano destra?*
                       S2: *Sì, mi fa male.*
                           *No, mi fa male la mano sinistra.*

| | | |
|---|---|---|
| 1. gli orecchi | 3. le gambe | 5. il braccio sinistro |
| 2. i denti | 4. la gola | 6. la testa |

## II. Oggetti personali utili

l'**asciugacapelli** *(m.)* hair dryer
l'**asciugamano** towel
il **dentifricio** toothpaste
le **forbici** scissors
il **pettine** comb

il **rasoio (elettrico)** (electric) razor
il **sapone** soap
la **spazzola per capelli** hairbrush
lo **spazzolino da denti** toothbrush
lo **specchio** mirror

### Espressioni utili

**asciugarsi le mani (la faccia)** to dry
   one's hands (face)
**farsi il bagno** to take a bath
**farsi la doccia** to take a shower
**guardarsi allo specchio** to look at
   oneself in the mirror
**lavarsi i denti** to brush one's teeth

**lavarsi le mani (la faccia)** to wash
   one's hands (one's face)
**radersi la barba** to shave one's beard
**pettinarsi i capelli** to comb one's
   hair
**tagliarsi i capelli (le unghie)** to cut
   one's hair (nails)

**D.** Dica di che cosa ha bisogno in queste circostanze.

▶ Lei vuole tagliarsi le unghie       *Ho bisogno delle forbici.*
   perché sono molto lunghe.

1. Lei deve andare a mangiare e vuole lavarsi le mani.
2. Deve uscire perché ha un appuntamento e si è appena lavato/a
   i capelli.
3. Si è messo/a un vestito nuovo e vuole guardarsi per vedere come
   gli/le sta.
4. Ha finito di mangiare e vuole lavarsi i denti.
5. Desidera tagliarsi i capelli che sono troppo lunghi.
6. Ha la barba lunga ed ha bisogno di radersi.
7. Tira vento e i suoi capelli sono in disordine.
8. Si è fatto la doccia e desidera asciugarsi.

**E.** Immagini di andare a passare un fine-settimana di ottobre a Nuova
York con un amico/un'amica. Dica quali oggetti personali e capi di
vestiario deve mettere nella sua borsa da viaggio *(travel bag)*.

▶ *Metto nella mia borsa da viaggio un piccolo asciugacapelli, una*
  *maglia, ...*

# Struttura ed uso

## I. Pronomi complemento indiretto

— **Mi presti** ventimila lire?
— Perché?
— Domani è il tuo compleanno e voglio **comprarti** un bel regalo.

1. Indirect-object pronouns (**pronomi complemento indiretto**) usually
   replace indirect-object noun phrases introduced by the prepositions
   **a** or **per**. They usually indicate *to whom* or *for whom* something is
   being done.

   | | |
   |---|---|
   | — Telefonerai a tuo cognato? | — Will you telephone your brother-in-law? |
   | — Sì, **gli** telefonerò stasera. | — Yes, I'll telephone *(to) him* this evening. |
   | — Scrivi a tua cugina? | — Do you write your cousin? |
   | — No, non **le** scrivo mai. | — No, I never write *(to) her.* |
   | — Prepari il caffè per noi? | — Are you preparing coffee for us? |
   | — Sì, **vi** preparo un bel caffè. | — Yes, I'm preparing a nice cup of coffee *for you.* (or) Yes, I'm preparing *you* a nice cup of coffee. |

2. Here is a chart of the indirect-object pronouns in Italian. Compare
   them to the direct-object pronouns on page 193.

| Singular | | Plural | |
|---|---|---|---|
| **mi (m')** | to me, for me | **ci** | to us, for us |
| **ti (t')** | to you, for you *(fam.)* | **vi** | to you, for you *(fam.)* |
| **gli** | to him, for him | | |
| **le** | { to her, for her<br>{ to you, for you *(formal)* | **loro** | { to them, for them<br>{ to you, for you *(formal)* |

3. The indirect-object pronouns **mi, ti, ci,** and **vi** are identical in form to the corresponding direct-object pronouns. **Mi** and **ti** usually drop the vowel **i** before a verb that begins with any vowel sound. **Ci** and **vi** may drop the vowel **i** only before a verb that begins with **i**.

| | |
|---|---|
| **Mi** chiede informazioni. | He asks *me* for information. |
| **M'**offre un gelato. | He offers *me* an ice cream. |
| **Ti** manda una lettera. | She sends *you* a letter. |
| **T'**offre un cappuccino. | She offers *you* a cappuccino. |
| **Ci** offrono un gelato. | They offer *us* an ice cream. |
| **C'**insegnano l'italiano. | They teach *us* Italian. |
| **Vi** dicono la verità. | They are telling *you* the truth. |
| **V'**insegnano il tedesco. | They teach *you* German. |

4. Like the direct-object pronouns, indirect-object pronouns generally precede a conjugated verb form. In double-verb constructions with modals, the indirect-object pronoun may precede the conjugated verb form or follow and be attached to a dependent infinitive, in which case the final **e** of the infinitive is dropped.

| | |
|---|---|
| Giorgio **m'**ha risposto. | Giorgio answered *me*. |
| Sua madre non **gli** dice niente. | His mother doesn't say anything *to him*. |
| **Ti** posso offrire un caffè? | |
| Posso offrir**ti** un caffè? | May I offer *you* a cup of coffee? |

5. The pronoun **loro** always follows the verb. It is never attached to a dependent infinitive.

| | |
|---|---|
| Parlo **loro** della gita. | I speak *to them* about the trip. |
| Signorine, posso offrire **loro** un aperitivo? | Ladies, may I offer *you* an aperitif? |

*Note:* Today in Italy in conversation the pronoun **gli** is being used more and more to replace **loro** as the indirect-object pronoun meaning *to (for) them, to (for) you.*

6. In the present perfect tense, the past participle does not agree with preceding indirect-object pronouns, as it does in the case of direct-object pronouns.

| | |
|---|---|
| — Hai telefonato a Mariella? | — Did you telephone (to) Mariella? |
| — Sì, **le** ho **telefonato**. | — Yes, I telephoned *(to) her.* |
| — Hanno mostrato i quadri a Filippo? | — Did they show the paintings to Filippo? |
| — No, non **gli** hanno **mostrato** i quadri. | — No, they didn't show *him* the paintings. |

**7.** The following common verbs require indirect-object pronouns to indicate *to whom* or *for whom* something is done, said, etc. You know most of these verbs already.

| | | |
|---|---|---|
| **chiedere** | *to ask for* | Gli **chiederò** informazioni. |
| **consigliare** | *to advise* | Non le **consiglio** questo libro. |
| **dare** | *to give* | M'**ha dato** un disco per il mio compleanno. |
| **dire** | *to say, to tell* | Ci **ha detto** come si chiama. |
| **dispiacere** | *to be sorry* | Mi **dispiace**. |
| | *to mind* | Ti **dispiace** portarmi il libro? |
| **domandare** | *to ask* | Gli **domandiamo** dove abita. |
| **insegnare** | *to teach* | Chi vi **ha insegnato** l'italiano? |
| **mandare** | *to send* | Ieri gli **abbiamo mandato** una lettera. |
| **mostrare** | *to show* | Le **ha mostrato** il suo nuovo orologio. |
| **offrire** | *to offer* | Che cosa t'**ha offerto** Marilena? |
| **prestare** | *to lend* | Luigi m'**ha prestato** duemila lire. |
| **rispondere** | *to answer, to respond* | Non le **ha** ancora **risposto**? |
| **scrivere** | *to write* | Gianna non mi **scrive** mai. |
| **spedire** | *to send* | Perché non gli **hai spedito** la lettera? |
| **spiegare** | *to explain* | Gli **ho spiegato** la lezione. |
| **telefonare** | *to telephone* | Le **telefonerò** domani, signora. |

**A.** Chiedere ad un altro studente/un'altra studentessa se scrive spesso, di rado o mai alle persone indicate.

▶ a tuo cugino    S1: *Scrivi spesso (di rado, mai) a tuo cugino?*
                         S2: *Gli scrivo [spesso].*

1. ai tuoi amici
2. a tuo zio Enrico
3. alle tue amiche
4. al tuo professore d'italiano
5. alle tue cugine
6. al tuo dottore
7. a tuo padre
8. a tua cognata

**B.** Il padre di Graziella cerca informazioni sugli Stati Uniti. Si mette in contatto con le seguenti persone che recentemente hanno visitato l'America e chiede loro informazioni.

▶ il dottor Baldelli / la politica    *Gli chiede informazioni sulla politica.*

1. la zia / gli alberghi
2. la signora Benedetti / la città di Boston
3. il professore d'inglese / le università
4. io / il clima
5. tu / gli sport
6. noi / la moda
7. voi / i mezzi di trasporto
8. due amici di Mario / gli alimentari

**C.** Sandra è molto gentile con i suoi parenti e amici. Formare frasi complete, usando le parole indicate.

▶ mandare un libro d'arte / a Marco    *Gli manda un libro d'arte.*

1. scrivere lunghe lettere / ai nonni
2. offrire il caffè / al signor Dini
3. prestare lo specchio / a Giulietta
4. fare sempre attenzione / a suo suocero
5. consigliare di mangiare poco / a Graziella
6. insegnare a guidare / a suo figlio
7. dare un passaggio tutti i giorni / a sua madre
8. telefonare ogni giorno / al suo ragazzo
9. spiegare le lezioni / alle studentesse
10. mostrare le foto / a suo cognato

**D.** Dica quello che lei fa o ha fatto per i suoi parenti e amici. Usi le espressioni indicate ed i pronomi complemento indiretto nelle risposte.

▶ per suo padre: pulire la macchina    *Gli pulisco (Gli ho pulito) la macchina.*

1. per sua moglie: dare un passaggio
2. per suo fratello: insegnare a sciare
3. per la sua sorellina: lavare la faccia
4. per sua cugina: prestare i miei dischi
5. per i suoi suoceri: telefonare spesso
6. per i suoi zii: scrivere ogni tanto
7. per la sua amica: mandare un bel libro
8. per il suo amico: dare un disco per il suo compleanno

**E.**  Completare le seguenti frasi con un pronome complemento indiretto appropriato.

1. Ieri io e Paolo siamo andati al Museo delle Belle Arti. Paolo _____ ha mostrato alcune statue antiche.
2. Antonella va a sciare a Campo Imperatore. La sua amica Elena _____ presta il paio di sci che ha comprato recentemente.
3. Il mio amico Carlo non ha molti soldi. Questa mattina io _____ ho dato diecimila lire.
4. Mio fratello vuole diventare dentista. Mio padre invece _____ consiglia di diventare avvocato.
5. La signora Dini telefonerà ai suoi genitori e chiederà _____ l'indirizzo dello zio Michele.
6. Il nostro professore d'italiano è bravo e _____ insegna bene l'italiano.
7. Domenica è il compleanno di Stefano. Pensiamo di spedir _____ una cartolina.
8. Se voi andate in Italia, i miei zii, che abitano a Milano, _____ mostreranno la città.

## II. *Costruzione con* piacere

**Mi piace** l'aragosta.

1. The irregular verb **piacere** is used in constructions with indirect-object pronouns that are equivalent to English *to like, to be pleasing to*. **Piace** is followed by a singular noun, **piacciono** is followed by a plural noun.

| | |
|---|---|
| **Mi piace** quella macchina. | I like that car. (That car *is pleasing to me*.) |
| Non **mi piace** quell'albergo. | I don't like that hotel. (That hotel *is* not *pleasing to me*.) |
| **Mi piacciono** i dischi americani. | I like American records. (American records *are pleasing to me*.) |
| Non **ci piacciono** le canzoni italiane. | We don't like Italian songs. (Italian songs *are* not *pleasing to us*.) |

*Note:* In Italian the sentence structure is indirect object, verb, subject. In English it is subject, verb, direct object.

2. When **piacere** is followed by an infinitive, the singular form is used since the infinitive is the subject of the sentence.

| | |
|---|---|
| **Ci piace andare** in montagna. | *We like to go* to the mountains. |
| **Mi piaceva nuotare** con gli amici. | *I used to like to go swimming* with my friends. |

3. When the indirect object is a noun or a disjunctive pronoun, the preposition **a** is used.

| | |
|---|---|
| **A Massimo** piace guidare velocemente. | Massimo likes to drive fast. |
| **A te** piace sciare. | You like skiing. |

4. In the present perfect, **piacere** is conjugated with **essere**. The past participle agrees with the subject.

| | |
|---|---|
| Ti **è piaciuto** quel **libro**? | Did you like that book? |
| Mi **è piaciuta** la tua **festa**. | I liked your party. |
| Gli **sono piaciuti** i miei **quadri**. | He liked my paintings. |

**F.** Dica quello che le piace e quello che non le piace. Usi *piace* o *piacciono* nelle risposte.

▶ il formaggio  *Non mi piace il formaggio.*
▶ le olive  *Mi piacciono le olive.*

1. le patate
2. il tè freddo
3. gli spaghetti
4. l'acqua minerale
5. le mele
6. gli spinaci
7. l'uva
8. il cappuccino
9. le pere
10. i fagiolini

**G.** Dire che a Maria piacciono le prime cinque cose indicate ma non le piacciono le altre.

> ▶ il pompelmo  *A Maria piace il pompelmo.*
> ▶ i broccoli  *A Maria non piacciono i broccoli.*

1. il pompelmo
2. le pesche
3. i ravioli
4. il caffè
5. il gelato
6. i broccoli
7. la frutta
8. l'ananas
9. i funghi
10. i fagiolini

**H.** Dire cosa piace fare alle seguenti persone.

> ▶ Marisa: ascoltare i dischi  *A Marisa piace ascoltare i dischi.*
> o ascoltare la radio

1. Paolo: fare una passeggiata o fare una gita
2. i miei fratelli: andare a sciare o giocare a tennis
3. mia zia: ballare o cantare
4. lui: uscire la sera o uscire il pomeriggio
5. voi: telefonare agli amici o telefonare alle amiche
6. loro: guidare velocemente o guidare lentamente
7. lei: fare la spesa ogni giorno o fare la spesa ogni settimana
8. Tina e Giulio: viaggiare in macchina o viaggiare in aereo

**I.** Giovanni ha dodici anni ed ha passato due settimane con il suo amico Piero. Dire quali cose gli sono piaciute molto e quali non gli sono piaciute granché mentre era con Piero.

> ▶ guardare la televisione fino alle dieci  *Gli è piaciuto molto.*
> ▶ il Museo delle Belle Arti  *Non gli è piaciuto granché.*

1. alzarsi alle sette di mattina
2. lavarsi i denti tre volte al giorno
3. andare al cinema il sabato pomeriggio
4. lavarsi i capelli ogni giorno
5. mangiare spesso gli spinaci
6. sciare con Piero ed i suoi cugini
7. giocare con il computer
8. mangiare in un ristorante italiano
9. dormire nel pomeriggio
10. giocare con la sorellina di Piero

## III. *Futuro semplice*

Cristoforo Colombo dalla Maga Zurlina.

**Incontrerai** una buona regina, **farai** un lungo viaggio, **scoprirai** un nuovo mondo, **avrai** molte avventure ...

1. In Italian, as in English, the future tense **(il futuro semplice)** is used to express future actions or intentions. Compare the future-tense forms in the Italian and English sentences below. In Italian, the future tense consists of a single verb form; in English, it consists of the auxiliary *shall* or *will* and the basic verb.

| | |
|---|---|
| **Comprerò** un nuovo paio di sci. | *I'll buy* a new pair of skis. |
| **Stabiliremo** l'ora della partenza. | *We'll establish* the hour of departure. |
| **Partiranno** abbastanza presto. | *They'll leave* quite early. |

2. Here are the future-tense forms of a regular **-are, -ere,** and **-ire** verb. Note that the endings are identical for all three verbs, and that the stem consists of the infinitive minus the final **-e**. In **-are** verbs, the **a** of the infinitive ending changes to **e**.

| | comprare | discutere | partire |
|---|---|---|---|
| io | comprer**ò** | discuter**ò** | partir**ò** |
| tu | comprer**ai** | discuter**ai** | partir**ai** |
| lui/lei | comprer**à** | discuter**à** | partir**à** |
| noi | comprer**emo** | discuter**emo** | partir**emo** |
| voi | comprer**ete** | discuter**ete** | partir**ete** |
| loro | comprer**anno** | discuter**anno** | partir**anno** |

3. Verbs ending in **-care** and **-gare** add an **h** to the future tense stem to retain the /k/ and /g/ sound in the infinitive ending.

| | |
|---|---|
| **cercare: cercher-** | **pagare: pagher-** |
| Io **cercherò** il libro. | Io **pagherò** il conto. |
| Noi **cercheremo** il giornale. | Noi **pagheremo** la rivista. |

**4.** Reflexive verbs follow the same pattern as regular verbs in the future.

> **Mi alzerò** alle otto.    *I'll get up* at eight o'clock.
> **Ci vestiremo** fra poco.    *We'll get dressed* in a little while.

**5.** Remember that in Italian, when the action is about to take place or will take place in the near future, the present tense is often used.

> Ti **telefono** domani sera.    *I'll call* you tomorrow night.

**J.** Chiedere ad un altro studente/un'altra studentessa se farà le seguenti cose durante le prossime vacanze. Le risposte possono essere affermative o negative.

> ▶ partire per l'Italia    S1: *Partirai per l'Italia?*
> S2: *Sì, partirò per l'Italia.*
> *No, non partirò per l'Italia.*

1. telefonare a Giorgio
2. passare un fine-settimana in montagna
3. spendere molti soldi
4. divertirsi molto
5. uscire con gli amici
6. leggere molti libri
7. alzarsi tardi
8. andare a sciare sulle Alpi

**K.** Queste persone hanno perso varie cose, ma non hanno il tempo di cercarle oggi. Dire che le cercheranno domani.

> ▶ Ho perso i guanti, ...    *ma li cercherò domani.*

1. Hai perso l'orologio, ...
2. Ha perso lo zaino, ...
3. Abbiamo perso le penne, ...
4. Avete perso gli sci, ...
5. Hanno perso i libri, ...
6. Ho perso il disco di Marco, ...

**L.** Rispondere alle seguenti domande, usando il futuro dei verbi indicati ed un'espressione di tempo appropriata.

> ▶ Hai spedito il questionario?    *No. Lo spedirò* [questo pomeriggio].

1. Hai chiamato il nonno?
2. Hai comprato la gonna rossa?
3. Hai letto il giornale?
4. Hai trovato quel quadro?
5. Hai visto Maria?
6. Hai pagato il meccanico?
7. Hai finito i compiti?
8. Hai scritto le cartoline?
9. Hai studiato la storia?
10. Hai fatto l'appuntamento con il medico?

**M.** Luisa non capisce molto bene quello che dice Luigi e gli chiede di ripeterlo. Assumere il ruolo di Luisa o di Luigi.

▶ Luigi: Ti chiamo domani sera.　　Luisa: *Che hai detto?*
　　　　　　　　　　　　　　　　　　　Luigi: *Ho detto che ti chiamerò domani sera.*

1. Compro i biglietti dopodomani.
2. Ti aspetto dopo la lezione domani.
3. Parto per Milano giovedì sera.
4. Torno più tardi.
5. Scrivo a Pietro domani mattina.
6. Leggo questa rivista stasera.

## IV. Verbi irregolari nel futuro

**Faremo** la nostra luna di miele... sulla luna!

The following nine verbs have irregular future stems. The endings are identical to those shown in the chart on page 262.

| Infinitive | Future stem | Future tense |
|---|---|---|
| **andare** | **andr-** | andrò, andrai, ecc. |
| **avere** | **avr-** | avrò, avrai, ecc. |
| **bere** | **berr-** | berrò, berrai, ecc. |
| **cadere** *(to fall)* | **cadr-** | cadrò, cadrai, ecc. |
| **dare** | **dar-** | darò, darai, ecc. |
| **essere** | **sar-** | sarò, sarai, ecc. |
| **fare** | **far-** | farò, farai, ecc. |
| **vedere** | **vedr-** | vedrò, vedrai, ecc. |
| **venire** | **verr-** | verrò, verrai, ecc. |

**N.** Completare le seguenti frasi, usando il futuro dei verbi indicati fra parentesi.

▶ (noi: dare) Domani _____ i          *Domani daremo i dischi ai*
    dischi ai nostri amici.             *nostri amici.*

1. (dare) Che cosa ti _____ tua zia per il tuo compleanno?
2. (andare) I miei genitori _____ a Palermo domenica prossima.
3. (tu: andare) Dove _____ questo fine-settimana?
4. (venire) Chi _____ al centro con noi venerdì?
5. (lei: venire) A che ora _____ a casa domani sera?
6. (vedere) I signori Montini _____ i miei genitori giovedì.
7. (voi: vedere) Che cosa _____ al Teatro Eliseo questa sera?
8. (avere) Gianna _____ voglia di andare a sciare l'inverno prossimo.
9. (io: avere) _____ venticinque anni l'autunno prossimo.
10. (essere) Quante persone ci _____ allo stadio domenica?
11. (io: dare) _____ i miei sci a Luigi.
12. (fare) Domani noi _____ una gita.

**O.** Le seguenti persone non sono ancora arrivate, ma saranno qui più tardi. Completare ciascuna frase, usando la forma appropriata del verbo *essere* ed un'espressione di tempo.

▶ Gina non è ancora arrivata, ...    *ma sarà qui alle tre.*

1. Michele e Riccardo non sono ancora arrivati, ...
2. Mio fratello non è ancora arrivato, ...
3. Mia sorella non è ancora arrivata, ...
4. Le mie amiche non sono ancora arrivate, ...
5. I signori Baldini non sono ancora arrivati, ...
6. Le vostre cugine non sono ancora arrivate, ...

**P.** Rispondere al negativo usando la forma appropriata del verbo *andare* ed un'espressione di tempo differente da quella già indicata nelle domande.

▶ Giorgio va a Firenze a settembre?    *No, andrà a Firenze [ad*
                                        *ottobre].*

1. Vai al liceo questo pomeriggio?
2. Laura va a vedere un film di Fellini stasera?
3. Andate allo stadio domenica prossima?
4. Vanno a sciare il prossimo inverno?
5. I tuoi genitori vanno a teatro dopodomani?
6. La signorina Calieri va in montagna a giugno?

**Q.** Completare il seguente brano usando la forma appropriata del futuro dei verbi della lista in basso. Attenzione! Alcuni verbi sono regolari, altri irregolari nel futuro.

fare      essere      trasportare
andare     rendere     avere

**L'anno Duemila**

Ieri Giuseppe ha letto sul giornale un articolo sulla vita dell'uomo nell'anno Duemila. L'articolo diceva che gli scienziati ____ scoperte meravigliose nel campo dell'energia, delle comunicazioni e della medicina. Gli uomini ____ una vita meno complicata. La gente ____ da un continente all'altro in pochi minuti. Enormi navi spaziali *(space ships)* ____ uomini e materiali dalla terra a giganteshe stazioni costruite nello spazio. Fantasiosi veicoli ____ possibili viaggi interplanetari. In conclusione, la vita dell'uomo nel Duemila ____ senz'altro avventurosa e più interessante.

## V. *Futuro dopo* quando, appena *e* se

— **Quando** mi **restituirai** i soldi?
— **Appena vincerò** al totocalcio.

The future tense is used after **quando, appena,** and **se** when the action of the main verb takes place in the future. In English, the present tense is used after *when, as soon as,* and *if* in parallel situations.

| | |
|---|---|
| **Quando andremo** a Napoli, staremo all'Albergo Sole. | *When we go* to Naples, we'll stay at the Albergo Sole. |
| Le telefonerò **appena arriverò** a casa. | I'll call her *as soon as I arrive* home. |
| **Se tu porterai** i tuoi sci, io porterò i miei. | *If you take* your skis, I'll take mine. |

**R.** Alcuni amici pensano di passare le vacanze di Pasqua *(Easter)* in Italia. Dire quale città visiteranno appena arriveranno in Italia.

▶ Lucia: Palermo     *Appena arriverà in Italia, Lucia visiterà Palermo.*

1. Carlo: Brindisi
2. Silvia: Torino
3. Federico e Pietro: Messina
4. voi: Trieste
5. io: Pisa
6. noi: Milano

**S.** Dica a Paolo che se lui farà le seguenti cose, le farà anche lei.

▶ partire domani     *Se partirai domani, partirò anch'io.*

1. alzarsi presto
2. bere un aperitivo
3. spedire il questionario
4. mettersi la giacca
5. mangiare un panino
6. prendere il gelato
7. scrivere ad Antonio

**T.** Dire quello che succederà, usando la forma appropriata del futuro dei verbi indicati.

▶ Quando vado a Siena, incontro mia cugina.     *Quando andrò a Siena, incontrerò mia cugina.*

1. Quando ho tempo, scrivo a Gabriella.
2. Quando mando una cartolina allo zio, mi ringrazia.
3. Quando esco con gli amici, mi diverto.
4. Quando viene il cameriere, paghiamo il conto.
5. Quando sono a casa, ascoltano la radio.
6. Quando finiamo le vacanze, torniamo a scuola.
7. Quando vado a Campo Imperatore, scio con Anna.

---

**A lei la parola**

1. Inquire as to whether your teacher liked the record you loaned him/her.
2. State that you'll go to Italy as soon as you have enough money.
3. Find out if your friend hurt his/her hand while he/she was playing tennis.
4. You're going to visit some friends next week. Promise that you'll phone them when you arrive at the station.
5. State emphatically that you like apples and pears, but you don't like grapes.

# Attualità

## *Conosce Napoli?*

Napoli si estende ad anfiteatro° sul pendio di colline° che degradano° verso il mare. Situata in uno scenario di una bellezza incomparabile, Napoli è stata cantata spesso da poeti e scrittori, come Petrarca, Tasso, Cervantes, Goethe e Byron. Un antico detto popolare "Vedi Napoli e ... poi muori", suggerisce che non può esserci al mondo niente di più bello ed incantevole di Napoli e dintorni°.

like an amphitheater / on the hillsides / gradually descend

outskirts

*Veduta panoramica di Napoli*

## *Il totocalcio*

In Italia è molto diffuso il totocalcio, un gioco° settimanale di pronostici° basato sulle partite di calcio. Al totocalcio si gioca mediante una schedina° che elenca° gli incontri di calcio della settimana. Per vincere, è necessario indovinare° tutti i risultati delle tredici partite°. I simboli da usare sono 1 per indicare la vittoria della squadra° che gioca in casa; 2 per indicare la vittoria della squadra ospite°, ed X, per indicare il pareggio°.

    Il montepremi°, che viene diviso tra i vincitori, rappresenta solo il 45% della somma pagata dalla gente che gioca le schedine. Il 55% va allo Stato italiano come tassa°, ed al CONI (Comitato olimpico nazionale italiano), che è l'ente responsabile di tutta l'attività sportiva italiana.

game
forecast
ticket / lists
guess
games
team
guest / tie
jackpot

tax

## Tanto per sapere

Durante i secoli scorsi la tradizione popolare ha dato ad alcune città
italiane un titolo qualificativo particolare, basandosi° su una                    based
caratteristica storica, politica e culturale della città stessa°. Per              itself
esempio, Padova, importante centro di studi fin dal Medioevo, è
conosciuta con l'attributo di "dotta"°: Padova la dotta.                            learned
     Quello che segue è un elenco di alcune città con il loro particolare
attributo.

| | |
|---|---|
| Milano la grande, | Firenze la bella, |
| Venezia la ricca, | Padova la dotta, |
| Genova la superba, | Ravenna l'antica, |
| Bologna la grassa, | Roma la santa. |

## Il campanilismo

La parola "campanilismo" deriva dalla parola campanile° e sta ad                   bell tower
indicare l'attaccamento esclusivo e fanatico alla tradizione ed agli usi
della propria° città. Simbolo del paese nativo, il campanilismo risale° al         one's own / dates back
periodo storico in cui ogni villaggio e città usava combattere° contro             fight
quello vicino per conquistare il potere° su una determinata regione.               power
Terminate le battaglie militari, il campanilismo si è esteso alle sfide°            challenges
sportive, alle manifestazioni popolari ed alle competizioni che
periodicamente venivano organizzate° tra gli abitanti di città vicine.             were organized
     Oggi il campanilismo è molto evidente specialmente in occasione
di incontri di calcio° tra squadre appartenenti° a città diverse. Gruppi           soccer matches / belonging
sempre più numerosi di tifosi° accompagnano la squadra del cuore°                  fans / heart
portando da una città all'altra il folclore e la passione del paese nativo.

**Quanto ricorda?**
1. Il campanilismo rappresenta ...
   a. la chiesa della città
   b. il folclore tradizionale
   c. l'attaccamento alla propria città o paese
2. L'attributo qualificativo di Firenze è ...
   a. la bella    b. la grassa    c. la santa
3. Il totocalcio è un gioco basato sulle ...
   a. competizioni    b. partite di calcio    c. sfide sportive
4. La città di Napoli è ...
   a. a nord di Roma    b. in Sicilia    c. a sud di Roma
5. Il porto più importante del sud dell'Italia è ...
   a. Genova    b. Napoli    c. Trieste

# LEZIONE 12ª

## Che partita è in programma?

*Due giocatori durante una partita importante di calcio*

È il venti aprile. Pietro Rossi e Daniela Paolini sono seduti su una panchina in un giardino pubblico di Roma e fanno programmi per domenica prossima.

|  |  |  |
|---|---|---|
| **Pietro** | Daniela, vuoi venire allo stadio con me domenica prossima a vedere la partita di calcio? | |
| **Daniela** | Dipende. Che partita è in programma?° | Which teams are playing? |
| **Pietro** | Roma-Napoli, e come al solito sarà un incontro spettacolare. | |
| **Daniela** | Viene anche Luciano alla partita? | |
| **Pietro** | Non lo so, ma posso chiederglielo stasera. Perché? | |
| **Daniela** | Se Luciano viene con noi, gli dovrò pagare il biglietto anche questa volta. | |
| **Pietro** | Davvero? E perché? | |
| **Daniela** | Non porta mai una lira in tasca. Promette sempre di ripagarmi ma non lo fa mai. A che ora dobbiamo andare allo stadio? | |
| **Pietro** | Probabilmente verso l'una perché i posti non sono riservati. Secondo i giornali, è prevista la vendita totale dei biglietti e ci saranno quasi centomila persone. | |
| **Daniela** | Allora dobbiamo affrettarci ad acquistare i biglietti! | |
| **Pietro** | Appunto.° Se vuoi li posso comprare io oggi pomeriggio. C'è un rivenditore vicino a casa mia. | Right. |
| **Daniela** | Va bene. Però adesso non ho il denaro con me. | |
| **Pietro** | Eh, no, non farai mica come Luciano che non porta mai una lira in tasca. | |
| **Daniela** | Non ti preoccupare. Ti darò i soldi domenica, te lo prometto. | |
| **Pietro** | D'accordo. Ma se viene Luciano, chi gli paga il biglietto? | |
| **Daniela** | Ti dispiace se glielo paghiamo metà per uno°? | if we each pay half |
| **Pietro** | No. Così avrà a che fare con tutti e due° se non paga il debito al più presto. | he'll have to deal with the two of us |

Line numbers: 5, 10, 15, 20, 25, 30

**Domande generali**

1. Dove sono Pietro e Daniela? Cosa fanno?
2. Dove pensano di andare domenica prossima i due amici? Che partita è in programma?
3. Perché Daniela vuole sapere se viene anche Luciano?
4. A che ora devono andare allo stadio? Perché?
5. Che cosa dicono i giornali?
6. Dov'è il rivenditore di biglietti?
7. Che cosa promette Daniela a Pietro?
8. Chi pagherà il biglietto di Luciano?

**Domande personali**

1. Lei che programmi ha per il fine-settimana?
2. Cosa fa di solito il sabato e la domenica?
3. Ci sono partite di calcio in questa città?
4. Preferisce vedere un incontro di calcio, di tennis o di hockey?
5. Porta sempre abbastanza soldi in tasca?
6. Ha mai pagato un biglietto per un incontro sportivo ad un amico/un'amica?

**Modificazioni**

1. — Vuoi **venire allo stadio** con me?     — **Mi dispiace, ma non posso.**
    giocare a tennis                             Forse più tardi.
    vedere una partita di hockey       Sì, volentieri.
    andare alla partita di calcio        Preferisco andare a sciare.

2. — Quanto costerà **un biglietto**?        — **Non costerà molto.**
    un cappuccino                         Forse mille lire.
    un paio di scarpe                  Non lo so.
    una borsa di pelle                Un bel po' di denaro.

**Vocabolario**

Parole analoghe

**probabilmente**     **spettacolare**     **totale**
**riservato/a**         **sportivo/a**

Nomi

**il calcio**   soccer
**il debito**   debt
**il denaro**   money
**il giardino pubblico**   public gardens, park
**l'incontro**   match
**la panchina**   (park) bench

**la partita**   game
**il posto**   seat
**la tasca** pocket; **in tasca**   in his/her pocket
**la vendita**   sale

Verbi

**acquistare**   to purchase, buy
**affrettarsi**   to hurry
**prevedere (previsto)**   to expect
**promettere**   to promise
**ripagare**   to pay back

Altre parole ed espressioni

**così**   that way
**dipende**   that depends

**al più presto**   as soon as possible
**come al solito**   as usual
**fare programmi**   to make plans
**ti dispiace se ...?**   do you mind
          if . . . ?

**Pratica**

**A.**   Lorenzo ha intenzione di andare alla partita di calcio con la sua amica Lucia. Non ha potuto ancora comprare i biglietti e quindi chiede a suo padre di comprarglieli. Preparare un dialogo di sei righe fra Lorenzo e suo padre.

**B.**   Immagini di avere due biglietti per la partita di calcio di domenica prossima. Purtroppo altri impegni non le permettono di andare, quindi lei telefona ad un amico/un'amica, e gli/le offre i biglietti e spiega il motivo per cui non può andare.

## NOTA CULTURALE

### Gli sport in Italia

In Italia parlare di sport significa discutere di pallone e del gioco del calcio. Il calcio è il passatempo nazionale per nove mesi dell'anno, da settembre a giugno. Durante questo periodo molti italiani passano la domenica pomeriggio allo stadio o davanti al televisore a vedere la partita ed a fare il tifo[1] per la propria squadra[2]. Il calcio è stato da sempre uno sport per soli uomini, ma oggi molte donne seguono con interesse questo sport e vanno spesso allo stadio. Addirittura di recente[3] si sono formate squadre di calcio femminili, che a livello semiprofessionale ricevono già notevole attenzione da parte del pubblico.

Il secondo sport più popolare è il ciclismo. Specialmente i giovani praticano questo sport con passione durante i mesi più caldi dell'anno, fra maggio e settembre. Ma è il Giro d'Italia[4] che ogni anno attrae[5] l'interesse della stampa nazionale ed internazionale. Questa corsa[6], a cui partecipano anche molti ciclisti stranieri, inizia alla metà di maggio e dura circa venti giorni. Facendo tappa[7] ogni anno in differenti città italiane, il Giro attraversa tutta la penisola e porta[8] con sé un'atmosfera di festa e di gioventù.

*Una corsa lungo la via dei Fori Imperiali a Roma*

1. to root   2. team   3. Quite recently   4. Tour of Italy
5. attracts   6. race   7. stop   8. brings along

## Pronuncia
### I suoni /**ts**/ e /**dz**/

The sound /**ts**/ is voiceless; the sound /**dz**/ is voiced. Both sounds are represented in writing by **z** or **zz**.

**A.** Ascoltare l'insegnante e ripetere le seguenti parole.

| /ts/ = **z** | /ts/ = **zz** | /dz/ = **z** | /dz/ = **zz** |
|---|---|---|---|
| **z**io | pia**zz**a | **z**ero | a**zz**urro |
| cal**z**e | belle**zz**a | **z**aino | me**zz**o |

**B.** Leggere ad alta voce le seguenti frasi e fare attenzione alla pronuncia delle lettere *z* e *zz*.

1. Lo zio fa colazione con la zia.
2. Le calze sono azzurre.
3. A mezzogiorno molta gente va in piazza.
4. Una tazza di caffè, grazie.

**C.** **Proverbi**  Leggere ad alta voce i seguenti proverbi e poi dettarli ad un altro studente o ad un'altra studentessa.

**L'ozio è il padre dei vizi.**
  Laziness is the root of all evil.
**Dal dire al fare c'è di mezzo il mare.**
  Easier said than done.

# Ampliamento del vocabolario

## I. Gli sport

sciare        pattinare        nuotare        andare in barca

giocare a        giocare a        giocare al calcio        andare a
tennis        pallacanestro        (al pallone)        cavallo

Espressioni utili per gli sport

**l'alpinismo**  mountain climbing
**il calcio (il pallone)**  soccer
**il ciclismo**  bicycle racing
**l'equitazione** (*f.*)  horseback riding
**il nuoto**  swimming
**la pallacanestro**  basketball
**la pallavolo**  volleyball
**il pattinaggio**  skating
**lo sci**  skiing
**la vela**  sailing

Espressioni con verbi

fare l'alpinismo
giocare al calcio (pallone)
andare in bicicletta
andare a cavallo
nuotare (nel lago, nel mare, in piscina)
giocare a pallacanestro
giocare a pallavolo
andare a pattinare
andare a sciare
andare in barca

Altre espressioni utili per gli sport

**l'arbitro**  referee
**il campione/la campionessa**
    champion
**il campo da gioco**  playing field
**il campo da tennis**  tennis court
**la gara**  match, competition
**il giocatore/la giocatrice**  player
**la palestra**  gymnasium

**la partita**  game
**la piscina**  swimming pool
**la squadra**  team

**fare dello sport**  to engage in sports
**praticare uno sport**  to practice a
    sport

**A.**  Rispondere alle seguenti domande personali.

1. Lei fa dello sport? Che sport pratica?
2. In quale stagione va a sciare? a nuotare? a pattinare?
3. Preferisce giocare a pallacanestro o al pallone?
4. Va a nuotare al lago, al mare o in piscina?
5. Gioca spesso a pallavolo? a tennis? Dove gioca?
6. Con chi gioca a tennis? Gioca tutte le settimane?
7. È mai andato/a in barca? Dove? Quando?
8. Quando era bambino/a, andava a cavallo? Che sport praticava?
9. È campione/campionessa di nuoto? di tennis?
10. Litigano qualche volta fra di loro i giocatori delle squadre di calcio? Le piace quando litigano fra di loro o con l'arbitro?

**B.**  Dica in quale stagione o in quali mesi i suoi amici praticano ciascuno degli sport indicati sopra.

**C.**  Scrivere un brano di dieci righe su uno dei disegni a pagina 275. Spiegare come si chiama il giovane o la giovane, quanti anni ha, dove abita, se va al liceo o all'università, che sport pratica, ecc....

## II. Parole analoghe: Nomi che finiscono con -ma

Nouns of Greek origin that end in **-ma** are masculine. The final **a** changes to **i** in the plural. Most nouns ending in **-ma** have easily recognizable English cognates.

| Singular | Plural | Singular | Plural |
|---|---|---|---|
| il clima | i climi | il programma | i programmi |
| il dramma | i drammi | il sistema | i sistemi |
| il panorama | i panorami | il telegramma | i telegrammi |
| il poema | i poemi | il tema | i temi |
| il problema | i problemi | il teorema | i teoremi |

**D.** Completare le seguenti frasi in maniera logica, usando le parole riportate sopra.

1. Conosci i tre _____ di Pitagora?
2. Abbiamo fatto bei _____ per il prossimo fine-settimana.
3. Avete mai letto un _____ epico?
4. Com'è il _____ in Italia durante l'estate?
5. Non ho ancora visto quel _____ alla televisione.

# Struttura ed uso

## I. Futuro, imperfetto e passato prossimo dei verbi modali

Non **volevo** finirla tutta,
ma non **ho potuto** resistere.

**1.** You are already familiar with the present-tense forms of the modal verbs **dovere, potere,** and **volere** (see *Lezione 8ª*). The following chart shows the future, imperfect, and present perfect forms of these three modals. Note that **dovere, potere,** and **volere** have irregular future stems.

| | **dovere**  to have to, must | **potere**  to be able, can | **volere**  to want, wish |
|---|---|---|---|
| *Future* | dovrò | potrò | vorrò |
| | dovrai | potrai | vorrai |
| | dovrà | potrà | vorrà |
| | dovremo | potremo | vorremo |
| | dovrete | potrete | vorrete |
| | dovranno | potranno | vorranno |
| *Imperfect* | dovevo | potevo | volevo |
| | dovevi | potevi | volevi |
| | *ecc.* | *ecc.* | *ecc.* |
| *Present perfect* | ho (sono) dovuto | ho (sono) potuto | ho (sono) voluto |
| | hai (sei) dovuto | hai (sei) potuto | hai (sei) voluto |
| | *ecc.* | *ecc.* | *ecc.* |

**2.** In the present perfect the modals may be conjugated with either **avere** or **essere,** depending on the infinitive that follows. If the infinitive is a transitive verb (takes a direct object), it is conjugated with **avere.** If the infinitive expresses movement and is not transitive, it is conjugated with **essere.** When the modal is used in a response where the infinitive is understood, **avere** is used as the auxiliary verb.

*Modals conjugated with* **avere:**

**Maria ha dovuto finire** i compiti.  *Maria had to finish the homework.*
**Abbiamo potuto prestare** i soldi a Carlo.  *We were able to loan the money to Carlo.*
**Non hanno voluto pagare** il biglietto.  *They didn't want to pay for the ticket.*

*Modals conjugated with* **essere:**

**Laura è dovuta andare** a casa.  *Laura had to go home.*
**Siamo potuti partire** alle dieci.  *We were able to leave at ten.*
**Non sono voluti uscire** con noi.  *They didn't want to go out with us.*

*But:*
— Perché **non sei uscito** con Massimo?  — *Why didn't you go out with Massimo?*
— Perché **non ho potuto.**  — *Because I couldn't.*

**A.** Dire cosa dovranno fare dopodomani le seguenti persone, usando la forma appropriata del futuro di *dovere*.

▶ noi: lavorare    *Dovremo lavorare.*

1. io: comprare i biglietti
2. tu: andare a nuotare
3. lui: mangiare a casa
4. i ragazzi: bere qualcosa
5. noi: pulire la casa
6. lei: trovare la borsa
7. voi: finire i compiti
8. loro: acquistare un computer

**B.** Dire che le seguenti persone non hanno potuto fare certe attività, usando la forma appropriata del passato prossimo di *potere*.

▶ Anna voleva uscire, ...    *ma non ha potuto.*

1. Volevo fare una passeggiata, ...
2. Volevi comprare un paio di sci, ...
3. Voleva andare in barca, ...
4. Le mie sorelle volevano fare colazione, ...
5. Mia cugina voleva ritornare a Pisa, ...
6. Volevate vedere la partita di calcio, ...

**C.** Dire cosa non vorranno fare le seguenti persone. Usare la forma appropriata del futuro di *volere* e aggiungere un'espressione di tempo appropriato.

▶ Piero: andare al cinema    *Piero non vorrà andare al cinema [sabato prossimo].*

1. Liliana: cominciare ad insegnare
2. noi: studiare informatica
3. tu: andare in vacanza al mare
4. Franco: pagare il caffè agli amici
5. voi: diventare campioni di sci
6. Maria e sua sorella: andare a pattinare
7. Mario e Dino: praticare uno sport invernale
8. io: discutere con l'arbitro

**D.** Completare le frasi 1–4 con la forma appropriata del futuro e le frasi 5–9 con la forma appropriata del passato prossimo di *dovere*, *potere* e *volere*.

*Tempo futuro*
1. Domani _____ chiamare la mia fidanzata.
2. Lunedì prossimo tu non _____ dare gli esami perché non hai studiato.

3. A febbraio Marcella _____ partire per la Grecia.
4. Pietro e Daniela non hanno molti soldi. Non _____ pagare il biglietto a Luciano.

*Passato prossimo*

5. La settimana scorsa i miei amici (volere) _____ andare alla partita di calcio. Non (potere) _____ uscire presto di casa. Quindi (dovere) _____ parcheggiare la macchina molto lontano dallo stadio.
6. Ieri sera io (volere) _____ telefonare a Luisa, ma non (potere) _____ parlare con lei perché non era a casa.
7. Il fine-settimana scorso noi (volere) _____ fare una gita in montagna. (dovere) _____ chiamare l'albergo due giorni prima.
8. Due giorni fa Luigi (volere) _____ vedere una partita di pallavolo. (dovere) _____ acquistare il biglietto in anticipo. Luciana non (potere) _____ andare con lui.
9. — Perché non sei andato a casa con tuo fratello?
   — Perché non (volere) _____ .

## II. *Due pronomi complemento*

— Chi t'ha dato quel quadro?
— **Me l'**ha dato mio marito per il nostro anniversario.

1. When both indirect- and direct-object pronouns occur with the same verb, the indirect object precedes the direct object. The following chart shows the possible combinations of indirect- and direct-object pronouns.

| Indirect-object pronouns | + Direct-object pronouns | | | |
|---|---|---|---|---|
| | **+ lo** | **+ la** | **+ li** | **+ le** |
| mi | me lo | me la | me li | me le |
| ti | te lo | te la | te li | te le |
| gli } le | glielo | gliela | glieli | gliele |
| ci | ce lo | ce la | ce li | ce le |
| vi | ve lo | ve la | ve li | ve le |
| loro | lo ... loro | la ... loro | li ... loro | le ... loro |

2. The indirect-object pronouns **mi, ti, ci,** and **vi** become **me, te, ce,** and **ve** before **lo (l'), la (l'),** and **le.**

| | |
|---|---|
| **Mi** chiede un favore. | He asks *me* for a favor. |
| **Me lo** chiede. | He asks *me for it.* |
| **Ti** ha comprato il biglietto. | He bought the ticket *for you.* |
| **Te l'**ha comprato. | He bought *it for you.* |
| **Ci** danno i pacchi. | They give *us* the packages. |
| **Ce li** danno. | They give *them to us.* |
| **Vi** scrivono le lettere. | They write the letters *to you.* |
| **Ve le** scrivono. | They write *them to you.* |

3. The indirect-object pronouns **gli** and **le** become **glie** before **lo (l'), la (l'), li,** and **le.** The combination is written as one word.

| | |
|---|---|
| **Gli** spedirò il questionario. | I'll send the questionnaire *to him.* |
| **Glielo** spedirò. | I'll send *it to him.* |
| **Le** ho comprato il libro. | I bought the book *for her.* |
| **Gliel'**ho comprato. | I bought *it for her.* |

4. The indirect-object pronoun **loro** is never attached to a direct-object pronoun; it always follows the verb.

| | |
|---|---|
| Mando **loro** il pacco. | I send *them* the package. |
| **Lo** mando **loro.** | I send *it to them.* |

*But:*

| | |
|---|---|
| **Glielo** mando. | I send *it to them.* |

5. In double-verb constructions with modals, two object pronouns may either precede the conjugated verb or they may follow and be attached to the infinitive, in which case the final **e** of the infinitive is dropped. **Loro,** however, always follows the infinitive and is never attached to it.

— Vuoi i libri?

— Sì, $\begin{cases} \text{**me li** puoi dare adesso?} \\ \text{puoi dar}\textbf{meli} \text{ adesso?} \end{cases}$

*But:*

— Chi prepara la colazione per i bambini?

— Mamma $\begin{cases} \text{**la** vuole preparare **loro**.} \\ \text{vuole preparar}\textbf{la} \text{ **loro**.} \end{cases}$

— Do you want the books?

— Yes, can you give *them to me* now?

— Who prepares breakfast for the children?

— Mom wants to prepare *it for them*.

6. The reflexive pronouns follow the same pattern shown in the chart on page 281 when they are used in combinations with **mi, ti, ci,** and **vi** + direct-object pronoun. In the third persons singular and plural, the reflexive **si** becomes **se**.

| Reflexive pronouns | + Direct-object pronouns | | | |
|---|---|---|---|---|
| | **+ lo** | **+ la** | **+ li** | **+ le** |
| mi | me lo | me la | me li | me le |
| ti | te lo | te la | te li | te le |
| si *(sg.)* | se lo | se la | se li | se le |
| ci | ce lo | ce la | ce li | ce le |
| vi | ve lo | ve la | ve li | ve le |
| si *(pl.)* | se lo | se la | se li | se le |

| | |
|---|---|
| Mi metto la giacca. | I put on my jacket. |
| **Me la** metto. | I put it on. |
| Ti levi il cappotto. | You take off your coat. |
| **Te lo** levi. | You take it off. |
| Si lava le mani. | He/She washes his/her hands. |
| **Se le** lava. | He/She washes them. |
| Ci asciughiamo la faccia. | We dry our faces. |
| **Ce l'**asciughiamo. | We dry them. |
| Si radono la barba. | They shave their beards. |
| **Se la** radono. | They shave them. |

**E.** Dire che Gianna fa le seguenti cose per le persone indicate, usando i pronomi complemento diretto e indiretto nelle risposte.

▶ Gianna compra il vestito per me.    *Me lo compra.*

1. Presta il motorino a Carlo.
2. Offre la frutta alle invitate.
3. Dà il formaggio a voi.
4. Prepara gli spaghetti per loro.
5. Paga il conto per noi.
6. Dà i quaderni al professore.

**F.** Franco chiede a Mario se fa le seguenti cose. Assumere il ruolo di Mario.

▶  Fai i compiti a tua sorella? (sì)    *Sì, glieli faccio.*

1. Mandi il telegramma a Michele? (sì)
2. Chiedi le informazioni a Laura? (no)
3. Spieghi il teorema a tuo cugino? (sì)
4. Presenti la tua amica a Elena? (no)
5. Spedisci i libri a Giorgio ed a Tina? (sì)
6. Scrivi la lettera alla tua ragazza? (no)
7. Prepari la colazione a Filippo? (sì)
8. Dai il registratore a Roberto? (no)

**G.** Completare la seguente conversazione fra Pietro e Luciano dopo la partita Roma-Napoli, usando due pronomi complemento nelle risposte.

**Pietro**   Ti ha detto Daniela che sono al verde *(broke)*?
**Luciano**  Sì, ...
**Pietro**   Allora, quando mi dai i soldi che ti ho prestato?
**Luciano**  ...
**Pietro**   Non puoi darmeli domani mattina? Ho bisogno di comprare molte cose.
**Luciano**  ...

**H.** Fare le seguenti domande ad un amico/un'amica, usando le espressioni indicate e un pronome complemento diretto o indiretto nelle risposte.

▶  dovere fare le spese oggi   S1: *Devi fare le spese oggi?*
                               S2: *(Sì, devo farle oggi alle undici.)*
                                   *(Sì, le devo fare oggi alle undici.)*
                                   *(No, devo farle sabato.)*
                                   *(No, le devo fare sabato.)*

1. dovere studiare la chimica stasera
2. volere vedere quel film martedì prossimo
3. potere fare colazione più tardi
4. dovere pagare il debito immediatamente
5. potere prestarmi il vestito di seta per andare a ballare
6. volere vedere la partita di tennis domani pomeriggio

**I.** Completare le risposte nelle seguenti conversazioni, usando le forme appropriate dei due pronomi complemento.

1. — Mi puoi comprare i biglietti?
   — Sì, posso _____ .
2. — Vuole spiegare il dramma ai ragazzi?
   — No, non voglio _____ .
3. — Quando gli devi dare i dischi?
   — Devo _____ più tardi.
4. — Potete preparare il caffè per Luigi?
   — Sì, possiamo _____ ora.
5. — Vogliono presentare Elena agli amici?
   — Sì, vogliamo _____ .

**J.** Domandare ad un altro studente/un'altra studentessa se fa queste attività, usando due pronomi complemento nelle risposte.

▶ mettersi l'impermeabile    S1: *Ti metti l'impermeabile?*
                                   S2: *Sì, me lo metto.*
                                       *No, non me lo metto.*

1. farsi la barba ogni mattina
2. mettersi i guanti d'estate
3. comprarsi uno zaino questo pomeriggio
4. prepararsi la colazione alle sette
5. spazzolarsi i capelli spesso
6. lavarsi i denti tutte le sere

## III. *Futuro di congettura o probabilità*

Dove **sará** il mio cappello?

The future tense is sometimes used to express conjecture or probability
in the present.

| | |
|---|---|
| — Che ora è? | — What time is it? |
| — **Saranno** le otto. | — *It's probably (It must be) eight o'clock.* |
| — Chi è alla porta? | — Who is at the door? |
| — **Sarà** Luciano. | — *It's probably (It must be) Luciano.* |
| — Che tempo fa? | — What's the weather like? |
| — **Pioverà.** | — *It's probably raining.* |

**K.** Maria e Luigi hanno invitato alcuni amici a casa loro. Ogni volta che
qualcuno bussa *(knocks)* alla porta, i due ragazzi cercano di indovinare *(to guess)* chi sarà.

▶  (Giorgio bussa.)          Maria: *Sarà Giorgio.*
▶  (Gianni e Anna bussano.)     Luigi: *Saranno Gianni e Anna.*

1. (Il signor Biavati bussa.)
2. (Le signorine Roselli bussano.)
3. (Paolo e sua sorella bussano.)
4. (L'ingegner Cristini bussa.)
5. (La professoressa Boni bussa.)
6. (I nostri cugini bussano.)

**L.** Rispondere alle seguenti domande con una risposta logica, usando il
futuro del verbo per esprimere congettura o probabilità.

1. Che ora è?
2. Quanto costano due biglietti per quel dramma di Pirandello?
3. Dov'è il campo da tennis?
4. Chi è alla porta?
5. Che cosa fanno in casa le sue sorelle?
6. Chi sono quei giovani?
7. Di chi è questa matita?
8. Che tempo fa a Roma oggi?
9. Sua madre cosa guarda alla televisione?
10. Cosa mangia Enrico?

**M.** Formulare cinque domande sulla fotografia a pagina 274, usando il
futuro del verbo per esprimere congettura o probabilità.

**A lei la parola**

1. One of your friends is waiting for the bus. Find out if he/she wants a ride.
2. Your instructor wants to know if someone can lend him/her a book. Say that you can lend it to him/her.
3. When your grandmother wants to know the time, tell her that it is probably two o'clock.
4. Point out that you cannot go horseback riding this weekend because you have to study.
5. When one of your friends tells you that he/she has many beautiful photos of Italy, inquire if he/she can show them to you.

# Comunicare subito!

## In farmacia

If you should feel ill during a trip to Italy, you might want to go to a **farmacia** to get advice from the **farmacista** about how to deal with your illness. The following two dialogues will provide you with some useful phrases and vocabulary.

1. Questa mattina mentre andava in giro per la città, Rossella si è slogata un piede. Ora il piede è gonfio°, e la giovane va in farmacia per sentire cosa le consiglia la farmacista. — swollen

| | |
|---|---|
| **Rossella** | Buon giorno, dottoressa. Ho un piede gonfio. Mi può dire cosa posso fare? |
| **Farmacista** | Mi faccia vedere°. Che cosa le è successo? — Let me see |
| **Rossella** | Mentre camminavo ho messo il piede in una buca e sono caduta°. — I fell |
| **Farmacista** | Mi dispiace, ma io non posso proprio aiutarla. Le consiglio di andare al pronto soccorso° dove le faranno delle radiografie° al piede. — emergency room / X-rays |
| **Rossella** | Sarà molto grave? |
| **Farmacista** | No, non credo. Però c'è un gonfiore notevole°. — considerable swelling |

**2.** Massimo si è svegliato questa mattina con un bel mal di gola. Mentre va all'università entra in farmacia per acquistare delle compresse° per la gola.

<table>
<tr><td></td><td></td><td style="text-align:right">lozenges</td></tr>
<tr><td>**Farmacista**</td><td>Buon giorno. Mi dica°.</td><td style="text-align:right">May I help you?</td></tr>
<tr><td>**Massimo**</td><td>Ho un forte° mal di gola e vorrei delle compresse.</td><td style="text-align:right">bad</td></tr>
<tr><td>**Farmacista**</td><td>Ha per caso° la febbre?</td><td style="text-align:right">by chance</td></tr>
<tr><td>**Massimo**</td><td>No, non credo. Ma ho anche un po' di mal di testa.</td><td></td></tr>
<tr><td>**Farmacista**</td><td>Allora, prenda subito delle aspirine e beva molti liquidi. Adesso le do anche delle compresse da prendere ogni quattro ore.</td><td></td></tr>
<tr><td>**Massimo**</td><td>La ringrazio molto°.</td><td style="text-align:right">Thanks very much</td></tr>
</table>

## Altre parole ed espressioni utili

### Nomi

**l'antibiotico**  antibiotic
**la goccia**  drop
**il graffio**  scratch
**l'infermiera**  female nurse
**l'infermiere** (*m.*)  male nurse
**l'influenza**  flu
**l'iniezione** (*f.*)  injection, shot
**l'irritazione** (*f.*)  irritation

**la medicina**  medicine, medication
**la pillola**  pill
**la pomata**  ointment
**la radiografia**  X-ray
**lo sciroppo**  syrup
**il sintomo**  symptom
**il termometro**  thermometer

### Verbi

**avere (prendere) il raffreddore**  to have (catch) a cold

**curare**  to cure

**Pratica**

Prepari dialoghi appropriati.

**A.** Immagini di avere un'irritazione ad un occhio e di andare in farmacia per comprare delle gocce.
**La/Il farmacista ...**

**B.** Immagini di avere l'influenza, e di telefonare ad un amico e di chiedergli di andare in farmacia per comprare delle medicine ed un termometro.
**Il suo amico ...**

## Mantenersi in forma

No matter where you live, you know that it's essential to exercise and to eat properly in order to stay well. The following dialogue will give ideas about how to converse in Italian on this important topic.

Mariella incontra la sua amica Silvia che non vede da molto tempo.

| | |
|---|---|
| **Mariella** | Ciao, Silvia. Che bella linea°! Come sei dimagrita°! Cosa fai per mantenerti così in forma? |
| **Silvia** | Sono due mesi che vado in palestra a fare ginnastica. |
| **Mariella** | Questo è tutto? Non stai a dieta speciale? |
| **Silvia** | No, cerco di mangiare solo cibi naturali con poche calorie. |
| **Mariella** | Piacerebbe° anche a me perdere un po' di peso°, ma sono troppo pigra. Tra l'altro non faccio esercizi e mangio abbondantemente ogni giorno. |

figure / You've lost a lot of weight!

I'd like / weight

### Altre parole ed espressioni utili

Nomi

**la caloria**  calorie
**la visita di controllo**  check-up

**la vitamina**  vitamin

Verbi ed espressioni

**andare in palestra**  to go to the gym
**controllare il peso**  to check one's weight
**dimagrire**  to lose weight
**essere in forma**  to be in shape
**fare esercizi (ginnastica)**  to do exercises

**ingrassare**  to gain weight
**mantenersi in forma**  to keep in shape
**pesare**  to weigh
**stare a dieta**  to be on a diet

**Pratica**

Prepari dialoghi appropriati.

A. Immagini di andare dal medico per fare una visita di controllo. Il dottore le consiglia di perdere peso e di fare ginnastica.

B. Si avvicina l'estate e lei vuole essere in forma. Dica ad un'amica cosa intende fare.

# RIPASSO:   Lezioni 11ª & 12ª

In this section, you will review the following: Indirect-object pronouns
(Exercises A–B); Constructions with **piacere** (Exercise C); Future tense
(Exercises D–E); Modal verbs **dovere, potere,** and **volere** (Exercise F);
Double-object pronouns (Exercise G); Object pronouns with infinitives
(Exercise H); Future of probability (Exercise I); Vocabulary and expressions
(Exercise J)

**A.** Sostituire i verbi in corsivo con quelli indicati fra parentesi, e i pronomi complemento diretto con quelli complemento indiretto corrispondenti. [*Indirect-object pronouns*]

▶ Luigi non lo *chiama* mai. (scrivere)     *Luigi non gli scrive mai.*

1. Gli studenti lo *ascoltano.* (rispondere)
2. Sergio ci *chiama* domani. (telefonare)
3. Sua madre lo *guarda.* (parlare)
4. I loro figli li *capiscono.* (scrivere)
5. Carolina mi *ha visto.* (rispondere)
6. I signori Blasini le *aspettano.* (fare una telefonata)
7. La signora Montesi vi *riceve* domani. (chiedere informazioni)

**B.** Trascrivere le frasi seguenti e cambiare la posizione del pronome aggiungendolo all'infinito. [*Indirect-object pronouns*]

▶ Claudio, ti posso mandare un disco?     *Claudio, posso mandarti un disco?*

1. Gli voglio offrire un caffè.
2. Tommaso, quando ci puoi dare il dizionario?
3. Le devo chiedere informazioni.
4. Tina, ti possiamo mostrare il nuovo televisore?
5. Il professore mi vuole spiegare la lezione.
6. Chi vi può dare le forbici?
7. Perché non gli vuoi spedire il pacco?
8. Ti posso prestare l'asciugacapelli?

**C.** Dica che lei prende le prime cose ma non le seconde perché non le piacciono. [*Constructions with **piacere***]

▶ prosciutto / formaggio     *Prendo il prosciutto perché non mi piace il formaggio.*

1. i funghi / le melanzane
2. i pomodori / i fagiolini
3. la mela / le pesche
4. la pasta / la verdura
5. la carne / il pesce
6. le carote / le patate
7. il latte / il caffè
8. il pepe / il sale

**289**

**D.** Dire che le attività indicate succederanno nel futuro, aggiungendo un'espressione di tempo appropriata. [*Future tense*]

▶ Franco vende i suoi sci.  *Franco venderà i suoi sci [la prossima settimana].*

▶ Mi metto la giacca nuova.  *Mi metterò la giacca nuova [stasera].*

1. Enrico si mette la giacca verde.
2. Maria discute della gita con Patrizia.
3. Kathy, parli con tua sorella?
4. Piero, spendi molti soldi?
5. Papà mi presta diecimila lire.
6. Ti diverti.
7. Si veste elegantemente.
8. Mi preparo per partire.

**E.** Dire che le seguenti persone faranno le attività indicate se o quando avranno tempo. [*Future tense*]

▶ Paolo: andare in banca  *Paolo andrà in banca se (quando) avrà tempo.*

1. io: leggere il giornale
2. mio cugino: giocare a tennis
3. mia madre: fare colazione
4. tu: lavarsi i capelli

**F.** Trascrivere le frasi includendo il verbo indicato. Usare il tempo della frase originale. [*Modal verbs **dovere, potere, volere***]

▶ dovere: Paolo usciva con gli amici.  *Paolo doveva uscire con gli amici.*

▶ dovere: Paolo esce con gli amici.  *Paolo deve uscire con gli amici.*

1. potere: Ho giocato a tennis con Viviana.
2. volere: Bevete il caffè o il latte?
3. potere: Alla festa ha ballato molto.
4. dovere: Sono andati a teatro con Rosa.
5. potere: Venivo a darti i biglietti.
6. dovere: Attraversava la strada.

**G.** Sostituire il pronome complemento diretto e indiretto alle parole indicate. [*Double-object pronouns*]

▶ Presto la macchina a Luigi.  *Gliela presto.*

1. Do un libro a mia madre.
2. Giorgio manda la lettera ai suoi amici.
3. Offro i dolci a Susanna.
4. Compro le riviste per le signorine.
5. Franca prepara la cena per me.
6. Il cameriere porta il conto a me.
7. Faccio la domanda alla professoressa.

**H.** Modificare le seguenti frasi, usando i pronomi complemento diretto o indiretto. [*Object pronouns with infinitives*]

▶   Potete finire <u>il lavoro</u>?     *Potete finirlo?*
                                         *Lo potete finire?*

1. Volete preparare <u>gli spaghetti</u>?
2. Puoi dare il vino <u>a Gino e a Nino</u>?
3. Dobbiamo pagare <u>il conto</u>.
4. Devo avvisare <u>le signorine</u>.
5. Possono prendere <u>la macchina del padre</u>.
6. Vuoi offrire il caffè <u>a Teresa</u>?
7. Devono comprare <u>i biglietti</u> stamattina.
8. Vogliamo dire <u>alle signore</u> di venire con noi.

**I.** Dare alle seguenti domande una risposta logica, usando il futuro del verbo per esprimere congettura o probabilità. [*Future of probability*]

1. Quanto tempo dura la partita?
2. Chi viene alla festa di Roberto?
3. Chi entra in classe adesso?
4. Cosa c'è da mangiare stasera?
5. Che programmi danno alla TV stasera?
6. Quale sport pratica Lucio?
7. Quanto costa una calcolatrice?
8. Quante persone ci sono allo stadio?

**J.** Esprimere in italiano le seguenti conversazioni. [*Vocabulary and expressions*]

1. **Susanna**  You didn't really loan Elena my skirt?
   **Viola**  Yes, I gave her your red skirt. She wants to wear it to a party tomorrow night.
   **Susanna**  And who called while I was taking a shower?
   **Viola**  Gina. She wants to borrow your blue jacket for this evening.
   **Susanna**  My blue jacket? But I lent it to her yesterday! Doesn't she remember?
   **Viola**  Someone's at the door. Who can it be?
   **Susanna**  It's probably Gina for the jacket! Tell her I went to the library an hour ago and that I'm wearing my blue jacket.

2. **Ugo**  Hello, Luca! Do you want to come and see the hockey game with me next Sunday?
   **Luca**  I can't. I sprained my ankle while I was playing tennis.
   **Ugo**  I'm sorry. Does it hurt a lot?
   **Luca**  Nothing serious, but I'll have to see the game on TV.
   **Ugo**  Too bad. As usual, I'll have to go by myself.

# LEZIONE 13ª

## Cento di questi giorni!

*Alcuni giovani conversano durante una festa.*

Un gruppo di amici si è riunito a casa di Luciana Giannelli per
festeggiare il compleanno di Giulio Forattini, che oggi compie
vent'anni. Franco De Mita ha portato alla festa Paola Bentivoglio, una
sua cugina di Salerno.

**SCENA 1ª**

| | | |
|---|---|---|
| **Franco** | Luciana, ti presento mia cugina Paola. | |
| **Luciana** | Ciao, Paola. Mi fa molto piacere conoscerti. *(A tutti e due)* Vorreste bere o mangiare qualcosa? | |
| **Paola** | Veramente mangerei qualcosa. Ho più fame che sete°. | I'm more hungry than thirsty |
| 5  **Franco** | Anch'io, grazie. | |
| **Luciana** | Non avete che l'imbarazzo della scelta°. Sul tavolo ci sono panini al prosciutto, tramezzini al tonno, olive e formaggio. Più tardi ci saranno anche gli spaghetti alla carbonara. | All you have to do is choose |
| 10  **Franco** | Buoni! Al solo pensiero mi viene l'acquolina in bocca°. | Just thinking about it makes my mouth water |
| **Luciana** | Franco, presenta Paola ai nostri amici. Io intanto vado un momento in cucina. | |
| **Franco** | Volentieri. | |

**SCENA 2ª**

Un'ora più tardi, i ragazzi sono seduti a tavola. Mangiano, bevono e
conversano allegramente.

| | | |
|---|---|---|
| 15  **Franco** | Questi spaghetti sono davvero squisiti. Complimenti! Chi li ha cucinati? | |
| **Giulio** | Chi altro, se non Luciana? | |
| **Luciana** | Grazie, però il merito non è solo mio. Anche Marisa mi ha aiutata a cucinare. | |
| 20  **Franco** | L'ho sempre detto io! Voi donne state bene a casa. | |
| **Luciana** | Eccolo, il solito uomo italiano. Basta che ci possiate tenere in casa°, voi uomini siete tutti felici. | As long as you can keep us at home |
| **Paola** | Invece io sono convinta che noi donne stiamo bene ed abbiamo successo anche nel mondo del lavoro. | |
| 25  **Franco** | Ma guardate, che sto scherzando. Non ho nessuna intenzione di fare polemica°. | to start an argument |
| **Luciana** | Sì, sì, la solita storia. Con la scusa di fare dello spirito°, volete averla sempre vinta voi°. | to be witty / you always want to win |

30

| | |
|---|---|
| **Marisa** | Ragazzi, non litighiamo adesso! Ecco la torta e lo spumante! Facciamo un bel brindisi° a Giulio. |
| **Luciana** | Tanti auguri Giulio! Buon compleanno! |
| **Paola** | Cento di questi giorni°! |

*Let's drink a nice toast*

*Many happy returns!*

---

**Domande generali**

1. Dove si è riunito il gruppo di amici? Perché?
2. Franco a chi presenta sua cugina Paola?
3. Invece di bere, che cosa preferirebbe Paola?
4. Cosa c'è sul tavolo?
5. Quale piatto ha preparato Luciana?
6. Chi l'ha aiutata a cucinare?
7. Che cosa pensa Franco delle donne?
8. E Paola, che pensa delle donne?
9. Cosa dice Marisa? A Marisa piace litigare?
10. Quali espressioni usano gli amici per fare gli auguri a Giulio?

**Domande personali**

1. Le piacciono le feste? Perché sì? Perché no?
2. Quando fa feste, quante persone invita? Chi invita?
3. Quali sono le occasioni di queste feste? Compleanni, carnevale, visite di amici o di parenti?
4. Chi l'aiuta ad organizzare le feste?
5. Quali cibi serve ai suoi invitati? Quali bevande?
6. Quando è il suo compleanno? Quanti anni compierà?
7. Come festeggia il suo compleanno? Invita amici a casa? Va a mangiare al ristorante con la sua famiglia?
8. Quando i suoi amici festeggiano il compleanno, fa loro gli auguri? Con quali espressioni?

**Esercizio di comprensione**

Le seguenti frasi basate sul dialogo a pagina 293 sono in ordine sbagliato. Metterle in ordine per formare un brano di senso compiuto.

1. Luciana ha preparato molte cose da mangiare.
2. Allora Marisa dice che non è il caso di litigare.
3. Franco presenta sua cugina Paola a Luciana.
4. Oggi Giulio festeggia il suo compleanno.
5. Quindi gli amici fanno un bel brindisi e tanti auguri di buon compleanno a Giulio.
6. I suoi amici si riuniscono a casa di Luciana per festeggiarlo.
7. Cucina anche gli spaghetti alla carbonara con l'aiuto di Marisa.
8. C'è anche la torta e lo spumante.
9. Luciana e Franco cominciano a discutere del ruolo della donna.

**Vocabolario**

Parole analoghe

| | | |
|---|---|---|
| **il caso** | **il merito** | **gli spaghetti** |
| **conversare** | **il momento** | **squisito/a** |
| **convinto/a** | **l'occasione** (*f.*) | **la storia** |
| **il gruppo** | **organizzare** | **il successo** |
| **invitare** | **preparare** | **la visita** |

Nomi

**gli auguri**  best wishes
**la bevanda**  drink
**il cibo**  food
**il compleanno**  birthday
**la cucina**  kitchen
**la festa**  party
**l'invitato**  guest
**il piatto**  dish
**lo spumante**  sparkling wine
**la torta**  cake

Aggettivi

**felice**  happy
**quanto/a?**  how much?
**solito/a**  same old

Verbi

**aiutare**  to help
**compiere**  to complete
**cucinare**  to cook
**festeggiare**  to celebrate
**presentare**  to introduce

**riunirsi**  to gather
**scherzare**  to joke
**tenere**  to keep

Altre parole ed espressioni

**allegramente**  gaily, happily
**complimenti!**  my compliments!
  congratulations!

**a tavola**  at the (dinner) table
**avere intenzione di**  to intend to
**buon compleanno!**  happy birthday!
**cento di questi giorni!**  many happy
  returns!
**chi altro?**  who else?
**eccolo**  here he is
**fare gli auguri**  to wish someone well
**fare polemica**  to start an argument,
  to be controversial
**invece di**  instead of
**mi fa molto piacere di conoscerti**
  I'm very pleased to meet you
**nel mondo del lavoro**  in the working
  world
**gli spaghetti alla carbonara**  spaghetti
  carbonara style
**tanti auguri!**  lots of good wishes!

**Pratica**

**A.** È il suo compleanno. Immagini di fare una festa a casa sua e di telefonare ad alcuni amici per invitarli. Dica loro chi altro viene, come vestirsi per l'occasione, e se si ballerà.

**B.** È l'anniversario di matrimonio dei suoi genitori. Immagini di preparare un piccolo discorso per fare il brindisi in onore della mamma e del papà. Usi alcune delle seguenti espressioni: **Buon anniversario! Auguri! Cento di questi giorni!**

## NOTA CULTURALE

### La gastronomia italiana

"Cucinare bene e mangiare meglio[1]" è la norma seguita in genere[2] da tutti gli italiani. Ogni regione italiana è famosa per la creazione di specialità gastronomiche locali, e visitando l'Italia si possono gustare e paragonare[3] moltissimi tipi di cucine diverse. Dalla carne al pesce, dalla pasta ai contorni[4], dall'antipasto al dolce[5], c'è tutta una serie di piatti deliziosi preparati con erbe aromatiche, spezie[6] e prodotti genuini.

Il tipico pranzo festivo italiano è lungo e laborioso. Di solito, il pranzo si apre con un antipasto di prosciutto, salame e sottaceti[7]. Poi arriva il primo piatto costituito da pastasciutta[8] o minestra. Segue poi il secondo con carne o pesce e contorni di verdure crude o cotte[9]. Vari tipi di formaggio e frutta annunciano la fine del pranzo. Acqua minerale, vino bianco o rosso e talvolta[10] birra aiutano la gente a fare onore a questi piatti abbondanti e saporiti[11]. Chiude il pranzo un caffè espresso spesso accompagnato dal dolce e seguito immancabilmente[12] da un digestivo[13] che a questo punto ... è veramente necessario.

*Alcuni piatti squisiti della cucina italiana*

1. better   2. generally   3. enjoy and compare   4. side dishes
5. dessert   6. spices   7. pickled vegetables   8. *pasta* dish
served with any sauce   9. raw or cooked   10. sometimes
11. tasty   12. unfailingly   13. liqueur

## **Pronuncia**
### Il suono /t/

In English, the sound /t/ is aspirated; that is, it is pronounced with a little puff of air, which you can feel on the back of your hand as you say /t/. In Italian, /t/ is never aspirated. The tip of the tongue is pressed against the back of the upper front teeth. Compare the /t/ in the English and Italian words *too* and **tu**, *telephone* and **telefono**. The sound /t/ may be spelled **t** or **tt**.

**A.**   Ascoltare l'insegnante e ripetere le seguenti parole.

| /t/ = t | | /t/ = tt | |
|---------|---------|----------|---------|
| teatro | appetito | biglietto | tutti |
| telefono | subito | sette | spaghetti |
| tornare | partita | otto | prosciutto |
| torta | politica | mattina | letto |
| televisione | fratello | dottore | attenzione |

**B.**   Leggere ad alta voce le seguenti frasi e fare attenzione alla pronuncia delle lettere *t* e *tt*.

   1. Ho sette biglietti per il teatro.
   2. Tutti hanno mangiato gli spaghetti.
   3. Sul tavolo ci sono tramezzini al tonno e panini al prosciutto.
   4. Sono le otto di mattina.

**C.**   **Proverbi**   Leggere ad alta voce i seguenti proverbi e poi dettarli ad un altro studente o ad un'altra studentessa.

**Chi trova un amico, trova un tesoro.**
   He/She who finds a friend, finds a treasure.

**Quattrino risparmiato, due volte guadagnato.**
   A penny saved is a penny earned.

# Ampliamento del vocabolario

## I. *Cibi e pasti*

Here are additional terms related to food (**i cibi**) and meals (**i pasti**) to add to those you learned in *Lezione 7ª*.

L'antipasto

**il prosciutto**   cured ham
**il salame**   salami
**i sottaceti**   pickled vegetables

I primi piatti

**la pastasciutta**   pasta dish (spaghetti, fettuccine, etc.) served with a sauce
**il brodo**   broth
**la pastina in brodo**   broth with minuscule *pasta*
**la minestra**   soup
**il minestrone**   vegetable soup (with or without noodles)

I secondi piatti

Carne

**l'agnello** lamb
**la bistecca** steak
**il maiale** pork
**il pollo** chicken
**il vitello** veal

Pesce

**l'aragosta** lobster
**il merluzzo** cod
**il polipo** octopus
**gli scampi** shrimp
**la sogliola** sole
**il tonno** tuna
**le vongole** clams

\* \* \*

**il dolce** dessert
**il formaggio** cheese
**la frutta** fruit

I pasti

**la (prima) colazione** breakfast
**il pranzo** dinner, lunch (main meal at noon)
**la cena** supper (light meal in the evening)

Espressioni utili

**apparecchiare la tavola** to set the table
**passare il burro (sale, pepe)** to pass the butter (salt, pepper)
**sparecchiare la tavola** to clear the table

Un posto a tavola

**il bicchiere** glass
**il cucchiaio** spoon
**il cucchiaino** teaspoon
**il coltello** knife
**la forchetta** fork
**il piatto** dish
**il tovagliolo** napkin

**A.** Rispondere alle seguenti domande personali.

1. Le piace la cucina italiana? Perché?
2. Le piace cucinare o preferisce mangiare al ristorante?
3. Quale piatto tipico italiano o americano preferisce?
4. Mangia carne? Se mangia carne, quale tipo di carne le piace?
5. Mangia il pesce? Quale tipo?
6. Alla fine del pranzo, preferisce mangiare la frutta, il formaggio o il dolce?
7. Mangia spesso la minestra? Che genere?

**B.**   Dal seguente menu ordinare un pranzo italiano completo senza spendere più di 30.000 lire.

| **Antipasto** | **Carne e Pesce** |
|---|---|
| Antipasto misto  3.500 | Bistecca di vitello  18.000 |
| Prosciutto e melone  6.000 | Braciola[1] di maiale  12.000 |
| | Pollo arrosto  10.000 |
| **Pasta** | Sogliola al burro  15.000 |
| Spaghetti  5.000 | Fritto di scampi[2]  13.000 |
| Fettuccine  5.000 | |
| Rigatoni  5.000 | |
| | |
| **Dolce, frutta e formaggio** | **Verdura** |
| Torte assortite  3.000 | Insalata  2.000 |
| Frutta di stagione  2.500 | Asparagi  3.000 |
| Formaggio  2.500 | Fagiolini  2.000 |

**Bevande**
Caffè   1.000       Acqua minerale   1.800       Vino (bottiglia)   5.000

1. chop    2. fried shrimp

**C.**   Immagini di essere stato/a ieri a pranzo presso una famiglia italiana. Racconti chi c'era e quello che ha mangiato.

## II. Rivenditori e negozi

Many Italians prefer to shop in small food stores because of the personal attention given to them by the owners or the salesclerks and because of the quality of the food.

| Rivenditori | | Negozi | |
|---|---|---|---|
| **il droghiere** | grocer | **la drogheria** | grocery store |
| **il lattaio** | milkman | **la latteria** | dairy |
| **il macellaio** | butcher | **la macelleria** | butcher's shop |
| **il panettiere** | baker | **la panetteria** | bakery |
| **il pasticciere** | confectioner | **la pasticceria** | confectioner's shop |
| **il pescivendolo** | fish vendor | **la pescheria** | fish market |
| **il salumiere** | delicatessen seller | **la salumeria** | delicatessen |

Note that nouns referring to persons selling food in small stores often end in **-iere/-iera** or **-aio/-aia,** and that the nouns of the corresponding shops often end in **-eria.**

**E.** Completare ciascuna frase con un sostantivo appropriato.

1. Il droghiere lavora in una _____ .
2. Dal panettiere compriamo _____ .
3. Compro il prosciutto dal _____ .
4. _____ vende carne.
5. _____ vende latte.
6. Hai comprato pesce fresco dal _____ ?
7. Comprate la torta dal _____ .

**F.** Immagini di volere fare una scampagnata *(picnic)* con gli amici e di dovere preparare un cestino *(basket)* di cibo. Vada dal salumiere, dal panettiere, dal fruttivendolo, ecc. per comprare tutto il necessario. Dica cosa compra.

# Struttura ed uso

## I. Il condizionale

**Vorresti** comprare questa macchina o quella?

Forms

1. The conditional consists of the future stem (see page 262) plus the conditional endings. The conditional endings are the same for all verbs. Here is the conditional of a regular **-are, -ere,** and **-ire** verb.

|  | **abitare** | **spendere** | **finire** |
|---|---|---|---|
| io | abiter**ei** | spender**ei** | finir**ei** |
| tu | abiter**esti** | spender**esti** | finir**esti** |
| lui/lei | abiter**ebbe** | spender**ebbe** | finir**ebbe** |
| noi | abiter**emmo** | spender**emmo** | finir**emmo** |
| voi | abiter**este** | spender**este** | finir**este** |
| loro | abiter**ebbero** | spender**ebbero** | finir**ebbero** |
|  | *I would live, you would live, etc.* | *I would spend, you would spend, etc.* | *I would finish, you would finish, etc.* |

Note that verbs ending in **-care** and **-gare** add an **h** in the conditional forms to retain the hard sound of the **c** and **g** in the infinitive.

| | |
|---|---|
| Gio**ch**eresti a tennis? | Would you play tennis? |
| Lo pa**gh**erei volentieri. | I'd gladly pay for it. |

2. Verbs that have an irregular future stem also have an irregular conditional stem.

| Infinitive | Future and conditional stem | Conditional tense (mood) |
|---|---|---|
| andare | **andr-** | andrei, andresti, ecc. |
| avere | **avr-** | avrei, avresti, ecc. |
| bere | **berr-** | berrei, berresti, ecc. |
| dare | **dar-** | darei, daresti, ecc. |
| dovere | **dovr-** | dovrei, dovresti, ecc. |
| essere | **sar-** | sarei, saresti, ecc. |
| fare | **far-** | farei, faresti, ecc. |
| potere | **potr-** | potrei, potresti, ecc. |
| vedere | **vedr-** | vedrei, vedresti, ecc. |
| venire | **verr-** | verrei, verresti, ecc. |
| volere | **vorr-** | vorrei, vorresti, ecc. |

## Uses

**1.** The conditional is used to refer to an action or state that might occur in the future if something else happened or if some condition were met.

**Vedrei** quel film volentieri.

*I would* gladly *see* that film (if I had the money).

**Mangerebbe** tutto quello che c'è sul tavolo.

*He would eat* everything on the table (if he had the opportunity).

**2.** The conditional is used to add politeness to wishes and requests.

**Berresti** un caffè?      *Would you drink* a cup of coffee?
**Vorrebbe** una bistecca?      *Would you like* a steak?
**Vorremmo** due litri di latte.      *We would like* two liters of milk.
**Dovreste** lavorare di più.      *You should (ought to) work harder.*
**Potresti** darmi un passaggio?      *Could you give* me a ride?

**A.** Invitare un amico o un'amica a fare le seguenti cose. L'amico o l'amica deve usare nelle risposte espressioni come: *Sì, volentieri; Perché no?; No, non posso; Assolutamente no.*

▶ mangiare un'aragosta    *Mangeresti un'aragosta?*
                              *Sì, volentieri.*

1. venire alla festa di Giulio
2. giocare al pallone con noi
3. ballare con Francesca
4. cucinare un bel piatto di fettuccine
5. fare una gita al mare
6. abitare con tua zia a Venezia
7. bere una limonata
8. mettersi l'impermeabile nuovo

**B.** Spiegare ad un amico o ad un'amica che cosa farebbero le seguenti persone.

▶ Paolo: spendere tutti i soldi di suo fratello

*Paolo spenderebbe tutti i soldi di suo fratello.*

1. Lisa: viaggiare da sola
2. io: partire per l'Italia
3. tu: apparecchiare la tavola
4. loro: ordinare il pranzo
5. mia madre: restare a casa
6. Franco: divertirsi
7. voi: andare a cavallo
8. io e mia sorella: non litigare con te
9. io: bere un tè
10. noi: venire il prossimo luglio

**C.** Domandare se le persone indicate farebbero le stesse cose che fanno queste persone.

▶ Giancarlo accompagna Tommaso     *Anche tu accompagneresti*
  alla partita. E tu?                *Tommaso alla partita?*

1. La signora Petri balla con Pino. E la signora Magri?
2. Nino e Flavio festeggiano il compleanno al ristorante. E tu?
3. Scherzate con il professore. E lei?
4. Mangio l'antipasto. E lui?
5. Volete venire al cinema con noi. E sua cugina?
6. Alessandra dà un regalo a Mariella. E loro?
7. Faccio molti programmi per il fine-settimana. E voi?
8. Guerrino organizza una festa per Luigi. E Tina?

**D.** Dica ad un amico o ad un'amica che lei farebbe le seguenti azioni il prossimo fine-settimana se avesse *(if you had)* molti soldi o tempo libero. Usi il condizionale dei verbi indicati, formulando frasi di senso compiuto.

▶ andare in montagna     *Andrei in montagna se avessi*
                          *tempo libero.*

▶ comprare una macchina nuova     *Comprerei una macchina nuova*
                                   *se avessi molti soldi.*

1. fare una gita al mare con gli amici
2. stare in un albergo grande ed elegante
3. andare a mangiare al *Rugantino*
4. ordinare un piatto di scampi
5. visitare l'Europa
6. giocare a tennis il pomeriggio
7. vedere un film di Visconti

**E.** Domandare alle seguenti persone se vorrebbero fare le cose indicate.

▶ alla signora Giannelli: andare a teatro     *Vorrebbe andare a*
                                               *teatro?*

1. a sua madre: cucinare gli scampi o la sogliola
2. ai suoi amici: nuotare in piscina
3. al suo amico Carlo: ballare tutta la notte
4. a sua cugina: mangiare qualcosa
5. al cameriere: portarci una bottiglia d'acqua minerale
6. ai signori Marini: comprare una Fiat o una Maserati

**F.** Dire che cosa dovrebbero fare le persone indicate.

▶ tu: lavarsi i capelli    *Dovresti lavarti i capelli.*

1. voi: fargli gli auguri
2. Roberto: mettersi i guanti
3. noi: partire fra poco
4. la signora Certaldi: cucire la gonna di Teresa
5. loro: ascoltare le sue idee
6. Maria e Paola: litigare di meno

**G.** Rispondere alle seguenti domande personali, usando nelle risposte il condizionale dei verbi.

1. Sabato prossimo ci sarà *(there will be)* una partita di calcio. Secondo le previsioni del tempo farà freddo e pioverà. Perché non andrebbe alla partita?
2. In due teatri diversi della sua città sono rappresentate due commedie, una di Luigi Pirandello e l'altra di Arthur Miller. Quale commedia vorrebbe vedere?
3. Immagini di lavorare lontano da casa sua. Comprerebbe una motocicletta, una macchina, o una bicicletta per raggiungere il posto di lavoro? Perché?

## II. Aggettivi interrogativi

**Quale** forchetta uso?

1. **Quale?** *(Which? What?)* is a two-form adjective. It changes to **quali** in the plural.

| | |
|---|---|
| **Quale** coltello usi? | *Which (what) knife do you use?* |
| **Quale** forchetta hai? | *Which (what) fork do you have?* |
| **Quali** cibi preferiresti? | *Which (what) foods would you prefer?* |
| **Quali** bevande vorresti? | *Which (what) drinks would you like?* |

2. **Quanto?** is a four-form adjective. The two singular forms **quanto?** and **quanta?** mean *how much?* The plural forms **quanti?** and **quante?** mean *how many?*

| | |
|---|---|
| **Quanto** caffè devo preparare? | *How much coffee must I prepare?* |
| **Quanta** minestra mangiano? | *How much soup do they eat?* |
| **Quanti** polli hai cucinato? | *How many chickens have you cooked?* |
| **Quante** persone hai invitato? | *How many persons have you invited?* |

3. **Che?** *(What? Which?)* is invariable.

| | |
|---|---|
| **Che** tipo di carne è? | *What (which) type of meat is it?* |
| **Che** ora è? | *What time is it?* |
| **Che** giorno è oggi? | *What day is it today?* |

**H.** Eugenio e Marcello sono all'angolo di una strada. Eugenio indica qualcosa o qualcuno a Marcello che è distratto *(distracted)*. Assumere il ruolo di Eugenio o di Marcello, usando *quale* o *quali* nelle domande.

▶ quella studentessa   Eugenio: *Guarda quella studentessa!*
Marcello: *Quale studentessa?*

1. quella frutteria
2. quelle ragazze
3. quegli studenti
4. quell'orologio
5. quei bambini
6. quel signore alto
7. questa macchina
8. quelle belle vetrine

**I.** Chiedere alle seguenti persone quanto hanno bevuto o mangiato.

▶ Marco: tè   *Quanto tè hai bevuto?*
▶ la signora Danieli: mele   *Quante mele ha mangiato?*

1. voi: pesce
2. due bambini: frutta
3. Filippo: bicchieri d'acqua
4. i signori Ratiglia: carciofi
5. la nonna: antipasto
6. la professoressa: limonata
7. i ragazzi: tramezzini
8. il suo amico: caffè

**J.**   Chiedere al professore o alla professoressa tre cose che ha fatto la settimana scorsa, venerdì, ieri, ecc...

▶   *Professore/Professoressa, quale libro ha letto la settimana scorsa?*

**K.**   Formulare domande basate sulle seguenti risposte con *che* o la forma appropriata di *quale* o *quanto*.

▶   Gianna preferisce gli spaghetti     *Quale (Che) piatto preferisce?*
    alla carbonara.

1.   Ho perso due cravatte.
2.   Hanno cinque sedie nuove.
3.   Comprano un po' di formaggio.
4.   Leggono giornali italiani.
5.   Sono le tre di mattina.
6.   Ci sono sei piatti sul tavolo.
7.   Gli piacciono le camicie francesi.
8.   Oggi è martedì.
9.   Preferirei la musica classica.

## III. *Pronomi interrogativi*

**A chi** pensa?

**1.**   Interrogative pronouns are always followed by verb forms, in contrast to interrogative adjectives, which are always followed by nouns.

*Interrogative adjective:*          *Interrogative pronoun:*
**Quale cucchiaio** usi?            **Quale** usi?

2. **Che cosa? cosa?** and **che?** all mean *what?* They are interchangeable.

> **Che cosa (Cosa, Che)** mangi?    *What* are you eating?
> **Che cosa (Cosa, Che)** vuole?    *What* do you want?

3. **Quale?** *(Which?)* becomes **qual** before **è**. It becomes **quali?** in the plural.

> **Quale** (cucchiaio) usi?           *Which* (spoon) do you use?
> **Quale** (forchetta) vuole?         *Which* (fork) do you want?
> **Qual** è la tua giacca?            *Which* (one) is your jacket?
> **Quali** sono i tuoi guanti?        *Which* (ones) are your gloves?
> **Quali** sono le tue camicette?     *Which* (ones) are your blouses?

4. **Chi?** means *who?* **A chi?** means *(to) whom?* **Di chi?** means *whose?*

> **Chi** è entrato?              *Who* entered?
> **A chi** scrivi?              *To whom* are you writing?
> **Di chi** è la giacca?        *Whose* jacket is it?

**L.** Maurizio dice a Paolo che ha visto alcune persone e cose. Paolo è distratto e chiede a Maurizio di ripetere ciò che ha detto. Assumere il ruolo di Maurizio e Paolo, usando nelle domande *chi* per persone e *cosa? che cosa?* o *che?* per oggetti.

> ▶ un bel film americano    Maurizio: *Ho visto un bel film americano.*
> Paolo:    *Cosa (Che cosa, Che) hai visto?*

1. tre macchine sportive
2. una partita di calcio
3. il cognato di Stefano
4. la signora Santilli
5. uno spettacolo divertente
6. alcune studentesse italiane
7. un programma interessante
8. il suocero di Susanna

**M.** Formulare domande basate sulle seguenti risposte, con un pronome interrogativo appropriato.

> ▶ Preferisco questo piatto.    *Quale preferisce?*

1. Marisa abita con sua madre.
2. Leggo queste riviste.
3. Gianna telefona spesso a Rosanna.
4. Vogliamo quei quadri.
5. Faccio un favore a Paolo.
6. Luigi parla con il professore.
7. Prendono la macchina e partono.
8. È la borsa di Carla.

**N.** Formulare domande e risposte con i pronomi interrogativi ed i verbi indicati. Usare la fantasia!

▶   con chi / parlare      — *Con chi parla Carlo al telefono?*
                           — *Parla con Donatella.*

1. chi / compiere       4. qual / essere
2. che cosa / fare      5. di chi / essere
3. cosa / bere          6. a chi / scrivere

**O.** Formulare cinque o sei domande basate sulla fotografia a pagina 292, usando i pronomi interrogativi.

## IV. Avverbi di tempo, luogo, modo e quantità

**Chiaramente** abbiamo sbagliato strada!

**1.** Adverbs are words that modify a verb, an adjective, or another adverb. They can be classified as adverbs of *time, place, manner,* and *quantity.*

| | | |
|---|---|---|
| Parta **adesso**. | Leave *now*. | (**adesso** = adverb of time) |
| Venite **qui**, per favore. | Come *here* please. | (**qui** = adverb of place) |
| Ascoltate **attentamente**. | Listen *carefully*. | (**attentamente** = adverb of manner) |
| Sono **abbastanza** stanco. | I'm *quite* tired. | (**abbastanza** = adverb of quantity) |

LEZIONE 13ª   **309**

**2.** Adverbs ending in **-mente** are usually adverbs of manner and correspond to English adverbs ending in *-ly*. They are formed by adding **-mente** to the singular feminine form of the adjective.

| M. Sg. Adjective | F. Sg. Adjective | Adverb |
| --- | --- | --- |
| chiaro | chiara | **chiaramente** |
| lento | lenta | **lentamente** |
| attento | attenta | **attentamente** |
| triste | triste | **tristemente** |

Adjectives that end in **-le** or **-re** preceded by a vowel, drop the final **-e** before adding **-mente**.

| Adjective | Adverb |
| --- | --- |
| difficile | **difficilmente** |
| facile | **facilmente** |
| regolare | **regolarmente** |

**3.** Most adverbs (including all adverbs in **-mente**) occur directly after the verb.

| Parla **piano**. | Speak *softly*. |
| Non mangi **troppo**. | Don't eat *too much*. |
| Ci vediamo **raramente**. | We see each other *rarely*. |

**4.** In sentences with compound tenses, most adverbs of time, place, manner, and quantity are placed after the past participle. Some common adverbs of time (**già, mai, ancora, sempre**) are placed between the auxiliary verb and the past participle.

| Emilio si è alzato **presto**. | Emilio woke up *early*. |
| Maria è andata **fuori**. | Maria went *outside*. |
| Siete **già** arrivati? | Have you arrived *already?* |
| Non ha **mai** studiato! | He *never* studied! |

**P.** Completare le seguenti frasi con un avverbio appropriato che termini in **-mente**.

1. I ragazzi conversano _____ .
2. Mia madre guida _____ .
3. Giulio parla inglese _____ .
4. Bambini, ascoltate _____ !

**Q.** Completare i seguenti dialoghi con gli avverbi suggeriti. Ci sono quattro avverbi in più nella lista.

| | | |
|---|---|---|
| già | qui | sempre |
| subito | lì | ancora |
| mai | abbastanza | particolarmente |

1. — Sono già le cinque meno dieci.
   — Davvero? Devo tornare _____ a casa.
2. — Dove vanno stasera?
   — A teatro. Carlo ha _____ comprato i biglietti.
3. — Io dico che quella donna ha torto.
   — Io invece dico che quella donna ha _____ ragione.
4. — Vittorio, come stai?
   — _____ bene, grazie.
5. — Hai _____ preparato gli spaghetti alla carbonara?
   — Sì, li ho preparati per il pranzo di compleanno di Raffaella.

**A lei la parola**

1. You are at a restaurant with a friend. Inform him/her that you would like to eat a lobster.
2. Your father asks you to prepare lunch. Respond that you would like to, but that you have an appointment at one o'clock.
3. Your best friend, who is having a party, asks you to bring some *antipasto*. Find out what type of *antipasto* you should bring.
4. Your mother has guests for lunch and asks you to set the table. Find out who is coming and which flatware *(posate)* you should put on the table.
5. You're not feeling well and prefer soup for supper. Tell your grandmother, who is going to cook the evening meal, that you like vegetable soup but not chicken broth.

# Scrivere

## *Fare il riassunto*

È molto importante imparare a fare un riassunto. Leggere attentamente la seguente conversazione fra Marisa, Giuliana e Franco e poi fare gli esercizi che seguono.

*Una delle belle fontane che adornano le piazze romane*

## Da quanto tempo sei a Roma?

È sabato sera. Marisa Sandelli e sua cugina, Giuliana Modigliani, passeggiano in via Veneto. Passano davanti ad un bar e vedono Franco Sacchetti che sta bevendo un aperitivo. Marisa e Giuliana si fermano a parlargli.

| | |
|---|---|
| **Marisa** | Ciao, Franco. Ti presento Giuliana, una mia cugina di Genova. |
| **Franco** | Lieto di conoscerla, signorina. |
| **Giuliana** | Oh, il piacere è mio. |
| **Franco** | Possiamo darci del tu? Ti dispiace? |
| **Giuliana** | No, affatto. |
| **Franco** | Bene, da quanto tempo sei a Roma? |
| **Giuliana** | Da quindici giorni. |
| **Franco** | Che cosa hai fatto di bello? |
| **Giuliana** | Sono andata in giro per la città, ho visitato alcune chiese ed ho visto magnifiche fontane. |
| **Franco** | Quali sono le tue impressioni sulla città? |
| **Giuliana** | È molto bella. Però ha così pochi giardini pubblici! |
| **Marisa** | Hai ragione. Tra le capitali europee, Roma ha meno verde di tutte. |

**Franco**  Per fortuna abbiamo ancora i grandi parchi delle antiche famiglie romane. Altrimenti la città sarebbe un enorme insieme di palazzi.

**Marisa**  Franco, vuoi fare una gita con noi uno dei prossimi giorni?

**Franco**  È una splendida idea. Perché non andiamo domani ai Castelli Romani°? Passo a prendervi alle dieci.

**Marisa**  D'accordo. A domani allora.

*a region outside Rome*

**A.**  Rispondere alle seguenti domande basate sulla conversazione fra Marisa, Giuliana e Franco.

1. Da dove viene Giuliana e di chi è parente?
2. Chi suggerisce di "dare del tu"?
3. Da quanto tempo è a Roma Giuliana e cosa ha fatto finora?
4. Cosa dice Giuliana della città che ha visitato?
5. Cosa distingue Roma dalle altre capitali europee?
6. Cosa sarebbe la città senza i grandi parchi?
7. Chi suggerisce di andare ai Castelli Romani? Quando si farà questa gita?

**B.**  Quando ritorna a Genova, Giuliana Modigliani racconta a sua madre come ha conosciuto Franco Sacchetti. Completare il seguente racconto fatto da Giuliana.

Sabato scorso, io e Marisa _____ via Veneto. _____ c'era Franco Sacchetti che _____ . Ci siamo fermate e poi Franco _____ . Poi mi ha chiesto _____ . Io, naturalmente, _____ . Allora Marisa ha suggerito _____ e Franco ha detto che _____ . Veramente l'ho trovato molto simpatico.

**C.**  Franco scrive al suo amico Ugo Cerretani che abita a Sorrento e gli racconta come ha conosciuto Giuliana. Completare il racconto fatto da Franco.

Sabato sera ero seduto ad un bar di via Veneto quando Marisa _____ . Marisa mi ha _____ Giuliana. Giuliana mi ha detto che _____ . Ho suggerito di _____ . Il giorno dopo _____ Castelli Romani. Secondo me, Giuliana è molto simpatica.

# LEZIONE 14ª

## In cerca di un appartamento

*Finestre e balconi danno aria e luce agli appartamenti italiani.*

Un mese fa Michele Salvato è venuto a Bologna per studiare medicina. Voleva prendere in affitto° un appartamentino, ma data la scarsità di appartamenti liberi, ha dovuto alloggiare in un modesto albergo di periferia. Prima di partire da Cagliari gli amici gli avevano detto che non era facile trovare casa, ma Michele non aveva creduto alle loro parole.

  È passato ormai un mese e Michele sta ancora cercando casa. Per fortuna il portiere dell'albergo, un uomo tanto comprensivo quanto gentile, ha preso in simpatia° Michele e vuole aiutarlo. Un pomeriggio che Michele torna in albergo particolarmente scoraggiato il portiere lo chiama.

*to rent*

*sympathizes with*

**SCENA 1ª**

  **Portiere** Coraggio, Michele! Chi si ferma è perduto°! Ieri sera stavo leggendo il giornale ed ho trovato due annunci che mi sembrano proprio adatti per te.
  **Michele** Grazie, lei è molto gentile. Mi faccia vedere.

*never give up*

5 Michele prende il giornale e legge attentamente gli annunci.

---

Nelle vicinanze del Policlinico affitto un appartamentino al piano terra°, una camera, cucinino, bagno e riscaldamento centrale. Telefonare nel pomeriggio al 20192.

*on the first floor*

---

Vicino a piazza San Donato, a due passi dall'°università affitto un appartamento ammobiliato al quarto piano, bagno con doccia, due camere, cucina, riscaldamento autonomo. Telefonare ore pasti° al numero 57905.

*near*

*mealtimes*

---

  **Michele** Quest'appartamento vicino all'università sembra proprio adatto e forse ...
  **Portiere** Adesso non perdere tempo! Telefona e vedi se è ancora libero.
15 **Michele** Ha proprio ragione. La ringrazio molto.

**SCENA 2ª**

Alla fine della giornata Michele, stanco ma soddisfatto, ritorna in
albergo. Appena entra, il portiere lo saluta.

|  |  |  |
|---|---|---|
| **Portiere** | Ciao, Michele, com'è andata? | |
| **Michele** | Bene. Ho trovato finalmente l'appartamento. Chi la | |
20 | | dura la vince°, non è così? | Never say die |
| **Portiere** | Certo. E com'è quest'appartamento? | |
| **Michele** | È più piccolo di quello che ho visto la settimana | |
| | scorsa, ma è meno costoso. Avevo in mente un | |
| | appartamento più grande, comunque questo è | |
25 | | comodo e silenzioso e perciò° mi accontento. | therefore |
| **Portiere** | Mi fa piacere. Quando ti trasferisci? | |
| **Michele** | La prossima settimana. Adesso sono stanco, sto | |
| | morendo di sonno° e vado a dormire. Buona notte, | I'm very sleepy |
| | signor Ranieri. | |
30 | **Portiere** | Buona notte, Michele. | |

---

**Domande generali**

1. Perché è a Bologna Michele Salvato?
2. Perché va a stare in un albergo di periferia?
3. Che cosa gli avevano detto i suoi amici di Cagliari?
4. Come si sente Michele dopo un mese di ricerca?
5. Chi aiuta Michele a trovare un appartamento? Come lo aiuta?
6. Alle fine della giornata, come si sente Michele?
7. Com'è l'appartamento che ha trovato? Dov'è?
8. Perché si accontenta?

**Domande personali**

1. Lei abita in un appartamento o in una villa?
2. Da quanto tempo abita lì?
3. Com'è la sua casa? È piccola o grande?
4. La sua casa è vicina o è piuttosto lontana da qui?
5. Quante stanze ci sono nel suo appartamento? nella sua villa?
6. Pensa di trasferirsi in un futuro? Quando? Dove?
7. C'è riscaldamento centrale o autonomo nella sua casa?

**Esercizio di comprensione**

Mettere in ordine le seguenti frasi, basate sulla lettura a pagina 314–315.

1. Michele non aveva creduto alle loro parole.
2. Con l'aiuto del portiere dell'albergo, Michele ha trovato finalmente un appartamento vicino all'università.

3. Dopo un mese Michele sta ancora cercando un appartamento.
4. Il portiere dell'albergo lo ha preso in simpatia e vuole aiutarlo.
5. Michele Salvato è partito da Cagliari per Bologna per studiare medicina.
6. Gli sarebbe piaciuto andare ad abitare in un appartamento.
7. A Cagliari, gli amici gli avevano detto che non era facile trovare casa a Bologna.
8. Ma data la scarsità di appartamenti, Michele è dovuto andare a stare in un modesto albergo di periferia.

## Vocabolario

### Parole analoghe

| | | |
|---|---|---|
| **autonomo/a** | **modesto/a** | **la scarsità** |
| **centrale** | **particolarmente** | |

### Nomi

**l'annuncio**  ad(vertisement)
**l'appartamentino**  small apartment
**il bagno**  bathroom
**la camera**  room
**il cucinino**  small kitchen
**la doccia**  shower
**la giornata**  day
**la periferia**  outskirts
**il piano**  floor, floor plan
**il policlinico**  hospital
**il portiere**  doorman
**la ricerca**  search
**il riscaldamento**  heating
**le vicinanze**  neighborhood, environs

### Aggettivi

**adatto/a**  right
**ammobiliato/a**  furnished
**comodo/a**  comfortable
**comprensivo/a**  understanding
**dato/a**  given
**quarto/a**  fourth
**scoraggiato/a**  discouraged
**silenzioso/a**  quiet
**soddisfatto/a**  satisfied

### Verbi

**accontentarsi**  to be content
**affittare**  to rent
**alloggiare**  to lodge, to stay
**ringraziare**  to thank
**salutare**  to greet
**trasferirsi**  to move

### Altre parole ed espressioni

**coraggio!**  cheer up!
**ormai**  by now

**avere in mente**  to have in mind
**in cerca di**  in search of
**mi fa piacere**  it pleases me
**morire di sonno**  to be very sleepy
**perdere tempo**  to waste time
**per fortuna**  fortunately
**più ... di**  more . . . than
**tanto ... quanto**  as . . . as

**Pratica**

**A.** Supponga di avere preso in affitto un appartamento a Bologna. Sua madre (suo padre, un amico, un'amica) vuole sapere com'è l'appartamento. Telefoni a sua madre, le racconti com'è stato difficile trovarlo, le dica dove si trova e glielo descriva.

**B.** Immagini di abitare in un bell'appartamento che desidera subaffittare *(sublet)* per i mesi di luglio ed agosto. Prepari un annuncio da mettere sul giornale, usando alcune delle espressioni apparse *(that appear)* negli annunci a pagina 314.

---

## NOTA CULTURALE

### I giornali italiani

In Italia la stampa[1] è il principale mezzo d'informazione, nonostante la concorrenza[2] della radio e della televisione. Alcuni giornali sono indipendenti, ma molti sono finanziati da enti statali[3], banche, organizzazioni cattoliche e partiti politici. Ogni grande città italiana ha il suo quotidiano[4] ed in alcune città si stampa[5] più di un quotidiano. A Roma, per esempio, si pubblicano cinque importanti giornali: *Il Messaggero, Paese Sera, La Repubblica, L'Unità,* ed *Il Tempo.* Due dei giornali italiani più autorevoli[6] sono *Il Corriere della Sera,* di Milano e *La Stampa,* di Torino.

Oggi sono molto diffuse[7] anche le riviste illustrate settimanali che sono pubblicate quasi tutte a Milano. Le più note sono quelle di attualità e varietà[8] come *L'Europeo, Gente, Oggi* ed *Epoca,* e quelle femminili come *Grazia, Annabella* ed *Amica.* Fra le riviste politiche, d'opinione e di cultura ci sono *L'Espresso* e *Panorama,* che svolgono[9] una funzione di critica del costume[10] e di formazione etico-politica.

*Tipica edicola di giornali in Italia*

1. press   2. competition   3. state institutions   4. daily newspaper   5. is published   6. authoritative   7. widespread   8. variety   9. perform   10. customs

## Pronuncia
Il suono /l/

English /l/ is pronounced further back in the mouth than Italian /l/. Italian /l/ is made with the tip of the tongue pressed against the gum ridge behind the upper front teeth. The back of the tongue is lowered somewhat. The sound /l/ is spelled **l** or **ll**.

**A.** Ascoltare l'insegnante e ripetere le seguenti parole.

| /l/ = l | | /l/ = ll | |
|---|---|---|---|
| lontano | altra | bello | alla |
| latte | gentile | allegro | della |
| letto | pulire | allora | nella |
| leggere | colore | velluto | giallo |
| lettera | elegante | quelli | fratello |

**B.** Leggere ad alta voce le seguenti frasi e fare attenzione alla pronuncia delle lettere *l* e *ll*.

1. Antonella legge la lettera.
2. Paola compra una gonna lunga di velluto blu.
3. Allora, sei andato a Palermo?
4. L'appartamento di Lisa è bello.

**C. Proverbi** Leggere ad alta voce i seguenti proverbi e poi dettarli ad un altro studente o ad un'altra studentessa.

**Ad ogni uccello il suo nido è bello.**
There's no place like home.

**L'abito non fa il monaco.**
Clothes don't make the man.

CUCINE COMPONIBILI
Viale dei Quattro Venti, 48/54
Tel. 5803998 - 5890514
00152 ROMA

# Ampliamento del vocabolario

## I. La casa

Le stanze

1. **la camera da letto**  bedroom
2. **la cucina**  kitchen
3. **la sala da pranzo**  dining room
4. **il bagno (la stanza da bagno)**
   bathroom
5. **il salotto**  living room
6. **lo studio**  study, den

Altre parti della casa

7. **la soffitta**  attic
8. **la cantina**  cellar
9. **le scale**  stairs
10. **il camino**  fireplace
11. **la parete**  wall
12. **il soffitto**  ceiling
13. **il pavimento**  floor

Fuori della casa

14. **il garage**  garage
15. **il giardino**  garden
16. **il cortile**  courtyard

**A.**   Rispondere alle seguenti domande personali.

1. Quante stanze ci sono nella sua casa?
2. Faccia un elenco delle stanze della sua casa.
3. Dove mangia di solito, in cucina o in sala da pranzo? E quando ha invitati, dove mangia?
4. C'è un giardino intorno *(around)* alla sua casa?
5. Dove studia e fa i compiti?
6. Dove guarda la televisione? Dove ascolta la radio?
7. Dove si lava?

**B.**   Disegni la sua casa ideale, indicando ogni stanza con il proprio nome.

## II. I mobili e gli elettrodomestici

I mobili

**l'armadio**   armoire, wardrobe
**il comò**   chest of drawers
**la credenza**   sideboard
**il divano**   sofa
**il guardaroba**   closet
**la lampada**   lamp
**il letto**   bed
**la poltrona**   armchair
**il quadro**   painting
**lo scaffale**   bookshelf
**la scrivania**   desk

**lo specchio**   mirror
**il tavolo**   table
**il tappeto**   rug
**la tenda**   curtain

Gli elettrodomestici

**l'aspirapolvere** *(m.)*   vacuum cleaner
**l'asciugatrice** *(f.)*   clothes dryer
**il ferro da stiro**   iron
**il frigorifero**   refrigerator
**la lavastoviglie**   dishwasher
**la lavatrice**   washing machine

**C.**   Rispondere alle seguenti domande personali.

1. Che cosa c'è sulle pareti della sua stanza? E sul pavimento?
2. Che cosa mette nella lavastoviglie?
3. Di che colore sono i mobili della sua stanza? E le pareti?
4. Quali articoli di vestiario ci sono nel suo guardaroba?
5. Quante lampade ci sono nella sua stanza? Dove sono?
6. Quali cibi ci sono nel suo frigorifero?
7. Quante volte alla settimana usa la lavatrice e l'asciugatrice? E quante volte l'aspirapolvere?

**D.**   Immagini di avere appena comprato una nuova casa e di doverla arredare *(decorate)*. Nella fattura a pagina 321, indichi quali mobili e elettrodomestici ha comprato per renderla comodamente abitabile.

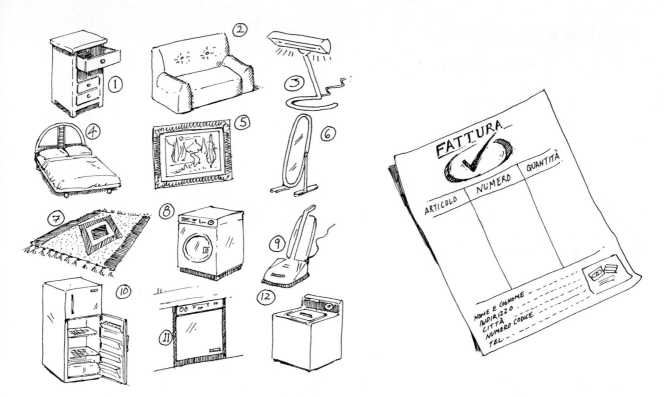

**E.** Completare le seguenti frasi con i nomi di mobili o elettrodomestici appropriati.

1. Il pavimento del salotto di Mario non è troppo bello. Vuole coprirlo *(cover it)* con un _____ .
2. Lo studio di Cristina è bello e spazioso, ma non c'è né un posto *(place)* dove studiare né un posto dove mettere i libri. Dovrà comprare una _____ e uno _____ .
3. Ho comprato latte, burro, frutta e verdura. Metto tutto nel _____ .
4. Paola, le pareti della tua stanza sono così nude! Perché non acquisti uno o due _____ ?
5. Angela, lasci sempre il cappotto, l'impermeabile ed i vestiti sulle sedie. Perché non li metti nell' _____ ?
6. La festa di ieri sera è stata divertente, ma adesso Angela ha molti piatti da lavare. Li mette tutti nella _____ .
7. Oggi Antonio ha lavorato molto ed ora sta morendo di sonno. Vuole andare a _____ .
8. Io e Carlo siamo appena tornati dal mare ed abbiamo un bel po' di indumenti da lavare. Mettiamo tutto nella _____ .

# Struttura ed uso

## I. Comparativo d'uguaglianza

Mio marito è forte **come** un leone.

1. Comparisons of equality (**il comparativo d'uguaglianza**) of *adjectives*
   and *adverbs* may be expressed in Italian with the patterns **così ...
   come** or **tanto ... quanto**. **Così** and **tanto** are often omitted. Note that
   when the second part of the comparison contains a pronoun, the
   disjunctive form is used.

   | | |
   |---|---|
   | Il salotto è (**così**) **grande come** lo studio. | The living room is *as big as* the study. |
   | Il portiere è (**tanto**) **paziente quanto** Michele. | The doorkeeper is *as patient as* Michele. |
   | Paola cammina (**così**) **lentamente come** Carlo. | Paola walks *as slowly as* Carlo. |
   | Guido (**tanto**) **velocemente quanto** te. | I drive *as fast as* you. |

2. Comparisons of equality of *nouns* and *verbs* are expressed with the
   pattern **tanto (tanti, tanta, tante) ... quanto**. In comparisons of equality of nouns, **tanto** and **quanto** agree with the nouns they modify.
   **Quanto** is invariable before *pronouns* and *proper names*.

   | | |
   |---|---|
   | Nina ha **tanti libri quanti** quaderni. | Nina has *as many books as* notebooks. |
   | Io ho **tanto sonno quanto** lei. | I'm *as sleepy as* you are. |
   | Dino **ha tanta fame quanto** Maria. | Dino is *as hungry as* Maria is. |
   | Luigi studia (**tanto**) **quanto** Silvio. | Luigi studies *as much as* Silvio. |

**A.** Adriana descrive a Mariella le caratteristiche di alcuni parenti e conoscenti. Assumere il ruolo di Adriana, facendo il paragone *(making a comparison)* con l'uso di *(tanto) ... quanto* o *(così) ... come.*

▶ Mario / intelligente / Michele    *Mario è (tanto) intelligente quanto Michele.*
*Mario è (così) intelligente come Michele.*

1. Laura / alto / Maria
2. Luigi / nervoso / Massimo
3. il signor Toselli / ricco / la signora Coletti
4. Stefano / allegro / Nicola
5. mia cugina / grasso / Adriana
6. Franco e Marisa / fortunato / noi
7. tuo fratello / cortese / tua sorella
8. mio zio / povero / il nonno di Antonio

**B.** Dire che le seguenti persone fanno le cose allo stesso modo, usando il comparativo d'uguaglianza *(tanto) ... quanto* o *(così) ... come.*

▶ Roberto e Riccardo:    *Roberto cammina (così)*
camminare lentamente    *lentamente come Riccardo.*

1. Giorgio e suo fratello: guidare velocemente
2. lo zio e la zia: scrivere spesso ai nipoti
3. Giulia e sua sorella: svegliarsi presto
4. Lisa e Maria: studiare diligentemente
5. Stefano e Arturo: leggere attentamente
6. Tu e Silvio: andare frequentemente in biblioteca

**C.** Completi le frasi dicendo che lei possiede *(own)* questi oggetti, usando il comparativo d'uguaglianza.

▶ cravatte / camicie    *Ho tante cravatte quante camicie.*

1. giacche / cappotti
2. calze / calzini
3. maglie / gonne
4. vestiti / cappelli
5. scarpe / borse
6. camicette / impermeabili
7. guanti / scarpe
8. pantaloni / cravatte

## II. Comparativo di maggioranza e di minoranza

Queste cascate sono **meno spettacolari di** quelle del Niagara!

1. Comparisons of inequality (**il comparativo di maggioranza e di minoranza**) refer to *two different subjects* and are formed with the patterns **più (...) di** or **meno (...) di**. The comparisons may contain adjectives, adverbs, nouns, or pronouns. When the second part of the comparison is a pronoun, the disjunctive form is used.

| | |
|---|---|
| Bologna è **più grande di** Cagliari. | Bologna *is bigger than* Cagliari. |
| Laura ascolta **meno attentamente di** me. | Laura listens *less attentively than* I do. |
| Ho **più tempo di** Mauro. | I have *more time than* Mauro does. |
| Tu hai **meno soldi di** me. | You have *less money than* I do. |

2. **Più di** and **meno di** are used in comparisons with cardinal numbers.

| | |
|---|---|
| Abbiamo visto **più di venti** appartamenti. | We saw *more than twenty* apartments. |
| Ci sono **meno di dieci** studenti qui. | There *are fewer than ten* students here. |

3. The preposition **di** contracts with a definite article that modifies a noun in the second part of a comparison.

| | |
|---|---|
| Maria è **più alta della signorina Toscani**. | Maria is *taller than Miss Toscani*. |

4. **Che** is used instead of **di** when two adjectives pertaining to *the same subject* are compared, or when there is a comparison between two nouns pertaining to the same subject.

| | |
|---|---|
| Sono **più alto che grasso**. | I am *taller than (I am) fat*. |
| Hai **più iniziativa che denaro**. | You have *more initiative than money*. |

**D.** Rosa paragona persone e cose. Assumere il ruolo di Rosa, usando l'espressione *più ... di* per le frasi 1–5 e l'espressione *meno ... di* per le frasi 6–10.

▶ Filippo / intelligente / Roberto    *Filippo è più intelligente di Roberto.*

1. Francia / grande / Austria
2. Carlo / fortunato / lei
3. mia sorella / simpatico / te
4. il professore / gentile / lui
5. l'ingegner Dini / energico / il dottor Celli

▶ Luisa / magro / me    *Luisa è meno magra di me.*

6. la nostra casa / elegante / tua
7. questa rivista / interessante / quel giornale
8. Franco / povero / Roberto
9. Luisa / giovane / me
10. Mario / silenzioso / sua sorella

**E.** Paragonare Marcello e Sandro, usando *più ... di* o *meno ... di* e l'avverbio indicato.

▶ guidare velocemente    *Marcello guida più velocemente di Sandro.*
    *Sandro guida meno velocemente di Marcello.*

1. scrivere frequentemente    4. vestirsi elegantemente
2. camminare lentamente       5. alzarsi tardi
3. parlare chiaramente        6. ascoltare pazientemente

**F.** Trasformare le seguenti frasi, usando alternativamente il comparativo di maggioranza e di minoranza, secondo l'esempio.

▶ Oggi ho letto otto annunci sul giornale.    *Ieri ho letto più di (meno di) otto annunci sul giornale.*

1. Domani vedrò sei appartamenti.
2. Stasera vado a comprare cinque giornali.
3. Sabato prossimo scriverò tre lettere.
4. L'anno prossimo comprerò sette camicie.
5. Ogni mese ricevo tre pacchi dai miei genitori.
6. Oggi ho studiato due ore.

**G.** Esprimere la propria opinione sulle seguenti cose e persone, usando la forma appropriata del comparativo, secondo l'esempio.

▶ storia / noioso / filosofia  *La storia è più (meno) noiosa della filosofia.*

1. chimica / difficile / matematica
2. cucina / piccolo / salotto
3. tennis / divertente / calcio
4. lasagne / buono / spaghetti
5. cinema / interessante / teatro
6. appartamento / comodo / casa
7. portiere / simpatico / Michele
8. macchine tedesche / costoso / macchine americane

**H.** Rispondere alle seguenti domande, usando la forma appropriata del comparativo.

▶ Hai sete e fame?  *Ho più (meno) sete che fame.*

1. Ci sono tappeti o quadri in quell'appartamento?
2. In salotto ci sono sedie e poltrone?
3. Hai cugini o cugine?
4. Tua sorella preferisce indossare gonne o pantaloni?
5. Mangiate prosciutto o formaggio?
6. Hanno comprato dischi o riviste?

## III. Tempi progressivi

— Che cosa **fai**?
— **Sto imparando** a cucinare.

1. As you know, Italian often uses the present and imperfect tenses to express ongoing actions in situations in which English uses a progressive tense.

> **Discutono** di politica.      *They're discussing* politics.
> **Fa** colazione.      *He's eating* breakfast.
>
> **Dormivamo** quando sono entrati.      *We were sleeping* when they came in.
> **Scrivevo** mentre **leggevi**.      *I was writing* while *you were reading.*

Italian also has a set of progressive tenses which "zero in" more specifically on an ongoing action. The progressive tenses are used when the speaker wants to stress that an action is (was) going on at the moment of speaking.

> *Present progressive:*    — Cosa **stai facendo?**    — What *are you doing?*
>    — **Sto leggendo** il giornale.    — *I'm reading* the newspaper.
>
> *Past progressive:*    — Cosa **stavi facendo** ieri quando ho telefonato?    — What *were you doing* yesterday when I telephoned?
>    — **Stavo studiando.**    — *I was studying.*

2. The progressive tenses are made up of **stare** plus the **-ando** or **-endo** form of the verb. The **-ando** forms are attached to the infinitive stem of **-are** verbs. The **-endo** forms are attached to the infinitive stem of **-ere** and **-ire** verbs.

| | | |
|---|---|---|
| **-are** | studiare | **sto studiando,** ecc. |
| **-ere** | leggere | **sto leggendo,** ecc. |
| **-ire** | partire | **sto partendo,** ecc. |

3. The following chart shows the complete conjugation of the present and past progressive of **studiare**.

| | Present progressive | Past progressive |
|---|---|---|
| io | sto studiando | stavo studiando |
| tu | stai studiando | stavi studiando |
| lui/lei | sta studiando | stava studiando |
| noi | stiamo studiando | stavamo studiando |
| voi | state studiando | stavate studiando |
| loro | stanno studiando | stavano studiando |
| | *I'm studying, you're studying, etc.* | *I was studying, you were studying, etc.* |

**4.** Object and reflexive pronouns may precede **stare** or they may follow and be attached to the **-ando** or **-endo** form of the main verb.

> Paolo **la sta guardando**.    Marco **si sta vestendo**.
> Paolo **sta guardandola**.    Marco **sta vestendosi**.

**I.**  Dica ad un amico cosa sta facendo in questo momento, usando il presente progressivo.

> ▶  guardare la televisione    *Sto guardando la televisione.*

1. ascoltare la radio
2. giocare a tennis
3. leggere una rivista
4. bere un tè freddo
5. scrivere una lettera
6. finire i compiti
7. parlare al telefono
8. discutere con Michele

**J.**  Trasformare le seguenti frasi, usando il passato progressivo.

> ▶  Tu lavoravi.    *Tu stavi lavorando.*

1. I ragazzi mangiavano.
2. Giulio cercava la sua amica.
3. Giancarlo e Tommaso tornavano dall'università.
4. Le signorine Battistini facevano colazione.
5. Pietro cercava lavoro.
6. Tu e Luigi facevate una passeggiata.
7. I bambini giocavano nel parco.
8. Le ragazze preparavano gli spaghetti alla carbonara.

**K.**  Rivolgere queste domande ad un altro studente o ad un'altra studentessa che risponderà, usando i pronomi nelle risposte.

> ▶  Guardi la televisione?    *Sì, la sto guardando.*
> *Sì, sto guardandola.*

1. Cerchi quel libro?
2. Leggi il giornale?
3. Ti diverti?
4. Aspetti il treno?
5. Ti prepari per uscire?
6. Ti alzi adesso?
7. Telefoni al tuo amico?
8. Prendi lo zaino?

**L.**  Chiedere ad un altro studente o ad un'altra studentessa cosa stava facendo sabato scorso alle otto, alle dieci, ecc. Usare il passato progressivo.

> ▶  S1: *Cosa stavi facendo sabato scorso alle dieci?*
> S2: *Stavo giocando a tennis.*

**M.**  Dire cosa stanno facendo le persone nella fotografia a pagina 317.

## IV. Trapassato prossimo

**Hai detto che avevi** già **visto** una cosa del genere?!

1. The pluperfect (**il trapassato prossimo**) is formed by using the imperfect of **avere** or **essere** plus the past participle. The past participle agrees with the subject when the verb is conjugated with **essere**.

| | |
|---|---|
| **Avevano mangiato** la torta? | Had they eaten the cake? |
| Quando **erano arrivati**? | When had they arrived? |

2. Here are the forms of the pluperfect of **studiare** (conjugated with **avere**) and **arrivare** (conjugated with **essere**).

| | studiare | arrivare |
|---|---|---|
| io | avevo studiato | ero arrivato/a |
| tu | avevi studiato | eri arrivato/a |
| lui/lei | aveva studiato | era arrivato/a |
| noi | avevamo studiato | eravamo arrivati/e |
| voi | avevate studiato | eravate arrivati/e |
| loro | avevano studiato | erano arrivati/e |
| | *I had studied, you had studied, etc.* | *I had arrived, you had arrived, etc.* |

**3.** The pluperfect is used to express or report an action in the past that *had taken place* before another past event. The past event may be expressed in the present perfect or imperfect.

— Che ti ha detto Enrico?
— Mi ha detto che ha trovato i biglietti che **avevo perso** la settimana scorsa.

— Hai chiesto a che ora sono partiti?
— No. Sapevo che **erano partiti** alle dieci.

— What did Enrico tell you?
— He told me that he found the tickets he *had lost* last week.

— Did you ask at what time they left?
— No. I knew they *had left* at ten.

**N.** Immagini di essere stato/a una settimana a Roma. Costruisca con gli elementi dati frasi negative, usando il trapassato prossimo.

▶ vedere tante fontane     *Non avevo mai visto tante fontane prima di allora.*

1. camminare tanto
2. vedere tante chiese
3. mangiare tanto gelato
4. conoscere tanti giovani italiani
5. incontrare tanti stranieri
6. fare tante passeggiate

**O.** Dica che le seguenti cose erano già successe quando lei è arrivato/a a casa della sua amica Beatrice.

▶ Beatrice preparava il dolce?     *No, lo aveva già preparato.*

1. La sorellina faceva i compiti?
2. La madre usciva per andare dalla sarta?
3. Suo padre andava a lavorare?
4. Beatrice telefonava agli amici?

5. Beatrice cucinava gli spaghetti?
6. Suo fratello usava il computer?
7. Beatrice puliva il salotto?
8. La nonna metteva i piatti nella lavastoviglie?

**P.** Completare il seguente brano con la forma appropriata del trapassato prossimo dei verbi fra parentesi.

Angela (scrivere) una lettera a sua madre e le (dire) che lei e Luisa (arrivare) a Firenze dove (pensare) di rimanere altri due mesi per conoscere meglio la città. All'inizio (avere) intenzione di prendere in affitto un appartamentino al centro della città. Quindi (andare) in giro ogni giorno, (vedere) molti appartamenti, ma non (trovare) quello che cercavano. Dopo un po' di giorni di inutile ricerca (decidere) che era meglio non perdere più tanto tempo. Quindi, a malincuore *(reluctantly)*, (decidere) di andare a stare in una piccola pensione.

**A lei la parola**

1. Deny that you are looking for an ad in the newspaper at this moment.
2. Indicate the size of your bedroom by saying that it is as big as your living room.
3. Compare your desk with your brother's, saying that yours is larger than his.
4. Clarify to a friend that when he phoned last night you were not watching a certain television program because it was quite boring.
5. Inquire if your grandparents stayed in a *pensione* when they were visiting their relatives in Italy.

# Attualità

## *Le università italiane*

In Italia ci sono molte università, in media° una o due per ogni regione. La maggior parte delle università italiane sono controllate dallo stato, mentre altre sono private. Milano, per esempio, oltre° alle due università statali ne° ha due private: l'Università Commerciale Luigi Bocconi e l'Università Cattolica del Sacro Cuore. In Italia ci sono alcune delle università più antiche d'Europa, come l'Università di Bologna fondata nel 1158, e l'Università di Padova, fondata nel 1221. Tutte le università italiane sono urbane e generalmente non esiste il "campus" universitario come negli Stati Uniti. Non esistono dormitori sotto la direzione universitaria, ma gli studenti vivono indipendentemente, benché° l'università sia° il centro delle loro attività intellettuali, politiche e sociali.

*(margin glosses)*
on the average
besides
of them
although / is

## Conosce Siena?

Siena è la città dove a luglio e ad agosto di ogni anno, ha luogo il Palio
che si svolge nella splendida Piazza del Campo. Il Palio, che è una
corsa° di cavalli a cui partecipano i rappresentanti delle diciassette       race
contrade° cittadine con i loro bellissimi costumi folcloristici, è una        districts
delle manifestazioni ippico°-folcloristiche più celebri d'Italia. Un gran     horse
numero di turisti italiani e stranieri è sempre presente ad ogni
manifestazione del Palio di Siena.

**Quanto ricorda?**   Completare le seguenti frasi con una o due parole appropriate.

1. L'Università di ＿＿＿ e l'Università di ＿＿＿ sono due delle più antiche d'Europa.
2. Il Palio ha luogo ogni anno a Siena nella ＿＿＿ .
3. Il Palio è una corsa di ＿＿＿ .
4. In Italia, gli studenti vivono ＿＿＿ perché non esistono dormitori.

*Piazza del Campo di
Siena dove ha luogo il
Palio*

# RIPASSO:   Lezioni 13ª & 14ª

In this section, you will review the following: Conditional (Exercise A);
Interrogative adjectives and pronouns (Exercise B); Comparatives of equality
and inequality (Exercises C–D); Present and imperfect progressive tenses
(Exercises E–F); Pluperfect tense (Exercises G–H); Adverbs of manner in
**-mente** (Exercise I); Vocabulary and expressions (Exercise J)

**A.** Dire cosa vorrebbero fare queste persone e perché non possono farlo,
usando le parole indicate. [*Conditional*]

▶   Nino / volere mangiare        *Nino vorrebbe mangiare*
un'aragosta / ma non trovare un    *un'aragosta, ma non trova un*
ristorante                         *ristorante.*

1. Aldo / andare in Francia / ma non sapere il francese
2. noi / abitare in Germania / ma non conoscere nessuno lì
3. io / organizzare una festa / ma non avere tempo
4. Marta e Nicola / comprare una macchina / ma non avere denaro

**B.** Preparare dieci domande basate sulla foto a pagina 332. Formulare le prime
cinque domande usando aggettivi interrogativi e formulare le altre cinque
usando pronomi interrogativi. [*Interrogative adjectives and pronouns*]

**C.** Fare il paragone fra le seguenti persone o cose, usando *più* o *meno*, secondo il modello. [*Comparatives of inequality*]

▶   magro (i ragazzi / le        *I ragazzi sono più (meno) magri delle*
ragazze)                         *ragazze.*

1. alto (lo zio / la zia)          4. economico (macchine / moto)
2. timido (gli uomini / le donne)  5. comodo (l'autobus / il treno)
3. felice (Maria / Tina)

**D.** Trasformare il comparativo d'uguaglianza in comparativo di maggioranza o
di minoranza. [*Comparatives of equality and inequality*]

▶   La macchina di Roberto è bella    *La macchina di Roberto è più*
come la macchina di Anna.          *bella della macchina di Anna.*

1. Abbiamo tanti libri quanto Luigi.
2. Gloria prepara tanti tortellini quanti ravioli.
3. Ci piace lavorare quanto studiare.
4. Hanno mangiato tanto pesce quanto noi.
5. Hai conosciuto tante persone a Roma quanto a Pescara?
6. Ho messo nel bicchiere tanta acqua quanto vino.
7. Il nostro lavoro è difficile quanto interessante.

**E.** Sulla base delle indicazioni date, costruire frasi usando il presente progressivo. [*Present progressive tense*]

▶ Roberto è al cinema.    *Roberto sta guardando un bel film italiano.*

1. Le impiegate sono in ufficio.
2. Tonio è alla sua scrivania.
3. Io sono in un'agenzia di viaggi.
4. Siamo in biblioteca.

**F.** Lei ha ricevuto telefonate da Luca, Franco, Antonio, Marco e Giulia. Dica cosa stava facendo in quei momenti. [*Imperfect progressive tense*]

▶ *Quando Luca mi ha telefonato, stavo mangiando.*

**G.** Costruire frasi negative, usando il trapassato prossimo dei verbi della lista. [*Pluperfect tense*]

| | | | | |
|---|---|---|---|---|
| leggere | trovare | incontrarsi | andare | comprare |
| vedere | divertirsi | telefonare | entrare | |

▶ *Non avevo mai visto un film tedesco.*

**H.** Costruire frasi interrogative, usando il trapassato prossimo dei verbi dell'esercizio G. [*Pluperfect tense*]

▶ *Ti eri mai divertito così ad una festa?*

**I.** Completare le frasi seguenti con avverbi appropriati che terminano in -*mente*. Usare gli aggettivi della lista per formare gli avverbi. [*Adverbs of manner in -mente*]

| | | | | |
|---|---|---|---|---|
| evidente | immediato | generale | frequente | tradizionale |

1. _____ ascolto la radio quando studio.
2. _____ mangiano nel ristorante "Dante".
3. Vado _____ alla stazione.
4. _____ gli italiani sono molto generosi.
5. _____ i signori Martini non abitano ad Orvieto ora.

**J.** Esprimere in Italiano la seguente conversazione fra Paolo e Franco. [*Vocabulary and expressions*]

**Paolo** Hi, Franco. Would you like to come with me to see my new apartment on Saturday?

**Franco** Why not? Is it bigger than the one you had before?

**Paolo** Yes, bigger and cheaper.

**Franco** But I'm sure that it won't be as quiet as the other.

**Paolo** Generally it's very quiet, even though last Sunday the girl who lives on the floor above me **(al piano di sopra)** was celebrating her birthday with a group of friends!

# LEZIONE 15ª

## Perché suonano il clacson?

*Un vigile dirige il disordinato traffico di Roma.*

Marisa Graziani e sua madre hanno finito di fare le spese nei negozi del centro di Roma. Prendono l'autobus per tornare a casa, ma dopo un po' rimangono bloccate° in un grande ingorgo automobilistico.

*they are stuck*

|  |  |  |
|---|---|---|
| **La signora Graziani** | Conducente, scusi, perché siamo fermi da tanto tempo? Perché l'autobus non va avanti? | |
| **Conducente** | Ma signora, non vede che ci sono automobili dappertutto? | |
| **La signora Graziani** | Non c'è modo di uscire da quest'ingorgo? | |
| **Conducente** | No, deve avere pazienza ed aspettare. Un incidente o un guasto improvviso° possono intasare° le strade in pochi minuti. Se vuole, può scendere qui. | *sudden breakdown*<br>*block* |
| **La signora Graziani** | No, grazie. Siamo ancora molto lontane da casa. | |
| **Marisa** | Ma adesso che fanno? Perché tutti suonano il clacson? | |
| **Un passeggero** | È che dopo un po' d'attesa tutti perdono la pazienza. Suonare all'impazzata° è l'ultima cosa che fanno prima di decidere di lasciare la macchina per strada e continuare a piedi. | *like crazy* |
| **La signora Graziani** | E dire che° non siamo neanche all'ora di punta°. Il traffico di Roma va di male in peggio° e le vie del centro sono le più intasate della città. | *to think that*<br>*rush hour*<br>*from bad to worse* |
| **Una passeggera** | Non si preoccupi, signora. Vedrà che fra poco il traffico si sbloccherà. | |
| **Marisa** | Mamma, perché non scendiamo ed andiamo a piedi? Oppure°, la soluzione migliore sarebbe quella di prendere la metropolitana. | *Or else* |
| **La signora Graziani** | La metropolitana? Peggio che mai°! È sempre piena di gente e poi laggiù io non respiro bene. Tra l'altro sono stanchissima e mi fanno anche male i piedi. È meglio aspettare qui pazientemente. | *Worse than ever* |
| **Marisa** | Come vuoi; tanto non abbiamo più niente da fare e non abbiamo fretta. | |

Line numbers: 5, 10, 15, 20, 25, 30

**Domande generali**

1. Dove sono andate oggi Marisa e sua madre? Perché?
2. Cosa succede mentre sono sull'autobus?
3. Secondo il conducente, cosa può intasare le strade della città?
4. Cosa dice la madre del traffico di Roma?
5. È ottimista o pessimista la passeggera? Che dice?
6. Cosa suggerisce di fare Marisa?
7. Secondo Marisa, quale sarebbe la soluzione migliore?
8. Alla madre di Marisa piace prendere la metropolitana? Perché?

**Domande personali**

1. Quali sono le ore di punta nella sua città o nel suo paese?
2. Cosa causa ingorghi nella sua città?
3. Lei suona all'impazzata quando si trova in un ingorgo? A causa del traffico, ha mai lasciato la macchina per strada?
4. Quando va in centro, va in macchina o in autobus? Cosa fa in centro? In quali negozi preferisce fare gli acquisti?
5. Le piace prendere la metropolitana? Perché?
6. Quali mezzi di trasporto preferisce? Perché?
7. Mentre guida, suona spesso il clacson? Quando lo suona?
8. Ha mai avuto un guasto improvviso? Dove? Si è mai fermato qualcuno ad aiutarla?

**Esercizio di comprensione**

Completare le seguenti frasi basate sul dialogo a pagina 336 con una parola o una frase adatta.

1. In un ingorgo automobilistico tutti suonano _____ .
2. Marisa Graziani e _____ sono andate _____ a fare le spese.
3. L'autobus è bloccato perché _____ .
4. Un _____ o un _____ possono intasare le strade in pochi minuti.
5. Tutti suonano il clacson perché hanno perso _____ .
6. Prima di lasciare la macchina per strada e continuare a piedi, alcuni italiani _____ .
7. Le vie del centro di Roma sono _____ della città.
8. Per Marisa la migliore soluzione sarebbe _____ .
9. La signora Graziani non vuole prendere la metropolitana perché laggiù _____ e si _____ .

## Vocabolario

### Parole analoghe

| | | |
|---|---|---|
| automobilistico/a | il passeggero | la soluzione |
| causare | pazientemente | il traffico |
| la passeggera | | |

### Nomi

**l'attesa** waiting
**il clacson** horn
**il conducente** driver
**il guasto** breakdown
**l'incidente** accident
**l'ingorgo** traffic jam
**la metropolitana** subway

### Aggettivi

**bloccato/a** blocked
**fermo/a** at a standstill
**improvviso/a** sudden
**migliore** better
**ottimista** optimistic
**pessimista** pessimistic
**pieno/a** full
**pochi/e** few
**stanchissimo/a** very tired

### Verbi

**intasare** to block
**lasciare** to leave (behind)

**respirare** to breathe
**sbloccare** to unblock
**sonare** to blow (horn)
**succedere (successo)** to happen

### Altre parole ed espressioni

**avanti** forward, ahead
**dappertutto** everywhere
**laggiù** down there
**meglio** better
**tanto** anyway

**a causa di** because of
**all'ora di punta** at rush hour
**di male in peggio** from bad to worse
**fra poco** shortly, in a little while
**i mezzi di trasporto** means of
　transportation
**non c'è modo** there is no way
**non si preoccupi** don't worry
**peggio che mai** worse than ever
**per strada** on the street
**tra l'altro** besides

## Pratica

**A.** Marisa ha appena ottenuto *(obtained)* la patente di guida. I suoi genitori le permettono di usare la macchina di famiglia per andare a fare le spese nel centro di Roma con la sua amica Elena. È l'ora di punta, c'è molto traffico e subito tutto è fermo. Comporre un dialogo appropriato fra Marisa ed Elena.

**B.** Raccontare cosa è successo a Marisa ed a sua madre il giorno in cui sono rimaste bloccate sull'autobus a causa di un ingorgo automobilistico. Cominciare il riassunto così:

▶ *Ieri pomeriggio Marisa e sua madre sono andate in centro per fare le spese. Per tornare a casa, ...*

## NOTA CULTURALE

### I mezzi di trasporto nelle città italiane

Il mezzo di trasporto più diffuso in Italia è oggi l'automobile. Se nei decenni scorsi la bicicletta e la motocicletta sono state usate moltissimo per lavoro e divertimento, l'attuale sviluppo dell'industria automobilistica ha notevolmente cambiato le cose. Sebbene i giovani usino ancora moto e motorini, l'automobile rimane sempre il mezzo principale di trasporto. Nelle grandi città però, i mezzi pubblici come autobus e tram[1] permettono di spostarsi[2] facilmente.

Con lo sviluppo della motorizzazione è arrivato però anche l'ingorgo automobilistico. Salvo rare eccezioni[3], al centro della città le strade sono strette[4] ed irregolari, gli antichi palazzi sono addossati[5] l'uno sull'altro e c'è un eccessivo numero di mezzi pubblici e privati. Tutto ciò contribuisce a creare ingorghi che durano[6] anche alcune ore. Per risolvere questa situazione, le amministrazioni comunali[7] hanno cercato varie soluzioni. A Roma, a Milano ed a Torino la costruzione della metropolitana ha dato un notevole respiro[8] al traffico cittadino.

*Persone che aspettano pazientemente l'arrivo dell'autobus*

1. streetcar    2. to move from one place to another
3. With rare exceptions    4. narrow    5. huddled    6. last
7. municipal    8. respite

## Pronuncia
### Il suono /**kw**/

The sound /kw/, as in **quando,** is always spelled **qu**. It occurs before the vowels **a, e, i,** and **o**.

**A.** Ascoltare l'insegnante e ripetere le seguenti parole.

| | | | |
|---|---|---|---|
| **qu**aderno | **qu**elli | **qu**indici | **qu**ota |
| **qu**ando | **qu**esto | **qu**i | **qu**otazione |
| ac**qu**a | **qu**ello | li**qu**ido | **qu**otidiano |
| **qu**ali | **qu**estione | ac**qu**istare | **qu**orum |

**B.** Leggere ad alta voce le seguenti frasi, facendo attenzione alla pronuncia della combinazione delle lettere *qu*.

1. Qui ci sono quindici quaderni.
2. Quanto costa questo libro?
3. Beve acqua o qualche altra cosa?
4. Quali libri hai acquistato?

**C. Proverbi** Leggere ad alta voce i seguenti proverbi e poi dettarli ad un altro studente o ad un'altra studentessa.

**Quando a Roma vai, fa' come vedrai.**
When in Rome, do as the Romans do.

**Acqua passata non macina più.**
Let bygones be bygones.

# Ampliamento del vocabolario

## I. I mezzi di trasporto

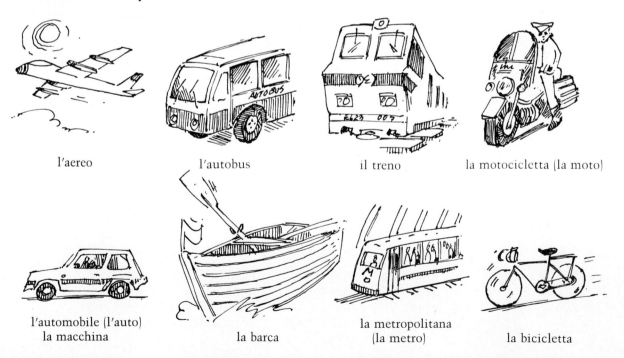

l'aereo

l'autobus

il treno

la motocicletta (la moto)

l'automobile (l'auto)
la macchina

la barca

la metropolitana
(la metro)

la bicicletta

il tassì

il tram

la nave

l'autocarro (il camion)

## Espressioni utili

**andare in vacanza**   to go on vacation
**andare al mare**   to go to the seashore
**andare in montagna**   to go to the
   mountains
**andare in campagna**   to go to the
   country
**andare in macchina (in aereo, in
   autobus, in tram, in treno, in
   moto[cicletta], in barca, in
   bicicletta, in tassì)**   to go by car
(by plane, by bus, by tram, by
train, by motorcycle, by boat, by
bicycle, by taxi)
**andare con la nave**   to go by boat
**andare a piedi**   to go on foot
**prendere la metro(politana)**   to take
   the subway

**A.**   Rispondere alle seguenti domande personali.

1. Ci sono montagne vicino alla sua città o al suo paese? C'è il mare?
2. In quale stagione dell'anno e con quale mezzo di trasporto va in montagna o al mare?
3. Per andare da Roma a Milano, userebbe il treno, la macchina o l'aereo? Perché?
4. La bicicletta è un mezzo di trasporto per lei? La usa per andare al liceo o all'università o a lavorare?
5. C'è la metropolitana nella sua città? Ha mai viaggiato in metropolitana? Dove? Che pensa della metropolitana?
6. Qual è il miglior mezzo di trasporto per andare dal suo paese in Italia?

**B.**   Dopo avere letto ciascuna frase, suggerire il mezzo di trasporto più adatto.

▶   Lei è a casa e deve andare al
centro, ma la sua macchina è
dal meccanico.

*Prendo la metropolitana o
vado in autobus.*

1. Un bambino desidera andare a vedere il suo amico che abita non molto lontano da casa sua.
2. Un vecchio non sta bene e deve andare all'ospedale. Abita da solo in un piccolo appartamento, ma ha il telefono.
3. La signora Baldini è a Boston e deve tornare a Milano domani.
4. Lei deve andare da Roma a Venezia. Ha molto tempo libero, però non vuole guidare.
5. Il signor Marchesi è all'aeroporto. È tornato dall'Inghilterra e sua moglie non è lì ad aspettarlo con la macchina.

## II. Mestieri, professioni ed altre occupazioni

Luigi è **attore** e Silvia è **attrice**.

1. Many nouns referring to trades, professions, and other occupations have a regular masculine and feminine form.

| | |
|---|---|
| **il cuoco** (male) cook | **la cuoca** (female) cook |
| **l'impiegato** (male) clerk | **l'impiegata** (female) clerk |
| **l'operaio** (male) blue-collar worker | **l'operaia** (female) blue-collar worker |
| **il sarto** tailor | **la sarta** dressmaker |

2. Some masculine nouns that end in **-tore** have a feminine form that ends in **-trice**.

| | |
|---|---|
| **l'attore** actor | **l'attrice** actress |
| **il direttore** (male) manager; headmaster | **la direttrice** (female) manager; headmistress |
| **il lavoratore** (male) worker | **la lavoratrice** (female) worker |
| **lo scrittore** (male) writer | **la scrittrice** (female) writer |

3. Some masculine nouns form the feminine by dropping the final vowel and adding **-essa**.

| | |
|---|---|
| **il dottore**  (male) doctor | **la dottoressa**  (female) doctor |
| **il professore**  (male) professor | **la professoressa**  (female) professor |
| **lo studente**  (male) student | **la studentessa**  (female) student |

4. Some masculine nouns that end in **-ista, -ente,** or **-ante** can be feminine or masculine depending on the context.

| | |
|---|---|
| **il/la dentista**  dentist | **l'agente**  agent |
| **l'elettricista**  electrician | **il/la dirigente**  executive |
| **il/la farmacista**  pharmacist | **il/la cantante**  singer |
| **il/la giornalista**  journalist | **il/la negoziante**  shopkeeper |
| **il/la musicista**  musician | |
| **il/la pianista**  pianist | |
| **il/la regista**  film director | |

5. Some nouns have only a masculine or only a feminine form.

| *Masculine form only* | *Feminine form only* |
|---|---|
| **l'architetto**  architect | **la casalinga**  homemaker |
| **l'avvocato**  lawyer | **la colf** (*shortened form for* |
| **il banchiere**  banker | **collaboratrice familiare***)*  domestic |
| **il falegname**  carpenter | help (*familiar*) |
| **l'idraulico**  plumber | **la donna d'affari**  businesswoman |
| **il meccanico**  mechanic | |
| **il medico**  doctor | |
| **il muratore**  mason | |
| **l'uomo d'affari**  businessman | |

Espressioni utili

| | |
|---|---|
| **che lavoro fa (fai)?**  what work do you do? | **faccio il meccanico (l'avvocato)**  I'm a mechanic (lawyer) |
| **che mestiere fa (fai)?**  what trade do you have? | **scegliere una professione o un'occupazione**  to choose a profession or occupation |
| **esercitare (svolgere) un mestiere o una professione**  to practice a skilled craft or a profession | |

**C.**  Rispondere alle seguenti domande personali.

1. Vuole esercitare una professione o fare un mestiere quando finisce il liceo o l'università?
2. Quale professione o quale mestiere della lista a pagine 342–343 le piacerebbe esercitare?

3. Quale professione o quale mestiere esercita suo padre? suo fratello? suo zio?
4. Sua madre svolge una professione o un mestiere? E sua sorella? E sua zia?
5. Secondo lei, le donne devono esercitare una professione o un mestiere? Perché?

**D.** Indicare qual è l'occupazione o professione appropriata di queste persone.

▶ Giancarlo lavora in un ufficio.    *È impiegato/direttore/dirigente.*

1. Il signor Conti costruisce edifici.
2. Raffaele aggiusta i motori delle auto.
3. Franca scrive per un giornale.
4. Giorgio lavora in una fabbrica.

5. Vittorio vende e compra prodotti.
6. Luisa lavora in un ospedale.
7. Elena vende medicine.
8. Il signor Bertini interpreta personaggi diversi nei film.

# Struttura ed uso

## I. Il superlativo relativo degli aggettivi

La giraffa è certamente **la più alta** di tutti noi.

1. The superlative (**il superlativo relativo**) of adjectives is used to compare person(s) or thing(s) to other persons or things. In Italian the superlative is formed by using **il (la, i, le) più ... di** or **il (la, i, le) meno ... di**. **Di** contracts with the definite articles in the usual prepositional contractions.

| | |
|---|---|
| Silvio è **il più alto del** gruppo. | Silvio is *the tallest of the* group. |
| Teresa è **la meno alta del** gruppo. | Teresa is *the shortest of the* group. |
| Milano e Torino sono **le città più industriali** d'Italia. | Milano and Torino are *the most industrialized cities in* Italy. |

2. Sometimes the superlative omits the second element in the comparison. When this happens, **di** is also omitted.

| | |
|---|---|
| Maurizio è l'avvocato più giovane. | Maurizio is the youngest lawyer. |

**A.** Con le parole date, costruire frasi complete che contengono il superlativo relativo, usando *più (+)* o *meno (−)*.

▶ Carla / + bella / tutte    *Carla è la più bella di tutte.*

1. quel programma / − interessante / tutti
2. il fiume Po / + lungo / Italia
3. questa lezione / − facile / tutte
4. quei vestiti / + eleganti / tutti
5. questa strada / − caotica / tutte
6. Via Dante / + stretta / tutte
7. quei palazzi / + alti / Milano
8. Laura / − silenziosa / le sue amiche

**B.** Immagini di essere appena arrivato/a a Firenze e di chiedere all'ufficio turistico dove sono le cose più belle, antiche, ecc. da vedere.

▶ le fontane / bello    *[Signore/Signorina, Signora], dove sono le fontane più belle?*

1. le statue / antico
2. la strada / vecchio
3. i negozi / elegante
4. i monumenti / importante
5. il museo / moderno
6. le chiese / grande
7. le piazze / famoso
8. il mercato / tipico

**C.** Reagire alle seguenti osservazioni di un amico o di un'amica, usando il superlativo e le espressioni *d'Italia* o *della città*.

▶ Questa è una bella fontana.     *Sì, è la fontana più bella della città!*

1. Questi due palazzi sono alti.
2. Questo museo è interessante.
3. Questa è una grande piazza.
4. Queste chiese sono antiche.
5. Questi negozi sono eleganti.
6. Questo è un mezzo di trasporto veloce.

**D.** Trasformare le frasi secondo l'esempio.

▶ Questa bambina è più alta delle altre.     *È la bambina più alta di tutte.*

1. Quel conducente è più nervoso degli altri.
2. Quei tappeti sono più belli degli altri.
3. Questo treno è più veloce degli altri.
4. Quei libri sono più vecchi degli altri.
5. Quella passeggera è più simpatica delle altre.
6. Questi appartamenti sono più comodi degli altri.

## II. Il superlativo assoluto

Questo problema è **difficilissimo**.

1. Unlike the superlative, the absolute superlative (**il superlativo assoluto**) does not compare person(s) or thing(s) to other person(s) or thing(s). It expresses the highest degree possible. The absolute superlative can be formed by adding the suffixes **-issimo (-issima, -issimi, -issime)** to adjectives and **-issimo** to some adverbs, after dropping the final vowel. In English, the absolute superlative is usually expressed with *very* + adjective or adverb.

| Adjective or adverb (minus final vowel) | + suffix | Examples |
|---|---|---|
| bell(o) | -issimo (-a, -i, -e) | **bellissimo (-a, -i, -e)** |
| grand(e) | -issimo (-a, -i, -e) | **grandissimo (-a, -i, -e)** |
| difficil(e) | -issimo (-a, -i, -e) | **difficilissimo (-a, -i, -e)** |
| ben(e) | -issimo | **benissimo** |
| mal(e) | -issimo | **malissimo** |

Questo dipinto è **bellissimo**.　　This painting is *very beautiful.*
Lavoro **moltissimo**.　　I work *very hard.*

2. Adjectives and adverbs in **-co** (**-ca,** etc.) and **-go** (**-ga,** etc.) add an **h** before the suffix **-issimo**.

— Lo zio di Enrico è ricco?　　— Is Enrico's uncle rich?
— Sì, è **ricchissimo**.　　— Yes, he's *very rich.*

— Il Rio delle Amazzoni è un fiume lungo, non è vero?　　— The Amazon is a long river, isn't it?
— Sì, è un fiume **lunghissimo**.　　— Yes, it's a *very long* river.

— Mangi molto?　　— Do you eat a lot?
— No, mangio **pochissimo**.　　— No, I eat *very little.*

3. Adjectives in **-io** (**-ia,** etc.) drop the final vowel **o** or **a** before the suffix **-issimo**.

— È vecchio quel palazzo?　　— Is that palace old?
— Sì, è un palazzo **vecchissimo**.　　— Yes, it's a *very old* palace.

4. The absolute superlative can also be expressed by using the adverbs **molto** and **assai** *(very)* before an adjective and most adverbs.

Quello spettacolo è **molto (assai) noioso**.　　That show is *very boring.*
Sandra parla **assai (molto) lentamente**.　　Sandra speaks *very slowly.*

**E.** Rispondere affermativamente alle seguenti domande usando il superlativo assoluto.

▶ Massimo è nervoso? *Sì, Massimo è nervosissimo!*
*Sì, Massimo è molto nervoso!*

1. I suoi capelli sono lunghi?
2. Quella borsa è vecchia?
3. Tuo padre sta male?
4. Perugia è una città antica?
5. Luca studia poco?
6. Il volo Boston–Roma è comodo?
7. La partita era interessante?

**F.** Rispondere ad ogni domanda, usando la forma del superlativo assoluto dell'aggettivo.

▶ Quella strada è stretta? *Sì, è strettissima. (Sì, è molto stretta.)*

1. Quello studente è stanco?
2. Questa carne è fresca?
3. Questi dischi sono nuovi?
4. Quel falegname è bravo?
5. Quelle fontane sono belle?
6. Quella città è moderna?
7. Quelle bambine sono curiose?
8. Quell'edificio è grande?

**G.** Indicare che le seguenti persone fanno queste cose in maniera contraria a quella indicata, usando il superlativo assoluto.

▶ Questa bambina parla bene. *No, parla malissimo (molto male).*

1. Quest'operaio guida male.
2. Questo medico lavora molto.
3. Quella sarta cuce bene.
4. Questo muratore lavora poco.

**H.** Preparare tre leggende *(captions)* per i seguenti disegni, usando il superlativo assoluto.

## III. *Comparativi e superlativi irregolari di* buono, cattivo, grande e piccolo

Quest'ingorgo è **peggiore** di quello di ieri!

1. The adjectives **buono, cattivo, grande,** and **piccolo** have both a regular and an irregular form when used in comparative and superlative constructions. They are often interchangeable, although context determines when the regular or irregular forms should be used. The following chart shows the irregular forms.

| Adjective | Comparative | Irregular Superlative | | |
|-----------|-------------|-----------------------|---|---|
| buono | migliore | il | ⎧ migliore | i ⎧ migliori |
| cattivo | peggiore | la | ⎨ peggiore | le ⎨ peggiori |
| grande | maggiore | | ⎨ maggiore | ⎨ maggiori |
| piccolo | minore | | ⎩ minore | ⎩ minori |

| | |
|---|---|
| Luigi è il bambino **più cattivo** della classe. | Luigi is the *worst* child in the class. |
| Quest'ingorgo è **peggiore** di quello di ieri! | This traffic jam is *worse* than yesterday's! |
| Quell'appartamento è il **più piccolo** di tutti. | That apartment is *the smallest* of all. |
| Questa è la **più grande** fontana della città. | This is *the biggest* fountain in the city. |
| Dove sono i **migliori** negozi della città? | Where are the *best* stores in the city? |

**2. Maggiore (il/la maggiore)** and **minore (il/la minore)** can be used in the sense of *older (oldest)* and *younger (youngest)* in reference to age.

Caterina è **maggiore** di sua cugina.     Caterina is *older* than her cousin.
Giuseppe è **il minore** dei fratelli.     Giuseppe is *the youngest* of the brothers.

**3. Buono, cattivo, grande,** and **piccolo** have irregular absolute superlative forms that are commonly used in conversation. They are not always interchangeable with regular superlative absolute forms.

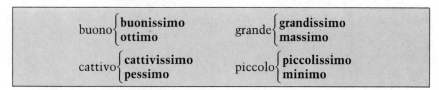

buono { **buonissimo** / **ottimo** }     grande { **grandissimo** / **massimo** }

cattivo { **cattivissimo** / **pessimo** }     piccolo { **piccolissimo** / **minimo** }

Questa torta è **ottima**!     This cake is *excellent*!
Quel vino è **pessimo**.     That wine is *terrible*.
Oggi la temperatura **massima** è 20° C.     Today the *highest* temperature is 20 degrees Celsius.

Qual è stata la temperatura **minima** di ieri?     What was the *lowest* temperature yesterday?

**I.** Formulare frasi complete, usando la forma irregolare appropriata del comparativo degli aggettivi indicati.

▶ Laura / grande / me     *Laura è maggiore di me.*

1. mio cugino / cattivo / tuo cugino
2. tu / piccolo / Luigi
3. i miei amici / buono / i suoi amici
4. mia sorella / grande / la sorella di Carlo
5. i miei fratelli / piccolo / i suoi fratelli
6. voi / cattivo / loro
7. la signorina Speroni / grande / il signor Dini
8. lui / buono / lei

**J.** Completare le seguenti frasi con il superlativo irregolare degli aggettivi indicati.

▶ (grande) Gianni è _____ dei suoi fratelli.     *Gianni è il maggiore dei suoi fratelli.*

1. (buono) Quello studente è _____ della classe.
2. (cattivo) Luigi era _____ di tutti i miei amici.
3. (piccolo) Adriana è _____ delle cugine.

    4. (buono) Questi conducenti sono \_\_\_\_ degli altri.
    5. (grande) Mia sorella Carla è \_\_\_\_ di tutti noi.
    6. (cattivo) Quei giornalisti sono \_\_\_\_ della città.
    7. (piccolo) Tu ed Enrico siete \_\_\_\_ della nostra squadra.

**K.**    Rispondere alle seguenti domande personali.

    1. Chi è il/la maggiore dei suoi fratelli o sorelle? Chi è il/la minore?
    2. Chi è il/la più grande della sua famiglia? Chi è il/la più piccolo/a?
    3. Qual è il migliore programma che ha visto alla televisione la settimana scorsa? Qual è il peggiore?
    4. Secondo lei, chi è il migliore attore americano? Chi è il migliore attore italiano? E la migliore attrice americana? italiana?
    5. Secondo lei, chi è il migliore giocatore di calcio? di baseball? di pallacanestro?

## IV. *Comparativi e superlativi di* bene, male, poco *e* molto

Carlo balla **meglio** di Giulio.

The adverbs **bene, male, poco,** and **molto** have irregular forms when used in comparative constructions that compare person(s) or thing(s) to other person(s) or thing(s).

| Adverb | Comparative |
|--------|-------------|
| bene | **meglio** |
| male | **peggio** |
| molto | **più** |
| poco | **meno** |

— Come sta tua madre oggi?     — How is your mother today?
— Sta **meglio,** grazie.     — She's *better*, thank you.
— Sandra studia **meno di** Gianna.     — Sandra studies *less than* Gianna.
— Mio fratello studia **più di** tutti.     — My brother studies *more than* everyone.

**L.** Paragonare le cose che fanno le persone indicate con quelle che fa Luigi, sostituendo ad ogni avverbio il suo comparativo.

▶   Lisa canta male.    *Lisa canta peggio di Luigi.*

1. Giulio e Caterina nuotano male.
2. Anna e Tina parlano molto.
3. Lisa legge bene.
4. Pietro mangia poco.
5. Elena scrive male.
6. Giorgio gioca bene.

**M.** Affermare l'esatto contrario, seguendo l'esempio.

▶   Enrico lavora meglio di tutti.    *No, Enrico lavora peggio di tutti.*

1. Le giovani hanno risposto peggio di noi.
2. Tu hai parlato meno di lui.
3. Ieri Mario giocava peggio degli altri giocatori.
4. Io e Luigi guidiamo bene.

---

**A lei la parola**

1. Suggest to your friends that it's better to go downtown by subway than by car because there is lots of traffic.
2. Deny that the train is faster than the airplane.
3. Find out which trade is the best to practice today.
4. Report that a mechanic earns *(guadagnare)* more than a musician.
5. Point out that being an actor or an actress is a most interesting profession.

---

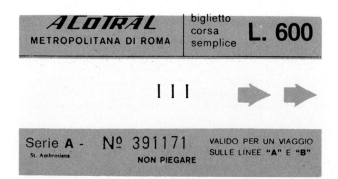

# Comunicare subito!

## *Prendere il treno*

Coping with trains, buses, planes, and other means of transportation in a foreign country is often difficult for foreigners. In this section you'll learn how to ask for and interpret information about how to get around Italy by train.

1. Giancarlo Minelli è a Firenze e desidera andare a Venezia. Una mattina esce dall'albergo e va alla biglietteria della stazione.

| | |
|---|---|
| **Giancarlo** | Scusi, vorrei un biglietto di andata e ritorno° per Venezia. |
| **Impiegato** | Desidera viaggiare in prima o in seconda classe? |
| **Giancarlo** | In seconda classe. Quanto costa il biglietto? |
| **Impiegato** | Sessantamila lire. |
| **Giancarlo** | A che ora arriva il treno a Venezia? |
| **Impiegato** | Alle venti. Ecco il biglietto e buon viaggio. |

round-trip ticket

*Passeggeri in una stazione ferroviaria italiana*

**2.** Kathy Carlson, una studentessa americana in vacanza a Roma, deve andare a Perugia. Ora è all'ufficio informazioni della stazione, e fa delle domande all'impiegato.

| | |
|---|---|
| **Kathy** | Scusi, a che ora parte il treno per Perugia? |
| **Impiegato** | Alle sedici, dal secondo binario°. |
| **Kathy** | Quale treno devo prendere? |
| **Impiegato** | Il direttissimo Roma–Ancona. Alla prima fermata, la stazione di Orte, lei scende e aspetta la coincidenza° con un treno locale che la porterà a Perugia. |
| **Kathy** | Com'è complicato! |
| **Impiegato** | Non si preoccupi, signorina. Il viaggio non è lungo e non avrà nessun problema. |
| **Kathy** | La ringrazio molto°. |
| **Impiegato** | Non c'è di che. Buon viaggio! |

*track* (binario)
*connection* (coincidenza)
*Thanks very much.* (La ringrazio molto.)

**Attività**

Preparare dialoghi appropriati basandosi sulle conversazioni riportate sopra e sulla lista del vocabolario in basso.

**A.** Immagini di essere a Roma e di volere andare a Parigi. Si rechi *(you go)* presso un'agenzia di viaggi per prenotare una cuccetta nel vagone letto del treno Roma–Parigi.

**B.** Supponga di essere sul treno Bologna–Milano e di parlare con una persona nel suo scompartimento. Lei chiede il permesso di aprire il finestrino.

**Vocabolario utile**

**l'arrivo**  arrival
**il bagaglio**  luggage
**la biglietteria**  ticket office
**il biglietto di andata**  one-way ticket; **il biglietto di andata e ritorno**  round-trip ticket
**il binario**  track
**la (prima, seconda) classe**  (first, second) class
**la coincidenza**  connection
**la cuccetta**  berth
**il deposito bagagli**  baggage room
**l'entrata**  entrance
**la ferrovia**  railroad
**il finestrino**  (train) window
**la galleria**  tunnel

**l'orario ferroviario**  train schedule
**la partenza**  departure
**il posto (riservato)**  (reserved) seat
**la sala d'aspetto**  waiting room
**lo scompartimento (per fumatori)**  (smoking) compartment
**la stazione ferroviaria**  train station
**il treno diretto (direttissimo)**  direct (express) train; **il treno locale**  local train; **il rapido**  rapid train
**l'ufficio informazioni**  information office
**l'uscita**  exit
**il vagone letto (ristorante)**  sleeping (dining) car

# LEZIONE 16ª

## Il telegiornale

*Un annunciatore del telegiornale di RAI-DUE*

Sono le venti ed i signori Cristini sono seduti in salotto davanti al televisore ad ascoltare le ultime notizie.

**Annunciatore**   Buona sera! Queste sono le principali notizie di oggi:

ROMA — Il Consiglio dei Ministri si è riunito per decidere il prezzo della benzina in relazione all'ultima diminuzione del prezzo del petrolio. Il Ministro dell'Industria° ha detto che è possibile che il prezzo della benzina diminuisca già dalla prossima settimana°.

BRUXELLES — I ministri finanziari della Comunità Economica Europea hanno approvato il nuovo programma economico per i prossimi cinque anni. Il Mezzogiorno d'Italia° ed alcune zone depresse della Francia, Scozia ed Irlanda hanno ricevuto notevoli aiuti finanziari per promuovere il loro sviluppo industriale.

CITTÀ DEL VATICANO — Secondo l'Osservatore Romano° è possibile che il Papa debba rimandare il suo viaggio in Africa, previsto per la settimana prossima. Il Santo Padre° vorrebbe partire lo stesso, ma i medici dicono che è necessario che si riposi ancora qualche mese prima di intraprendere° quel lungo e faticoso viaggio.

FIRENZE — A Palazzo Pitti le maggiori case di moda hanno presentato le ultime creazioni per la nuova stagione primavera-estate. La sfilata dei modelli ha avuto un enorme successo davanti ad un pubblico di esperti italiani e stranieri.

NOTIZIE SPORTIVE — La squadra nazionale di calcio prosegue la preparazione in vista dell'incontro° in programma di domenica con l'Inghilterra allo stadio "San Siro" di Milano.

... Attenzione, prego! Questa notizia è appena giunta° in studio:

A Milano c'è stata una grande esplosione vicino al Duomo°. Un portavoce della polizia ha detto che è probabile che ci siano almeno dieci morti e numerosi feriti, ma la situazione è al momento molto confusa. Vigili del fuoco° e polizia sono già sul posto° per stabilire la causa dell'esplosione. Notizie più precise saranno date nel telegiornale della notte.

Signori e signore, buona sera.

---

Secretary of Commerce

beginning next week

southern Italy

*Vatican daily newspaper*

Holy Father

before undertaking

for the match

has just arrived

Cathedral

firemen / on the scene

**Domande generali**

1. Dove sono seduti i signori Cristini? Che cosa ascoltano?
2. Perché si è riunito a Roma il Consiglio dei Ministri?
3. Che cosa hanno discusso i ministri della CEE (Comunità Economica Europea)?
4. Perché è possibile che il Papa non vada in Africa?
5. Secondo i medici, cosa è necessario?
6. Che cosa hanno presentato le maggiori case di moda?
7. Con chi si incontrerà domenica la squadra nazionale di calcio?
8. Che notizia è giunta in studio verso la fine del telegiornale?

**Domande personali**

1. Ascolta il telegiornale ogni sera? Preferisce ascoltare il giornale radio?
2. Quanto costa la benzina nella sua città o nel suo paese?
3. S'interessa della moda? S'interessa più della moda estiva? e di quella primaverile?
4. Qual è il suo sport preferito? Qual è la sua squadra preferita?

**Esercizio di comprensione**

Indicare se le seguenti frasi sono vere o false.

1. I signori Cristini sono seduti a tavola.
2. È possibile che il prezzo della benzina diminuisca.
3. Il nuovo programma economico durerà cinque anni.
4. Il Mezzogiorno d'Italia è una zona depressa.
5. Altri paesi d'Europa hanno bisogno d'aiuto finanziario.
6. Il Santo Padre sta benissimo e partirà per l'Africa la settimana prossima.
7. Le maggiori case di moda hanno presentato la nuova moda invernale.
8. Mentre l'annunciatore parlava è giunta in studio una cattiva notizia.
9. La polizia sa già qual è la causa dell'esplosione e il numero dei morti e dei feriti.

**Vocabolario**

Parole analoghe

| | | |
|---|---|---|
| approvare | finanziario/a | preciso/a |
| la causa | industriale | la preparazione |
| confuso/a | il ministro | presentare |
| la creazione | nazionale | principale |
| depresso/a | necessario/a | probabile |
| economico/a | il petrolio | la situazione |
| enorme | la polizia | lo studio |
| l'esplosione (f.) | possibile | la zona |

### Nomi

**l'aiuto**  help; aid
**l'annunciatore**  news reporter
**la diminuzione**  decrease
**il duomo**  cathedral
**l'esperto**  expert
**il ferito**  wounded
**la Francia**  France
**l'Irlanda**  Ireland
**la moda**  fashion
**il morto**  dead, fatality
**la notizia**  news item; *pl.* news
**il Papa**  Pope
**il/la portavoce**  spokesperson
**il pubblico**  audience
**la Scozia**  Scotland
**lo sviluppo**  development
**il telegiornale**  TV news
**il viaggio**  trip, voyage

### Aggettivi

**alcuno/a**  some
**faticoso/a**  tiring
**notevole**  sizable, important
**preferito/a**  favorite
**previsto/a**  scheduled
**santo/a**  holy

### Verbi

**diminuire**  to diminish, to decrease
**interessarsi**  to be interested
**promuovere**  to promote
**proseguire**  to continue
**riposarsi**  to rest
**riunirsi**  to meet
**stabilire**  to determine

### Altre parole ed espressioni

**almeno**  at least

**al momento**  for the time being
**attenzione, prego!**  attention, please!
**la casa di moda**  fashion house
**composto di**  composed of
**Comunità Economica Europea (CEE)**
   European Economic Community
**il Consiglio dei ministri**  Council of
   Ministers
**in relazione a**  in relation to
**Palazzo Pitti**  Florentine palace
**la sfilata dei modelli**  fashion show
**lo stesso**  just the same

## Pratica

**A.** Immagini di dovere scrivere per il telegiornale una breve relazione *(report)* su un avvenimento (vero o immaginario) che ha avuto luogo nella sua città o nel suo paese e lo presenti alla classe. Gli altri studenti potranno reagire all'avvenimento, usando alcune delle espressioni della lista in basso.

**Ancora!**  Again! Still!
**Non ci credo proprio!**  I don't
   believe it at all!
**Non mi dire!**  Don't tell me!
**Può darsi!**  Maybe!
**Che buffo!**  How funny!
**Possibile?**  Is it possible?

**Meno male!**  All the better!
**Oh, mio Dio!**  Oh, good heavens!
   (My God!)
**Che disgrazia!**  What a disaster!
**Sarebbe ora!**  It's about time!
**Che bello!**  How nice!
**Sarà vero?**  Could it be true?

**B.** Scrivere un breve articolo per un giornale italiano basato sulle informazioni date nell'esercizio A. È importante spiegare prima **chi** sono i personaggi importanti e dopo **che cosa** è successo, **dove** è successo l'avvenimento, **quando, come** e **perché**.

---

## NOTA CULTURALE

### La radio e la televisione in Italia

Fino agli anni settanta, gli unici programmi radiofonici e televisivi diffusi[1] in Italia erano quelli controllati dallo stato italiano. Non c'era molta scelta di programmi poiché[2] la radio trasmetteva da tre stazioni, e la televisione su due canali[3]. Alla televisione il tempo di trasmissione era limitato, in quanto i programmi generalmente iniziavano verso mezzogiorno e terminavano alle ventitré e trenta.

Oggi a questi canali televisivi ed a queste stazioni radiofoniche si è aggiunto[4] un terzo canale televisivo statale, e sono sorte in tutto il paese numerose emittenti private. Il numero di queste stazioni private è talmente aumentato, che oggi è riconosciuta la necessità di una legislazione che regoli e definisca i limiti di ogni stazione radio e rete televisiva[5].

Mentre solo alcune di queste stazioni e reti, come Canale 5 e Rete 4, raggiungono tutto il territorio nazionale, la maggior parte di esse opera[6] localmente con potenza[7] piuttosto limitata. Inoltre, data l'insufficiente disponibilità finanziaria di molte di queste stazioni televisive, la maggior parte dei programmi trasmessi è costituita da spettacoli americani doppiati[8] (per esempio, *Dallas*) che tuttavia vengono seguiti con interesse dal pubblico italiano.

| **LUNEDÌ 14** |  |

### RAIUNO

**13,45: Contro quattro bandiere,** film con George Pappard.
**15,55: Il mondo che scompare.**
**17: Giovani ribelli,** 6ª p.
**18,40: Guglielmo il conquistatore,** sceneggiato, 1ª puntata.
**20,30: Airport '80,** film con Alain Delon, Susan Blakely, Robert Wagner.

### RAIDUE

**16,20: La zingara di Alex,** film con Jack Lemmon, Geneviève Bujold.
**18,30: Un caso per due,** telefilm.
**20,30: Il cane di Monaco,** film per la tv con Marie France Pisier.
**23,10: Protestantesimo.**
**23,50: L'amante tascabile,** film con Mimsy Farmer, Andrea Ferreol, Bernard Fresson.

**15: D come donna.**
**16,30: Cartoni animati.**
**19,30: Mork e Mindy,** tel.
**20,30: Sotto il sole rovente,** film con Rock Hundson, Julie Adams.

**17: Cacciatori di taglie,** film western.
**19,30: Il miracolo del villaggio,** film commedia.
**21: Natalie,** telenovela.

**14,45: Atomicofollia,** film con Mickey Rooney.
**17,40: Mamma Vittoria.**
**18,30: Silenzio si ride.**
**19,45: Il Jolly è impazzito,** film con Frank Sinatra, Mitzi Gaynor.
**21,30: Flamingo Road.**
**23,10: Tour de France.**

1. broadcast    2. since    3. channels    4. is added
5. TV network    6. operates, works    7. power    8. dubbed

# Pronuncia

Il suono /**d**/

Italian /**d**/ is pronounced differently from English /**d**/. The tip of the tongue touches the edge of the gum ridge just behind the upper front teeth, instead of being pressed against the back of the upper front teeth. The sound /**d**/ is spelled **d** or **dd**.

**A.** Ascoltare l'insegnante e ripetere le seguenti parole.

| /**d**/ = **d** | | /**d**/ = **dd** | |
|---|---|---|---|
| **d**uomo | preve**d**ere | a**dd**io | re**dd**ito |
| **d**ecisione | pren**d**ere | a**dd**izione | a**dd**ormentato |
| **d**ramma | lune**d**ì | ane**dd**oto | su**dd**ito |

**B.** Leggere ad alta voce le seguenti frasi e fare attenzione alla pronuncia delle lettere *d* e *dd*.

1. Dove desidera andare?
2. Devo prendere due quaderni.
3. Telefona lunedì alle dodici.
4. Addio, Donatella.

**C.** **Proverbi**  Leggere ad alta voce i seguenti proverbi e poi dettarli ad un altro studente o ad un'altra studentessa.

**Dimmi con chi vai, e ti dirò chi sei.**
   Birds of a feather flock together.

**Detto, fatto.**
   No sooner said than done.

**D.** **Dettato**  Leggere il seguente brano del telegiornale e poi dettarlo ad un altro studente o ad un'altra studentessa.

Il Consiglio dei Ministri si è riunito per decidere il prezzo della benzina in relazione all'ultima diminuzione del prezzo del petrolio. Il Ministro dell'Industria ha detto che è possibile che il prezzo della benzina diminuisca già dalla prossima settimana.

Stato membro della Comunità Europea

# Ampliamento del vocabolario

## I. Paesi e capitali d'Europa

| Paesi | Capitali | Paesi | Capitali |
|---|---|---|---|
| la Spagna | Madrid | l'Irlanda | Dublino |
| la Francia | Parigi | la Grecia | Atene |
| l'Inghilterra | Londra | la Jugoslavia | Belgrado |
| la Germania Occidentale | Bonn | il Portogallo | Lisbona |
| la Germania Orientale | Berlino | l'Olanda | Amsterdam |
| la Svizzera | Berna | la Danimarca | Copenhagen |
| l'Austria | Vienna | il Lussemburgo | Lussemburgo |
| il Belgio | Bruxelles | | |

1. The definite article is generally used with the names of countries (including all European countries). The article contracts with the preposition **di**.

| | |
|---|---|
| **L'Italia** è un paese interessante. | *Italy* is an interesting country. |
| La capitale **del Portogallo** è Lisbona. | The capital *of Portugal* is Lisbon. |
| Parigi è la capitale **della Francia**. | Paris is the capital *of France*. |

**2.** The definite article is *not* used with the preposition **in** + name of country, except before a plural or a modified noun.

<table>
<tr><td>Vado **in Francia**.</td><td>I'm going *to France.*</td></tr>
<tr><td>**In Spagna** ci sono molti castelli.</td><td>*In Spain* there are many castles.</td></tr>
<tr><td>*But:* Abito **negli Stati Uniti**.</td><td>I live *in the United States.*</td></tr>
<tr><td>**Nella Spagna centrale** ci sono molte belle città.</td><td>*In Central Spain* there are many beautiful cities.</td></tr>
</table>

**A.** Rispondere alle seguenti domande.

1. Quali sono le nazioni europee che confinano con *(border on)* l'Italia?
2. Qual è la capitale della Francia? dell'Inghilterra? della Spagna? della Danimarca?
3. Quali sono tre nazioni europee lontane dall'Italia e quali sono le loro capitali?
4. Quali nazioni vorrebbe visitare in Europa?

**B.** Completare le seguenti frasi con nomi appropriati di paesi e capitali europei.

1. Le lingue ufficiali della _____ sono il francese, l'italiano ed il tedesco.
2. I francesi sono molto orgogliosi *(proud)* di _____ , la capitale del loro paese.
3. Conosco Lisbona, ma non conosco le altre città del _____ .
4. I miei amici sono partiti per la _____ . Saranno a Bonn domani mattina.
5. Londra è la maggiore città dell' _____ .
6. Sei mai stato a _____ ? Questa città dell'Austria è veramente incantevole *(enchanting)*.
7. Ho visitato quasi tutta la _____ , ma non sono mai stata a Barcellona.
8. Quando siamo andati in _____ abbiamo preso la nave a Brindisi, e siamo arrivati ad Atene il giorno seguente.
9. La capitale della Germania Orientale è _____ .

## II. La radio e la televisione

### Vocabolario utile

**Nomi**

**l'annunciatore/l'annunciatrice**  news
    reporter (on TV and radio)
**l'ascoltatore**  listener
**il canale televisivo**  TV channel
**il giornale radio (GR)**  radio news
**il/la giornalista**  newsman/news-
    woman, reporter
**l'indice di gradimento**  ratings
**la pubblicità**  advertising,
    commercial, ad
**la rete televisiva**  TV network
**il telespettatore**  TV viewer
**il televisore a colori** color TV; **il**
    **televisore in bianco e nero**
    black-and-white TV
**la trasmissione televisiva**  TV
    program
**la tv (la tivvù)**  TV
**la tv via cavo**  cable TV

**la videocassetta**  videocassette
**il videodisco**  videodisc
**il videogioco**  video game
**il videoregistratore**  video recorder
**il volume**  volume

**Verbi**

**abbassare**  to lower
**accendere (acceso)**  to turn on
**alzare**  to raise
**cambiare**  to change (channels)
**registrare**  to record
**spegnere (spento)**  to turn off (TV,
    radio)

**Altre parole ed espressioni**

**fare la pubblicità**  to advertise
**in diretta**  live
**mandare in onda**  to broadcast
**premere il pulsante**  to press the
    button

**C.** Rispondere alle seguenti domande personali.

1. Quale canale televisivo preferisce? Perché?
2. Quali programmi televisivi guarda durante la settimana?
3. Che cosa fa quando comincia la pubblicità alla televisione?
4. Preferisce la pubblicità televisiva o quella radiofonica?
5. Ha un televisore a colori o uno in bianco e nero?
6. Quali sono le grandi reti televisive americane?
7. Ha un videoregistratore? Quali programmi registra?
8. Quando si sveglia la mattina, accende la radio o il televisore?

**D.** Preparare un giornale radio molto breve usando i titoli dei giornali qui riportati. Usare la fantasia.

> Il popolare presentatore televisivo Filippo Bodoni sposa la famosa cantante Daniela.

> Domani ci sarà la finale di pallacanestro tra le due squadre campioni di Boston e Los Angeles.

## Struttura ed uso

### I. Congiuntivo presente: verbi che esprimono desiderio, volontà e speranza

Speriamo **che parlino** italiano.

1. The subjunctive mood (**il congiuntivo**) is frequently used in Italian, in contrast to English, where it occurs only rarely. The subjunctive usually occurs in a dependent **che**-clause and reflects the speaker's attitude (wish, hope, emotion, feeling, opinion, etc.) expressed in the main clause toward an activity or event in the **che**-clause. The subject of the main clause is different from the subject of the dependent clause. In this lesson you will learn about the use of the present subjunctive after a verb of *wishing, willing,* or *hope*.

    Compare the verb forms in the pairs of sentences below. Note that the verb form in the first sentence in each pair is *indicative;* the speaker states a fact or expresses concrete reality. The verb form in the dependent **che**-clause of the second sentence in each pair is *subjunctive;* it reflects the speaker's desire to influence some other person's activity or an event in the **che**-clause, or the speaker's hope that some other person's activity or an event will occur in the future.

    | | | |
    |---|---|---|
    | *Indicative:* | Giancarlo **risolve** il problema. | Giancarlo resolves the problem. |
    | *Subjunctive:* | Voglio che Giancarlo **risolva** il problema. | I want Giancarlo to resolve the problem. |
    | *Indicative:* | **Cercano** una soluzione. | They are looking for a solution. |
    | *Subjunctive:* | Insisto che **cerchino** una soluzione. | I insist that they look for a solution. |
    | *Indicative:* | Carla **arriva** domani. | Carla arrives tomorrow. |
    | *Subjunctive:* | Spero che Carla **arrivi** domani. | I hope (that) Carla arrives tomorrow. |

2. The present subjunctive is formed by adding the present-subjunctive endings to the infinitive stem. The chart below shows the present subjunctive of a regular **-are, -ere,** and **-ire** verb. Note the characteristic vowels **i** and **a** in the endings.

    | **che**-clause | **mandare** | **spendere** | **partire** |
    |---|---|---|---|
    | che io... | mand**i** | spend**a** | part**a** |
    | che tu... | mand**i** | spend**a** | part**a** |
    | che lui/lei... | mand**i** | spend**a** | part**a** |
    | che noi... | mand**iamo** | spend**iamo** | part**iamo** |
    | che voi... | mand**iate** | spend**iate** | part**iate** |
    | che loro... | mand**ino** | spend**ano** | part**ano** |

**3.** Verbs ending in **-care** and **-gare** add an **h** in all forms of the present subjunctive.

| cercare | | pagare | |
|---|---|---|---|
| cerchi | cerchiamo | paghi | paghiamo |
| cerchi | cerchiate | paghi | paghiate |
| cerchi | cerchino | paghi | paghino |

**4.** Verbs that follow the pattern of **preferire** (see p. 90) add an **-isc-** between the stem and the ending in all singular forms and the third person plural.

| **che**-clause | **preferire** | **capire** |
|---|---|---|
| che io ... | prefer**isc**a | cap**isc**a |
| che tu ... | prefer**isc**a | cap**isc**a |
| che lui/lei ... | prefer**isc**a | cap**isc**a |
| che noi ... | preferiamo | capiamo |
| che voi ... | preferiate | capiate |
| che loro ... | prefer**isc**ano | cap**isc**ano |

**5.** Subject pronouns are sometimes used for the first three persons singular if the subject of the **che**-clause is not clear.

Giuseppe insiste **che (io) finisca** di leggere questo libro.
Giuseppe insists that I finish reading this book.

Voglio **che (tu) parta** alle due.
I want you to leave at two.

Speriamo **che (lei) capisca** l'inglese.
We hope that she understands English.

**6.** An infinitive construction is used instead of the subjunctive if there is no change of subject.

**Desiderano che partiamo** alle quattordici.
*They want us to leave* at 2:00 P.M.

**Desiderano partire** alle quattordici.
*They want to leave* at 2:00 P.M.

**Spero che tu visiti** Venezia.
*I hope that you visit* Venice.

**Spero di visitare** Venezia.
*I hope to visit* Venice.

Note that the preposition **di** is used after the verb **sperare** when the infinitive construction is used.

**A.** Scegliere la forma appropriata del verbo indicato fra parentesi.

1. Mamma vuole che voi (leggiate, leggete) il giornale.
2. Papà vuole che tu (chiudi, chiuda) la porta.
3. Spero che Laura e Tina (non perdano, non perdono) il treno.
4. Speriamo che i ragazzi (giocano, giochino) a tennis.
5. Insisto che lei e Giorgio (partano, partono) con noi.
6. Insistiamo che i bambini (restino, restano) a letto.
7. Giacomo spera che tu gli (scrivi, scriva) una lettera.

**B.** La madre di Carlo insiste perché suo figlio faccia o non faccia le cose indicate.

▶ Carlo: Non voglio parlare al professore stamattina.     la madre: *Insisto che tu parli al professore stamattina.*

▶ Carlo: Voglio leggere questo libro.     la madre: *Insisto che tu non legga quel libro.*

1. Non voglio apparecchiare la tavola stasera.
2. Non voglio preparare la colazione.
3. Voglio comprare una cassetta di musica rock.
4. Voglio vedere quel programma alla tivvù.
5. Non voglio lavarmi le mani prima di mangiare.
6. Non voglio mettermi a lavorare.
7. Voglio vendere la mia vecchia bicicletta.
8. Non voglio finire di studiare.

**C.** Dica che lei vuole che le seguenti persone facciano o non facciano le cose indicate.

▶ Giovanni compra un televisore a colori.     *Voglio che Giovanni compri un televisore a colori.*

1. Tu compri un videodisco.
2. Noi ascoltiamo il giornale radio.
3. Marta ci aspetta vicino al Duomo.
4. Tu e Giuseppina guardate un film alla televisione.
5. Paola mi telefona stasera.
6. Gianni e Cristina ci aiutano a cucinare.
7. Fabrizio abbassa il volume della radio.
8. Anna si mette la cuffia *(earphones)* per ascoltare una cassetta di musica rock.

**D.** Completare le seguenti frasi con espressioni di senso compiuto prima con una frase subordinata con *che* ed il congiuntivo e poi con un infinito.

▶ Voglio ... *Voglio che tu resti a casa.*
*Voglio restare a casa.*

1. Non voglio ...
2. Desiderano ...
3. Non desiderano ...
4. Spero ...
5. Non spero ...
6. Insisto ...
7. Non insisto ...
8. Voglio ...

**E.** Rispondere alle seguenti domande con frasi di senso compiuto.

▶ — Che vuole papà? *Vuole che tu lo aiuti.*
— Vuole che ...

1. — Cosa sperano che compriate?
   — Sperano che ...
2. — Perché insistono che tu finisca il lavoro?
   — Insistono che ...
3. — Chi desidera che cerchiate una soluzione?
   — L'avvocato ...
4. — Vuoi che ci riposiamo adesso?
   — Sì, voglio che ...

## II. Verbi con congiuntivo presente irregolare

Voglio **che** tu **faccia** un po' di ordine in questa stanza.

The following common verbs have irregular present subjunctives. Note that the endings have the same characteristic vowel **a** regardless of whether they are **-are, -ere,** or **-ire** verbs.

| Infinitive | che-clause | Present Subjunctive |
|------------|------------|---------------------|
| **andare** | che ... (io, tu, ecc.) | vada, vada, vada, andiamo, andiate, vadano |
| **avere** | | abbia, abbia, abbia, abbiamo, abbiate, abbiano |
| **bere** | | beva, beva, beva, beviamo, beviate, bevano |
| **dare** | | dia, dia, dia, diamo, diate, diano |
| **dire** | | dica, dica, dica, diciamo, diciate, dicano |
| **dovere** | | debba, debba, debba, dobbiamo, dobbiate, debbano |
| **essere** | | sia, sia, sia, siamo, siate, siano |
| **fare** | | faccia, faccia, faccia, facciamo, facciate, facciano |
| **potere** | | possa, possa, possa, possiamo, possiate, possano |
| **stare** | | stia, stia, stia, stiamo, stiate, stiano |
| **uscire** | | esca, esca, esca, usciamo, usciate, escano |
| **venire** | | venga, venga, venga, veniamo, veniate, vengano |
| **volere** | | voglia, voglia, voglia, vogliamo, vogliate, vogliano |

**F.** Dica ad un amico o ad un'amica che lei vuole, spera, o insiste affinché faccia le seguenti cose.

▶ fare il tuo lavoro    *Insisto (Voglio, Spero) che tu faccia il tuo lavoro.*

1. uscire con Paolo
2. venire a casa
3. vedere il telegiornale
4. bere molta acqua minerale
5. venire in vacanza con me
6. essere pronto per le sette
7. stare in casa domani
8. dare un passaggio allo zio
9. avere molta pazienza
10. riposarsi un po'

**G.** Completare le seguenti frasi con un'espressione di senso compiuto, usando i verbi indicati fra parentesi.

▶ Voglio che tu ... (andare)    *Voglio che tu vada [al mercato].*

1. Non voglio che voi ... (bere)
2. Desidero che lui ... (dare)
3. Non desidero che lei ... (dire)
4. Spero che loro ... (stare)
5. Non spero che mio zio ... (venire)
6. Insisto che i bambini ... (uscire)
7. Non insisto che mia sorella ... (fare)
8. Voglio che i miei genitori ... (essere)

**H.** Abbinare le espressioni della colonna A con le espressioni della colonna B.

A | B
--- | ---
Mamma vuole che tu | andiamo da lui.
Mia zia insiste che io | escano più tardi.
I miei nonni desiderano che gli zii | beva una spremuta d'arancia.
Mio cognato spera che noi | la aiuti.

## III. Congiuntivo con espressioni impersonali

— Che succede?
— È possibile **che** non ci **sia** più benzina.

1. The subjunctive is used in a dependent **che**-clause after certain impersonal expressions of necessity, possibility, probability, and opinion that reflect the speaker's attitude toward an activity or event.

   È possibile **che lei sia** in ritardo.   It's possible that she's late.
   È meglio **che usciate** ora.   It's best that you go out now.

2. Here are some common impersonal expressions that usually require the subjunctive.

| | | | |
|---|---|---|---|
| **è necessario** | it's necessary | **è bene** | it's well (good) |
| **è possibile** | it's possible | **è meglio** | it's better (best) |
| **è impossibile** | it's impossible | **è giusto** | it's right |
| **è opportuno** | it's proper | **è preferibile** | it's preferable |
| **è probabile** | it's probable | **è importante** | it's important |
| **è improbabile** | it's improbable | | |

**3.** If there is no change of subject, an infinitive construction is used
after an impersonal expression.

> **È necessario studiare.**    It's necessary to study.
> **È meglio uscire.**    It's best to go out.

**4.** If the impersonal expression indicates certainty, the indicative is
used in the **che**-clause.

> È vero che **studiano** molto.    It's true that they study a lot.
> È certo che Mario **viene** oggi.    It's certain that Mario is coming today.

**I.**    Dica alla sua amica Stella di fare queste cose.

> ▶    È necessario studiare stasera.    *È necessario che tu studi stasera.*

1. È meglio andare in banca alle nove.
2. È bene fare una passeggiata.
3. È necessario avere pazienza.
4. È possibile uscire più tardi.
5. È importante venire alla lezione d'italiano.
6. È bene non essere in ritardo.

**J.**    Formulare frasi complete usando le espressioni impersonali e le parole suggerite.

> ▶    è importante / i ministri / discutere il problema della benzina    *È importante che i ministri discutano il problema della benzina.*

1. è necessario / tutti / ascoltare il telegiornale
2. è preferibile / noi / mettersi l'impermeabile
3. è bene / gli studenti / studiare una lingua straniera
4. è impossibile / tu / non fare mai niente
5. è meglio / voi / prendere subito quei posti
6. è probabile / io / ascoltare le notizie alla radio
7. è importante / l'annunciatore / parlare bene
8. è improbabile / Claudio / arrivare prima delle otto
9. è preferibile / loro / diminuire le ore di lavoro
10. è giusto / tu / pagare il conto

**K.** Rispondere alle affermazioni che seguono, usando espressioni appropriate come *è possibile, è giusto,* ecc., nelle risposte.

▶     Ci sono molti feriti.     *È possibile che ci siano molti feriti.*

1. Il signor Cristini ci dà un passaggio.
2. Gli studenti s'interessano di politica.
3. La sfilata dei modelli ha un enorme successo.
4. Nino abbassa il volume della radio.
5. Quell'annunciatrice legge le notizie del telegiornale.
6. I vigili del fuoco discutono delle cause dell'esplosione.
7. Il prezzo della benzina diminuisce.
8. Il Papa resta a Roma.

## IV. *Partitivo* di

Ho comprato **del pesce**.

**1.** The partitive (equivalent to English *some*) is usually expressed in Italian by prepositional contractions with **di**.

| | |
|---|---|
| Ecco **del** tè freddo. | Here is *some* iced tea. |
| Ho comprato **del** pesce. | I bought *some* fish. |
| Ci sono **dei** bei quadri in quel museo. | There are *some* beautiful paintings in that museum. |

**2.** The following chart shows the forms of the partitive.

| Masculine | | Feminine | |
|---|---|---|---|
| **Singular** | **Plural** | **Singular** | **Plural** |
| **del** pane | **dei** piatti | **della** carne | **delle** camicie |
| **dello** zucchero | **degli** spinaci | **dell'**insalata | |
| **dell'**olio | | | |

**3.** The partitive is not normally used in negative sentences. Sometimes it is also omitted in interrogative sentences.

| | |
|---|---|
| **Non voglio dolce.** | I don't want (any) dessert. |
| **Non bevo vino.** | I don't drink wine. |
| **Vuoi caffellatte?** | Do you want (some) coffee with milk? |
| **Volete carne o pesce?** | Do you want (some) meat or (some) fish? |

**L.** Giancarlo ha invitato Enrico a cenare. Riferire quello che Enrico mangia o non mangia.

▶  il minestrone    *Mangia del minestrone.*
*Non mangia minestrone.*

1. l'antipasto
2. il pane
3. la carne
4. gli asparagi
5. il riso
6. i funghi
7. l'insalata
8. il formaggio
9. il dolce

**M.** Completare le seguenti frasi, usando il partitivo *di*.

▶  Ci sono _____ belle ragazze sulla spiaggia.    *Ci sono delle belle ragazze sulla spiaggia.*

1. Ho visto _____ amici a Pisa.
2. Mia sorella ha comprato _____ dischi americani.
3. Ho visto _____ appartamenti costosi.
4. Il professore prepara _____ esercizi difficili.
5. Quel turista ha visitato _____ musei di Roma.
6. Qui ci sono _____ cassette di musica rock.
7. Ieri ci sono state _____ esplosioni vicino al Duomo.

**N.** Formulare domande con le seguenti parole, usando il partitivo *di*.

▶ volere / burro / margarina    *Vuoi del burro o della margarina!*

1. prendere / dolce / formaggio
2. avere / cucchiai / coltelli
3. riunirsi / amici / amiche
4. scrivere / lettere / cartoline
5. comprare / penne / matite
6. assaggiare / ravioli / spinaci

---

**A lei la parola**

1. Insist that two or three of your friends watch the soccer game on TV with you this evening.
2. Report to a friend that it's possible that your parents will go to Rome next summer.
3. Find out if your mother wants you to buy some ice cream when you go food shopping this afternoon.
4. Encourage your sister to visit Florence this weekend. *(Spero che ...)*
5. Affirm that you read some Italian newspapers, but deny that you read any German magazines.

---

# Scrivere

## *La narrativa*

Quando lei vuole scrivere il racconto di un avvenimento, deve concentrarsi sulle informazioni e sui dettagli che possano interessare il lettore o la lettrice. Legga il seguente brano che parla di un immaginario incontro di calcio Roma–Napoli e poi faccia gli esercizi a pagina 375.

### *Forza Napoli!*

È domenica mattina. Sono le nove e Roberto dorme ancora profondamente. All'improvviso un rumore assordante lo sveglia. Roberto si affaccia alla finestra della sua stanza e vede passare giù nella strada una lunga fila di automobili e torpedoni° pieni di gente che sta fischiando°, ridendo°, cantando e suonando strumenti vari. Poi dalla scritta "Forza Napoli" capisce di che cosa si tratta°.

    Nel pomeriggio c'è in programma allo stadio Olimpico l'incontro di calcio Roma–Napoli, molto sentito dai tifosi° di entrambe le

° motor coaches
° whistling / laughing
° what it's all about

° anxiously awaited for by the fans

squadre°. Roberto si chiede: "Ma arrivano a quest'ora? Non hanno forse dormito? Certo, con l'autostrada hanno impiegato meno di° tre ore, ma, perbacco° potrebbero anche fare meno rumore."

Nel frattempo° la lunga fila di automobili continua e, toh°, quello cos'è°? È un autocarro che trasporta un asino infiocchettato d'azzurro°. Poi segue Pulcinella, una maschera del teatro napoletano, che saluta tutti allegramente. Un'altra auto trasporta una bara°, che dovrebbe significare la sicura sconfitta° della Roma. Seguono infine° altre automobili con bandiere azzurre, una vera invasione!

Ma quella laggiù, che cos'è? Sì, è proprio una bandiera giallorossa°, sono i colori della Roma! Bene, finalmente i tifosi romani cercano di opporsi° a quelli napoletani e pian piano° spuntano° altre bandiere giallorosse. È il festoso preludio di quell'insieme° di sentimenti e di tifo° appassionato che esploderà in tutta la sua potenza durante la partita.

| | |
|---|---|
| | both teams |
| | they took less than |
| | by Jove |
| | In the meantime / look there |
| | what's that? / donkey tasseled in blue |
| | coffin |
| | defeat / finally |
| | yellow and red |
| | oppose / little by little / appear |
| | combination |
| | rooting |

**A.** Quali sono i cinque punti che l'autore di *Forza Napoli!* considera importanti ed interessanti per il lettore o la lettrice?

**B.** Con un massimo di dieci frasi e includendo le seguenti informazioni, descrivere una sfilata (*parade*) immaginaria che ha avuto luogo l'anno scorso.

1. Chi ha partecipato alla sfilata?
2. Qual era l'occasione della sfilata?
3. Dove e quando ha avuto luogo?
4. Com'erano vestiti i partecipanti?
5. Che cosa facevano?
6. Che tempo faceva?
7. Quali erano le reazioni delle persone che guardavano la sfilata?

# RIPASSO: Lezioni 15ᵃ & 16ᵃ

In this section, you will review the following: Superlative of adjectives
(Exercises A–B); Absolute superlative (Exercise C); Irregular comparatives and
superlatives (Exercises D–E); Present subjunctive with verbs of wishing,
willing, and hoping, and with impersonal expressions (Exercises F–H); Partitive
with **di** (Exercise I); Vocabulary and expressions (Exercise J)

**A.** Esprima la sua opinione su ogni frase, usando il superlativo relativo secondo
il modello. [*Superlative of adjectives*]

▶ L'appartamento di Gloria è      *Sì, però l'appartamento di*
grande. (Luisa)      *Luisa è il più grande di tutti.*

1. Questo ristorante è caro. ("Il Rugantino")
2. Quei negozi sono eleganti. (i negozi di via Frattina)
3. La Maserati è una macchina veloce. (Ferrari)
4. Le strade di questa città sono strette. (Perugia)
5. Il traffico di Torino è caotico. (Roma)
6. Padova e Venezia sono due città antiche. (Siracusa)
7. Il Tevere e l'Arno sono fiumi molto lunghi. (il Po)

**B.** Secondo lei, quali di queste persone o cose sono le più interessanti? Usi
la fantasia! [*Superlative of adjectives*]

▶ scrittore      *Secondo me, [Dante Alighieri] è lo scrittore più
interessante.*

1. opera
2. mestiere
3. sport
4. capitale d'Europa

5. programma radiofonico
6. canale televisivo
7. giornale
8. rivista

**C.** Patrizia e Pietro sono ad una festa e trovano che hanno gusti *(tastes)* simili.
Assumere il ruolo di Pietro. [*Absolute superlative*]

▶ Patrizia: Questo cibo è molto      Pietro: *Sì, è buonissimo.*
buono, non è vero?

1. Claudia è molto gentile, no?
2. Questa festa è molto noiosa, non ti sembra?
3. Questi dischi sono molto belli, non ti pare?
4. Questo ballo è molto difficile, non è vero?
5. Queste bevande sono molto buone, non ti sembra?
6. Stefano balla molto male, non ti pare?
7. Paola è molto bella, no?

**D.** Michele e Maria fanno confronti tra (*compare*) i loro amici, e mentre Maria dice cose positive sulla prima persona, Michele afferma il contrario. Assumere il ruolo di Michele. [*Irregular comparatives and superlatives*]

▶ Maria: Luisa canta meglio di Giorgio.    Michele: *No, Luisa canta peggio di Giorgio.*

1. Paolo balla meglio di Sergio.
2. Caterina parla italiano meglio di Alberto.
3. Gino nuota meglio di sua sorella.
4. Patrizia gioca a tennis meglio di Barbara.
5. Tonio scrive meglio di te.
6. Viola cucina meglio di Lisa.

**E.** Maria e Michele continuano a discutere dei loro amici. Assumere il ruolo di Michele, usando il superlativo. [*Irregular superlatives*]

▶ Maria: Laura è buona. (Sergio)    Michele: *No, Sergio è il migliore di tutti.*

1. Alberto è grande. (Tonio)
2. Susanna è cattiva. (Domenico)
3. Pietro è piccolo. (sua sorella)
4. Paola è buona. (Anna)
5. Gianni è cattivo. (io)
6. Gloria è piccola. (mio fratello)

**F.** Formulare frasi complete, usando il presente del congiuntivo. [*Present subjunctive with verbs of wishing, willing, and hoping, and with impersonal expressions*]

▶ voglio che Nina / guardare il telegiornale delle ventitré    *Voglio che Nina guardi il telegiornale delle ventitré.*

1. speriamo che loro / venire prima delle dieci
2. desiderano che io / fare un viaggio in Francia
3. è bene che voi / comprare una cassetta nuova
4. è importante che noi / ascoltare il giornale radio
5. vuole che tu / preparare un'intervista per il programma
6. è improbabile che i ministri / raggiungere un accordo
7. è necessario che tu / approvare la pubblicità
8. è preferibile che voi / preparare una sfilata di modelli per la festa

**G.** Costruire frasi usando le espressioni indicate ed il presente del congiuntivo. [*Present subjunctive with verbs of wishing, willing, and hoping, and with impersonal expressions*]

▶ Vado dai miei zii. (è necessario)    *È necessario che io vada dai miei zii.*

1. Guardiamo il telegiornale delle ventitré. (è importante)
2. Cerco un lavoro interessante. (mio padre vuole)

3. Franco presenta sua cugina a Luciana. (desidero)
4. Non vengo da voi questo pomeriggio. (è meglio)
5. Partiamo domenica prossima. (spero)
6. Quel signore arriva domani. (è improbabile)
7. Marta ci dà un passaggio. (è probabile)
8. Mettete la macchina nel garage. (è necessario)

**H.** Costruire frasi di senso compiuto secondo il modello, usando i pronomi indicati. [*Present subjunctive with verbs of wishing, willing, and hoping, and with impersonal expressions*]

▶   Voglio andare al mare. (tu)    *Voglio che tu vada al mare.*

1. Desidera guardare il telegiornale. (lei)
2. Voglio preparare le notizie sportive. (loro)
3. Spero di partire presto stasera. (voi)
4. È meglio usare la moto di Roberto. (tu)
5. Spero di rimandare il viaggio. (lui)
6. È giusto proseguire con il lavoro. (io)
7. È bene ascoltare il programma attentamente. (noi)
8. È necessario rispondere al telefono immediatamente. (voi)

**I.** Dica che prende le prime cose perché non le piacciono le seconde, usando il partitivo nella prima parte. [*Partitive with **di***]

▶   olive / formaggio    *Prendo delle olive perché non mi piace il formaggio.*

1. il pane / i dolci
2. i pomodori / i fagiolini
3. le mele / le pesche
4. i ravioli / i rigatoni
5. il vitello / il maiale
6. l'aragosta / gli scampi
7. il minestrone / il brodo
8. il riso / l'insalata

**J.** Esprimere in italiano la seguente conversazione fra Gianni e Viola. [*Vocabulary and expressions*]

**Viola**   Did you listen to the 11 o'clock news last night?
**Gianni**   No. Don't tell me that something important happened.
**Viola**   Well ...
**Gianni**   I insist that you tell me everything!
**Viola**   The announcer said that the European Economic Community approved a new economic program that would raise *(aumentare)* the price of gas in Europe this summer.
**Gianni**   Would that be a problem for you?
**Viola**   No, but I had plans to travel everywhere in Europe this summer.
**Gianni**   You'll just have to take the train instead of your car.

# LEZIONE 17ª

## Musica leggera o musica classica?

*Un concerto di musica classica nel teatro alla Scala di Milano*

Mariella Vannini, Giuliana Liverani e Carlo Masina passeggiano per una via di Roma. Ad un tratto° Giuliana si ferma davanti ad un cartellone pubblicitario. — Suddenly

| | |
|---|---|
| **Giuliana** | Guardate, sabato prossimo l'*Aida* di Verdi viene rappresentata° alle Terme di Caracalla. Vogliamo andare a vederla? Che ve ne pare?° — *is being performed* / *How about it?* |
| **Carlo** | Scusa, ma sai bene che io non m'intendo di musica classica o di opera. A me piace molto la musica leggera e ... guarda caso°, sabato al Palazzo dello Sport c'è in programma un concerto di complessi famosi, come *I Cavalieri della notte*. Perché non ci andiamo tutti e tre°? — *look at the coincidence* / *the three of us* |
| **Mariella** | Io non ne ho molta voglia. Sebbene sia già stata molte volte a Caracalla, non ho mai potuto vedere l'*Aida*. Sono sicura che sarà una serata magnifica e che ci divertiremo molto. |
| **Giuliana** | È vero. Il dramma di *Aida*, i bellissimi costumi dei personaggi, la musica, le luci, e lo scenario delle rovine di Caracalla sono qualcosa di indimenticabile. |
| **Carlo** | Sì, però al Palazzo dello Sport ci saranno dei cantanti eccezionali. Ce ne sono alcuni come Michele Orlandini che suona la chitarra e canta in maniera divina e ... |
| **Mariella** | Carlo, guarda che una volta tanto, un po' di musica classica non ti farebbe male! |
| **Carlo** | E va bene, andiamo pure° a vedere quest'*Aida*. Ma dovete promettermi che non ci lasceremo scappare° il prossimo concerto di musica leggera. — *All right, let's go* / *we won't miss* |
| **Giuliana** | Bravo, sono contenta che ti abbiamo convinto. Stasera telefonerò per prenotare i biglietti che ritireremo sabato prima dello spettacolo. |

Roma—Terme di Caracalla

Stagione d'Opera 1988

Sabato 16 luglio 1988 – Ore 20,30

### A I D A
Opera in quattro atti

Musica di
**GIUSEPPE VERDI**

| *Personaggi* | *Interpreti* |
|---|---|
| Aida | Matilde Braga |
| Radames | Filippo Lambertini |
| Amneris | Eva Spini |
| Amonasro | Tiberio Ponzi |

*Direttore d'orchestra*
**Alessandro Biasi**

*Direttore del Coro*
**Luigi Abate**

*Scene e costumi*
Patrizia Selva

*Regia*
Silvano Bravetta

Informazioni e prenotazioni telefoniche presso la biglietteria delle Terme:
tel. 779078

Orario: dalle 14,00 alle 18,30.

---

### PALAZZO DELLO SPORT-EUR

Sabato 16 luglio 1988 Ore 19,30

Il Comune di Roma, nel quadro delle manifestazioni folcloristiche
e musicali dell'"Estate Romana" presenta

## CONCERTO DI MUSICA LEGGERA

Partecipano:

| *Complessi* | *Cantanti* |
|---|---|
| I Cavalieri della notte | Michele Orlandini |
| Gli Scapestrati | Gustavo da Rieti |
| I Melanconici | Marina Lattanzi |
| Le Sorelle Nostrane | Daniela |
| Lucia ed i Compagni | Ettore Boni |

I biglietti sono in vendita presso i botteghini del Palazzo dello Sport tutti i
giorni esclusa la domenica dalle ore 10,00 alle 15,00.

Per informazioni telefonare al 5485100.

**Domande generali**
1. Dove passeggiano Mariella, Giuliana e Carlo?
2. Che cosa vede Giuliana?
3. Quale opera viene presentata sabato prossimo alle Terme di Caracalla? A che ora?
4. Carlo s'intende di musica classica?
5. Che cosa c'è in programma al Palazzo dello Sport?
6. Giuliana dice che l'*Aida* è indimenticabile. Perché?
7. Chi preferisce andare al Palazzo dello Sport? Perché? Alla fine cosa decide di fare Carlo?

**Domande personali**
1. Preferisce la musica classica o la musica leggera? Perché?
2. Le piace l'opera? Perché?
3. Quale opera conosce?
4. Quando vuole vedere un'opera, dove va?
5. Conosce qualche tenore famoso o soprano famoso? Quale?
6. Qual è il suo cantante o la sua cantante preferito/a? Ed il suo complesso preferito?

**Esercizio di comprensione**

Scegliere la risposta corretta.

1. L'*Aida* è ...
   a. un dramma di Pirandello.
   b. un'opera di Giuseppe Verdi.
   c. un concerto di musica leggera.
2. Le Terme di Caracalla ...
   a. sono antichi bagni romani.
   b. è una strada romana.
   c. è un'opera di Verdi.
3. Il cartellone pubblicitario annuncia ...
   a. la fine del mondo.
   b. la presentazione dell'opera *Aida.*
   c. un concerto di musica rock.
4. Mariella è stata alle Terme di Caracalla ...
   a. raramente.
   b. spesso.
   c. qualche volta.
5. Al Palazzo dello Sport ci saranno ...
   a. cantanti mediocri.
   b. un tenore ed un soprano famosi.
   c. dei complessi fantastici e cantanti eccezionali.

## Vocabolario

### Parole analoghe

classico/a
il concerto
convincere (convinto)
divino/a
famoso/a

l'informazione
magnifico/a
musicale
l'opera
l'orchestra

pubblicitario/a
lo scenario
il soprano
telefonico/a
il tenore

### Nomi

**l'atto**  act
**la biglietteria**  ticket office
**il botteghino**  box-office
**il cartellone**  poster
**la chitarra**  guitar
**il complesso**  musical group
**il coro**  chorus
**il flauto**  flute
**l'interprete** *(m. or f.)*  interpreter,
    performer
**la luce**  light
**la maniera**  manner
**la manifestazione**  exhibition
**l'orario**  hours, schedule
**il personaggio**  character
**il pianoforte**  piano
**la prenotazione**  reservation
**la regia**  production
**le rovine**  ruins
**la serata**  evening

### Verbi

**intendersi di**  to be an expert in
**ritirare**  to pick up

### Altre parole ed espressioni

**escluso/a**  excluding
**presso**  at
**che ve ne pare?**  how about it?
**in vendita**  on sale
**nel quadro di**  within the framework
    of
**non ne ho molta voglia**  I don't feel
    much like it
**il Palazzo dello Sport**  Sports Palace
    (building in Rome)
**sebbene**  even though
**le Terme di Caracalla**  Caracalla
    baths (built by the Romans)
**una volta tanto**  just for once

### Aggettivi

**contento/a**  happy, glad
**eccezionale**  exceptional
**indimenticabile**  unforgettable
**leggero/a**  light

## Pratica

A. Supponga di visitare il Teatro alla Scala di Milano perché desidera sapere quali opere saranno in programma nelle prossime due settimane. Vuole sapere anche quanti giorni viene rappresentata ciascuna opera, quando saranno venduti i biglietti e quanto costano. Prepari un dialogo appropriato fra lei e l'impiegato del teatro.

**B.** Riassumere in cinque o sei frasi il dialogo a pagina 380, dichiarando *(declaring)* dove vuole andare ognuno, che cosa vuole vedere, quando e perché.

## NOTA CULTURALE

### La musica ed i giovani

I giovani italiani amano molto la musica. Concerti all'aperto o in teatri, festival della canzone, spettacoli di cantautori, discoteche e balere[1] cittadine costituiscono punti di ritrovo[2] per studenti e giovani. Attraverso la musica, ragazzi e ragazze si incontrano, si conoscono e scoprono interessi comuni.

La musica americana ed anglosassone esercita una grande influenza sulla gioventù italiana, specialmente per mezzo di videocassette e videomusica trasmessa dai canali televisivi. Per i giovani questa musica rock non è che il naturale complemento al fast-food, oggi molto diffuso nelle maggiori città ed all'abbigliamento casuale, che già da molti anni caratterizza lo studente italiano. Comunque non è solo la musica leggera che va di moda in Italia. Molti giovani amano anche la musica classica e l'opera, che hanno in Italia una tradizione antichissima.

Oggi, per avvicinare ancor più[3] i giovani alla musica classica e all'opera, molti spettacoli vengono allestiti[4] in luoghi antichi e suggestivi. L'Arena di Verona e le Terme di Caracalla a Roma sono soltanto i due più conosciuti tra i tanti teatri che sono a disposizione degli amatori della musica italiana.

*Un giovane italiano mentre suona la sua chitarra*

1. dance halls    2. gathering places    3. to bring even closer
4. produced

# Pronuncia
Il suono /**p**/

Italian /**p**/ is not aspirated (that is, it is not accompanied by a puff of air), in contrast to English /**p**/. The sound **p** is represented in writing by **p** or **pp**.

**A.** Ascoltare l'insegnante e ripetere le seguenti parole.

| /**p**/ = **p** | | /**p**/ = **pp** | |
|---|---|---|---|
| **p**ersonaggio | o**p**era | a**pp**untamento | gia**pp**onese |
| **p**erché | com**p**lesso | ca**pp**uccino | ra**pp**orto |
| **p**eriodo | a**p**eritivo | purtro**pp**o | a**pp**artamento |
| **p**arere | sem**p**re | a**pp**ena | a**pp**lauso |

**B.** Leggere ad alta voce le seguenti frasi e fare attenzione alla pronuncia delle lettere *p* e *pp*.

1. Prendo sempre un cappuccino.
2. Ho un appuntamento importante.
3. Mi puoi dare un passaggio?
4. Mi piacciono le opere di Puccini.

**C. Proverbi**  Leggere ad alta voce i seguenti proverbi e poi dettarli ad un altro studente o ad un'altra studentessa.

**Chi troppo vuole nulla stringe.**
He who wants too much will end up with nothing.

**Chi va piano va sano e va lontano.**
Slowly but surely.

**D. Scioglilingua**

**Sopra la panca la capra campa,
sotto la panca la capra crepa.**
On the bench the nanny-goat lives,
under the bench the nanny-goat dies.

**E. Dettato**  Rileggere il seguente brano tratto dal dialogo a pagina 380 e poi dettarlo ad un altro studente o ad un'altra studentessa.

Scusa, ma sai bene che io non m'intendo di musica classica o di opera. A me piace molto la musica leggera e ... guarda caso, sabato al Palazzo dello Sport c'è in programma un concerto di complessi famosi, come *I Cavalieri della notte.* Perché non ci andiamo tutti e tre?

# Ampliamento del vocabolario

## I. Gli strumenti musicali

Here are some additional names of musical instruments to add to **la chitarra**, **il flauto** and **il pianoforte**.

**l'arpa**  harp
**la batteria**  drum set
**il clarinetto**  clarinet
**il clavicembalo**  harpsichord,
  clavichord

**l'organo**  organ
**il sassofono**  saxophone
**il tamburo**  drum
**la tromba**  trumpet
**il violino**  violin

**A.**  Rispondere alle seguenti domande personali.

1. Lei suona uno strumento musicale? Quale?
2. Quale strumento musicale preferisce ascoltare? Perché?
3. Vuole imparare a sonare uno strumento musicale? Quale? Perché?
4. Conosce qualche musicista famoso? Chi? Quale strumento musicale suona?
5. È mai andato/a a teatro ad ascoltare un'orchestra sinfonica? Dove?

**B.**  Legga i seguenti annunci pubblicitari, scelga quello che vorrebbe ritagliare *(cut out)*, e ne spieghi il perché.

| | |
|---|---|
| Dischi e cassette originali anni 60 + opera Norma e Otello in 33 giri[1] + cofanetto[2] RCA 10 dischi 33 giri successi anni 60 vendo. Tel. 4964750 | Chitarra classica Eko lavorazione artigianale ottimo stato o permuto[3] con buona chitarra acustica con fodero[4]. Chiamare Gianluca. Tel. 534115 |
| Organo elettronico modello Kumar 198 2 tastiere[5] pedaliera/bassi ritmi con accompagnamento e memoria. Ottimo stato L. 670.000. Chiamare Silvano Tel. 813974 | Vendo collezione discografica completa del soprano Maria Callas comprendente tutte le incisioni[6] dal 1947. Per informazioni telefonare ore serali al 2137864. |

1. 33 r.p.m.   2. boxed set   3. trade   4. case   5. keyboards   6. recordings

## II. I prefissi in-, s-, dis- e ri-

1. The prefixes **in-**, **s-**, and **dis-** can be added to words to form the negative or opposite meaning. **In-** is normally used with certain adjectives only; **s-** and **dis-** may be added to certain adjectives, verbs, or nouns.

**2.** The prefix **ri-** is added to certain verbs to imply repetition.

| | | |
|---|---|---|
| **in-** | utile *useful* | **in**utile *useless* |
| | felice *happy* | **in**felice *unhappy* |
| **s-** | fortuna *luck* | **s**fortuna *bad luck* |
| | consigliare *to advise* | **s**consigliare *to advise against* |
| | conosciuto/a *known* | **s**conosciuto/a *unknown* |
| **dis-** | piacere *pleasure* | **dis**piacere *displeasure, misfortune* |
| | fare *to do* | **dis**fare *to undo* |
| | organizzato/a *organized* | **dis**organizzato/a *disorganized* |
| | occupato/a *occupied, employed* | **dis**occupato/a *unoccupied, unemployed* |
| **ri-** | leggere *to read* | **ri**leggere *to read again* |
| | aprire *to open* | **ri**aprire *to reopen* |

**C.** Trasformare queste frasi, aggiungendo il prefisso *in-* alle parole in corsivo. Poi esprimere ogni frase in inglese.

► È un lavoro *utile.*     *È un lavoro inutile. (It's a useless job.)*

1. La riforma universitaria è *adeguata.*
2. Quello è un uomo molto *deciso.*
3. Questo bambino è molto *felice.*
4. La partenza di Lucia a febbraio è *certa.*

**D.** Trasformare queste frasi, aggiungendo il prefisso *s-* alle parole in corsivo. Poi esprimere ogni frase in inglese.

► Che *fortuna!*     *Che sfortuna! (What bad luck!)*

1. Questo scrittore è *conosciuto.*
2. Il professore ha fatto un commento *favorevole.*
3. È stato un viaggio *piacevole.*
4. L'impiegato ci *consiglia* di comprare questo libro.

**E.** Trasformare queste frasi, aggiungendo il prefisso *dis-* alle parole in corsivo. Poi esprimere ogni frase in inglese.

► Lo dice con *interesse.*     *Lo dice con disinteresse. (He/She says it with disinterest.)*

1. Questa casa è *abitata.*
2. Gli studenti lavorano con *attenzione.*
3. La mamma ha *fatto* il letto di Cristina.
4. I bambini *obbediscono* ai loro genitori.

**F.** Trasformare queste frasi, aggiungendo il prefisso *ri-* alle parole in corsivo. Poi esprimere ogni frase in inglese.

▶ Voglio *vedere* quell'opera.     *Voglio rivedere quell'opera. (I want to see that opera again.)*

1. Ha *guardato* quella rivista.
2. Hanno *eletto* quel rappresentante.
3. Penso di *telefonare* a Graziella.
4. Ci ha detto di *leggere* quel romanzo.

# Struttura ed uso

## I. Congiuntivo con espressioni d'emozione, dubbio o convinzione

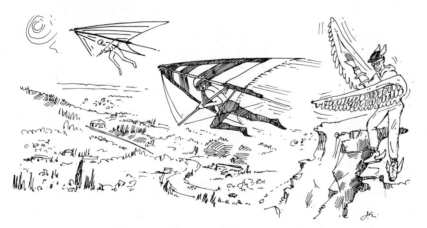

**Ho paura** che Mario **abbia perso** la testa.

**1.** The subjunctive is used in dependent **che**-clauses after expressions of emotion such as **essere contento, essere felice, dispiacere, avere paura, temere,** and **essere sorpreso,** when the subject of the dependent clause is different from the subject of the main clause.

| | |
|---|---|
| **Sono contento** che (tu) **sia** qui. | I'm happy that you are here. |
| **Sono felice** che (lei) **venga**. | I'm happy that she's coming. |
| **Mi dispiace** che **partano** stasera. | I'm sorry that they are leaving tonight. |
| **Ho paura** che (lui) **abbia** mal di testa. | I'm afraid that he has a headache. |
| **Sono sorpreso** che **siate** già qui. | I'm surprised that you are already here. |
| **Temo** che **arrivino** tardi. | I'm afraid they'll arrive late. |

**2.** The subjunctive is also used in dependent clauses after expressions of doubt, belief, and disbelief, such as **dubitare, non essere sicuro, non sapere se, sembrare, parere, credere,** and **non credere.**

| | |
|---|---|
| **Dubito** che **parli** italiano. | I doubt that he/she speaks Italian. |
| **Non sono sicuro** che Davide **studi.** | I'm not sure that Davide studies. |
| **Non so se parta** stasera. | I don't know if he/she is leaving tonight. |
| **Credo** che Giovanna **arrivi** oggi. | I think Giovanna will arrive today. |
| **Non credo** che Lidia **abiti** a Roma. | I don't think that Lidia lives in Rome. |

**3.** The infinitive is used after expressions of emotion, doubt, belief, or disbelief when there is no change of subject.

| | |
|---|---|
| Sono contento di **essere** qui. | I'm happy to be here. |
| Mi dispiace di **partire** così presto. | I'm sorry to leave so soon. |
| Non penso di **avere** finito. | I don't think I've finished. |
| Credo di **giocare** bene. | I think I play well. |

Note the use of the preposition **di** before the infinitive construction in the examples.

**A.** Dica che le seguenti persone sono contente di fare certe cose; poi dica che lei è contento/a che loro facciano queste cose. Usi l'espressione *essere contento/a* in tutte e due *(both)* le frasi.

▶ Luisa parte per Pisa.     *Luisa è contenta di partire per Pisa. Sono contento/a che Luisa parta per Pisa.*

1. I miei genitori vanno a teatro.
2. Faccio una festa per il compleanno di Vittorio.
3. Potete restare a Genova.
4. Gianfranco usa la macchina di suo fratello.
5. Fanno una gita a Siena.
6. Maria mi presta i suoi dischi.
7. Mio padre va in vacanza.
8. Tu e Laura avete un lavoro interessante.

**B.** Reagire alle seguenti situazioni, usando le parole indicate fra parentesi.

▶ Parli con Anna. (Sono felice che ...)     *Sono felice che parli con Anna.*

1. Sua sorella arriva tardi. (Temo che ...)
2. Ricevi tante telefonate. (Sono sorpreso/a che ...)
3. Non finiscono di lavorare. (Temo che ...)
4. Gina non può andare in vacanza. (Mi dispiace che ...)

5. Ci sono almeno cento feriti. (Ho paura che ...)
6. Sentite queste notizie. (Sono contento/a che ...)
7. Seguono quel corso di informatica. (Dubito che ...)
8. Ti sei fidanzata. (Sono felice che ...)

**C.** Dica che lei dubita o crede le seguenti cose.

▶ I giovani pensano al futuro.  *Dubito che i giovani pensino al futuro. Credo che i giovani pensino al futuro.*

1. Laura va alle Terme di Caracalla.
2. I biglietti non costano molto.
3. L'*Aida* è un'opera di Giuseppe Verdi.
4. Il prezzo della benzina diminuisce.
5. Michele Orlandini è un ottimo cantante.
6. Mio fratello diventa un musicista famoso.
7. Giorgio s'intende di musica leggera.
8. Luciano suona uno strumento musicale.

**D.** Franco non è d'accordo con Marco su molte cose. Assumere il ruolo di Franco, usando l'espressione *mi sembra che.*

▶ Marco: La squadra napoletana gioca bene.  Franco: *Mi sembra che la squadra napoletana non giochi bene.*

1. I fiumi americani sono grandi.
2. Quest'opera è bella.
3. I film italiani sono interessanti.
4. Giovanni e Paola si divertono alla festa.
5. Giuliana cucina bene.
6. Fa bel tempo qui in città.

**E.** Dia la sua risposta alle seguenti domande.

1. Crede che il calcio sia un gioco interessante?
2. Crede che ci siano molte industrie in Italia?
3. Crede che la musica leggera sia migliore della musica classica?
4. Crede che le trasmissioni televisive siano interessanti?
5. Crede che i genitori capiscano i loro figli?
6. Crede che la politica sia noiosa?
7. Crede che la tivvù sia migliore della radio?

## II. Congiuntivo dopo le congiunzioni

Ti do il mio cappello **purché tu mi dia** il tuo costume.

The subjunctive is used in dependent clauses introduced by the conjunctions shown in the following chart.

| | | |
|---|---|---|
| affinché<br>di modo che<br>perché | *so that, in order that* | Lavora **affinché** i figli possano frequentare l'università.<br>Partiamo presto **di modo che** possiate prendere il treno delle nove.<br>Parlate lentamente **perché** tutti vi capiscano. |
| benché<br>sebbene<br>nonostante che | *although, even though* | Studia ancora **benché** sia mezzanotte.<br>Esce **sebbene** faccia molto freddo.<br>Parte **nonostante che** stia male. |
| in caso che | *in case that, in the event that* | Lascia il numero di telefono **in caso che** lui voglia parlarti. |
| a meno che | *unless* | Verremo da te **a meno che** non nevichi. |
| prima che | *before* | Telefono a Lina **prima che** tu venga. |
| purché | *provided that* | Verrà **purché** gli preparino un bel dolce. |
| senza che | *without* | Studiate **senza che** ve lo suggerisca vostra madre. |

*Note:* The subjunctive is used after **prima che** and **senza che** only if the subjects of the main clause and the dependent clause are different. If the subjects are the same, **prima di** + infinitive or **senza** + infinitive is used.

Ti parlerò **prima che tu esca**.       I'll talk to you before you go out.
Ti parlerò **prima di uscire**.         I'll talk to you before going out.

Tiziana arriverà **senza che le telefoniamo**.     Tiziana will arrive without our phoning her.
Tiziana arriverà **senza telefonare**.             Tiziana will arrive without phoning.

**F.** Immagini di andare a Roma con alcuni amici. Dica che arriverete presto affinché ognuno dei suoi amici possa fare ciò che vuole. Usi la congiunzione *affinché*.

▶ Carlo può andare dallo zio.     *Arriveremo presto affinché Carlo possa andare dallo zio.*

1. Tina può vedere il Colosseo.
2. Mariella ed Anna possono visitare i Musei Vaticani.
3. Puoi telefonare ai tuoi parenti.
4. Potete incontrare i vostri amici.
5. Io e tu possiamo fare delle spese.
6. Susanna può andare a Villa Borghese.

**G.** Con le parole date costruire frasi, usando la congiunzione *sebbene*.

▶ andare in centro / essere tardi     *Vado in centro sebbene sia tardi.*

1. comprare una motocicletta / costare molto
2. uscire lo stesso / fare freddo
3. cercare lavoro / essere difficile trovarlo
4. andare alla partita / piovere
5. finire la colazione / essere in ritardo
6. fare una visita alla zia / abitare lontano

**H.** Abbinare le frasi seguenti, usando le parole fra parentesi.

▶ Il professore spiega chiaramente la lezione. Gli studenti la imparano bene. (affinché)     *Il professore spiega chiaramente la lezione affinché gli studenti la imparino bene.*

1. Mi alzo dal letto. Mia madre mi chiama. (prima che)
2. Facciamo questo lavoro. Mio padre ce lo chiede. (senza che)
3. Gli presto la bicicletta. Mi presta la sua moto. (purché)
4. Vado a telefonare ai nonni. Vogliono venire con noi. (in caso che)
5. Vai in Italia. Non hai molti soldi. (sebbene)
6. Mangio a mezzogiorno. Ho fatto la prima colazione alle dieci. (nonostante che)
7. Sandro mi aiuta. Posso finire i compiti. (di modo che)
8. Non hanno trovato una soluzione. Hanno studiato attentamente il problema. (benché)

## III. Congiuntivo passato

Non credo **che lui abbia trovato** il tesoro.

1. The present perfect subjunctive (**il congiuntivo passato**) is used in a dependent **che**-clause to reflect the speaker's attitude toward a recent past action when the verb in the main clause is in the present indicative. It is formed with the present subjunctive of **avere** or **essere** and the past participle of the main verb. The past participle of a verb conjugated with **essere** agrees with the subject of the **che**-clause.

   | | |
   |---|---|
   | Non credo che **abbiano trovato** il parcheggio. | I don't think that they *have found* a parking space. |
   | È possibile che Eleonora **sia** già **partita**. | It's possible that Eleonora *has* already *left*. |
   | Sono contento che **abbiate vinto** la partita. | I'm happy that you *have won* the game. |

2. The following chart shows the present perfect subjunctive of **trovare** and **partire**.

   | che-clause | trovare | partire |
   |---|---|---|
   | che io ... | abbia trovato | sia partito/a |
   | che tu ... | abbia trovato | sia partito/a |
   | che lui/lei ... | abbia trovato | sia partito/a |
   | che noi ... | abbiamo trovato | siamo partiti/e |
   | che voi ... | abbiate trovato | siate partiti/e |
   | che loro ... | abbiano trovato | siano partiti/e |

**I.** Esprimere un'opinione, sostituendo al congiuntivo presente il congiuntivo passato.

▶ È probabile che Paola arrivi        *È probabile che Paola sia*
nel pomeriggio.        *arrivata nel pomeriggio.*

1. È impossibile che tu mangi tutta quella pasta.
2. È possibile che voi non studiate abbastanza.
3. È bene che loro comprino una nuova macchina.
4. Ho paura che il mio papà non ascolti il medico.
5. Non so se voi guardiate il telegiornale.
6. È sorpreso che tu telefoni così tardi.

**J.** Completare le seguenti frasi con espressioni di senso compiuto, usando i verbi al congiuntivo passato.

▶ È bene che Maria ...    *È bene che Maria* [*sia venuta alla festa*].

1. È importante che l'annunciatrice ...
2. Speriamo che loro ...
3. I miei parenti sono contenti che noi ...
4. Siamo sorpresi che il presidente ...
5. Mi dispiace che tu ...
6. È probabile che i vigili del fuoco ...
7. È giusto che io ...
8. È possibile che la polizia ...

**K.** Con le parole date costruire frasi, aggiungendo *che* e coniugando i verbi della frase subordinata al congiuntivo passato.

▶ C'è stato un incidente. È    *È possibile che ci sia stato un*
possibile.        *incidente.*

1. Non gioca con Francesco. È probabile.
2. Il Consiglio dei Ministri si riunisce al più presto. Speriamo.
3. I prezzi diminuiscono continuamente. Non è vero.
4. Le zone depresse ricevono aiuti finanziari. È meglio.
5. I ministri approvano il programma economico. È necessario.
6. Le case di moda presentano i loro modelli. È importante.
7. Non nevica più. È possibile.

## IV. *Pronome* ne

Quanti **ne** ha mangiati?

1. The pronoun **ne** *(of it, of them)* is used when referring back to a phrase introduced by the partitive **di** or the preposition **di**. **Ne** precedes or follows the verb according to the rules for the position of direct-object pronouns (see p. 194).

| | |
|---|---|
| — Offrono del **formaggio** a Stefano? | — Do they offer some cheese to Stefano? |
| — No, **ne** offrono a Carlo. | — No, they offer some (of it) to Carlo. |
| — Parlate **di Giovanni**? | — Are you talking about Giovanni? |
| — Sì, **ne** stiamo parlando. <br> — Sì, stiamo parlando**ne**. | — Yes, we're talking about him. |
| — Vuole assaggiare **delle olive**? | — Do you want to sample some olives? |
| — Sì, voglio assaggiar**ne**. <br> — Sì, **ne** voglio assaggiare. | — Yes, I want to sample some (of them). |

Note that in Italian the pronoun **ne** is *always* expressed, in contrast to English, which often omits *of it, of them, about it, about them,* etc.

2. **Ne** is also used to refer to a direct object introduced by a number or by an expression of quantity.

| | |
|---|---|
| — Ha due cugini? | — Do you have two cousins? |
| — Sì, **ne** ho due. | — Yes, I have two (of them). |
| — Quanti fratelli ha? | — How many brothers do you have? |
| — **Ne** ho quattro. | — I have four (of them). |

**3.** The indirect-object pronouns **gli** or **le** become **glie** and are attached to **ne**. **Ne** is never attached to **loro**.

| | |
|---|---|
| **Gli** darò dei panini. | I'll give him some sandwiches. |
| **Le** darò delle mele. | I'll give her some apples. |
| **Gliene** darò. | I'll give him/her some (of them). |
| Darò **loro** del vino. | I'll give them some wine. |
| **Ne** darò loro. | I'll give them some (of it). |

**4.** In the present perfect, **ne** precedes the verb and acts as a direct-object pronoun, thereby requiring agreement of the past participle.

| | |
|---|---|
| — Quante **mele** ha preso? | — How many apples did you take? |
| — **Ne** ho **prese** tre. | — I took three (of them). |
| — Quanti **bambini** hai visto al parco? | — How many children did you see at the park? |
| — **Ne** ho **visti** molti. | — I saw many (of them). |

**5.** Note the use of **ne** in responses to questions that contain verbal expressions such as **avere bisogno di, avere paura di, avere voglia di,** and **discutere di** when nouns or verbs following them are replaced.

| | |
|---|---|
| — Hai bisogno del dizionario? | — Do you need a dictionary? |
| — No, non **ne** ho bisogno. | — No, I don't need *one*. |
| — Avete paura degli esami? | — Are you afraid of exams? |
| — Sì, **ne** abbiamo paura. | — Yes, we're afraid *of them*. |
| — Hai voglia di uscire? | — Do you feel like going out? |
| — No, non **ne** ho proprio voglia. | — No, I really don't feel like *it*. |
| — Discuti sempre di sport? | — Do you always discuss sports? |
| — Sì, **ne** discuto sempre. | — Yes, I always discuss *it*. |

**L.** Chiedere ad un altro studente o ad un'altra studentessa se ha alcuni degli oggetti indicati.

▶ dei dischi italiani S1: *Hai dei dischi italiani?*
         S2: *Sì, ne ho.*
           *No, non ne ho.*

| | |
|---|---|
| 1. dei biglietti per l'opera | 5. dei registratori |
| 2. degli strumenti musicali | 6. delle cassette di musica rock |
| 3. dei dischi americani | 7. delle camicie blu |
| 4. delle riviste inglesi | 8. delle calcolatrici |

**M.** Dica quanti parenti ha lei.

▶ fratelli *Ne ho [due].*

1. zie
2. cugine
3. cognati
4. nonni
5. sorelle
6. zii

**N.** Rispondere alle seguenti domande negativamente o positivamente, sostituendo il pronome *ne* alle parole in corsivo.

1. Hai paura *del traffico romano?*
2. Avete voglia *di un bel caffè?*
3. Hanno avuto bisogno *di aiuto?*
4. Paolo discute spesso *di politica?*
5. I tuoi amici hanno voglia *di andare a vedere l'Aida?*
6. Hai bisogno *di usare il mio computer?*
7. Avete paura *di andare a cavallo?*
8. Stanno discutendo *di musica classica?*
9. Hai voglia *di fare colazione adesso?*

**O.** Supponga di fare una festa e di chiedere ad alcuni dei suoi invitati se hanno preso un po' dei cibi indicati. Assuma il ruolo delle persone invitate.

▶ Hai preso dell'antipasto? (sì) *Sì, ne ho preso.*

▶ Hai preso della pasta? (no) *No, non ne ho presa.*

1. dei fagiolini (no)
2. dei pomodori (no)
3. del dolce (sì)
4. delle arance (sì)
5. dell'uva (sì)
6. delle olive (no)
7. dell'insalata (sì)
8. del tè (no)
9. del caffè (sì)

---

**A lei la parola**

1. State that your father doesn't want to go to see *Aïda* tonight, although he likes opera very much. He prefers to stay home.
2. Advise your friends to go see the musical group *Gli Scapestrati* because you think the band is really exceptional.
3. Apologize to one of your friends because you didn't ask him to go to the concert with you last night. Tell him you had only two tickets, one of which you gave to your brother.
4. Inform your sister that you doubt that your grandparents are coming to dinner on Saturday. Add that you think they are coming on Sunday.
5. Explain to your mother that you like going to the movies, but that your boyfriend or girlfriend never feels like it.

# Attualità

## *Conosce Ravenna?*

Ravenna è una città della regione Emilia-Romagna. Capitale dell'Impero d'Occidente nel 402 e capitale dell'Italia bizantina nel 584, Ravenna è ricca di stupendi monumenti che rivelano l'influsso° delle dominazioni straniere. Il Mausoleo di Galla Placidia, il Mausoleo di Teodorico, San Vitale e Sant'Apollinare in Classe sono ricchi di mosaici colorati, pietre° preziose e marmi° trasparenti, che contribuiscono a formare ambienti di luce soffusa ed affascinante. Sosta° obbligata di studiosi ed amanti dell'arte, Ravenna attrae moltissimi turisti italiani e stranieri.

*influence*

*stones / marble*

*stopping place*

## *I parchi nazionali italiani*

In Italia ci sono quattro parchi nazionali istituiti per tutelare° la flora e la fauna che si trovano in queste zone. Negli ambienti incontaminati° dei parchi nazionali crescono piante e fiori rari, e gli animali vivono e si muovono nel loro habitat naturale. Specialmente durante i mesi estivi, molte persone visitano questi parchi, che sono forniti di alberghi, rifugi° e campeggi° bene attrezzati°.

*to protect*
*unpolluted*

*shelters / camping grounds / equipped*

Due di questi parchi sono al nord, sulle Alpi. Vicino alla Valle d'Aosta, e precisamente sulle Alpi Graie, è situato il Parco Nazionale del Gran Paradiso. In questa vasta e bellissima zona vivono lo stambecco°, il camoscio° e l'aquila reale°. Più verso est c'è il Parco Nazionale dello Stelvio. Oltre alla flora ed alla fauna alpine, in questo parco ci sono anche tipiche formazioni geologiche.

*ibex / chamois / royal eagle*

Nel centro Italia, sugli Appennini, c'è il Parco Nazionale d'Abruzzo. Questo parco, come quello del Gran Paradiso, era nei secoli scorsi un'antica Riserva reale di Caccia°. Mentre gli altri parchi nazionali non sono sempre accessibili durante l'anno, quello d'Abruzzo ha persino° la caratteristica di essere abitato dall'uomo, e può essere visitato in quasi tutti i mesi dell'anno.

*Royal Hunting Reservation*

*even*

Nel promontorio del Circeo, sulla costa tirrenica, c'è il Parco Nazionale del Circeo, che è anche una grande attrazione turistica, specialmente durante il periodo estivo.

*La Camosciara nel Parco Nazionale d'Abruzzo*

## Le vacanze in Italia

La maggior parte degli italiani ama trascorrere° le vacanze in Italia    to spend
dove ci sono bellissimi posti di villeggiatura°. Secondo un recente    resort areas
sondaggio° dell'ISTAT (Istituto centrale di statistica), il sessanta per    poll
cento (60%) degli italiani preferisce fare le vacanze al mare. Inoltre, il
novantacinque per cento (95%) degli italiani va in vacanza nel periodo
compreso tra giugno e settembre, con punte massime° durante i mesi    peaks
di luglio ed agosto.

**Indovinare!**   Cercare di indovinare cosa descrivono le seguenti frasi.

1. Questi parchi erano antiche riserve di caccia.
2. Sono due animali che vivono nel Parco Nazionale del Gran Paradiso.
3. Sono due caratteristiche particolari del Parco Nazionale d'Abruzzo.
4. È la posizione geografica del Parco Nazionale del Circeo.
5. Dove preferisce trascorrere le vacanze la maggior parte degli italiani.
6. Sono i mesi dell'anno in cui la maggior parte degli italiani preferisce andare in vacanza.
7. Era l'antica capitale dell'Italia bizantina.
8. Caratteristiche artistiche di San Vitale e di Sant'Apollinare in Classe.

# LEZIONE 18ª

## Come vedete il vostro futuro?

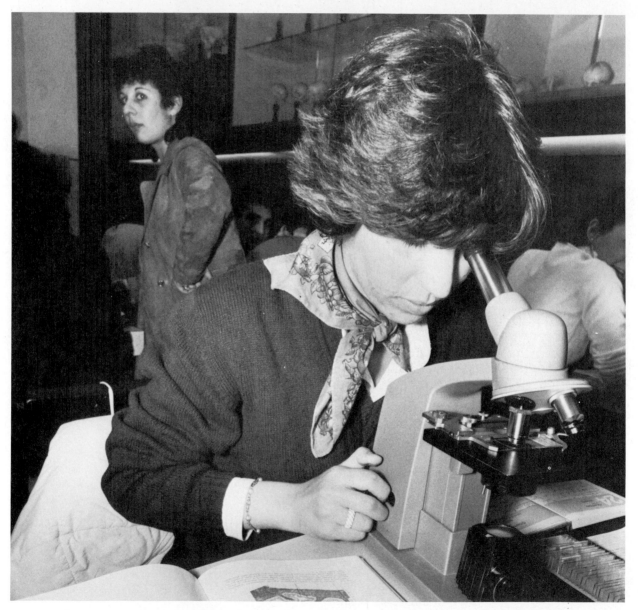

*Preparandosi seriamente per una professione futura*

Giacomo Cortese, giornalista di una radio privata italiana, intervista tre studenti universitari: Giorgio Solari, studente d'ingegneria, Patrizia Ranucci, studentessa di architettura, e Luciana Massimi, studentessa di scienze politiche.

| | | |
|---|---|---|
| **Giornalista** | Amici ascoltatori, buona sera. La trasmissione settimanale "I nostri giovani" presenta una breve discussione sulla preparazione al mondo del lavoro che i giovani ricevono oggi all'università. Sono con noi qui nello studio tre studenti che esprimeranno liberamente le loro opinioni. Giorgio, apra lei la discussione! Che pensa dell'attuale situazione universitaria? | |
| **Giorgio** | È un po' caotica. Le aule sono sovraffollate°, ci sono pochi professori, mancano contatti° tra l'università e l'industria. È piuttosto difficile ricevere una preparazione adeguata per entrare con successo nel mondo del lavoro. | overcrowded<br>contacts are lacking |
| **Giornalista** | Patrizia, lei è d'accordo con Giorgio? Ci faccia conoscere la sua opinione, per favore. Come vede il futuro dei giovani? | |
| **Patrizia** | Il nostro futuro non è tanto triste come ha suggerito Giorgio. Io devo ancora studiare un anno prima di laurearmi, e so che sarà un po' difficile trovare subito lavoro come libera professionista°. Comunque, siccome c'è molto bisogno di personale specializzato nei vari settori industriali, ci sono buone possibilità d'impiego per noi giovani. | independent professional |
| **Giornalista** | Ma non c'è stata una riforma nell'università? | |
| **Luciana** | Sì, ma in forma limitata. Sembrava che l'entrata in vigore° della riforma universitaria potesse migliorare la nostra situazione. Invece, ci sono stati pochi cambiamenti. Alcuni studenti addirittura° pensano che i politici continuino a perdersi in chiacchiere inutili° senza concludere nulla. | implementation<br><br>even<br><br>waste time in useless talk |
| **Giornalista** | Avete suggerimenti concreti da dare? Giorgio, dica pure! | |
| **Giorgio** | Nel passato abbiamo chiesto due cose: un contatto più efficace tra università ed industria, e l'istituzione di corsi universitari di breve durata°. Queste richieste° sono oggi sempre valide, ma stiamo ancora aspettando che vengano esaminate. | short term<br>requests |

| | |
|---|---|
| **Luciana** | Quello che Giorgio ha detto è importante perché ciò ridurrebbe notevolmente il sovraffollamento dell'università. |
| **Patrizia** | Allo stesso tempo molti giovani troverebbero lavoro più facilmente facendo così diminuire la disoccupazione giovanile. |
| **Giornalista** | Bene, ragazzi. È stato uno scambio di idee molto interessante e spero che i nostri ascoltatori abbiano apprezzato questa trasmissione. La prossima settimana ci incontreremo con alcuni giovani liceali ed ascolteremo anche le loro opinioni al riguardo°.  on this subject<br>Grazie per l'ascolto e buona sera. |

40

45

---

**Domande generali**

1. Dove sono il giornalista e gli studenti?
2. Che cosa vuole sapere il giornalista?
3. Come si presenta il futuro degli studenti?
4. Quali difficoltà incontreranno gli studenti quando finiranno l'università?
5. Quali sono alcuni suggerimenti che danno gli studenti?

**Domande personali**

1. Lei è contento/a della situazione attuale nella sua università o nel suo liceo? Perché?
2. Se ha un problema all'università o al liceo, con chi lo discute?
3. Vorrebbe suggerire una riforma per l'università? per il liceo? Se risponde di "sì", perché?
4. Per gli studenti è difficile trovare lavoro nella sua città o nel suo paese?
5. Come vede il suo futuro? Perché?

**Esercizio di comprensione**

Il seguente brano è basato sull'intervista a pagina 401. Completare il brano con parole ed espressioni appropriate.

Il programma radiofonico _____ è una _____ settimanale. Nello studio di una radio privata _____ , alcuni studenti _____ le loro opinioni. Giorgio, lo studente che _____ la discussione, dice che le aule sono _____ , che non ci sono abbastanza _____ , e che _____ contatti tra l'università e l'industria. Secondo Patrizia, il futuro dei giovani studenti non è _____ , anche se è piuttosto difficile _____ lavoro come _____ . Secondo Luciana, i politici si perdono _____ . Infine, Giorgio offre un suggerimento: istituire corsi _____ . Questo, secondo Luciana, ridurrebbe notevolmente il _____ dell'università.

**Vocabolario**

Parole analoghe

| | | |
|---|---|---|
| adeguato/a | l'industria | presente |
| caotico/a | l'ingegneria | privato/a |
| concludere | intervistare | la riforma |
| concreto/a | l'istituzione | il settore |
| il contatto | l'opinione | la situazione |
| la discussione | il personale | specializzato/a |
| esaminare | il politico | universitario/a |
| il futuro | la possibilità | valido/a |
| grafico/a | | |

Nomi

**l'ascolto**  listening
**l'aula**  classroom
**il bisogno**  need
**il cambiamento**  change
**la disoccupazione**  unemployment
**l'impiego**  job
**il passato**  past
**la richiesta**  request
**lo scambio**  exchange
**il sovraffollamento**  overcrowding
**il suggerimento**  suggestion

Verbi

**apprezzare**  to appreciate
**esprimere**  to express
**laurearsi**  to graduate
**mancare**  to lack
**migliorare**  to improve
**ridurre**  to reduce

Aggettivi

**attuale**  present
**breve**  brief, short
**ciò**  this
**efficace**  effective
**giovanile**  young
**settimanale**  weekly
**sovraffollato/a**  overcrowded
**vario/a**  various

Altre parole ed espressioni

**addirittura**  even
**liberamente**  freely
**notevolmente**  remarkably
**siccome**  since

**con successo**  successfully
**dica pure**  say, go ahead
**fare conoscere**  to make known
**in forma limitata**  in a limited way

**Pratica**

**A.** Immagini di essere un/una giornalista della radio che intervista alcuni studenti universitari o liceali. Chieda quali sono le loro opinioni sull'università o sul liceo e se si sentono preparati per entrare nel mondo del lavoro.

**B.** Prepari cinque domande e risposte sulle sue personali possibilità d'impiego dopo la laurea e ne discuta durante la lezione d'italiano.

## NOTA CULTURALE

### Gli studenti italiani ed il lavoro

Nelle scuole ed università italiane manca un centro di orientamento scolastico e professionale che aiuti i giovani a scegliere la loro futura professione. Spesso gli studenti scelgono e frequentano una facoltà universitaria per il prestigio del titolo accademico o per tradizione di famiglia. Questo è vero specialmente per medicina e giurisprudenza[1] che hanno visto crescere[2] notevolmente negli ultimi anni il numero di giovani iscritti[3] ai loro corsi. Il risultato è che oggi in Italia ci sono moltissimi medici ed avvocati, ma solo pochi di loro riescono[4] a trovare un buon lavoro. Per gli altri, il conseguimento della laurea è l'inizio[5] di una dura ricerca. Alla fine, per non rimanere più a lungo disoccupati[6] i giovani laureati[7] dovranno adattarsi[8] ad un tipo di lavoro molto diverso.

Oggi però, la situazione va migliorando. A livello[9] regionale è già in atto[10] in molte città una cooperazione tra industria e scuole medie superiori. Gli studenti visitano ditte[11] private ed aziende pubbliche[12], mentre dirigenti e professionisti si incontrano con gli studenti nelle scuole. Lo scopo di questi incontri è di dare allo studente una visione più realistica della vita in modo[13] da facilitare più tardi il suo inserimento[14] nel lavoro.

*Studenti che discutono possibilità di lavoro.*

1. law   2. grow   3. enrolled   4. succeed   5. beginning
6. unemployed   7. graduates   8. adjust   9. level
10. in place   11. firms   12. public businesses
13. in order to   14. their entry

## Pronuncia
### Dittonghi e trittonghi

**1.** A *diphthong* is a phonetic group formed by a semivowel plus a vowel that occur in a single syllable. Unstressed **i** and **u** become semivowels when either one combines with **a, o,** or **e.**

abb**ia**   fig**lio**   p**ie**de   q**ua**le   c**uo**re   g**ue**rra

Stressed **i** and **u** in combination with **a, o,** or **e** do not constitute a diphthong, and consequently are not pronounced as a single syllable.

vìa    mìo    zìe    diminuìre    sùa    bùe

2. A *triphthong* is a group of three vowels that occurs in a single syllable. It is composed of two semivowels and one vowel.

miei    tuoi    guai    vuoi    buoi

**A.** Ascoltare l'insegnante e ripetere le seguenti parole.

*Dittonghi*

*Trittonghi*

| graz**ie** | p**ie**no | **miei** | **vuoi** |
|---|---|---|---|
| b**uo**no | stad**io** | **tuoi** | **puoi** |
| v**uo**le | p**ia**no | **suoi** | a**iuo**la |

**B.** Leggere ad alta voce le seguenti frasi e fare attenzione alla pronuncia dei gruppi di due o di tre vocali.

1. Puoi fare la prenotazione per domani?
2. Vuoi i miei guanti?
3. Vorrei i suoi biglietti.
4. Suo figlio non ha più bisogno d'aiuto.

**C. Proverbi**  Leggere ad alta voce i seguenti proverbi e poi dettarli ad un altro studente o ad un'altra studentessa.

**Natale con i tuoi e Pasqua con chi vuoi.**
  Spend Christmas with your family and Easter with whomever you wish.
**Con la scusa del figliuolo, la mamma si mangia l'uovo.**
  One can use others as an excuse for selfish behavior.

**D. Dettato**  Rileggere questo brano dell'intervista riportata a pagina 401 e poi dettarlo ad un altro studente o ad un'altra studentessa.

Amici ascoltatori, buona sera. La trasmissione settimanale "I nostri giovani" presenta una breve discussione sulla preparazione al mondo del lavoro che i giovani ricevono oggi all'università. Sono con noi qui nello studio tre studenti che esprimeranno liberamente le loro opinioni. Giorgio, apra lei la discussione! Che pensa dell'attuale situazione universitaria?

# Ampliamento del vocabolario

## Il mondo del lavoro

The following words and expressions will help you to prepare for applying for a job in Italy some day. You already know many of the terms listed.

### Nomi

**l'agenzia di consulenza**  employment agency
**il capo**  chief, boss
**la carriera**  career
**il colloquio**  job interview
**il concorso**  competitive exam
**il/la consulente**  consultant
**il curriculum vitae**  curriculum vitae, résumé
**la domanda d'impiego**  job application
**la fabbrica**  factory
**la gestione**  management
**i giorni di ferie**  vacation days
**l'impiego**  job, employment
**l'occupazione**  occupation, employment
**il posto**  job, position
**la qualifica**  qualification
**la retribuzione**  remuneration
**il salario**  wage, pay
**lo stipendio**  salary
**lo sviluppo**  development, advancement
**la tredicesima**  additional monthly salary or bonus paid to workers at Christmas time

### Verbi

**assumere**  to hire
**gestire**  to manage
**guadagnare**  to earn
**intraprendere**  to undertake
**licenziare**  to fire
**licenziarsi**  to quit (a job)
**richiedere**  to require, seek

### Aggettivi

**assicurativo/a**  insurance
**gestionale**  managerial
**qualificato/a**  qualified

### Altre parole ed espressioni

**a tempo parziale**  part-time
**a tempo pieno**  full-time
**fare lo straordinario**  to work overtime
**sostenere un colloquio**  to have a job interview
**guadagnarsi la vita**  to earn one's living
**presso agenzia**  at an agency
**trovare impiego**  to find a job

**A.**  Rispondere alle seguenti domande personali.

1. Che tipo di impiego pensa di trovare quando finirà il liceo o l'università?
2. Cos'è più importante per lei: lo stipendio, il tipo di lavoro, l'assicurazione malattie *(health insurance),* i giorni di ferie o la possibilità di fare carriera?
3. Quanto le piacerebbe guadagnare al mese?

4. Lavora adesso? Lavora a tempo pieno o a tempo parziale? Le piace fare lo straordinario?
5. Per quale lavoro è qualificato/a?
6. Per andare a sostenere un colloquio per un posto di lavoro, come si veste? come si prepara?
7. Quanti giorni di ferie all'anno le piacerebbe avere?
8. C'è molta disoccupazione nella sua città o nel suo paese oppure è abbastanza facile trovare lavoro?

**B.   Cerca lavoro?**   Legga i seguenti annunci e risponda alle domande che seguono a pagina 408.

---

### Annunci

#### Offerte di lavoro

**Industria ricerca**

Laureato in chimica in possesso dei seguenti requisiti:
— età tra i 25 ed i 35 anni
— 2 o 3 anni di esperienza.
Il candidato sarà responsabile per:
— lo studio e lo sviluppo di nuovi prodotti
— l'assistenza tecnica ai clienti.
Inviare dettagliato Curriculum vitae a: *Agenzia Parini, Casella Postale 35, Como*

La grande catena di negozi di abbigliamento ''La Moda'' cerca per il suo negozio di Napoli un …

**Responsabile vendite**

Questa posizione è adatta per una persona dinamica con spirito di organizzazione e indipendenza. Possibilità di sviluppo e soddisfacente retribuzione. Presentarsi o telefonare presso il negozio di Via Caracciolo 194, Tel. 237.415

---

Una buona occasione per intraprendere la carriera assicurativa.

Questo lavoro richiede:
— Buona predisposizione al contatto umano
— Ottimo aspetto
— Cultura media
— Automobile propria
— Capacità gestionali

Offre:
— Possibilità di sviluppo
— Buona retribuzione
— Carriera

Inviare Curriculum vitae a:
*Agenzia di consulenza, Corso Mazzini 11, Genova*

---

Assumiamo **Grafico/a** con esperienza di 2 o 3 anni presso agenzia di pubblicità.

Età tra i 24 e 30 anni.

Telefonare al 207.693, Verona

1. Quali sono le responsabilità di lavoro del candidato ricercato dall'industria chimica?
2. Quali caratteristiche deve possedere il/la responsabile vendite per il negozio di abbigliamento di Napoli? Quali vantaggi *(advantages)* offre questo lavoro?
3. Quali sono le qualifiche richieste per intraprendere la carriera assicurativa? Quali sono i vantaggi di quest'impiego?
4. Quale tipo di esperienza e quanti anni di attività nel ramo *(in the field)* deve avere il candidato o la candidata per l'impiego offerto a Verona? Secondo lei, sono sufficienti le informazioni sul lavoro offerto?

**C.** Supponga di lavorare per un'agenzia di consulenza che cerca personale specializzato e qualificato per le industrie della sua città o del suo paese. Prepari un annuncio per un'offerta di lavoro da mettere sul giornale, basandosi sui modelli a pagina 407.

**D.** Supponga di dovere sostenere un colloquio per ottenere lavoro presso un'agenzia di viaggi. Prepari un curriculum vitae basato sul seguente modello.

---

Curriculum vitae

*Cognome:* Pallavicini          *Nome:* Enzo

*Data di nascita:* 25 febbraio, 1968          *Luogo:* Vicenza

*Domicilio:* Via dei Castani 13
             67100 L'Aquila

*Telefono:* (0862) 27352

*Titolo di studio:* Maturità classica, luglio 1986

*Esperienza di lavoro:* guida turistica durante l'estate (1984–1985)

*Caratteristiche personali:* ottima salute, celibe

*Altre qualifiche:* buona conoscenza del francese e del tedesco

*Referenze:* 1. Prof. Rinaldo Santini
                Liceo Classico D'Annunzio
                L'Aquila
             2. Dott. Vittorio Ciccone
                Ufficio ENIT (Ente nazionale per il turismo)
                L'Aquila

---

# Struttura ed uso

## I. *Imperativo con i pronomi* lei e loro

**Vada** indietro, dottore, ancora indietro!

1. The **lei**- and **loro**-command forms of all verbs (regular and irregular) are identical to the third person singular and the third person plural forms of the present subjunctive. As in the case of informal commands, subject pronouns are not used with the formal **lei**- and **loro**-commands.

| Present subjunctive in *che*-clause | Command forms with *lei* and *loro* |
|---|---|
| Voglio che **ascolti** il dialogo. <br> Spero che **vengano** domani. | **Ascolti** il dialogo! <br> **Vengano** domani! |

2. Here are the imperatives of regular **-are, -ere,** and **-ire** verbs, and of an irregular verb.

|  | ascoltare | rispondere | partire | finire | fare |
|---|---|---|---|---|---|
| **lei**-command | Ascolti! | Risponda! | Parta! | Finisca! | Faccia! |
| **loro**-command | Ascoltino! | Rispondano! | Partano! | Finiscano! | Facciano! |

**3.** In the negative imperative, **non** precedes the imperative form.

**Non compri** quella camicia!    Don't buy that shirt!
**Non prendano** quel giornale!   Don't take that newspaper!

**4.** Direct- and indirect-object pronouns always precede the imperative form, *except* for the indirect-object pronoun **loro**.

| **lei**-commands | Scriva la lettera! | **La** scriva! |
|---|---|---|
| | Scriva a suo padre! | **Gli** scriva! |
| | Scriva la lettera a suo padre! | **Gliela** scriva! |
| | Scriva la lettera ai genitori! | **La** scriva **loro**! |
| **loro**-commands | Dicano la verità! | **La** dicano! |
| | Dicano la verità al professore! | **Gli** dicano la verità! |
| | Dicano la verità al professore! | **Gliela** dicano! |
| | Dicano la verità ai professori! | **La** dicano **loro**! |

**5.** Reflexive pronouns also precede the imperative form. Remember that when direct-object pronouns are used in combination with reflexive pronouns, the reflexive pronoun **si** changes to **se** and precedes **lo, li, la, le**.

| **lei**-commands | Si prepari! | Non **si** prepari! |
|---|---|---|
| | Si metta le scarpe! | **Se le** metta! |
| **loro**-commands | Si preparino! | Non **si** preparino! |
| | Si mettano le scarpe! | **Se le** mettano! |

**A.** Spiegare brevemente ad alcuni turisti come arrivare ai luoghi indicati.

▶ al museo: prendere un tassì     *Prendano un tassì per arrivare al museo.*

1. al teatro "Eliseo": andare dritto
2. all'ufficio postale: seguire via Po
3. alla stazione: tornare indietro
4. allo stadio: prendere l'autobus numero 31
5. in banca: andare a piedi
6. all'ospedale: seguire quella freccia *(arrow)*

**B.** Assumere il ruolo del giornalista a pagina 401 e dare degli ordini appropriati alle persone indicate.

▶ il signor Solari: fare conoscere la sua opinione    *Faccia conoscere la sua opinione, per favore!*

1. il signor Collavati: aprire la discussione
2. la signorina Di Stefano: esprimere le sue idee sulla riforma universitaria
3. la signora Ranucci: spiegare agli ascoltatori la sua situazione
4. il signor Piovanelli: prepararsi per l'intervista
5. la signorina Cristini: suggerire qualcosa di concreto
6. la signora Cortese: venire allo studio alle sedici

**C.** Assumere il ruolo del presidente di una ditta e dare degli ordini alle seguenti persone, usando i pronomi complemento con le forme *lei* e *loro* dell'imperativo.

▶ alla segretaria: scrivere a macchina le lettere    *Le scriva a macchina.*

1. a due impiegati: preparare i questionari
2. ad un giovane impiegato: portargli il curriculum vitae
3. a due operai: guadagnarsi lo stipendio
4. ad un funzionario: non licenziare quegli operai
5. al capo del Personale: assumere quelle due segretarie
6. a due consulenti: presentargli le loro qualifiche

**D.** Ordinare ad un altro studente o ad un'altra studentessa di compiere le seguenti azioni e sostituire alle parole in corsivo i pronomi complemento, usando l'imperativo con *lei.*

▶ mettersi *l'impermeabile*    *Se lo metta.*

1. radersi *la barba*
2. mettersi *il cappotto*
3. pettinarsi *i capelli*
4. lavarsi *la faccia*
5. farsi *la doccia*
6. levarsi *le calze*

## II. Imperfetto del congiuntivo

Vorrei **che** i vigili del fuoco **finissero** al più presto.

**1.** The imperfect subjunctive (**l'imperfetto del congiuntivo**) is used in dependent **che**-clauses, instead of the present subjunctive, *when the verb in the main clause is in a past tense or in the conditional.*

| | |
|---|---|
| Maria **voleva** che io **andassi** con lei. | Maria wanted me to go with her. |
| **Speravo** che Carla **arrivasse** presto. | I was hoping that Carla would arrive early. |
| **Vorrebbe** che tu **leggessi** questo libro. | He/She would like you to read this book. |
| **Sarebbe** necessario che **partiste** alle otto. | It would be necessary for you to leave at 8:00. |

**2.** The imperfect subjunctive of all regular and almost all irregular verbs is formed by adding the endings **-ssi, -ssi, -sse, -ssimo, -ste,** and **-ssero** to the first person singular of the imperfect indicative minus the final **-vo.**

| | Imperfect indicative | Imperfect subjunctive |
|---|---|---|
| trovare | io trovavo | che (io) **trovassi** |
| avere | io avevo | che (io) **avessi** |

3. The following chart shows the imperfect subjunctive forms of a regular **-are, -ere, -ire** verb, and of an irregular verb.

|  | studiare | leggere | partire | dire |
|---|---|---|---|---|
| che io | studia**ssi** | legge**ssi** | parti**ssi** | dice**ssi** |
| che tu | studia**ssi** | legge**ssi** | parti**ssi** | dice**ssi** |
| che lui/lei | studia**sse** | legge**sse** | parti**sse** | dice**sse** |
| che noi | studia**ssimo** | legge**ssimo** | parti**ssimo** | dice**ssimo** |
| che voi | studia**ste** | legge**ste** | parti**ste** | dice**ste** |
| che loro | studia**ssero** | legge**ssero** | parti**ssero** | dice**ssero** |

4. The following verbs are irregular in the imperfect subjunctive.

**dare:** dessi, dessi, desse, dessimo, deste, dessero
**essere:** fossi, fossi, fosse, fossimo, foste, fossero
**stare:** stessi, stessi, stesse, stessimo, steste, stessero

E. Questa mattina Marco ha ricevuto una telefonata da un amico. Riferire quello che l'amico voleva che Marco facesse, usando le parole indicate.

▶ vendere la sua moto a Giacomo    *Voleva che Marco vendesse la sua moto a Giacomo.*

1. telefonargli sabato alle dieci
2. comprargli delle cassette americane
3. prestare lo stereo a Francesca
4. spiegargli la lezione d'inglese
5. andare in biblioteca nel pomeriggio
6. giocare a tennis con Carlo
7. dare un libro di storia ad Anna

F. Trasformare ogni frase secondo il modello.

▶ Volevo telefonare alla nonna.    *Volevo che tu telefonassi alla*
Volevo che tu ...    *nonna.*

1. Temevo di essere in ritardo. Temevo che suo padre ...
2. Mi dispiaceva telefonare. Mi dispiaceva che lui ...
3. Ero contenta di fare quella gita. Ero contenta che tu ...
4. Volevo discutere di politica. Volevo che lei ...
5. Preferirei ascoltare la musica. Preferirei che loro ...
6. Dubitavo di conoscerla. Dubitavo che tu ...
7. Speravo di arrivare alle dieci. Speravo che lui ...

**G.** Costruire delle frasi iniziando con le espressioni indicate, e modificando opportunamente il verbo della frase subordinata.

▶ Le aule sono sovraffollate.        *Ero sorpreso che le aule*
(Ero sorpreso che ...)        *fossero sovraffollate.*

1. Gli studenti hanno una buona preparazione. (Era difficile che ...)
2. La trasmissione presenta una discussione interessante. (Volevano che ...)
3. La nostra situazione può migliorare. (Speravo che ...)
4. C'è contatto tra l'università e le industrie. (Sarebbe necessario che ...)
5. Cerco un lavoro in qualche ditta italiana. (Mio padre voleva che ...)
6. Andiamo in classe dopo la trasmissione. (I professori preferivano che ...)
7. Patrizia fa conoscere la sua opinione. (L'annunciatore sperava che ...)

**H.** Completare le frasi seguenti con la forma appropriata dell'imperfetto del congiuntivo dei verbi fra parentesi.

▶ Non sapevo che Laura (essere)        *Non sapevo che Laura fosse*
_____ così alta.        *così alta.*

1. Marta è andata al mare benché le (fare) _____ male lo stomaco.
2. Abbiamo voluto che Maria (venire) _____ con noi.
3. Speravo che Giulio (stare) _____ bene dopo essersi riposato.
4. Era meglio che tu non (bere) _____ niente a quella festa.
5. Vincenzo è venuto nonostante che non (sentirsi) _____ troppo bene.
6. Avevano paura che noi (fare) _____ molta confusione.
7. Gli studenti volevano che i professori (dare) _____ esami più facili.
8. Il giornalista chiedeva che gli studenti gli (restituire) _____ il questionario.
9. Credevamo che voi non (spendere) _____ tanto a Porta Portese.
10. Sarebbe meglio che loro (esprimere) _____ le loro opinioni.

**I.** Trascrivere le frasi al passato usando l'imperfetto del congiuntivo nella frase subordinata.

▶ Spero che mi invitino.    *Speravo che mi invitassero.*

1. I miei genitori vogliono che io esca presto.
2. È importante che tu gli dia un passaggio.

3. Vuole che io faccia una domanda al dottore.
4. Dubitano che Lucia guardi il telegiornale.
5. Desidero che rispondiate bene.
6. Ho paura che Giacomo non capisca.
7. Preferisce che aspettiamo.
8. Spero che voi mi scriviate ogni giorno.

## III.  *L'avverbio di luogo* ci

... in Italia? **Ci** vengo volentieri!

1. **Ci** (meaning either *here* or *there*) is used to refer to a previously mentioned place, particularly a noun preceded by **a** or **in**.

| | |
|---|---|
| — Vai a Palermo a febbraio? | — Are you going to Palermo in February? |
| — No, **ci** vado a marzo. | — No, I'm going *(there)* in March. |
| — Vieni in biblioteca? | — Are you coming to the library? |
| — Sì, **ci** vengo. | — Yes, I'm coming *(there.)* |

2. **Ci** is also used to replace **a** + a noun phrase after the verbs **pensare** and **credere**.

| | |
|---|---|
| — Pensi alla tua ragazza? | — Are you thinking about your girlfriend? |
| — Sì, **ci** penso spesso. | — Yes, I think of her often. |

**3. Ci** precedes or follows the verbs according to the rules for object pronouns.

— Andrai in Inghilterra quest'estate?    — Will you go to England this summer?
— No, non **ci** andrò.    — No, I won't go (there).

— Vuoi andare in campagna?    — Do you want to go to the country?

— Sì, **ci** voglio andare. ⎫
— Sì, voglio andar**ci**. ⎭    — Yes, I want to go (there).

**J.** Chiedere ad un altro studente o ad un'altra studentessa se va *spesso, mai, qualche volta, sempre,* ecc. nei seguenti luoghi, usando *ci* nelle risposte.

> ▶ Vai spesso al negozio di tuo padre?      *Sì, ci vado spesso (qualche volta, sempre).*
> *No, non ci vado spesso (mai).*

1. all'ufficio postale      5. in montagna con gli amici
2. dal dentista      6. alla partita di calcio
3. al mercato rionale      7. a quel ristorante italiano
4. in Italia      8. dai tuoi amici

**K.** Domandare ad uno studente o ad una studentessa se pensa *spesso, raramente, mai* a queste persone o cose.

> ▶ gli esami    S1: *Pensi spesso (raramente, qualche volta) agli esami?*
> S2: *Sì, ci penso spesso.*
> *No, non ci penso affatto (mai).*

1. al lavoro      4. alle vacanze estive
2. al viaggio in Europa      5. ai compiti da fare
3. alla tua amica      6. a tua madre

**L.** Chiedere ad un altro studente o ad un'altra studentessa se è mai stato/a in una di queste città o in uno di questi paesi.

> ▶ Sei mai stato/a in Italia?      *Sì, ci sono stato/a.*
> *No, non ci sono mai stato/a.*

1. a Berna      4. in Grecia      7. in Svizzera
2. a Lisbona      5. in Africa      8. a Dublino
3. ad Atene      6. nel Portogallo      9. a Parigi

| | |
|---|---|
| **A lei la parola** | 1. You are at an outdoor café in Naples. Ask the waiter politely to bring you a cup of tea and a tunafish sandwich. |
| | 2. Tell a group of tourists who want to go to the Colosseum in Rome to take bus 85. |
| | 3. Your uncle arrived late last night from Venice. Point out that your parents doubted that he would arrive on time. |
| | 4. Last night you watched an interesting program about Italian universities on the TV. Report that many university students were afraid that it would be difficult to find work in the future. |
| | 5. Nicola is very sick and has a fever. Tell him you hope he'll go home and stay there until he feels better. |

# Comunicare subito!

## Chiedere informazioni

The following two conversations in Italian will help you not only to request information, but to understand the responses so that you'll be able to make use of the information. Listen to your instructor or the recordings and see how much you can understand without referring to the vocabulary list at the end of the section.

### 1. L'ufficio postale°   Post office

Luisa è in centro e cerca l'ufficio postale. Si avvicina ad un vigile° e gli chiede informazioni.   traffic officer

| | |
|---|---|
| **Luisa** | Mi scusi, mi sa dire° dov'è l'ufficio postale?   *can you tell me* |
| **Vigile** | A piazza San Silvestro. |
| **Luisa** | È molto lontano da qui? |
| **Vigile** | No, signorina. |
| **Luisa** | Posso andare a piedi? |
| **Vigile** | Certamente, ci può arrivare° in dieci minuti. Vada dritto per via del Corso, poi prenda il primo incrocio a destra. Arrivata alla piazza, la attraversi e si troverà di fronte l'ufficio postale.   *you can get there* |
| **Luisa** | Grazie, buon giorno. |
| **Vigile** | Buon giorno. |

## 2. Il Museo delle Belle Arti

Roberta e Paolo sono seduti ad un tavolo di un bar all'aperto. Una macchina si ferma° vicino a loro ed una signorina chiede loro delle informazioni.

        stops

| | |
|---|---|
| **Signorina** | Mi scusino, dov'è il Museo delle Belle Arti? |
| **Paolo** | È qua vicino. Continui per questa via, poi al semaforo giri a sinistra ed è arrivata. |
| **Roberta** | Ma che dici? Non sai che quella strada è a senso unico°? |
| **Paolo** | Oh, è vero. Non ci avevo pensato. |
| **Roberta** | Senta, signorina. Una volta arrivata° al semaforo deve continuare dritto. Al primo incrocio giri a sinistra e poi torni un po' indietro°. |
| **Paolo** | Sì, però deve sapere che vicino al museo è zona di sosta vietata° e non può parcheggiare là. Forse le conviene° parcheggiare qui ed andare a piedi. |
| **Signorina** | È un buon suggerimento. Grazie molte. |
| **Roberta** | Non c'è di che°. Arrivederci. |

one-way

Once you have arrived

back

there is no parking
it is more convenient for you

You're welcome

---

**Vocabolario utile**

**Nomi**

**l'incrocio** intersection
**il semaforo** traffic lights
**il vigile** traffic officer

**Aggettivi**

**lontano/a** far
**vicino/a** near

**Verbi**

**attraversare** to cross; **attraversi** (formal command) cross
**girare** to turn; **girare alla prima destra (sinistra)** to take the first right (left)

**Espressioni**

**a destra** to (on) the right side; **a sinistra** to (on) the left side
**a due passi da qui** a short walk (a few steps) from here
**andare avanti** to go ahead; **andare dritto** to go straight ahead
**a senso unico** one-way (street)
**continuare dritto** to keep on going straight ahead
**è da queste parti?** is it around here (in this general area)?
**fare il giro** to go around; **faccia il giro della piazza** go around the square
**mi sa dire?** can you tell me?
**mi scusi (mi scusino)** excuse me
**tornare indietro** to turn back

**Attività**

Riferendosi alla cartina della città a pagina 64 della *Lezione 3ª*, creare dialoghi appropriati per individuare dove sono situati gli edifici rappresentati. Usare i dialoghi a pagina 417 e a pagina 418 come modelli. Assumere ruoli diversi secondo le situazioni.

# RIPASSO: Lezioni 17ª & 18ª

In this section you will review the following: Present and past subjunctive (Exercises A–C); Subjunctive after conjunctions (Exercise D); Pronoun **ne** (Exercise E); Imperative with **lei** and **loro** (Exercises F–G); Imperfect subjunctive (Exercise H); Adverb of place **ci** (Exercise I); Vocabulary and expressions (Exercise J)

**A.** Formulare frasi complete, usando il congiuntivo presente o passato. [*Present and past subjunctive*]

▶ sono contento/a che Nina / arrivare in orario

*Sono contento/a che Nina arrivi (sia arrivata) in orario.*

1. dubito che tu / andare al concerto con loro
2. spero che loro / comprare i biglietti per la partita di calcio
3. i miei genitori / temere che io / non andare a lezione
4. non credo che Giovanni / fare le prenotazioni per l'opera
5. sperano che voi / potere ritirare i documenti
6. pensano che tu / andare al centro prima delle quindici
7. penso che tuo fratello / guidare abbastanza bene

**B.** Davide fa delle osservazioni sulle seguenti situazioni. Usare il congiuntivo presente o passato, secondo la necessità. [*Present and past subjunctive*]

▶ Arrivano in orario. (mi sorprende)

*Mi sorprende che arrivino (siano arrivati) in orario.*

1. Parte con lo zio. (sono contento)
2. Non fai lavorare Giuseppe. (mi dispiace)
3. Alessandra comincia a lavorare in ospedale. (sono sorpreso)
4. Prendono un tassì vicino allo stadio. (non credo)
5. Ho usato lo stereo. (dubitano)
6. Lui è rimasto a Roma. (credo)

**C.** Immagini di essere intervistato/a da un/una giornalista sul futuro dei giovani e di dargli la sua propria opinione. Cominci ciascuna frase con **Credo che**. [*Present and past subjunctive*]

▶ il problema universitario / non cambiare

*Credo che il problema universitario non cambi (sia cambiato).*

1. i professori / non ascoltare gli studenti
2. i giornali / non informare il pubblico chiaramente
3. le università / cominciare a ridurre il sovraffollamento degli studenti
4. il governo / suggerire delle riforme immediate
5. gli studenti / studiare la situazione attentamente
6. la radio italiana / presentare programmi su questo argomento

**D.** Completare le seguenti frasi, usando le parole indicate fra parentesi. [*Subjunctive after conjunctions*]

▶ Invito Giorgio a casa mia ...        *Invito Giorgio a casa mia a*
(a meno che / non partire per        *meno che non parta per Napoli.*
Napoli)

1. Telefono alle amiche ... (di modo che / passare da me)
2. Tina studia molto ... (affinché / potere laurearsi presto)
3. Finite la colazione ... (prima che / Giacomo arrivare)
4. Non puoi andare al concerto ... (nonostante che / avere fatto la prenotazione)
5. Luisa mi presta la macchina ... (purché / restituirgliela domani)
6. Mi piacciono le opere tedesche ... (sebbene / non capire il tedesco)

**E.** Formulare risposte di senso compiuto, usando il pronome **ne**. [*Pronoun **ne***]

▶ Vuoi del caffè?        *Sì, ne voglio.*
                         *No, nòn ne voglio.*

1. Quante persone vedi nell'aula?
2. Quanta carne mangi ogni settimana?
3. Mangi spaghetti alle vongole?
4. Vedi opere alla televisione?
5. Discuti di filosofia con tuo padre?
6. Parli del tuo futuro con gli amici?
7. Quante macchine hai?
8. Hai bisogno di lavoro?

**F.** Trasformare le seguenti frasi, usando la forma **lei** o **loro** dell'imperativo. [*Imperative with **lei** and **loro***]

▶ Le signorine prendono un tè.        *Signorine, prendano un tè!*

1. Il signor Bonelli guida lentamente.
2. La signora Catena non si mette il cappello.
3. I signori aprono le finestre.
4. Il signore canta una bella canzone italiana.
5. La signora si alza alle sette.
6. I signori Carelli non partono presto.

**G.** Ordinare a queste persone di compiere le azioni indicate, sostituendo alle parole in corsivo i pronomi complemento diretto o indiretto. [*Imperative with **lei** and **loro***]

▶ Signora, dia il libro *a Michele*!        *Signora, gli dia il libro!*

1. Signorina, non compri *le valige* adesso!
2. Signori, paghino *il cameriere,* per favore!

3. Signore, risponda *alle ragazze*!
4. Signorine, suggeriscano *a Maria* di andare con loro!
5. Signora, dica qualcosa *a quelle signore*!
6. Signore, esprimano *le loro opinioni,* per cortesia!

**H.** Cominciare ciascuna frase con le espressioni indicate, facendo i cambiamenti necessari nel verbo della frase subordinata. [*Imperfect subjunctive*]

▶ Lei finisce di ascoltare quella trasmissione. (Era importante che ...)    *Era importante che lei finisse di ascoltare quella trasmissione.*

1. Le piace l'*Aida.* (Ero contento che ...)
2. Si diverte durante le vacanze. (Sperava che ...)
3. Frequenta quest'università. (Era improbabile che ...)
4. Rispondete a tutte le domande. (Era necessario che ...)
5. Io non faccio lo spiritoso/la spiritosa. (Papà voleva che ...)
6. Tu trovi un buon lavoro. (Erano contenti che ...)
7. Dite tutto a Beatrice. (Era impossibile che ...)
8. Clara parte per Torino. (Mi dispiaceva che ...)
9. Bevo molta acqua. (Il dottore suggeriva che ...)
10. Mi aspetta vicino alle Terme di Caracalla. (Era meglio che ...)

**I.** Dire quando queste persone sono andate o andranno a Bari, usando l'avverbio **ci** [*Adverb of place* **ci**]

▶ io (l'estate prossima)    *Ci andrò l'estate prossima.*

▶ voi (ieri)    *Ci siete andati ieri.*

1. Giulia (domani)
2. noi (la settimana scorsa)
3. tu (il mese prossimo)
4. i signori Marini (domenica scorsa)
5. lei, signora Dorato (fra due settimane)
6. voi (il mese scorso)

**J.** Esprimere in italiano le seguenti conversazioni. [*Vocabulary and expressions*]

1. — Do you think that there will be a reform of the university?
   — I doubt it. Last year they said they would start the reform soon, but nothing has happened.
2. — What did you and Mario say when the journalist asked you for concrete suggestions?
   — We said that we hoped there would be a greater contact between the university and industry.
3. — Professor Balducci, please tell us what you think will reduce the overcrowding of the universities.
   — Read the latest news in the newspaper and listen to the radio and TV broadcasts. They'll give you a lot of information.

# LEZIONE 19ª

## Cosa stai leggendo?

*Durante la lezione di letteratura italiana*

Cristina Belli, studentessa di legge, è seduta su una panchina nel giardino di Boboli a Firenze e legge un libro. È così assorta nella lettura che non si accorge° dell'arrivo di Luigi Rosati, un suo amico universitario.

she doesn't notice

|  | | |
|---|---|---|
| **Luigi** | Ciao, Cristina, cosa stai leggendo? | |
| **Cristina** | Se te lo dicessi, non ci crederesti. | |
| **Luigi** | Ah, no? Mettimi alla prova°. | Just try me |
| **Cristina** | È un'antologia di poesia moderna. | |
| 5 **Luigi** | Poesia? Hai per caso cambiato facoltà? | |
| **Cristina** | Ma che dici? Innanzi tutto a me la poesia è sempre piaciuta, e poi mi aiuta a distrarmi ed a non farmi pensare al solito codice° civile, alle leggi, al diritto° internazionale, ecc. ... | code / law |
| 10 **Luigi** | E quale poeta stai leggendo adesso? | |
| **Cristina** | Aldo Palazzeschi. È un poeta nato qui a Firenze nel 1885, è morto a Roma nel 1974 e ... | |
| **Luigi** | ... ed ha scritto "Rio Bo". Sorpresa? Come vedi, anch'io conosco la poesia! | |
| 15 **Cristina** | Non m'incanti°. Come studente di legge so che sei molto pratico e se tutti fossero come te, non ci sarebbe poesia. La poesia è un'espressione di idee, emozioni, esperienze nella quale il poeta interpreta se stesso e la realtà circostante. Ascolta un momento: | You don't fool me |

La casa di Mara
è una piccola stanza di legno.
A lato un cipresso l'adombra° nel giorno.
Davanti vi corrono i treni.
Seduta nell'ombra dell'alto cipresso
sta Mara filando°.
La vecchia ha cent'anni
e vive filando in quell'ombra.

conceals, shades<br><br>spinning

|  | | |
|---|---|---|
| **Luigi** | *(interrompendola)* Capisco, capisco. Il poeta parla della vita di campagna e del vivere sano e tranquillo. Infatti la vecchia è vissuta° fino all'età di cento anni. | lived |
| **Cristina** | *(sorridendo)* Se mi avessi dato tempo di leggere tutta la poesia, avresti capito che la "vecchia" non è una donna di campagna, ma è la morte. | |
| 35 **Luigi** | La morte? | |

| | | |
|---|---|---|
| **Cristina** | Sì, ascolta ancora. | |
| | I treni le corron° veloci davanti | = *corrono* |
| | portando la gente lontano. | |
| | Ell'°alza la testa un istante | She |
| 40 | e presto il lavoro riprende. | |
| | I treni mugghiando° | bellowing, roaring |
| | s'incrocian° dinanzi° alla casa di Mara volando. | intersect / in front of |
| | Ell'alza la testa un istante | |
| | e presto il lavoro riprende. | |
| 45 | **Luigi** Sarà pure una bella poesia, ma è un po' triste. E poi | |
| | non mi sembra neanche tanto chiara. | |
| | **Cristina** Ma come°, non hai capito? I treni siamo noi, la | What's the matter |
| | nostra vita è il binario° che ci porta alla morte e la | railroad track |
| | piccola stanza di legno non è una casa di campagna, | |
| 50 | ma una bara°. | coffin |
| | **Luigi** È proprio triste! Per me comunque è valida la mia | |
| | interpretazione; se vivi in campagna, campi | |
| | cent'anni. Non sei d'accordo? | |
| | **Cristina** Sì, sì, è come dici tu. Se tu fossi un poeta, ne | |
| 55 | sentiremmo delle belle°! Adesso però devo andare e ti | we would hear some great things |
| | saluto. Ciao, Luigi. | *(ironical)* |

---

## Domande generali

1. Dov'è Cristina Belli? Che sta facendo?
2. Di che cosa non si accorge mentre legge?
3. Che cosa sta leggendo?
4. Chi è Aldo Palazzeschi?
5. Secondo Cristina, che cosa è la poesia?
6. Di che tratta la poesia *La casa di Mara*?
7. Quale interpretazione dà Cristina della poesia *La casa di Mara*? E Luigi?
8. Secondo Cristina, Luigi comprende il significato della poesia di Aldo Palazzeschi?

## Domande personali

1. Le piace la poesia? Chi è il suo poeta preferito?
2. Sa qualche poesia a memoria? Quale?
3. Lei scrive poesie? Di che parla nelle sue poesie?
4. Chi è il suo scrittore preferito o la sua scrittrice preferita?
5. Secondo lei, qual è il poema o l'opera letteraria più importante del suo paese?
6. Le piacerebbe essere scrittore o scrittrice? Ha mai scritto qualcosa? un racconto, un romanzo, un diario, ecc ...?

## Vocabolario

### Parole analoghe

| | | |
|---|---|---|
| l'antologia | l'emozione *(f.)* | letterario/a |
| l'arrivo | l'esperienza | la poesia |
| assorto/a | internazionale | il poeta |
| il cipresso | interpretare | pratico/a |
| civile | l'interpretazione *(f.)* | la realtà |
| comprendere | interrompere | sorpreso/a |
| il diario | l'istante *(m.)* | tranquillo/a |

### Nomi

**l'età**  age
**il legno**  wood
**la lettura**  reading
**la morte**  death
**l'ombra**  shade
**l'opera**  (literary or artistic) work
**il racconto**  short story
**il romanzo**  novel
**il significato**  meaning
**la vita**  life
**il vivere**  living

### Aggettivi

**chiaro/a**  clear
**circostante**  surrounding
**morto/a**  dead
**nato/a**  born
**sano/a**  healthy
**veloce**  swift

### Verbi

**accorgersi**  to realize, to notice
**campare**  to live
**distrarsi**  to relax, amuse oneself
**riprendere**  to start again, to resume
**trattare di**  to deal with
**volare**  to fly

### Altre parole ed espressioni

**infatti**  in fact
**proprio**  rcally
**pure**  still

**a lato**  next, nearby
**farmi pensare**  let me think
**innanzi tutto**  first of all
**nella quale**  in which
**per caso**  by chance
**sapere a memoria**  to know by heart
**se stesso**  oneself

## Pratica

**A.** Immagini di fare un'inchiesta *(survey)* per sapere cosa e quanto leggono i suoi compagni di scuola. Prepari un questionario da discutere in classe.

**B.** Immagini di essere uno scrittore o una scrittrice e scriva un breve componimento su un giorno importante della sua vita.

## NOTA CULTURALE

### La letteratura italiana contemporanea

Nel decennio 1930–1940 si sviluppa in Italia la narrativa neorealistica, che si afferma poi definitivamente nel dopoguerra[1].

Il neorealismo nasce con il proposito di documentare la realtà italiana e si presenta subito come letteratura di opposizione al fascismo. Il rappresentante di questo periodo iniziale è Alberto Moravia. Dopo la guerra il neorealismo abbandona la sua base culturale e punta[2] sulla cronaca e sul documento, usando spesso un linguaggio popolare. I disastri della guerra, il fascismo, la resistenza e la libertà sono alcuni temi trattati da Elio Vittorini, Giuseppe Berto, Vasco Pratolini, Ignazio Silone, Giorgio Bassani ed Elsa Morante.

Ma anche nel campo della poesia gli scrittori italiani si distinguono per creatività e originalità. Giuseppe Ungaretti, Eugenio Montale e Salvatore Quasimodo rappresentano la poesia italiana del ventesimo secolo. Le loro poesie hanno un richiamo[3] universale per intensità, purezza ed uso creativo della lingua. Due di loro, Quasimodo e Montale, ricevono inoltre il premio Nobel per la letteratura: il primo nel 1959, ed il secondo nel 1975.

*Vetrina di una grande libreria*

1. post-war period    2. focuses    3. appeal

## La punteggiatura

Generally, punctuation marks are used in Italian as they are in English. Here is a list of the most common ones.

| | | | |
|---|---|---|---|
| . | punto | " " | virgolette |
| , | virgola | ( ) | parentesi |
| ; | punto e virgola | - | trattino |
| : | due punti | — | lineetta |
| ´ | accento acuto | ? | punto interrogativo |
| ` | accento grave | ! | punto esclamativo |

**A.** Dettare il seguente dialogo ad un altro studente o ad un'altra studentessa, ricordando di dettare anche i segni di punteggiatura.

— Che dicevi? Scusa, non ti ascoltavo.
— Dicevo che potresti telefonargli per scusarti.
— Telefonargli? Sai bene che mi ha detto: "Non mi chiamare più, per favore!" Proprio così mi ha detto!
— Guarda, sono sicura che scherzava.

**B.** Dettare la poesia, *La casa di Mara*, ad un altro studente o ad un'altra studentessa.

# Ampliamento del vocabolario

## Sostantivi composti

Compound nouns in Italian can be made up of several elements. For example:

**a.** two nouns

**l'arcobaleno (arco + baleno)** = rainbow

**b.** two verb forms

**il saliscendi (sali** [salire] **+ scendi** [scendere]) = latch

**c.** noun + adjective

**l'acquaforte (acqua + forte)** = etching

**d.** verb + noun (the largest group)

**il rompighiaccio (rompi** [rompere] **+ ghiaccio)** = icebreaker

Here is a list of some common compound nouns, some of which you have already met.

| | | | |
|---|---|---|---|
| **l'apriscatole** *(m.)* | can opener | **il marciapiede** | sidewalk |
| **l'asciugacapelli** *(m.)* | hair dryer | **il paracadute** | parachute |
| **l'asciugamano** | towel | **il paraurti** | fender |
| **l'aspirapolvere** | vacuum cleaner | **il portafoglio** | wallet |
| **il camposanto** | cemetery | **il rompicapo** | puzzle |
| **il capoluogo** | capital of a region | **il salvadanaio** | piggy bank |
| **il caporeparto** | department head | **il salvagente** | life preserver |
| **il capostazione** | station master | **lo spazzaneve** | snowplough |
| **il cavatappi** | corkscrew | **il tagliacarte** | paper knife |
| **la lavastoviglie** | dishwasher | | |

Completare le seguenti frasi con sostantivi composti appropriati.

1. Qual è il _____ della Lombardia, Como o Milano?
2. Perché butti *(throw)* i soldi nella borsa in quel modo? Perché non li metti nel _____ ?
3. Ho dovuto lavare tutti i piatti a mano perché la mia _____ non funziona.
4. Mi dispiace, ma non posso proprio uscire di casa. Sono bloccata dalla neve e lo _____ non è ancora arrivato.
5. Ecco una bottiglia di vino. Ma come l'apriamo se non abbiamo il _____ ?
6. Bravo, Gregorio, ti hanno dato una bella promozione al lavoro. Ora sei _____ .
7. Non è stato un incidente *(accident)* serio. Ho solo toccato il _____ della macchina di fronte alla mia.
8. A tutti i bambini piace mettere le monete nel _____ .
9. Pensa che non so nuotare e sono caduta nella piscina dei miei amici. Per fortuna mi hanno gettato subito un _____ .

# Struttura ed uso

## I. Trapassato del congiuntivo

— Credevo che tu **avessi
aggiustato** la barca.

**1.** The pluperfect subjunctive (**il trapassato del congiuntivo**) is used
when the action of the verb in the dependent clause occurred *before*
the action of the verb in the main clause. It consists of the imperfect
subjunctive form of **essere** or **avere** plus the past participle of the
verb. Compare the present perfect subjunctive and the pluperfect
subjunctive in the examples below.

| | | |
|---|---|---|
| *Present perfect subjunctive:* | Dubito che Patrizia **sia venuta**. | I doubt that Patrizia *has come.* |
| *Pluperfect subjunctive:* | Dubitavo che Patrizia **fosse venuta**. | I doubted that Patrizia *had come.* |
| *Present perfect subjunctive:* | Spero che tu **abbia trovato** i soldi. | I hope that you *have found* the money. |
| *Pluperfect subjunctive:* | Speravo che tu **avessi trovato** i soldi. | I hoped that you *had found* the money. |

**2.** The following chart shows the forms of the pluperfect subjunctive
of a verb conjugated with **essere** and a verb conjugated with **avere**.

| | arrivare | finire |
|---|---|---|
| che io ... | fossi arrivato/a | avessi finito |
| che tu ... | fossi arrivato/a | avessi finito |
| che lui/lei ... | fosse arrivato/a | avesse finito |
| che noi ... | fossimo arrivati/e | avessimo finito |
| che voi ... | foste arrivati/e | aveste finito |
| che loro ... | fossero arrivati/e | avessero finito |

**A.** Trasferire queste frasi al passato, usando nella subordinata il trapassato del congiuntivo.

▶ Sembra che capisca tutto. *Sembrava che avesse capito tutto.*

1. È probabile che sia entrato in quella libreria.
2. Siamo contenti che venga in vacanza con noi.
3. Il professore preferisce che impariamo a memoria quella poesia.
4. Non sono sicuro che il questionario sia arrivato.
5. È il romanzo più lungo che abbiamo letto.
6. La ragazza piange nonostante che la perdonino.
7. Gli sembra che tu conosca Eugenio Montale.
8. Spende molti soldi quantunque non guadagni abbastanza.

**B.** Trasformare ogni frase, coniugando il verbo della proposizione subordinata al trapassato del congiuntivo.

▶ Era probabile che lui arrivasse in ritardo. *Era probabile che lui fosse arrivato in ritardo.*

1. Era meglio che lei finisse di studiare.
2. Era bene che loro comprassero una casa nuova.
3. Speravano che lui vendesse la motocicletta.
4. Pensavo che venisse prima di me.
5. Era impossibile che voi trovaste dei posti liberi.
6. Non volevo che i lavoratori fossero in ritardo.
7. Dubitavate che io cercassi lavoro.
8. Era necessario che leggessimo quel libro.

## II. Frasi introdotte da se

— Ah, **se avessi** un milione di dollari!

1. In a sentence containing a **se**-clause, when the main clause describes a fact or a condition that is likely to exist or to happen or that is habitual, the indicative is used in the **se**-clause and the indicative or imperative is used in the main clause.

| | |
|---|---|
| **Se vai a teatro,** ci veniamo anche noi. | *If you go to the theater,* we'll go, too. |
| **Se verranno,** arriveranno in ritardo. | *If they arrive,* they will arrive late. |
| **Se Maria era al ballo in maschera,** perché non ha ballato? | *If Maria was at the masked ball,* why didn't she dance? |
| **Se vieni alla festa,** porta qualcosa da mangiare. | *If you come to the party,* bring something to eat. |

2. To express a contrary-to-fact situation in the present or the future, the imperfect subjunctive is used in the **se**-clause. The conditional is generally used in the main clause to indicate the conclusion to the situation expressed in the **se**-clause.

| | |
|---|---|
| **Se avessi tempo,** scriverei un libro. | *If I had time* (but I don't), I would write a book. |
| Leggerebbero tutto il giorno **se potessero.** | They would read all day *if they could* (but they can't). |

3. **Se** + imperfect subjunctive is used in exclamations to express wishes that are impossible to fulfill.

| | |
|---|---|
| **Se avessi un milione di dollari!** | If only I had a million dollars! |
| **Se potessi partire adesso!** | If only I could leave now! |

4. The following chart summarizes the sequence of tenses used in sentences that contain a **se**-clause as well as a main clause.

| Se-clause | | Main clause |
|---|---|---|
| **se** | + present<br>+ future<br>+ past indicative | present, future, and past indicative tenses, imperative |
| **se** | + imperfect subjunctive | conditional |

    **C.** Formulare frasi complete, usando **se** e l'indicativo per indicare che le situazioni sono possibili o abituali.

       ▶   piovere / io / non uscire    *Se piove, non esco.*
                                           *Se pioverà, non uscirò.*
                                           *Se pioveva, non uscivo.*

      1. noi / mangiare molto / sentirsi male
      2. tu / venire al ristorante / con me / io / pagare

3. Susanna / chiamarlo / lui dire / che essere occupato
4. Giancarlo / arrivare presto / telefonare a sua sorella
5. i miei zii / venire / portarmi / della frutta fresca
6. voi / cantare / nessuno / ascoltarvi

**D.** Dire che sicuramente Teresa farebbe queste cose se avesse tempo.

▶ andare in Italia    *Se avesse tempo, andrebbe in Italia.*

1. leggere più romanzi
2. visitare Firenze
3. scrivere più spesso
4. fare una gita in campagna
5. giocare a tennis con Anna
6. organizzare una festa
7. andare al concerto
8. nuotare ogni giorno

**E.** Assumere il ruolo di Alessandra che dice ad un amico cosa farebbe se esistessero certe condizioni. Usare le parole indicate.

▶ partire / se potere comprare il biglietto    *Partirei se potessi comprare il biglietto.*

1. pagare il cameriere / se venire al nostro tavolo
2. venire / se Paolo invitarmi
3. comprare una macchina / se sapere guidare
4. andare a mangiare al ristorante / se non costare troppo
5. alzarsi tardi / se non avere molto da fare
6. fare una telefonata / se avere un gettone

**F.** Completare le seguenti frasi con espressioni di senso compiuto.

1. Se mi sento bene ...
2. Se parlerai con Luigi ...
3. Se hai comprato una videocassetta ...
4. Se farà caldo ...
5. Se avevi paura di andarci ...
6. Se andrete al mare ...

**G.** Trasformare queste frasi, usando il condizionale nella principale, e l'imperfetto del congiuntivo nella subordinata.

▶ Se posso, lo faccio.    *Se potessi, lo farei.*

1. Se parli, ti ascolto.
2. Se mangiamo poco, ci sentiamo meglio.
3. Se non mangiano, moriranno di fame.
4. Se ho tempo, cucino.
5. Se corro molto, mi sento stanco.

## III. *Condizionale passato*

— **Avresti dovuto** guardare
dove andavi!

1. The conditional perfect (**il condizionale passato**) consists of the conditional of **avere** or **essere** plus the past participle of the main verb. As in the case of other perfect tenses, the past participle agrees with the subject when the verb is conjugated with **essere**.

2. Here are the forms of the conditional perfect of **ballare** (conjugated with **avere**) and **uscire** (conjugated with **essere**).

|  | ballare | uscire |
|---|---|---|
| io | avrei ballato | sarei uscito/a |
| tu | avresti ballato | saresti uscito/a |
| lui/lei | avrebbe ballato | sarebbe uscito/a |
| noi | avremmo ballato | saremmo usciti/e |
| voi | avreste ballato | sareste usciti/e |
| loro | avrebbero ballato | sarebbero usciti/e |
|  | *I would have danced, you would have danced, etc.* | *I would have gone out, you would have gone out, etc.* |

— Stamattina sono andato al centro a piedi.
— Invece di camminare, **avrei preso** volentieri l'autobus.
— La settimana scorsa sono andato a Padova.
— Io invece **sarei andato** piuttosto a Siena.

— This morning I went downtown on foot.
— Instead of walking, *I would have* gladly *taken* the bus.
— Last week I went to Padua.
— I, on the other hand, *would* rather *have gone* to Siena.

**3.** The conditional perfect is used in dependent clauses to express or report an action that is considered future *as viewed from the past*. In English, the simple conditional is used, but Italian requires the conditional perfect.

> Ero sicuro che **saremmo partiti** in orario.  I was sure that *we would leave (would have left)* on time.

**4.** The conditional perfect is used with **dovere** + infinitive to express an obligation.

> — Ho parlato con Eleonora.  — I spoke with Eleonora.
> — **Avresti dovuto parlare** con Laura.  — You *should have spoken* with Laura.
>
> — I ragazzi sono venuti alle nove.  — The boys came at nine.
> — **Sarebbero dovuti venire** prima.  — *They should have come* earlier.

**5.** The conditional perfect of **potere** + infinitive is equivalent to *could have (might have)*.

> **Avrebbe potuto scrivere** alla mamma?  *Could he have written* to his mother?
> **Saresti potuto uscire** un po' prima.  *You might have gone out* a bit sooner.

**6.** The conditional perfect is also used in contrary-to-fact **se**-clauses *when the speaker refers to a past action*. In such cases, the pluperfect subjunctive is used in the **se**-clause and the conditional perfect is used in the main clause.

> Se mi **avessero aspettato, sarei andato** con loro.  If they *had waited* for me, I *would have gone* with them.
> **Sarebbero usciti** più tardi se **avessero saputo** che venivi.  They *would have gone* out later if they *had known* that you were coming.
> **Saresti venuto** se ti **avessero telefonato**?  *Would* you *have come* if they *had phoned* you?

> **H.** Chiedere ad un amico o un'amica se avrebbe fatto le stesse cose che hanno fatto queste persone.
>
> ▶ Ieri Luigi si è alzato presto.  *Ti saresti alzato presto anche tu?*
>
> 1. Ieri sono andato in cerca di un registratore.
> 2. Laura ha preso in affitto un appartamento.
> 3. Gli amici hanno noleggiato una macchina per questo fine-settimana.
> 4. Martedì scorso siamo partiti per Verona.
> 5. L'altro ieri il professore ci ha invitato a casa sua.
> 6. Il portiere ha ritagliato gli annunci.
> 7. Il direttore ha firmato il contratto.

I.  Riferisca ciò che le hanno detto le seguenti persone, usando il condizionale passato con *avere* o *essere*.

> ▶  Roberto mi dice: "Partirò con           *Roberto m'ha detto che*
>     Clara."                                  *sarebbe partito con Clara.*

1.  Carlo e Giovanna mi dicono: "Andremo in cerca di un appartamento."
2.  Mia sorella mi dice: "Comprerò una lavatrice."
3.  Il signor Milani mi dice: "Prenderò l'aereo a mezzogiorno."
4.  Mia madre mi dice: "Userò la tua macchina stasera."
5.  Lisa mi dice: "I miei amici faranno un viaggio in Spagna."

J.  Indicare cosa avrebbero dovuto fare queste persone, usando il condizionale passato di *dovere* ed un'espressione di tempo appropriata.

> ▶  Oggi Carlo deve lavorare di        *No, Carlo avrebbe dovuto*
>     più, non è vero?                   *lavorare di più [ieri].*

1.  Stamattina Antonella e Luisa devono parlare con Anna, non è vero?
2.  Domani devi tornare in biblioteca, non è vero?
3.  Domani devi pagare l'affitto, non è vero?
4.  Sabato prossimo dobbiamo comprare le tende, va bene?
5.  Alle sette Lina deve andare a teatro, non è vero?

K.  Completare le seguenti frasi con espressioni di senso compiuto, usando il condizionale passato di *potere*.

1.  Cristina, ...          4.  Giacomo e Giorgio ...
2.  Tu e Luigi ...         5.  Gli studenti di legge ...
3.  Io e mio fratello ...  6.  Voi ...

---

**A lei la parola**

1.  Inform one of your friends that if it were possible, you would like to become a writer.
2.  Find out if your instructor would have liked to go to a lecture *(una conferenza)* given by a famous Italian poet.
3.  Tell your mother that you would wash the dishes if you had a dishwasher.
4.  Point out to a friend that you feared your parents had not received your letter.
5.  Find out if your fiancé(e) would buy you a gold watch if he/she had the money.

---

# Scrivere

## *Corrispondenza ufficiale*

Quando lei scrive una lettera ufficiale in italiano, deve usare uno stile corretto ed un tono cortese. Legga la seguente lettera scritta per ottenere informazioni su un corso estivo di lingua italiana, facendo attenzione alle espressioni usate fra il saluto *(salutation)* e il congedo *(closing)*.

Lettera scritta da uno studente universitario americano al direttore del CLI (Centro Linguistico Italiano) Dante Alighieri a Roma:

Al Direttore del CLI "Dante Alighieri"
00162 Roma                                         Boston, 15 gennaio, 1987
Italia

Egregio Signor Direttore;
sono interessato a venire in Italia la prossima estate per perfezionare la mia conoscenza della lingua italiana. Sono iscritto al terzo anno di corso presso l'università di questa città ed ho studiato l'italiano per due anni.

Vorrei sapere in che periodo presso di voi si organizzano corsi di lingua e letteratura italiana per stranieri. Gradirei inoltre ricevere un elenco di pensioni presso cui risiedere° durante il mio soggiorno a          reside
Roma.

In attesa di ricevere una Sua comunicazione, La ringrazio.

Distinti saluti.

Paul Sheridan

**A.** Rispondere alle seguenti domande tenendo presente il contenuto della lettera.

1. Perché lo studente vuole andare in Italia?
2. Quale università frequenta?
3. Quali corsi lo interessano particolarmente?
4. Cos'altro vorrebbe ricevere? Perché?
5. Come finisce la lettera di Paul?

**B.** Supponga di volere fare un corso estivo presso l'Istituto d'Arte di Milano. Scriva una lettera al direttore dell'Istituto, Prof. Pierantonio Ruberti. Adoperi *(Use)* le stesse espressioni usate nella lettera di Paul Sheridan.

# LEZIONE 20ª

## Una campagna elettorale

*Giorno di elezioni*

Domenica prossima è giorno di elezioni. Dopo un mese di campagna elettorale tutti andranno a votare per eleggere i nuovi rappresentanti al parlamento italiano. Le elezioni anticipate di un anno°, sono l'ultimo tentativo per risolvere l'attuale crisi politica dovuta alle dimissioni° del Primo Ministro. Tutti i partiti politici considerano queste elezioni molto importanti e pubblicamente manifestano un certo ottimismo. Molta gente però è sulle spine° ed aspetta con ansia il risultato finale delle elezioni.

In questi ultimi giorni di campagna elettorale, i partiti politici fanno a gara° per conquistare il maggiore numero di voti. Manifesti con foto di candidati e cartelloni di propaganda elettorale sono affissi° dappertutto. Annunci politici sono mandati in onda con regolare frequenza da stazioni radiofoniche e televisive, sia statali che private°. Perfino alcune automobili fornite di° altoparlanti girano in continuazione per la città, facendo propaganda elettorale. Per le strade, ragazzi e ragazze distribuiscono senza sosta° volantini politici ai passanti. Questi sono due dei tanti volantini politici:

*Margin glosses:*
- called one year in advance
- resignation
- on pins and needles
- compete
- posted
- state-run or private / provided with
- incessantly

*Line numbers in margin:* 5, 10, 15

---

**ELETTORI**

Il 17 giugno ricordatevi di votare per il nostro partito

VOTATE

Per la sicurezza del posto di lavoro.
Per la stabilità economica del paese.
Per una lotta più decisa alla droga.
Per una vita migliore in un ambiente sano e pulito.

DATECI IL VOSTRO VOTO!

Datecelo per il vostro benessere e per il vostro futuro.

---

**ELETTORE**

Mi chiamo Bruna Paladini e voglio essere eletta al Parlamento con il suo aiuto e con il suo voto.

| | |
|---|---|
| Desidera un'azione più decisa da parte dei politici italiani? | MI DIA IL SUO VOTO! |
| Crede in un futuro di pace e prosperità? | VOTI PER ME! |
| Vuole una città con più scuole ed ospedali? | MI AIUTI AD ESSERE ELETTA! |
| Crede in un'Europa unita come simbolo di sicurezza mondiale? | MI DIA LA SUA PREFERENZA! |
| Quale nome deve indicare sulla scheda? | BRUNA PALADINI |

Non se lo dimentichi, voti per me!

**Domande generali**

1. Dove andranno tutti domenica prossima?
2. Perché gli italiani votano con un anno in anticipo?
3. Descriva lo stato d'animo dei partiti politici.
4. Che cosa fanno i partiti politici in questi ultimi giorni della campagna?
5. Come trasmettono le loro idee al popolo italiano?
6. Che cosa c'è sui manifesti affissi dappertutto?
7. Che cosa distribuiscono i giovani ai passanti?
8. Fare il riassunto delle attività politiche di un partito nell'ultima settimana prima delle elezioni.

**Domande personali**

1. Lei ha mai votato? Se ha votato, a che età ha votato per la prima volta?
2. Se non ha mai votato, quando potrà votare?
3. Quali sono i maggiori partiti politici americani?
4. In che periodo dell'anno si vota generalmente negli Stati Uniti?
5. Quando ci saranno le prossime elezioni presidenziali negli Stati Uniti?
6. Ha mai distribuito volantini politici ai passanti? Se no, le piacerebbe farlo?

*Scheda elettorale*

## Vocabolario

### Parole analoghe

| | | |
|---|---|---|
| l'attività | finale | pubblicamente |
| l'azione *(f.)* | la frequenza | radiofonico/a |
| la campagna | generalmente | il rappresentante |
| il candidato | indicare | regolare |
| considerare | l'ottimismo | risolvere |
| creare | il parlamento | il risultato |
| la crisi | il periodo | il simbolo |
| distribuire | politico/a | la stabilità |
| la droga | la preoccupazione | televisivo/a |
| elettorale | presidenziale | unito/a |
| l'elettore *(m. or f.)* | la propaganda | votare |
| l'elezione *(f.)* | la prosperità | il voto |

### Nomi

**l'ambiente** *(m.)* environment
**l'altoparlante** loudspeaker
**il benessere** well-being, comfort
**la lotta** fight
**il manifesto** poster
**la pace** peace
**il partito** party
**il passante** passer-by
**il popolo** people
**il riassunto** summary
**la ricetta** recipe
**la scheda** ballot
**la sicurezza** safety
**il tentativo** attempt
**il volantino** leaflet, flyer

### Aggettivi

**certo/a** certain
**deciso/a** decisive
**mondiale** world
**pulito/a** clean

### Verbi

**affiggere (affisso)** to post
**conquistare** to conquer
**dimenticarsi** to forget
**eleggere (eletto)** to elect
**girare** to go around
**manifestare** to show
**preoccuparsi** to worry
**ricordarsi** to remember
**trasmettere** to communicate

### Altre parole ed espressioni

**chiaramente** clearly
**perfino** even

**avere senso** to make sense
**con ansia** anxiously
**da parte di** from, on the part of
**dare le dimissioni** to resign
**dovuto a** due to
**in continuazione** continuously
**per la prima volta** for the first time
**il posto di lavoro** job
**Primo Ministro** Prime Minister
**lo stato d'animo** mood

**Pratica**

**A.** Supponga di essere un/una giornalista e di intervistare una persona per strada. Chieda il nome e l'indirizzo della persona, dove lavora, per quale partito pensa di votare e perché. Scriva le domande e le risposte dell'intervista.

**B.** Massimo Boncompagni è un avvocato di trentacinque anni e vuole essere eletto al parlamento. Creare un volantino appropriato.

## NOTA CULTURALE

### Il sistema politico italiano

Lo stato italiano è nato con il nome di Regno[1] d'Italia nel 1861 come continuazione dell'antico regno di Sardegna[2]. Nel 1925 con l'affermazione[3] del fascismo, la costituzione del 1848 subì[4] profonde modificazioni e cambiamenti. Caduto il regime fascista nel 1943, con il referendum del 1946 il popolo italiano ha scelto[5] la repubblica al posto della[6] monarchia. Dal 1948, con l'entrata in vigore della nuova costituzione, l'Italia è una repubblica democratica.

Al vertice[7] dello stato vi sono vari organi che esercitano il potere legislativo (parlamento), esecutivo (governo) e giudiziario (magistratura), ognuno nei limiti stabiliti dalla costituzione. Il presidente della repubblica rappresenta l'unità dello stato e promuove[8] ed armonizza l'attività degli altri organi. Il parlamento è formato dalla Camera dei Deputati (630 membri) e dal Senato (315 membri). La linea politica del governo[9] è determinata dal consiglio dei ministri, composto dal presidente del consiglio e dai singoli[10] ministri. Nel settore giudiziario molto importante è la Corte Costituzionale, che ha il compito di assicurare[11] la corretta applicazione della costituzione.

> **COSTITUZIONE DELLA REPUBBLICA ITALIANA** *
>
> (Gazz. Uff. n. 298, ediz. straord., del 27 dicembre 1947).
>
> **IL CAPO PROVVISORIO DELLO STATO**
>
> Vista la deliberazione dell'Assemblea Costituente, che nella seduta del 22 dicembre 1947 ha approvato la Costituzione della Repubblica italiana;
>
> Vista la XVIII disposizione finale della Costituzione;
>
> **PROMULGA**
>
> la Costituzione della Repubblica italiana nel seguente testo:
>
> **PRINCIPI FONDAMENTALI**
>
> ART. I.
>
> L'Italia è una Repubblica democratica, fondata sul lavoro.
>
> La sovranità appartiene al popolo, che la esercita nelle forme e nei limiti della Costituzione.

*Una pagina della costituzione della Repubblica Italiana*

1. Kingdom    2. Sardinia    3. coming to power    4. underwent
5. chose    6. in place of the    7. at the head    8. promotes
9. government policy    10. individual    11. to assure

# Ampliamento del vocabolario

## *La politica ed il governo*

Espressioni utili

**l'ambasciatore** ambassador
**la camera dei deputati** chamber of
   representatives
**il candidato** candidate
**la coalizione** coalition
**il consiglio dei ministri** council of
   ministers
**la costituzione** constitution
**il deputato** representative
**dimettersi** to resign
**il governo** government;
   administration
**il ministro** minister; **il primo
   ministro** prime minister

**la monarchia** monarchy; **la
   monarchia costituzionale**
   constitutional monarchy
**il parlamento** parliament
**il presidente** president
**il re** king
**la regina** queen
**la repubblica** republic
**il senato** senate
**il senatore** senator
**lo stato** state

**A.** Rispondere alle seguenti domande.

1. Conosce il nome di un senatore del suo stato?
2. Le piacerebbe diventare un personaggio politico? Perché?
3. Il suo paese è una repubblica o una monarchia?
4. Quale forma di governo esiste in Inghilterra? Conosce il nome del re o della regina?
5. Si è mai dimesso un presidente degli Stati Uniti? Quale?
6. Lei ha mai lavorato nella campagna elettorale di qualche candidato politico? Se sì, che lavoro faceva?

**B.** Rispondere alle seguenti domande basate sulla nota culturale a pagina 441.

1. L'Italia è mai stata una monarchia?
2. In quale anno è diventata una repubblica?
3. Qual è la funzione del presidente della repubblica?
4. Qual è la funzione del consiglio dei ministri?
5. Chi fa parte del consiglio dei ministri?
6. Qual è il compito della Corte Costituzionale?

**C.** Immagini di lavorare nella campagna elettorale per eleggere il nuovo presidente degli Stati Uniti. Prepari un volantino da distribuire al prossimo comizio *(rally)* politico del suo candidato o della sua candidata.

# Struttura ed uso

## I. Imperativo con pronomi complemento

—Invitia**lo** a cena.

1. A single-object pronoun (direct, indirect, or reflexive) follows and is attached to the affirmative **tu**-, **noi**-, and **voi**-command forms.

   | | |
   |---|---|
   | Compra**lo!** | Buy *it!* |
   | Fate**li!** | Do *them!* |
   | Telefoniamo**gli!** | Let's telephone *him!* |

2. The single-object pronoun usually precedes the negative **tu**-, **noi**-, and **voi**-commands, though many Italians attach the pronoun to the verb.

   | | |
   |---|---|
   | Non **lo** comprare!<br>Non comprar**lo!** | Don't buy *it!* |
   | Non **lo** mandate!<br>Non mandate**lo!** | Don't send *it!* |

3. The indirect-object pronoun **loro** follows **tu**-, **noi**-, and **voi**-commands, but is not attached to them.

   | | |
   |---|---|
   | Telefoniamo **loro!** | Let's telephone *them!* |
   | Manda **loro** una lettera! | Send *them* a letter! |
   | Non rispondete **loro!** | Don't answer *them!* |

**4.** The following chart summarizes the use of object pronouns with **tu**-, **noi**-, and **voi**-commands.

| | Affirmative commands | Negative commands |
|---|---|---|
| **tu**-commands | Invita**lo** alla festa. | Non **l'**invitare alla festa!<br>Non invitar**lo** alla festa! |
| | Manda**gli** il libro! | Non **gli** mandare il libro!<br>Non mandar**gli** il libro! |
| | Alza**ti** ora! | Non **t'**alzare ora!<br>Non alzar**ti** ora! |
| **noi**-commands | Aspettiamo**lo** a casa! | Non **l'**aspettiamo a casa!<br>Non aspettiamo**lo** a casa! |
| | Diamo**le** un passaggio! | Non **le** diamo un passaggio!<br>Non diamo**le** un passaggio! |
| | Mettiamo**ci** a studiare! | Non **ci** mettiamo a studiare!<br>Non mettiamo**ci** a studiare! |
| **voi**-commands | Ascoltate**li**! | Non **li** ascoltate!<br>Non ascoltate**li**! |
| | Telefonate**gli**! | Non **gli** telefonate!<br>Non telefonate**gli**! |
| | Sedete**vi** qui! | Non **vi** sedete qui!<br>Non sedete**vi** qui! |

**5.** With certain monosyllabic **tu**-commands, such as **da'**, **di'**, **fa'**, **sta'**, and **va'**, the initial consonant of the pronoun is doubled, except in the case of the pronoun **gli**.

| | |
|---|---|
| Da**mmi** il libro! | *Give me* the book! |
| Fa**mmi** vedere le tue scarpe! | *Let me* see your shoes! |
| Di**cci** cosa è successo! | *Tell us* what happened! |
| Sta**lle** vicino! | *Stay* near *her!* |
| *But:* Sta**gli** vicino! | *Stay* near *him!* |

**A.** Maria chiede a Gabriele se può invitare queste persone alla festa del suo compleanno. Assumere il ruolo di Gabriele, usando gli appropriati pronomi complemento diretto nelle risposte.

▶ Maria: Invito Gregorio? (sì)     Gabriele: *Sì, invitalo!*

▶ Maria: Invito Stefano? (no)     Gabriele: *No, non invitarlo!*
*No, non lo invitare!*

1. Invito Carlo? (sì)                    4. Invito i nostri cugini? (sì)
2. Invito Lucia? (no)                    5. Invito Sandro e Mirella? (sì)
3. Invito Marco e Giorgio? (no)          6. Invito le amiche di Pino? (no)

**B.** Roberto chiede a Carlo se deve telefonare alle persone indicate per invitarle al cinema. Assumere il ruolo di Carlo, usando gli appropriati pronomi complemento indiretto nelle risposte.

▶ Roberto: Telefoniamo a Maria? (sì)     Carlo: *Sì, telefoniamole!*

▶ Roberto: Telefoniamo a Sergio? (no)     Carlo: *No, non gli telefoniamo!*
*No, non telefoniamogli!*

1. Telefoniamo a tua cugina? (sì)
2. Telefoniamo a tuo zio? (no)
3. Telefoniamo a Cristina e a Paolo? (no)
4. Telefoniamo a Michele? (sì)
5. Telefoniamo a Pino e a Gianni? (sì)
6. Telefoniamo ai nonni? (no)

**C.** Trasformare queste domande in ordini.

▶ Giovanni, ti lavi le mani?     *Giovanni, lavati le mani!*

▶ Ragazze, vi vestite adesso?     *Ragazze, vestitevi adesso!*

1. Enrico, ti prepari per partire?
2. Ragazzi, vi alzate presto?
3. Anna, ti metti il cappotto?
4. Bambini, vi svegliate?
5. Carla e Gino, vi ricordate di telefonarmi?
6. Massimo, ti diverti a teatro?

**D.** Dia questi ordini ai suoi amici, sostituendo alle parole in corsivo i pronomi complemento appropriati.

▶  Prendi *il pane.*      Prendilo.

1. Comprate *il giornale.*
2. Leggi *quel libro.*
3. Pietro, non leggere *la rivista* in classe.
4. Non ascoltate *la radio* qui.
5. Giulio, rispondi *al professore.*
6. Telefoniamo *a Silvio ed a Stefano* dopo la lezione.

**E.** Oggi lei dà ordini a tutti. Usando l'imperativo, sostituisca le parole in corsivo con pronomi complemento indiretto.

▶  Mario, di' qualcosa *a me!*      *Mario, dimmi qualcosa!*

1. Di' *a Paola* di venire a casa!
2. Sta' vicino *a noi!*
3. Da' la borsa *a Carla!*
4. Di' *ai signori* di aspettare!
5. Da' una sedia *a me!*
6. Fa' la spesa *alla zia!*
7. Sta' a sentire *la tua amica!*
8. Fa' una telefonata *a Filippo!*

**F.** Ripeta l'esercizio precedente, ma questa volta, usi l'imperativo negativo.

▶  Mario, non dire niente *a me!*      *Mario, non mi dire niente!*
    *Mario, non dirmi niente!*

## II. Imperativo con due pronomi complemento

— Porta**melo** qui!

1. In affirmative **tu**-, **noi**-, and **voi**-commands, two object pronouns follow the verb and are attached to it.

| | |
|---|---|
| Porta**melo!** | Bring *it to me!* |
| Mandiamo**glieli!** | Let's send *them to him (her)!* |
| Spedite**cela!** | Mail it *to us!* |
| Mettiamo**cele!** | Let's put *them* on! |

2. In the negative **tu**-, **noi**-, and **voi**-commands, two object pronouns usually *precede* the verb, though many Italians attach the pronouns to the verb.

| | | |
|---|---|---|
| Non **me lo** portare! | Non portar**melo!** | Don't bring *it to me!* |
| Non **glieli** mandiamo! | Non mandiamo**glieli!** | Let's not send *them to him!* |
| Non **ce la** spedite! | Non spedite**cela!** | Don't mail *it to us!* |
| Non **ce le** mettiamo! | Non mettiamo**cele!** | Let's not put *them* on! |

3. In affirmative and negative **lei**- and **loro**-commands, two object pronouns precede the verb.

| | |
|---|---|
| **Glielo** dia! | Give *it to him!* |
| Non **glielo** dia! | Don't give *it to him!* |
| **Ce li** mandino! | Send *them to us!* |
| Non **ce li** mandino! | Don't send *them to us!* |
| **Se la** metta! | Put *it* on! |
| Non **se la** metta! | Don't put *it* on! |

4. The indirect-object or reflexive pronouns *always* precede the direct-object pronoun except for **loro**.

| | |
|---|---|
| Date**lo loro!** | Give *it to them!* |
| Non **lo** date **loro!**⎫<br>Non date**lo loro!** ⎭ | Don't *give it to them!* |

**G.** Dica al suo amico Stefano che queste cose sono sue e le rivuole *(want them back).*

▶ la penna    *È la mia penna. Dammela!*

| | | |
|---|---|---|
| 1. la matita | 3. i fogli di carta | 5. i libri |
| 2. le riviste | 4. il registratore | 6. i quaderni |

**H.** Dica a sua madre di non comprarle questi indumenti.

▶ la giacca verde    *Non me la comprare! o Non comprarmela!*

| | | |
|---|---|---|
| 1. la gonna lunga | 3. le scarpe marrone | 5. la camicetta rosa |
| 2. i guanti neri | 4. il cappotto | 6. i pantaloni di lana |

**I.** Immagini di essere in un ristorante con gli amici e di rispondere per tutti alle domande del cameriere. Usi l'imperativo nelle risposte.

▶ Il caffè    S1: *Vogliono il caffè adesso?*
               S2: *Sì, ce lo porti, per favore.*

| | | |
|---|---|---|
| 1. il formaggio | 3. la bistecca | 5. il pesce |
| 2. la minestra | 4. gli spaghetti | 6. le mele |

**J.** Dia degli ordini a Valeria ed a Lidia, sostituendo i pronomi complemento diretto alle parole in corsivo.

▶ Valeria, portami *i libri*.    *Valeria, portameli!*

| | |
|---|---|
| 1. Compratemi *il caffè!* | 4. Valeria, dalle *la notizia!* |
| 2. Prestatele *la calcolatrice!* | 5. Lidia, non gli restituire *i soldi!* |
| 3. Lidia, pulisciti *le mani!* | 6. Valeria, non offrirle *il gelato!* |

**K.** Sostituire alle parole in corsivo i pronomi complemento.

▶ Signorina, si lavi *le mani!*    *Signorina, se le lavi!*

1. Signore, mi dia *il giornale*, per favore!
2. Signori, si mettano *i guanti!*
3. Signori, gli dicano *la verità!*
4. Signora, si metta *l'impermeabile* prima di uscire!
5. Signorina, mi presti *la sua penna* per favore!

## III. Gli aggettivi indefiniti

— Hai ancora **qualche** manifesto?
— No, ma ho **molti** volantini.

1. Indefinite adjectives (**gli aggettivi indefiniti**) are frequently used in Italian to express an indefinite quantity of something, or to refer in rather vague terms to an item.

| Indefinite adjectives | |
|---|---|
| **alcuno (alcuna, alcuni, alcune)** | some |
| **altro (altra, altri, altre)** | other |
| **ogni** *(invariable)* | each, every |
| **molto (molta, molti, molte)** | much, many |
| **poco (poca, pochi, poche)** | little, few |
| **qualche** *(invariable)* | some |
| **troppo (troppa, troppi, troppe)** | too much |
| **tutto (tutta, tutti, tutte)** | all, whole |

2. **Alcuni/e** and **qualche** both mean *some,* and are interchangeable. However, **alcuni/e** is used in this sense only in the plural; **qualche** is invariable and it is followed by a singular noun. **Un po' di** is also used to express *some* in the sense of *a little, a bit of.*

| | |
|---|---|
| Ecco **alcuni** volantini. | Here are *some* flyers. |
| C'era **qualche** candidato al comizio. | There were *some* candidates at the rally. |
| Prendi **un po' di** dolce. | Take *some (a little bit of)* dessert. |

3. The plural forms of **molti/e, pochi/e,** and **troppi/e** are used with plural nouns.

| | |
|---|---|
| Hai comprato **molti (pochi, troppi)** dischi. | You bought *many (few, too many) records.* |
| Hai comprato **molte (poche, troppe)** riviste. | You bought *many (few, too many) magazines.* |

4. **Altro** (**altra,** etc.) is usually preceded by a definite or an indefinite article.

| | |
|---|---|
| Votate per **l'altro** candidato! | Vote for the *other* candidate! |
| Dettare i proverbi ad **un altro** studente. | Dictate the proverbs to *another* student. |

5. The singular forms **tutto/a** mean *the whole* and the plural forms **tutti/e** mean *all (the).* They are usually followed by the definite article.

| | |
|---|---|
| Abbiamo mangiato **tutta la** torta. | We ate *the whole cake.* |
| Parlano **tutto il** giorno. | They speak *the whole day.* |
| **Tutti i candidati** parleranno. | *All the candidates* will speak. |
| **Tutte le ragazze** distribuiscono volantini politici. | *All the girls* distribute political pamphlets. |

**6. Ogni** is invariable and is always used with a singular noun.

Telefona **ogni** mattina.　　　　　　　He phones *every* morning.
Il giornalista intervista **ogni** studente.　The reporter interviews *each* student.

**L.** Completare le seguenti frasi con le forme appropriate di *qualche* o *alcuni(e)*.

▶ Abbiamo trovato _____ libro.　　*Abbiamo trovato qualche libro.*
▶ Ho _____ riviste.　　　　　　　*Ho alcune riviste.*

1. _____ negozi sono costosi.　　　4. _____ bevanda è fredda.
2. _____ persona è povera.　　　　5. _____ aule sono pulite.
3. _____ ragazze sono nervose.　　6. _____ ufficio è aperto.

**M.** Costruire brevi frasi unendo ai nomi gli aggettivi *molto, poco, troppo*.

▶ ristoranti　　*Ci sono molti (pochi, troppi) ristoranti.*

1. campi da tennis　　6. ospedali
2. teatri　　　　　　　7. biblioteche
3. autobus　　　　　　8. banche
4. negozi eleganti　　9. stazioni radio
5. chiese　　　　　　10. giardini

**N.** Oggi è giorno di festa e Mario elenca *(lists)* i luoghi pubblici che sono chiusi, usando l'aggettivo indefinito appropriato.

▶ negozio　　*Ogni negozio è chiuso.* o *Tutti i negozi sono chiusi.*

1. ufficio postale　　5. museo
2. farmacia　　　　　6. bar
3. banca　　　　　　7. scuola
4. teatro　　　　　　8. supermercato

**O.** Completare le frasi con la forma corretta dell'aggettivo tra parentesi.

▶ Mia zia ha (molto) vestiti.　　*Mia zia ha molti vestiti.*

1. Mia nonna ha (troppo) pazienza.
2. Sergio ha (molto) amici.
3. Ha finito (tutto) il gelato.
4. Hanno invitato (poco) amiche.
5. Mangia (qualche) panino.
6. Siamo stati in Italia per (poco) giorni.
7. Il bambino ha mangiato (tutto) le ciliege.
8. Non abbiamo (troppo) soldi.

## IV. I pronomi indefiniti

— C'è **qualcosa** che non va!

Indefinite pronouns (**i pronomi indefiniti**) are used to express an indefinite quantity. The most common indefinite pronouns are **qualcuno** *(someone)*, **qualcosa, qualche cosa** *(something)*, **tutto** *(all, everything)*, **tutti, tutte** *(everyone)*, and **ognuno** *(each one, everyone)*. Note that except for **tutti, tutte**, the indefinite pronouns are used with *third person singular forms of the verb* when they are the subject of a sentence.

| | |
|---|---|
| **Qualcuno** è entrato prima di me. | *Someone* entered before me. |
| Hai **qualcosa** da darmi? | Do you have *something* to give me? |
| Ho comprato **qualche cosa** per lui. | I bought *something* for him. |
| Abbiamo finito **tutto**. | We finished *everything*. |
| **Tutti** sono in macchina. | *Everyone* is in the car. |
| **Ognuno** deve fare il proprio lavoro. | *Each one* must do his/her own work. |

**P.** Sostituire le parole indicate con il pronome indefinito suggerito, trasformando i verbi se è necessario.

▶ *Laura* guarda il telegiornale. (qualcuno)  *Qualcuno guarda il telegiornale.*

▶ *Noi* leggiamo il giornale. (ognuno)  *Ognuno legge il giornale.*

1. *L'architetto* parla con il cameriere. (tutti)
2. *Il giornalista* scrive per quel giornale. (qualcuno)
3. *Io* ho lasciato i libri in automobile. (ognuno)
4. *Mia sorella* arriva presto. (tutti)
5. *Tutti* hanno vinto. (ognuno)

6. Hanno *dei libri* da darmi? (qualcosa)
7. *I giovani* prendono l'aereo. (qualcuno)
8. *Il libro* è sulla scrivania. (qualcosa)
9. Hanno comprato *del pesce.* (qualcosa)

**Q.** Rispondere alle seguenti domande con frasi complete usando un pronome indefinito appropriato.

1. Chi deve lavorare?
2. Chi è nell'aula adesso?
3. Lei cosa dà al suo amico?
4. Chi viene alla festa sabato sera?
5. Chi vota ogni anno?
6. Lei cosa ha lasciato nell'aula?
7. Lei cosa fa quando ha fame?
8. Dove sono gli studenti d'italiano?

---

**A lei la parola**

1. You are running for president of the student government in your school. Invite your friends to give you their vote.
2. Your sister has borrowed your hair dryer. Order her to please give it back to you.
3. Inform your parents that several friends of yours aren't going to vote in this political election.
4. Find out if your friends ate everything there was in your refrigerator.
5. Report that everyone is going to distribute flyers during this political campaign.

---

# Attualità

## *Conosce Palermo?*

Palermo è il capoluogo della Sicilia ed è situata su un golfo in un'ottima posizione geografica. Per la mitezza° del clima e per i suoi monumenti prestigiosi, Palermo è un centro turistico molto rinomato. La Palermo monumentale risale al tempo dei Normanni° [1072–fine del XII (dodicesimo) secolo] ed è ricca di opere architettoniche arabe e bizantine. La città vanta° una discreta attività economica che si basa principalmente su prodotti agricoli e vini pregiati°.

mildness

Normans

boasts of

valuable

## Le donne italiane

Sin° dagli inizi degli anni settanta, il movimento femminista italiano    From
ha inciso° notevolmente sulla struttura sociale italiana. Oggi molte    affected
giovani donne italiane, dalla casalinga° alla professionista, dalla    housewife
studentessa all'operaia, hanno preso coscienza° del proprio ruolo° non    have become aware / role
solo nella famiglia, ma anche nella società. Il movimento di liberazione
della donna le ha incoraggiate° a cercare lavoro e ad intraprendere    has encouraged
carriere° fuori di casa.    to undertake careers

    Ma in Italia non c'è abbondanza di posti di lavoro°, e nel passato    jobs
essi erano offerti quasi esclusivamente agli uomini. Comunque negli
ultimi decenni il progresso economico ha creato più posti di lavoro, e
lentamente l'atteggiamento° della gente verso il ruolo sociale della    attitude
donna è cambiato. In quasi tutte le città italiane sono sorti° gruppi    have been formed
femministi, con il compito di aiutare la donna a risolvere problemi
personali e di famiglia. Questi gruppi o collettivi femministi sono
molto attivi nella politica del paese ed hanno spinto° il governo a    pushed
creare un maggior numero di infrastrutture sociali, come consultori°    dispensaries
medici, centri per la salute, centri sociali ed asili nido°.    daycare centers

---

**Quanto ricorda?**    Completare le frasi della colonna A con espressioni di senso compiuto
tratte dalla colonna B. Nella colonna B ci sono due elementi in più.

A
1. Molte donne italiane
2. A Palermo ci sono opere
   architettoniche
3. Sotto la pressione di collettivi
   femministi
4. Molti monumenti di Palermo

B
a. il governo italiano ha creato
   diversi servizi sociali per la
   donna.
b. che rivelano influenza araba e
   bizantina.
c. la gente mangia male.
d. risalgono alla fine del
   dodicesimo secolo.
e. lavorano fuori casa.
f. sono di stile rinascimentale.

# RIPASSO: Lezioni 19ª & 20ª

In this section, you will review the following: Pluperfect subjunctive (Exercise A); **Se**-clauses (Exercises B–C); Conditional perfect (Exercise D); Commands with object pronouns (Exercises E–G); Indefinite adjectives and pronouns (Exercises H–I); Vocabulary and expressions (Exercise J).

**A.** Formulare frasi complete, usando le parole indicate. [*Pluperfect subjunctive*]

▶ Mia madre voleva che io (studiare di più).

*Mia madre voleva che io studiassi di più.*

1. Dubitavo che i miei amici (arrivare prima delle undici).
2. Era impossibile che noi (partire per la Francia).
3. Ero sorpreso che i tuoi genitori (permetterti di venire con noi).
4. Non sapevo che tu (chiamare Giovanni).
5. Uscivo spesso con Maria sebbene (essere molto occupato).
6. Era giusto che Gina (andare con i genitori in Inghilterra).
7. Non credevo che loro (conoscere tanto la poesia italiana).
8. Non sapevano se tutti gli italiani (votare).

**B.** Dire cosa farebbero le persone indicate se esistessero certe condizioni. [*Se-clauses*]

▶ io / comprare una macchina / avere i soldi

*Comprerei una macchina se avessi i soldi.*

1. Lola / bere un'aranciata / essere al bar
2. noi / fare gite / non dovere studiare
3. voi / venire a vederci / avere tempo
4. mio fratello / leggere di più / potere acquistare altri libri
5. il professore / parlare di Dante / esserci più studenti d'italiano
6. io / discutere di letteratura / avere la preparazione sufficiente

**C.** Creare conclusioni logiche alle frasi che seguono. [*Se-clauses*]

▶ Se potessi ...    *Se potessi, scriverei una bella poesia.*

1. Aiuterei quella donna se ...
2. Leggerei quella poesia se ...
3. Se volessi ...
4. Se mi scrivesse (Tonio) ...
5. Discuterei di letteratura se ...
6. Se non avessi molto da fare ...
7. Se mi avessi dato tempo ...
8. Avrei capito la lezione ...

**D.** Trasformare le seguenti frasi al passato, ed usare il condizionale passato ed il congiuntivo. [*Conditional perfect*]

▶     Pagherei il conto se potessi.     *Avrei pagato il conto se avessi potuto.*

1. Vedrei quel film se fosse di Fellini.
2. Se avesse molti soldi, Maria viaggerebbe continuamente.
3. Se avessi un gettone, telefonerei a Dora.
4. Cominceremmo a giocare se avessimo il pallone.
5. Ci farebbero questo favore se potessero.
6. Darei il compito a Giacomo se me lo chiedesse.
7. Se ti invitassero, andresti da loro?
8. Verrebbe a casa mia se non facesse tanto freddo?

**E.** Trasformare le seguenti frasi secondo l'esempio. Nelle risposte, usare due pronomi complemento. [*Commands with object pronouns*]

▶     Giorgio, porta *il libro a me!*     *Giorgio, portamelo!*

1. Marisa, manda *la lettera a Carlo!*
2. Signora, dia *la rivista a Marina!*
3. Bambini, lavatevi *le mani!*
4. Marco, porta *i giornali a me!*
5. Signorine, comprino *i biglietti per noi!*
6. Anna, fa *le valige per Carlo!*
7. Valeria, compra *la camicetta ad Anna!*
8. Pietro e Michele, pagate *il conto a loro!*
9. Signorina, faccia *la prenotazione al signor Tini!*

**F.** Trasformare in forma negativa le frasi dell'esercizio E. [*Commands with object pronouns*]

▶     Giorgio, porta *il libro a me!*     *Giorgio, non portarmelo!*
                                                   *Giorgio, non me lo portare!*

**G.** Dare questi ordini ad un amico o ad un'amica, sostituendo alle parole in corsivo un pronome complemento. [*Commands with object pronouns*]

▶     Tina, da' il libro *a me!*     *Tina, dammi il libro!*

1. Di' *a Marco* di fare presto!
2. Sta' vicino *a me!*
3. Da' i libri *allo zio!*
4. Fa' vedere le scarpe *alla mamma!*
5. Di' qualcosa *a me!*
6. Fa' la spesa *per tua sorella!*

**H.**   Costruire delle frasi, unendo a queste parole aggettivi indefiniti. [*Indefinite adjectives*]

▶   soldi     *Ho molti (pochi, troppi) soldi.*

1. compiti        4. amici        7. scarpe
2. vestiti nuovi  5. maglie       8. cugini
3. libri          6. dischi       9. valige

**I.**   Completare le seguenti frasi, usando un pronome indefinito appropriato. [*Indefinite pronouns*]

▶   _____ deve leggere questa poesia.     *Ognuno deve leggere questa poesia.*

1. _____ lascia sempre i libri sul tavolo!
2. _____ guardano lo stesso programma.
3. Giorgio ha finito _____ .
4. Hai _____ da dire a Carla?
5. _____ è partito prima di me stamattina.
6. Dove sono _____ ?

**J.**   Esprimere in italiano questa conversazione fra Antonella e Claudia. [*Vocabulary and expressions*]

**Antonella**   Did Cesare call you yesterday?
**Claudia**   Yes, he hoped that we would invite him to the party.
**Antonella**   Why didn't you invite him?
**Claudia**   Because if I had invited him, I would have had to invite his brother, Gino.
**Antonella**   That's all right. Invite them! There's plenty to eat. Everyone will have a good time.
**Claudia**   I'll call him right away. I don't have his number. Give it to me!
**Antonella**   Here it is. You know, we should also have invited Tullio and Gregorio.
**Claudia**   Let's invite them next time!

# LEZIONE 21ª

## Sciopero generale

*Manifestazione di lavoratori*

ROMA (3 maggio)— Continua oggi lo sciopero generale indetto° dai     called
sindacati in segno di protesta contro il governo. Anche due mesi fa i
sindacati dichiararono una giornata di sciopero, ma non ottennero
successo perché solo pochi lavoratori parteciparono alla
5 manifestazione. Oggi invece c'è più unità. Mentre i lavoratori vogliono
una decisa lotta contro il carovita, i sindacati chiedono miglioramenti
salariali.

    Nella città ieri c'è stato un caos indescrivibile. Ancora una volta
non tutti hanno aderito allo sciopero e molta gente è andata a lavorare
10 lo stesso. Sono rimasti aperti gli uffici statali, le banche e le ditte
private. Essendo fermi i mezzi pubblici di trasporto, ognuno si è dovuto
arrangiare alla meglio°. In circolazione c'erano pochi tassì e dappertutto     as well as they could
tante automobili. In ogni strada c'era un ingorgo. Essendo chiusi i bar e
le edicole dei giornali, la gente ha dovuto fare a meno del solito caffè e
15 del giornale.

    Oggi le autorità cittadine stanno cercando di attenuare i disagi
dello sciopero impiegando l'aiuto dei militari nei pubblici trasporti e
negli ospedali. Nonostante ciò, si prevede° che in tutta la città regnerà     it is foreseen
una grande confusione fino a tarda sera°, rendendo ancora più     late evening
20 complicata la solita vita quotidiana.

    Ieri sera durante una conferanza stampa tenuta da un noto
esponente politico, abbiamo appreso che i rappresentanti dei sindacati
e del governo hanno deciso di incontrarsi al più presto. A quanto
sembra°, già da questa mattina a Palazzo Madama alcuni di loro stanno     It seems
25 discutendo e tutti sperano che una soluzione accettabile sia raggiunta
quanto prima.

**Domande generali**

1. Chi ha indetto lo sciopero? Perché?
2. Cosa chiedono i lavoratori?
3. Hanno scioperato tutti? Quali uffici erano aperti? Quali chiusi?
4. Cosa hanno fatto le autorità cittadine?
5. Chi ha tenuto una conferenza stampa ieri sera?
6. Cosa sta succedendo questa mattina a Palazzo Madama?

**Domande personali**

1. C'è stato uno sciopero recentemente nella sua città o nel suo paese?
2. Ha causato molti disagi?
3. Quali attività erano ferme?
4. Chi scioperava? Perché?
5. Lei partecipava allo sciopero? Perché?

**Vocabolario**

Parole analoghe

| | | |
|---|---|---|
| accettabile | indescrivibile | recentemente |
| l'autorità | il militare | statale |
| complicato/a | ottenere | l'unità |
| generale | la protesta | |

Nomi

**il carovita**  cost of living
**il disagio**  discomfort
**la ditta**  firm
**la manifestazione**  demonstration
**il miglioramento**  improvement
**lo scioperante**  striker
**lo sciopero**  strike
**il sindacato**  labor union

Aggettivi

**cittadino/a**  (of the) city
**noto/a**  known
**quotidiano/a**  daily
**salariale**  wage

Verbi

**aderire (a)**  to take part in, to support
**apprendere (appreso)**  to learn
**arrangiarsi**  to manage
**attenuare**  to lessen
**dichiarare**  to declare
**impiegare**  to employ

**indire (indetto)**  to call
**raggiungere**  to reach
**regnare**  to reign
**rendere**  to render, to make
**scioperare**  to strike

Altre parole ed espressioni

**contro**  against
**essendo**  being

**ancora una volta**  once again
**la conferenza stampa**  press
   conference
**l'edicola dei giornali**  newsstand
**l'esponente politico**  political figure
**fare a meno**  to do without
**in circolazione**  in circulation
**in segno di**  as a sign of
**nonostante ciò**  nevertheless
**Palazzo Madama**  seat of the Italian
   Senate
**quanto prima**  as soon as possible

**Pratica**

**A.** Immagini di telefonare ad un amico o ad un'amica e di discutere con lui/lei dello sciopero dei mezzi di trasporto nella sua città o nel suo paese. Includa nella telefonata:

1. quando è cominciato lo sciopero
2. chi è in sciopero
3. che sarà difficile uscire
4. come andrete a scuola o a lavorare
5. a che ora vi incontrerete e dove
6. chi deve telefonare agli altri amici

**B.** Immagini di essere un operaio o un'operaia e di essere intervistato/a da un/una giornalista. Scriva un dialogo in cui lei difende lo sciopero, includendo queste notizie:

1. quante volte gli operai hanno scioperato durante l'anno
2. perché sono in sciopero adesso
3. a quale partito politico appartengono *(belong)*
4. dove lavorano e quale tipo di lavoro fanno
5. che sperano che lo sciopero finisca quanto prima

## NOTA CULTURALE

### Il sindacato dei lavoratori

In Italia i sindacati dei lavoratori sono una grande forza[1] politica ed economica. Il loro potere[2] è aumentato molto dopo il 1969, anno di dura lotta[3] fra i dirigenti ed i lavoratori delle varie industrie. Oggi ogni categoria lavorativa è rappresentata dal suo proprio sindacato. Molti sindacati appartengono ad una di queste confederazioni: la CGIL (Confederazione Generale Italiana del Lavoro), la CISL (Confederazione Italiana Sindacati Lavoratori) e la UIL (Unione Italiana del Lavoro).

Con l'aiuto[4] dei sindacati, i lavoratori italiani hanno raggiunto molte conquiste, come la settimana lavorativa di quaranta ore, il preciso controllo dello straordinario[5] e la scala mobile[6] che permette aumenti salariali quando aumentano i prezzi dei generi di maggiore consumo[7].

*Dimostrazione sindacale*

1. force  2. power  3. hard struggle  4. help  5. overtime
6. cost of living increase  7. general consumption

# Ampliamento del vocabolario

## Nomi alterati

1. The meaning of many nouns and some adjectives in Italian can be altered by adding special suffixes (**suffissi speciali**) to them. These suffixes give the connotation of *smallness, bigness, affection,* and *disparagement* and are added to nouns and sometimes adjectives after dropping the final vowel. The more common special suffixes are: **-ino, -etto, -ello, -one,** and **-accio.**

2. Suffixes that denote smallness or affection are **-ino** (**-ina,** etc.), **-etto** (**-etta,** etc.), and **-ello** (**-ella,** etc.).

   | | |
   |---|---|
   | Che bel **disegnino!** | What a nice little design. |
   | Ho un **gattino** bianco. | I have a nice little white cat. |
   | Abbiamo una **casetta** in montagna. | We have a small (nice) house in the mountains. |
   | Quella donna è **poverella** e non ha soldi. | That woman is quite poor and doesn't have any money. |
   | Quel bambino è **cattivello.** | That child is rather naughty. |

3. The suffix **-one** (**-ona,** etc.) denotes bigness or largeness.

   | | |
   |---|---|
   | Chi ha scritto quel **librone?** | Who wrote that big book? |
   | Cosa c'è in quello **scatolone?** | What's in that big box? |
   | Lo **stanzone** a destra è l'aula magna. | The huge room to the right is the public hall. |
   | Gina è una **ragazzona.** | Gina is a big girl. |

   *Note:* Feminine nouns can become masculine when the suffix **-one** is added. This form is generally preferred to the feminine **-ona.**

   | | |
   |---|---|
   | una donna | **un** donn**one** |
   | la finestra | **il** finestr**one** |
   | la macchina | **il** macchin**one** |

4. The suffix **-accio** (**-accia,** etc.) means *bad, nasty, unpleasant* and is used to give a pejorative meaning to nouns.

   | | |
   |---|---|
   | Non comprate quel **giornalaccio.** | Don't buy that bad newspaper. |
   | Quei ragazzi dicono **parolacce** anche a casa. | Those boys say bad words even at home. |

   *Note:* While most of the suffixes given above may combine with numerous nouns and a few adjectives, language learners should be cautious in using *nomi alterati,* as their exact meaning depends on the context, the situation, the persons involved, and so on.

# Struttura ed uso

## I. Il passato remoto

— **Venni vidi vinsi.**

1. The preterit tense (**il passato remoto**) is a past tense that consists of one word. It is used frequently in writing, especially narrative writing, to relate events of the past, and it is sometimes referred to as the *historical past.*

    Il terremoto di due anni fa **distrusse** quella casa.

    The earthquake that took place two years ago *destroyed* that house.

    Cristoforo Colombo **scoprì** il Nuovo Mondo nel 1492.

    Christopher Columbus *discovered* the New World in 1492.

2. The preterit tense is formed by adding the preterit endings to the infinitive stem. The following chart shows the preterit forms of a regular **-are, -ere,** and **-ire** verb.

|  | **comprare** | **temere** | **finire** |
|---|---|---|---|
| io | comprai | temei(**-etti**) | finii |
| tu | comprasti | temesti | finisti |
| lui/lei | comprò | temè(**-ette**) | finì |
| noi | comprammo | tememmo | finimmo |
| voi | compraste | temeste | finiste |
| loro | comprarono | temerono(**-ettero**) | finirono |
| | *I bought, you bought, etc.* | *I feared, you feared, etc.* | *I finished, you finished, etc.* |

Note that the second conjugation verbs may have two different forms for the first and third person singular forms and for the third person plural form. Both are correct, but usage determines which is more appropriate for a particular verb.

3.  The **passato remoto** and the **passato prossimo** (*see Lezione 6ª*) are similar in that they express an action in the past. Generally the preterit is used in speaking when, in the evaluation of the speaker, the action is perceived as distant or unconnected to the present. Southern Italians appear to use the preterit more frequently than northern Italians in speaking and writing.

> **Ho comprato** queste scarpe la settimana scorsa.
>
> *I bought* these shoes last week.
>
> Il poeta Salvatore Quasimodo **ricevette** il Premio Nobel nel 1959.
>
> The poet Salvatore Quasimodo *received* the Nobel Prize in 1959.

4.  Most common verbs have irregular preterit forms. Here are some of them. A more complete list is given in Appendix G.

| Infinitive | Preterit forms |
| --- | --- |
| avere | ebbi, avesti, ebbe, avemmo, aveste, ebbero |
| conoscere | conobbi, conoscesti, conobbe, conoscemmo, conosceste, conobbero |
| dare | diedi, desti, dette (diede), demmo, deste, dettero (diedero) |
| essere | fui, fosti, fu, fummo, foste, furono |
| fare | feci, facesti, fece, facemmo, faceste, fecero |
| leggere | lessi, leggesti, lesse, leggemmo, leggeste, lessero |
| nascere | nacqui, nascesti, nacque, nascemmo, nasceste, nacquero |
| prendere | presi, prendesti, prese, prendemmo, prendeste, presero |
| sapere | seppi, sapesti, seppe, sapemmo, sapeste, seppero |
| scrivere | scrissi, scrivesti, scrisse, scrivemmo, scriveste, scrissero |
| vedere | vidi, vedesti, vide, vedemmo, vedeste, videro |
| venire | venni, venisti, venne, venimmo, veniste, vennero |
| volere | volli, volesti, volle, volcmmo, voleste, vollero |

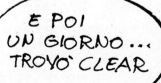

**A.** Formulare frasi con le parole indicate, usando la forma appropriata del passato remoto.

▶ due anni fa / Laura e Luisa /        *Due anni fa Laura e Luisa*
andare / a vedere / un film            *andarono a vedere un film*
italiano                               *italiano.*

1. l'anno scorso / Roberto / vedere / film di Fellini
2. sei mesi fa / Franco / vendere / macchina / Luigi
3. Dante Alighieri / nascere / 1265
4. i poeti italiani, Montale e Quasimodo / ricevere / Premio Nobel
5. il poeta Francesco Petrarca / amare / Laura
6. Giorgio Washington / essere / primo presidente / Stati Uniti

**B.** Dire cosa fece Marco a Firenze tre anni fa, usando il passato remoto.

▶ fare molte passeggiate      *Fece molte passeggiate.*

1. visitare la Galleria degli Uffizi
2. incontrare alcuni amici
3. scrivere molte cartoline ai genitori
4. vedere una commedia divertente al Teatro La Pergola
5. conoscere un artista famoso
6. prendere lezioni di musica
7. visitare il giardino di Boboli
8. volere andare a vedere *il David* di Michelangelo

**C.** Completare le seguenti frasi con espressioni di senso compiuto, usando il passato remoto dei verbi.

1. L'anno scorso, io ed i miei amici ...
2. Nel 1976, la nostra città ...
3. Due anni fa, mio padre ...
4. Tre anni fa, io ...
5. Nel 1900, la gente ...
6. Eugenio Montale ...

**D.** Trascrivere questo brano cambiando il soggetto da *io* a *noi*, e poi a *loro*, usando il passato remoto dei verbi.

Tre mesi fa preparai un questionario sui film italiani presentati a Nuova York. Scrissi a molti registi e attori italiani per avere le loro opinioni. Parlai anche con il professore che tiene un corso *(holds a class)* sul cinema italiano. Finii il lavoro dopo un mese e discussi il risultato del questionario con i miei amici. Imparai molto da questa ricerca interessante.

## II. Verbi che richiedono una preposizione prima dell'infinito

— Non **riesco a** farlo funzionare.

**1.** The following verbs require the preposition **a** before an infinitive.

| | | Verb + *a* + infinitive |
|---|---|---|
| **aiutare** | *to help* | Lo **aiuto a** fare i compiti. |
| **andare** | *to go* | **Andate a** studiare? |
| **cominciare** | *to begin* | **Cominciate a** mangiare alle venti? |
| **continuare** | *to continue* | Luisa **continua a** nuotare in piscina. |
| **divertirsi** | *to have a good time* | **Si divertono a** giocare a pallacanestro. |
| **imparare** | *to learn* | Maria Pia **impara a** guidare la macchina. |
| **insegnare** | *to teach* | Il professore c'**insegna a** parlare italiano. |
| **invitare** | *to invite* | T'**invito a** prendere un caffè. |
| **mettersi** | *to begin to* | **Ti metti a** ballare adesso? |
| **riuscire** | *to succeed* | **Siamo riusciti a** trovare una soluzione. |
| **venire** | *to come* | **Vengo a** portarti il libro. |

# A Radio Roma c'è un computer per aiutarvi a scegliere

**2.** The following verbs and expressions require the preposition **di** before an infinitive.

| | | Verb or expression + *di* + infinitive |
|---|---|---|
| **avere bisogno** | *to need* | **Ho bisogno di** studiare. |
| **avere paura** | *to be afraid* | **Ho paura di** andare in motocicletta. |
| **cercare** | *to strive* | **Cerchiamo di** non spendere tutti i soldi. |
| **chiedere** | *to ask* | **Chiede di** essere scusato. |
| **consigliare** | *to advise* | Lui ci **consiglia di** prendere l'aereo. |
| **credere** | *to believe* | **Crede di** sapere tutto. |
| **decidere** | *to decide* | Mariella **decide di** partire da sola. |
| **dimenticarsi** | *to forget* | **Si sono dimenticati di** portare gli sci. |
| **dire** | *to say, to tell* | Gli **ho detto di** preparare la tavola. |
| **finire** | *to finish* | **Avete finito di** giocare? |
| **pensare** | *to think* | **Penso di** fare un viaggio a Parigi. |
| **permettere** | *to permit* | Mia madre mi **permette di** tornare a casa tardi. |
| **preoccuparsi** | *to worry* | **Si preoccupano di** arrivare in ritardo. |
| **ricordarsi** | *to remember* | **Ti sei ricordato di** comprare il giornale? |
| **scrivere** | *to write* | Gli **abbiamo scritto di** venire da noi. |
| **sperare** | *to hope* | **Spera di** finire prima di Lucio. |
| **suggerire** | *to suggest* | **Suggerisco di** andare a teatro. |
| **temere** | *to fear* | Luigi **teme di** perdere il treno. |

**E.** Descrivere quello che fa Giuseppe, usando le parole indicate e la preposizione *a*.

▶ cominciare / studiare il francese    *Comincia a studiare il francese.*

1. andare / vedere un film giapponese
2. mettersi / leggere il giornale
3. continuare / guardare la televisione
4. imparare / ballare
5. aiutare sua madre / cucinare
6. non riuscire / fare i compiti di matematica
7. divertirsi / scrivere poesie
8. cominciare / sciare bene

**F.** Formulare frasi, usando in ciascuna le seguenti parole e la preposizione *di*.

▶ io / temere / lavorare troppo    *Temo di lavorare troppo.*

1. tu / finire / studiare
2. lui / pensare / leggere quel romanzo

3. noi / suggerire / fare una gita
4. loro / decidere / fare un viaggio
5. Mario / cercare / telefonare a Giovanni
6. Graziella / avere paura / guidare questa macchina
7. tu / avere bisogno / andare in vacanza
8. io / credere / avere ragione
9. studenti / sperare / uscire presto oggi
10. io e Claudia / non avere paura / andare in aereo
11. Camilla / dire / andare da lei più tardi
12. io / non ricordarsi mai / telefonare ad Enrico

**G.** Rispondere con frasi di senso compiuto alle seguenti domande personali, usando la preposizione *a* o *di*.

▶ Di che cosa ha paura?    *Ho paura di perdere l'aereo.*

1. Di che cosa si preoccupa lei?
2. A che ora si mette a mangiare la sera?
3. Riesce a leggere un libro alla settimana?
4. Cosa impara a fare?
5. Cosa spera di fare quando si laurea?
6. Cosa le permette di fare suo padre?
7. Che cosa si dimentica di fare spesso?
8. Deve andare a studiare o a mangiare dopo la lezione?

**H.** Formulare frasi, usando i verbi o le espressioni fra parentesi e aggiungendo le preposizioni *a* o *di* dove sono necessarie.

▶ Gli piace sciare.        *Imparo a sciare.*
  (Imparo / Volevano)    *Volevano sciare.*

1. Hanno deciso di comprare un computer. (Sperano / Non è riuscito / Pensavamo)
2. Cominciamo a cantare. (Continuo / Volevate / Si mette / Riescono)
3. Vengo a portarti un registratore. (Hanno deciso / Si è ricordato / Dovevo / Speriamo)
4. Mi hanno detto di telefonare. (Avrebbero dovuto / Ho deciso / Avete bisogno / Finiscono)

## III. La correlazione dei tempi con il congiuntivo

— **Speravo** che **vincesse** il cavallo numero sette.

**1.** The following chart shows the sequence of tenses in a dependent **che**-clause when the verb in the main clause is in the present or future, or is a command form.

| Main clause | Dependent *che*-clause |
|---|---|
| Present<br>Future<br>Command | Present subjunctive (simultaneous or future action)<br>Present perfect subjunctive (past action) |

**2.** In most cases, when the main verb is in the present or future or is a command form, and the action of the subjunctive occurs in the present or the future, the *present subjunctive* is used in the **che**-clause. When the action of the verb in the subjunctive occurred before that of the main verb, the *present perfect subjunctive* is used in the **che**-clause.

| | |
|---|---|
| **Spero che arrivi subito.** | I hope he arrives soon. |
| **Vorrà che tu venga con noi.** | He will want you to come with us. |
| **Sta' attento che Marta non cada.** | Be careful that Marta doesn't fall down. |
| **Spera che voi abbiate ricevuto la lettera.** | He hopes you have received the letter. |

3. The following chart shows the sequence of tenses in the dependent **che**-clause when the verb in the main clause is in any past tense or is in the conditional.

| Main clause | Dependent *che*-clause |
|---|---|
| Imperfect<br>Present perfect<br>Pluperfect<br>Preterit<br>Conditional | Imperfect subjunctive (simultaneous or future<br>    action)<br>Pluperfect subjunctive (past action) |

4. If the main verb is in any past tense (imperfect, present perfect, pluperfect or preterit) or the conditional, and the action of the subjunctive verb occurs at the same time or later, the *imperfect subjunctive* is used in the **che**-clause. If the action of the subjunctive verb occurred before that of the main verb, the *pluperfect subjunctive* is used in the **che**-clause.

| | |
|---|---|
| **Speravo che tu venissi alla festa.** | I hoped you would come to the party. |
| **Era meglio che loro visitassero quel museo.** | It was best that they visit that museum. |
| **Speravano che noi fossimo già venuti.** | They hoped that we had already come. |
| **Sono arrivati prima che io avessi avuto tempo di telefonarti.** | They arrived before I had time to call you. |

5. The imperfect and pluperfect subjunctive are always used in a **che**-clause after **come se** *(as if)* regardless of the tense of the main verb.

| | |
|---|---|
| **Le parlo come se fosse mia sorella.** | I speak to her as if she were my sister. |
| **Agiva come se non avesse capito nulla.** | He acted as if he had not understood anything. |

I.  Scrivere nuove frasi sostituendo le parole in corsivo con le espressioni fra parentesi e cambiando la forma dei verbi dov'è necessario.

1. *Voglio* che voi veniate allo stadio. (È meglio / Sarei felice / Credevo / Dubitavo)
2. *È possibile* che quel cantante abbia organizzato lo spettacolo. (Non credono che / Speravano / Era improbabile / Bisognava)
3. *Vuole* che tu prepari il pranzo. (Volle / Era contento / Ordinò / Era bene)

**J.** Completare queste frasi con la forma corretta dei verbi fra parentesi.

▶ (aprire) Non credo che Roberto _____ la lettera.

*Non credo che Roberto apra (abbia aperto) la lettera.*

▶ (fare) Speravo che voi _____ quel viaggio.

*Speravo che voi faceste (aveste fatto) quel viaggio.*

1. (organizzare) Bisognerebbe che voi _____ lo spettacolo.
2. (scioperare) Preferiva che gli operai non _____ .
3. (aiutare) È strano che tu non _____ tua sorella.
4. (presentarsi) Non credo che Giancarlo _____ quest'anno come candidato.
5. (restare) Era impossibile che io _____ con voi.
6. (andare) Vorrebbe che voi _____ in biblioteca.

**K.** Esprima i suoi stati d'animo in merito a *(with respect to)* queste situazioni ed eventi che ebbero luogo la settimana scorsa. Scriva frasi complete usando i verbi *speravo, volevo, dubitavo, non credevo, ero contento, ero triste che* o altre espressioni simili.

▶ voi / venire alla festa

*Ero contento che voi veniste (foste venuti) alla festa.*

1. Barbara / cercare lavoro
2. tu / leggermi la poesia che avevi scritto
3. noi / potere finire la lezione in tempo
4. Clara / dirmi quello che era successo ieri sera
5. Giulio / conoscerlo
6. tu ed Edoardo / parlare russo
7. Elena ed Alba / giocare a tennis con noi
8. tu / trovare i biglietti che avevo perso

**A lei la parola**

1. Find out the dates of birth and death of George Washington and report them to your class, using the preterit of the verbs *nascere* and *morire.*
2. Find out if your friend visited Venice and Florence when he/she went to Italy three years ago.
3. Inform your parents that you are making plans to go to Italy this summer.
4. Report to a friend that your parents wouldn't like you to travel alone.
5. Suggest that you would like your older sister to go along with you to Italy.

# Comunicare subito!

## All'aeroporto

1. l'aereo
2. la valigia
3. il passaporto
4. l'uscita
5. i bagagli
6. la passeggera
7. la dogana
8. il doganiere
9. il poliziotto
10. il tabellone
11. il passeggero
12. il carrello
13. la cinepresa
14. la macchina fotografica

**Attività**

Rispondere alle domande basate sull'illustrazione riportata sopra.

1. Cosa esamina il doganiere?
2. Cosa c'è nella valigia?
3. Cosa trasporta il passeggero?
4. A che ora parte l'aereo per Londra? e quello per Parigi? e quello per Mosca?
5. Quante valige ci sono nell'illustrazione? Quanti poliziotti? Quante persone?

**Pratica**                    Preparare un dialogo appropriato.

Immagini di volere fare un viaggio in Italia. Prima vada a richiedere il passaporto e poi vada ad un'agenzia di viaggi per ottenere tutte le informazioni necessarie sul costo del viaggio e degli alberghi, sulle date di partenza e di ritorno e sull'orario dei voli.

## In albergo

I signori Longanesi sono arrivati all'albergo Principe e si presentano all'impiegato dell'albergo.

| | | |
|---|---|---|
| **Impiegato** | Buona sera, signori. | |
| **Signor Longanesi** | Sono il signor Longanesi. Mia moglie ed io abbiamo prenotato° una camera matrimoniale° per tre notti. | we reserved / double |
| **Impiegato** | Un momento, controllo° subito ... Scusi, ha detto per tre notti? | I'll check |
| **Signor Longanesi** | Sì, perché? | |
| **Impiegato** | Veramente la prenotazione° è stata fatta per due notti. | reservation |
| **Signor Longanesi** | È impossibile. Avevo detto alla mia segretaria di fare la prenotazione per tre notti. | |
| **Impiegato** | Mi dispiace. Ma vediamo che cosa si può fare ... Ecco, guardi. Per la terza notte sono libere due camere singole. Le posso dare queste a meno che si liberi una camera matrimoniale tra oggi e domani. | |
| **Signor Longanesi** | Va bene, se non c'è di meglio, dobbiamo accontentarci°. | we'll have to make do |

**Pratica**                    Preparare un dialogo appropriato.

Immagini di telefonare all'albergo Michelangelo per prenotare una camera singola per una settimana durante il mese di giugno. Naturalmente lei vuole sapere anche il prezzo della camera.

# LEZIONE 22ᵃ

## Come si può fermare l'inquinamento?

*La statua di Garibaldi danneggiata dall'inquinamento*

La seconda tavola rotonda sull'ecologia è stata organizzata oggi
dall'Ente Provinciale per il Turismo. Nella sala del municipio di
Ravenna sono presenti molti cittadini ed i rappresentanti dell'industria
e del turismo.

|  |  |  |
|---|---|---|
| **Moderatore** | Signore e signori, buon giorno. Lo scopo di questo dibattito è quello di far sì° che il problema dell'inquinamento sia conosciuto da tutti, che le cause di questo siano discusse e che soluzioni siano approntate° al più presto. Dopo questa breve introduzione, cedo la parola al primo interlocutore. | to make sure<br><br><br><br>prepared |
| **Un cittadino** | È ormai evidente che l'equilibrio ecologico è necessario sia alla sopravvivenza dell'uomo che a quella dell'ambiente che lo circonda. Nell'ultimo decennio però alcuni fiumi e laghi sono stati inquinati dalle industrie che sono state create dal progresso tecnologico. Nonostante che qualche provvedimento sia stato preso dalle autorità, penso che controlli più severi siano necessari per risolvere questo problema. | |
| **Intendente alle Belle Arti** | Il mio compito è di fare presente a voi che molti monumenti della nostra città sono stati danneggiati dall'inquinamento dell'aria. Ne è esempio lampante la statua di Garibaldi a piazza Risorgimento. Da bianca che era, oggi è diventata di un bel grigio fumo e ben presto sarà nera come la pece. Finora ben poco è stato fatto per salvare il nostro patrimonio artistico, ma mi auguro che dopo questa discussione la gravità della situazione sia capita da tutti. | |

\* \* \*

|  |  |
|---|---|
| **Una studentessa** | Finora sono state dette molte cose importanti, ma a me sembra che qui, come altrove, si parli e si discuta in continuazione senza prendere poi alcun provvedimento. Nel frattempo, sia gli uomini che gli animali e la natura stessa continuano a soffrire. Le spiagge sono sporche, il mare sembra avere cambiato colore, e gli animali selvatici sono scomparsi dai boschi. È tutto molto triste ... |
| **Un ingegnere** | Ciò che abbiamo sentito è senza dubbio vero, ma non si deve disperare. Anche se è poco per fermare l'inquinamento, alcune leggi sono già state |

40

45

approvate dal governo. Ora bisogna fare in modo che esse siano osservate sia dagli industriali che dai cittadini.

**Moderatore** Signore e signori, abbiamo ascoltato oggi numerose critiche e suggerimenti sul problema dell'inquinamento, e sono sicuro che ognuno ne trarrà le dovute conclusioni. Questa tavola rotonda è ormai finita e ringrazio tutti i partecipanti. Buon giorno ed un cordiale arrivederci alla prossima volta.

---

**Domande generali**

1. Che cosa ha organizzato l'Ente Provinciale per il Turismo? Dove?
2. Chi è presente nella sala?
3. Secondo il moderatore, qual è lo scopo del dibattito?
4. Che cosa è successo nell'ultimo decennio?
5. Perché è cambiato il colore della statua di Garibaldi?
6. Di che cosa si occupa l'intendente alle Belle Arti?
7. Secondo il cittadino, che cosa è necessario per risolvere il problema?
8. Che cosa dice la studentessa delle spiagge, del mare e degli animali selvatici?
9. Secondo l'ingegnere, da chi devono essere osservate le leggi?

**Domande personali**

1. Lei è interessato/a nell'ecologia? Perché?
2. Nella sua città o nel suo paese ci sono problemi di inquinamento? Di che tipo?
3. Le piacerebbe partecipare o organizzare una tavola rotonda? Su quale soggetto?
4. Lei si preoccupa dell'ambiente in cui vive? Perché?

**Vocabolario**

Parole analoghe

| | | |
|---|---|---|
| l'animale | ecologico/a | osservare |
| l'aria | l'esempio | il partecipante |
| la conclusione | l'interlocutore | il progresso |
| il controllo | l'introduzione | la statua |
| cordiale | il moderatore | tecnologico/a |
| la critica | il monumento | il turismo |
| l'ecologia | la natura | |

## Nomi

**il bosco**  woods
**il cittadino**  citizen
**il compito**  task
**il dibattito**  debate
**l'equilibrio**  balance
**la gravità**  seriousness
**l'industriale**  industrialist
**l'inquinamento**  pollution
**il municipio**  city hall
**il provvedimento**  measure, action
**la sala**  hall
**la scopo**  purpose
**il soggetto**  topic
**la sopravvivenza**  survival

## Aggettivi

**accettato/a**  accepted
**dovuto/a**  right, proper
**lampante**  clear
**primo/a**  first
**secondo/a**  second
**selvatico/a**  wild
**severo/a**  strict
**sporco/a**  dirty
**stesso/a**  itself

## Verbi

**augurarsi**  to hope
**circondare**  to surround
**danneggiare**  to damage

**disperare**  to despair
**emanare**  to issue
**fermare**  to stop
**inquinare**  to pollute
**salvare**  to save
**scomparire (scomparso)**  to disappear
**trarre**  to draw

## Altre parole ed espressioni

**altrove**  everywhere else
**finora**  until now
**ben poco**  very little
**ben presto**  quite soon
**cedere la parola**  to yield the floor
**ciò che**  what
**l'Ente Provinciale per il Turismo**
  Provincial Tourist Agency
**fare in modo**  to make sure
**fare presente**  to bring to someone's
  attention
**grigio fumo**  smoke grey
**in continuazione**  continuously
**l'intendente alle Belle Arti**  Fine Arts
  expert
**nel frattempo**  in the meantime
**nero/a come la pece**  pitch black
**il patrimonio artistico**  artistic
  heritage
**senza dubbio**  without a doubt
**sia ... che**  both ... and
**la tavola rotonda**  round table

**Pratica**

**A.** Immagini di fare una relazione sull'ecologia. Intervisti alcuni cittadini e chieda loro quali sono le cause dell'inquinamento e come esse possano essere ridotte o eliminate.

**B.** Valeria telefona alla sua amica Cristina per dirle che stasera alla televisione ci sarà un programma sull'ecologia. Le due amiche parlano dell'ora in cui ci sarà il programma e degli argomenti che tratterà. Scrivere un dialogo appropriato di dieci o dodici righe al riguardo.

## NOTA CULTURALE

### Industria ed inquinamento

Dal dopoguerra ad oggi l'Italia, da paese essenzialmente agricolo, è diventato uno dei sette paesi più industrializzati del mondo. Questo successo è dovuto più che altro alle innovazioni tecnologiche che contraddistinguono[1] la produttività industriale italiana.

Lo sviluppo[2] industriale del paese ha però creato anche un problema ecologico, l'inquinamento. I rifiuti delle industrie hanno contaminato fiumi, laghi e perfino tratti[3] di mare. Questo inquinamento delle acque naturali ha causato finora danni notevoli al turismo ed alla pesca[4]. Altra forma di inquinamento è quello atmosferico, dovuto al riscaldamento[5] invernale delle città, allo sviluppo della motorizzazione ed ai fumi[6] delle fabbriche. Ciò[7] ha causato danni non solo alla salute[8] della gente, ma anche ad antichi monumenti ed edifici pubblici.

All'inizio dello sviluppo industriale poco o niente è stato fatto per diminuire o fermare ogni tipo d'inquinamento, ma oggi molta gente si è resa conto[9] dell'importanza di questo problema. Sotto la pressione di gruppi cittadini e di associazioni civiche il governo ha già emanato[10] leggi e regolamenti a tutela[11] della salute pubblica e dell'ambiente naturale.

*Un antico monumento in via di restauro*

1. characterize   2. development   3. stretches   4. fishing
5. heating   6. smoke   7. This   8. health   9. has realized
10. issued   11. protection

C.O.N.I.   F.I.d.C.

**EKOCLUB**

## Ampliamento del vocabolario

### *Famiglie di parole*

Nouns, verbs, adjectives, and sometimes adverbs are often related in sets referred to as word families. If you know one of the items in a word set, you are often able to recognize or form the others. Sometimes this is not an easy task since a particular word form may not exist or it may add additional syllables not easily recognizable. For example, from the word **fama** we can form the adjective **famoso** and the adverb **famosamente,** but not the verb, which doesn't exist. On the other hand, from the word **dramma** we can form the verb **drammatizzare,** another noun, **drammaturgo** *(playwright),* the adjective **drammatico/a,** and the adverb **drammaticamente.** The examples given below are easier and more predictable.

| Noun | Verb | Adjective | Adverb |
|------|------|-----------|--------|
| studio | studiare | studioso/a | studiosamente |
| interesse | interessare | interessante | interessantemente |

Completare lo schema con le parole appropriate, tenendo presente che la linea indica che quella particolare forma non esiste.

| Nomi | Verbi | Aggettivi | Avverbi |
|------|-------|-----------|---------|
| spedizione | | spedito | |
| sviluppo | | sviluppato | — |
| curiosità | curiosare | | |
| | economizzare | economico | |
| | centrare | | centralmente |
| correzione | correggere | | |
| | finire | finale | |
| | pazientare | | pazientemente |

CARTA TURISTICA

ABRUZZO

SCALA 1 : 385.000

ENTE PROV. PER IL TURISMO - L'AQUILA

# Struttura ed uso

## I. La voce passiva

— Questa spiaggia **è stata danneggiata** dall'erosione.

1. In passive constructions, the subject of the sentence is the recipient of the action. In Italian, the passive voice (**la voce passiva**) usually consists of **essere** in the desired tense plus the past participle of the verb being used. The past participle agrees in number and gender with the subject.

| | |
|---|---|
| Una tavola rotonda sull'ecologia **è organizzata** a Ravenna. | A round table on ecology *is organized* in Ravenna. |
| La statua di Garibaldi **è stata danneggiata** dall'inquinamento. | The Garibaldi statue *has been damaged* by pollution. |

2. If the doer is expressed, the noun that represents the doer is preceded by **da**.

| | |
|---|---|
| Il dibattito è stato aperto **dal** moderatore. | The debate was begun by the moderator. |
| La festa è stata organizzata **da** Nino. | The party was organized by Nino. |

3. In Italian, the passive voice is used mostly when one wants to emphasize the "receiver" rather than the "doer" of an action. The direct object of an active construction becomes the subject of a passive construction.

| | |
|---|---|
| *Active:* Verdi **ha composto** l'"Aida". | Verdi *composed* "Aida". |
| *Passive:* L'"Aida" **è stata composta da Verdi**. | "Aida" *was composed by Verdi*. |
| *Active:* Roberto **ha letto** tutte le riviste. | Roberto *read* all the magazines. |
| *Passive:* Tutte le riviste **sono state lette da Roberto**. | All the magazines *were read by Roberto*. |

**A.** Trasformare le seguenti frasi al passivo, secondo il modello.

▶ Lo studente discute del            *Il problema del mare è*
problema del mare.                   *discusso dallo studente.*

1. Tutti conoscono il problema dell'inquinamento.
2. Le autorità locali hanno preso alcuni provvedimenti.
3. Il governo stabilirà controlli più severi.
4. Ognuno capisce la gravità della situazione.
5. Gli industriali ed i cittadini osserveranno le nuove leggi.
6. Il moderatore ringrazia tutti i partecipanti.
7. L'intendente alle Belle Arti farà pulire la statua di Garibaldi.
8. L'inquinamento sporca le spiagge.

**B.** Rispondere a queste domande usando frasi con il verbo al passivo e scegliere la corretta indicazione fra quelle fra parentesi.

▶ Chi ha composto l'*Aida*?           *L'*Aida *è stata composta da*
(Puccini / Verdi / Rossini)           *Verdi.*

1. Cosa presentano alle Terme di Caracalla? (un'opera / un film / una partita di calcio)
2. Chi ha organizzato la tavola rotonda sull'ecologia? (un avvocato / una casalinga / l'Ente Provinciale per il Turismo)
3. Cosa causa l'inquinamento? (gli animali / l'industria / il bosco)
4. Chi ha indetto lo sciopero generale? (il soprano / il sindacato / il poeta)
5. Chi ha disegnato questo palazzo? (il violinista / il regista / l'architetto)
6. Dove hanno comprato i biglietti? (alla stazione di rifornimento / al botteghino / all' ufficio postale)

**C.** Rispondere alle seguenti domande usando il passivo.

1. In che anno è stato pubblicato questo libro?
2. Dove è stata organizzata la tavola rotonda sull'ecologia?
3. Da chi è stato aperto il dibattito?
4. Da chi è stato scritto questo esercizio?
5. Da chi è stata letta questa lezione?
6. Da chi sarà tenuta la lezione d'italiano oggi?
7. Da chi è stato diretto l'ultimo film che lei ha visto?

## II. *Costruzione impersonale con* si

**Si trova** un po' di tutto ad un mercato all'aperto.

1. The impersonal construction with **si (la costruzione impersonale con si)** is used to express sentences with indefinite subjects. The Italian construction is formed by **si** + a verb form in the third person singular or plural. The English equivalent is usually expressed by *one, people, they,* or *we* + a verb form or by a passive construction.

A Firenze **si mangia** bene.      One eats (People eat) well in Florence.
Non **si parla** inglese in aula.      We (People/They) don't speak English in class.
Qui **si parla** italiano.      Italian is spoken here.

2. The verb form is in the third person plural when it is used with a plural direct object.

**Si rappresentano** molte opere alle Terme di Caracalla.      Many operas *are presented* at the Terme di Caracalla.
A Torino **si fanno** molti scioperi.      *They strike* a lot in Turin.
A Firenze si **sono organizzate** tre mostre di libri.      Three book exhibits *were organized* in Florence.

**D.** Formulare frasi usando il *si* impersonale con le parole indicate.

▶ non / vendere / libri / questo negozio      *Non si vendono libri in questo negozio.*

1. ogni domenica / andare / stadio
2. sentire / molte canzoni italiane / radio
3. in casa mia / bere / solo acqua minerale

4. uscire di casa / alle sette / per andare / concerto
5. bere / molte aranciate / quando fa caldo
6. non / mangiare / bene / quel ristorante
7. da qui / non / entrare
8. il conto / pagare / cassa
9. i biglietti / per / concerto / comprare / botteghino
10. dire / gli esami finali / essere / facili

**E.** Rispondere alle domande usando la costruzione con il *si* impersonale.

▶ Quale lingua si parla in Spagna? *Si parla lo spagnolo.*

1. Quale lingua si parla in questa classe?
2. Dove si assiste all'opera?
3. Quali sono le lingue che si parlano in Europa?
4. Dove si mangia bene?
5. Dove si ascolta musica leggera?
6. Dove si comprano le medicine?
7. Dove si può vedere una partita di calcio la domenica?
8. Dove si comprano libri?
9. Cosa si fa in biblioteca?
10. Dove si può bere un buon caffè?

**F.** Una guida turistica spiega ai turisti le cose che faranno durante la gita. Scrivere i commenti della guida, usando la costruzione impersonale con *si*.

▶ Arrivano a Roma a mezzogiorno. *Si arriva a Roma a mezzogiorno.*

1. Fanno un giro della città dalle dieci alle quindici.
2. Ritornano all'albergo alle diciassette.
3. Vanno al ristorante "Villa dei Cesari" alle venti.
4. Dopo cena vanno a Villa d'Este.
5. Domani alle nove visitano i Musei Vaticani.
6. Dopo pranzo prendono un autobus per andare ai negozi.
7. Alle diciotto fanno una passeggiata a Villa Borghese.
8. Dopo cena vanno a vedere un'opera di Verdi a Caracalla.
9. A mezzanotte ritornano all'albergo.
10. Dopodomani alle nove partono per Firenze.

## III. Aggettivi numerali ordinali

— Mamma mia, Lidia abita
al **decimo** piano!

1. Ordinal numbers (**i numeri ordinali**) are used to rank things. Below
   are listed the masculine singular forms of the ordinal numbers from
   *first* to *tenth*.

   | | | | |
   |---|---|---|---|
   | **primo** | first | **sesto** | sixth |
   | **secondo** | second | **settimo** | seventh |
   | **terzo** | third | **ottavo** | eighth |
   | **quarto** | fourth | **nono** | ninth |
   | **quinto** | fifth | **decimo** | tenth |

2. After **decimo,** ordinal numbers are formed by dropping the last vowel
   of the cardinal numbers and adding **-esimo (-esima, -esimi, -esime).**
   Numbers ending in accented **-é** (**ventitré, trentatré,** etc.) retain the
   final **-e** without the accent.

   | | | | |
   |---|---|---|---|
   | **undicesimo** | eleventh | **ventitreesimo** | twenty-third |
   | **dodicesimo** | twelfth | **cinquantesimo** | fiftieth |
   | **tredicesimo** | thirteenth | **centesimo** | one-hundredth |
   | **ventesimo** | twentieth | **millesimo** | one-thousandth |
   | **ventunesimo** | twenty-first | **milionesimo** | one-millionth |

3. Ordinal numbers in Italian agree in gender and number with the
   nouns they modify. They generally precede the noun they modify.

   | | |
   |---|---|
   | È il **secondo** sciopero del mese. | It's the *second* strike of the month. |
   | È la **terza** tavola rotonda che organizziamo. | It's the *third* round table we have organized. |

**4.** When an ordinal is replaced by a cardinal number, a raised letter **o** (for masculine) or **a** (for feminine) is used to show agreement with the noun.

il **9º** capitolo        the *ninth* chapter
Lezione **22ª**        Lesson *22* (the *twenty-second* lesson)

**5.** Roman numerals are generally used in place of ordinals when referring to popes, royalty, and centuries. The roman numeral follows the noun when referring to popes and royalty; it may precede or follow the noun when referring to centuries.

Il Papa Giovanni **XXIII (ventitreesimo)**        Pope John *the Twenty-third*
Umberto **I (primo)**        Umberto *the first*

il **XX (ventesimo)** secolo ⎫
il secolo **XX (ventesimo)** ⎭        the *twentieth* century

**G.** Marco ed alcuni suoi amici sono in fila *(are in line)* per entrare a teatro. Dire qual è la loro posizione nella fila, usando la forma ordinale dei numerali.

▶    Marco (3)        *È il terzo.*

▶    Gianni e Lidia (21)        *Sono i ventunesimi.*

1. Giacomo (18)      6. Silvia e Maria (20)
2. Mirella (23)      7. Giorgio (25)
3. Gina (11)      8. Carla (33)
4. Paolo (70)      9. Luisa (90)
5. Franco (1)      10. Piero e Pina (12)

**H.** Formulare frasi complete usando la forma appropriata dei numerali ordinali.

▶    quinto / rivista / leggere    *È la quinta rivista che ha letto.*

1. terzo / museo / visitare
2. quarto / macchina / vedere
3. secondo / casa / comprare
4. primo / bicchiere d'acqua / bere
5. decimo / canzone / ascoltare

**I.** Leggere ad alta voce le seguenti espressioni.

1. il 6º mese      4. il XIX secolo      7. Vittorio Emanuele II
2. la 9ª lezione      5. la 12ª linea      8. il secolo XXI
3. la 4ª fila      6. la 31ª mostra      9. Umberto I

**J.**  Rispondere alle seguenti domande.

1. Qual è il secondo giorno della settimana?
2. Qual è il decimo mese dell'anno?
3. Quale lezione segue la nona?
4. Chi è stato il primo presidente degli Stati Uniti?
5. Quale lezione stiamo studiando adesso?

**A lei la parola**

1. Inform your family that you are going to participate in a round table on ecology which was organized by your science class.
2. Notify your younger brother, who is going to Switzerland, that three languages are spoken there: French, German, and Italian.
3. Brag about the fact that this is the fourth time your best friend won the school tennis championship *(campionato)*.
4. Two of your schoolmates didn't come to class today. Notify them that the professor explained *(spiegare)* the nineteenth lesson.
5. When one of your friends inquires on which floor you live, tell him/her that you are on the twelfth floor.

# Scrivere

## *Appunti di viaggio*

Quando si viaggia si fanno sempre nuove esperienze e spesso si imparano anche cose diverse ed interessanti. Molte volte, la gente che viaggia scrive lettere ad amici o parenti per raccontare loro avvenimenti divertenti o fuori dell'ordinario. A volte ci sono persone che preferiscono scrivere appunti sul loro diario per non dimenticare le attività e le avventure giornaliere.

Questo è il diario di Cynthia, una studentessa americana, che parla delle sue esperienze in Italia. Cynthia e la sua amica Lisa hanno fatto un viaggio di dieci giorni in Italia ed hanno visitato varie città per conoscere meglio il paese. Durante il viaggio, Cynthia ha annotato°     jotted down
spesso le sue impressioni sul diario per poterne parlare agli amici al suo ritorno negli Stati Uniti.

**7 marzo**— Questa mattina io e Lisa siamo arrivate a Roma. Dopo un bellissimo volo di sette ore, l'aereo ha atterrato° alle nove all'aeroporto internazionale Leonardo da Vinci. Alle dieci eravamo già in un magnifico albergo vicino al Colosseo. Lì abbiamo fatto subito la doccia, ci siamo cambiate, e via per il centro di Roma. Abbiamo trascorso° la serata in una famosa discoteca di via Veneto.

landed

spent

**8 marzo**— Oggi siamo andate a visitare alcuni monumenti importanti. Nel pomeriggio abbiamo preso un bel gelato in un bar di piazza Navona, dove abbiamo conosciuto due simpatici giovani romani. Stasera siamo andate al Teatro dell'Opera, dove abbiamo visto tre bellissimi balletti°.

ballets

**11 marzo**— Dopo un viaggio in treno di tre ore siamo finalmente arrivate a Firenze. Benché facesse freddo, siamo andate subito a vedere gli eleganti negozi del centro. Lisa non ha perso tempo ed ha comprato un bel vestito da sera, una collana° di corallo ed un bracciale° d'oro°.

necklace / bracelet
made of gold

**13 marzo**— Oggi abbiamo visitato il museo dell'Accademia ed abbiamo visto il *David* di Michelangelo. Che capolavoro° di bellezza, di forme e di linee! Se avessi potuto, lo avrei portato via; invece mi sono dovuta accontentare di fare alcune foto.

masterpiece

**14 marzo**— Ancora una volta in treno. Questa volta stiamo attraversando gli Appennini e corriamo verso Venezia. Che fame! Per errore abbiamo preso un treno diretto e non si arriva mai. Sul treno non c'è niente da mangiare e non vediamo l'ora di arrivare a Venezia.

**15 marzo**— Siamo alloggiate vicino a piazza San Marco, in un albergo da cui si gode la veduta° del Canal Grande. Che città diversa ed affascinante! I palazzi sorgono dall'acqua. Ponti e ponticelli° collegano° le calle°. Non c'è il minimo rumore di macchine. Non ci sono ingorghi come a Firenze e a Roma; c'è tranquillità assoluta. In serata siamo andate al teatro La Fenice, dove abbiamo ascoltato un bel concerto di musica barocca.

view

small bridges / connect
Venetian streets

**16 marzo**— Stamattina alle cinque è venuto un motoscafo°, il tassì locale, che ci ha riportate sulla terraferma. Siamo andate all'aeroporto di Venezia, da dove abbiamo raggiunto Roma. All'una del pomeriggio siamo ripartite per gli Stati Uniti. È così terminata la breve vacanza italiana, troppo breve per i miei gusti. Spero di ritornare in Italia quanto prima.

motorboat

**A.**  Riassumere il viaggio di Cynthia e Lisa in un brano di non più di dieci frasi, cominciando con l'arrivo a Roma e terminando con il ritorno negli Stati Uniti. Usare la terza persona singolare o plurale.

**B.**  Scriva un brano su un viaggio che lei ha fatto dentro o fuori degli Stati Uniti, o su un viaggio immaginario. Consideri i seguenti suggerimenti:

1.  Nello scrivere, pensi alla persona o alle persone che leggeranno la sua descrizione.
2.  Si concentri su una o due esperienze o idee (positive o negative).
3.  Menzioni due o tre luoghi significativi *(meaningful)* per le sue esperienze e dica come si sentiva lei in quei luoghi e perché.

# Ripasso: Lezioni 21ª & 22ª

In this section you will review the following: Preterit (Exercise A); Prepositions followed by infinitives (Exercise B); Vocabulary and expressions (Exercise C)

**A.** Riscrivere questa storia, trasferendo l'azione al passato remoto. [*Preterit*]

▶ Io e Marco andiamo al cinema.   *Io e Marco andammo al cinema.*

1. Vediamo un bel film di avventure.
2. Nel cinema incontro la mia amica Laura.
3. Laura mi saluta.
4. Io la presento a Marco.
5. Quando usciamo dal cinema, prendiamo un caffè insieme.
6. Poi Laura prende la metropolitana per tornare a casa.

**B.** Completare le frasi della colonna A con un infinito della colonna B, usando la preposizione corretta. [*Prepositions followed by infinitives*]

| A | B |
|---|---|
| 1. Suggeriamo a Marta | studiare il russo |
| 2. Cominciamo | guardare il film |
| 3. Si mettono | vendere la macchina |
| 4. Mi permetti | ballare |
| 5. Tina si preoccupa | finire il lavoro |
| 6. Non riesco | giocare a pallone |
| 7. Non ti dimenticare | studiare troppo |
| 8. Imparano | portare l'ombrello |

**C.** Trascrivere in italiano la seguente lettera, usando il passato remoto, il **si** impersonale e la voce passiva dove possibile. [*Vocabulary and expressions*]

Dear Pierino,

Last month, Carla, Roberto, and I went to the Scala di Milano where they presented the "Barbiere di Siviglia," which was written by Gioacchino Rossini. They say that Rossini wrote the music in a few weeks. It was an unforgettable evening. Many tickets were sold and you could see *(imperfect)* people from all parts of Europe. You could even hear many languages spoken. The costumes were designed by Gucci and they were beautiful. The orchestra was conducted by Alessandro Biasi and you could hear the violins above the other instruments.

After the opera we went to Francesca's where a large party was prepared by her mother. You could choose pasta, cheese, fruit, or dessert. Everyone enjoyed the party.

I'll write again soon. Regards,

Paola

# Appendices

## A. English equivalents of dialogues

The English equivalents (not literal translations) of the core material in *Lezione 1ª* to *Lezione 4ª* are provided in this appendix for out-of-class reference.

### Lezione 1ª

#### Monologue 1

My name is Emilio Valle.
I'm Italian and I'm twenty years old.
I'm from Pisa and I'm a student.
I go to the University of Bologna.
I am studying medicine.

#### Monologue 2

My name is Julia Campo.
I'm Italian, too.
I'm a high school student.
I go to the "liceo scientifico."
I'm from Bari and I'm eighteen.

### Lezione 2ª

#### Monologue 1

I'm Raffaele Renzi.
I'm thirty-seven years old.
I'm married and I have a son.
I have a degree in math.
I teach computer science at the University of Rome.
I live with my wife and son in a small town outside
  of Rome.

#### Monologue 2

My name is Lisa Renzi Melani.
I'm Raffaele's sister.
I'm thirty-three.
I'm also married, but I don't have children.
I'm an architect and I work with my husband.
I live in an apartment in downtown Rome.

### Lezione 3ª

#### What are you up to?

Piero Salvatori wants to call Gina Bellini. He goes into the "Savoia" bar where there is a public phone and buys a token. Then he goes to the phone and dials the number. Fulvia, Gina's little sister, answers [the phone].

| | |
|---|---|
| **Fulvia** | Hello? |
| **Piero** | Hi, Fulvia. It's Piero. Is Gina there? |
| **Fulvia** | Yes, but she's busy. |
| **Gina** | Fulvia, is it for me? |
| **Fulvia** | Yes, it's that boring Piero. |
| **Gina** | Don't be fresh. Give me the phone! |

\* \* \*

| | |
|---|---|
| **Gina** | Hello, Piero, how are you? |
| **Piero** | So-so. Listen, what are you up to today? |
| **Gina** | Nothing special. Why? |

| Piero | Do you feel like going out for ice cream? There's a great ice cream parlor on Dante Street near the park. |
|---|---|
| Gina | Ice cream, now? What time is it? |
| Piero | It's 4:20. |
| Gina | I like the idea, but I have to study until six. I have a history test tomorrow. |
| Piero | Well then, I'll pick you up around 6:30, O.K.? |
| Gina | O.K. See you later! |

## Lezione 4ª

### What would you like to order?

It's Tuesday afternoon. Enzo Genovesi and Bettina Lombardi are at an outdoor café. They want to order something to eat and drink, but the waiter doesn't come to their table right away. After a long wait, Enzo loses his patience and calls the waiter.

| Enzo | Waiter, we've been here for a long time. Do you want to serve us or not? |
|---|---|
| Waiter | Yes, have a little patience. It's impossible to serve everyone at the same time. . . . What would you like to order? |
| Bettina | Iced tea and a tuna sandwich, please. |
| Waiter | And you, sir? |
| Enzo | A Coke and a ham sandwich, thank you. |
| Waiter | O.K., just a minute. |

\* \* \*

| Enzo | So, what are you doing Thursday night, Bettina? Are you free? |
|---|---|
| Bettina | I think so. Why? |
| Enzo | I have two tickets for the *Teatro tenda*. Would you like to come with me? |
| Bettina | Sure. What's playing? |
| Enzo | Music and folk dances from Sardinia. |
| Bettina | Great, I like Sardinian music a lot. |
| Enzo | Ah, the waiter is finally here. |
| Waiter | Your cappuccinos. |
| Enzo | (But) what cappuccinos? We wanted iced tea, a Coke, a ham sandwich, and a tuna sandwich. |
| Waiter | I'm sorry, sir. There's a little mix-up. I'll be back in a minute. |
| Enzo | Let's hope so. |

# B. Spelling/sound correspondences

| Ortografia | | Suono | Esempi |
|---|---|---|---|
| a | | /a/ | casa |
| b | | /b/ | bicicletta |
| c | before **a, o,** and **u** | /k/ | amica, amico, culturale |
| | before **e** and **i** | /č/ | cento, ciao |
| | **ch** before **e** and **i** | /k/ | che, chi |
| d | | /d/ | dieci |
| e | | /e/ | bene |
| f | | /f/ | favore |
| g | before **a, o,** and **u** | /g/ | larga, governo, guidare |
| | before **e** and **i** | /g/ | gelato, gita |
| | **gh** before **e** and **i** | /ǧ/ | lunghe, dialoghi |
| | **gli** before **e** and **i** | /ʎ/ | luglio |
| | **gn** | /ŋ/ | signora |
| h | | *silent* | ho |
| i | | /i/ | idea |
| l | | /l/ | lettera |
| m | | /m/ | mano |

| | | | |
|---|---|---|---|
| n | | /n/ | **n**ome |
| o | | /o/ | p**o**co |
| p | | /p/ | **p**ratica |
| q | always in combination with **u** | /kw/ | **qu**i |
| r | | /r/ | **r**adio |
| s | at the beginning of a word | /s/ | **s**ignore |
| | **ss** between vowels | /s/ | cla**ss**e |
| | **s** between vowels | /z/ | ro**s**a, co**s**ì |
| | **s** before **b, d, g, l, m, n, r, v** | /z/ | **s**bagliato, **s**doppiare, **s**veglia |
| | **sc** before **a, o,** and **u** | /sk/ | **sc**arpa, e**sc**o, **sc**usa |
| | **sc** before **e** and **i** | /ʃ/ | **sc**ientifico, cono**sc**ere |
| | **sch** before **e** and **i** | /sk/ | fre**sch**e, fre**sch**i |
| t | | /t/ | **t**elefono |
| u | | /u/ | **u**no |
| v | | /v/ | **v**enire |
| z | | /ts/ | **z**io, pia**zz**a |
| | | /ds/ | **z**ero, a**zz**uro |

*Notes:* 1. When a consonant is doubled, the sound is lengthened (held) slightly in speech.
2. The letters **j, k, w, x,** and **y** occur only in foreign words.

# C. *Avere and essere*

| Present | Imperfect | Future | Conditional | Preterit | Present Subj. | Imperfect Subj. | Commands |
|---|---|---|---|---|---|---|---|
| *Avere* | | | | | | | |
| ho | avevo | avrò | avrei | ebbi | abbia | avessi | abbi |
| hai | avevi | avrai | avresti | avesti | abbia | avessi | abbiate |
| ha | aveva | avrà | avrebbe | ebbe | abbia | avesse | abbia |
| abbiamo | avevamo | avremo | avremmo | avemmo | abbiamo | avessimo | abbiano |
| avete | avevate | avrete | avreste | aveste | abbiate | aveste | abbiamo |
| hanno | avevano | avranno | avrebbero | ebbero | abbiano | avessero | |

*Past participle:* avuto
*Present perfect:* ho avuto, hai avuto, ha avuto, abbiamo avuto, avetc avuto, hanno avuto

| Present | Imperfect | Future | Conditional | Preterit | Present Subj. | Imperfect Subj. | Commands |
|---|---|---|---|---|---|---|---|
| *Essere* | | | | | | | |
| sono | ero | sarò | sarei | fui | sia | fossi | sii |
| sei | eri | sarai | saresti | fosti | sia | fossi | siate |
| è | era | sarà | sarebbe | fu | sia | fosse | sia |
| siamo | eravamo | saremo | saremmo | fummo | siamo | fossimo | siano |
| siete | eravate | sarete | sareste | foste | siate | foste | siamo |
| sono | erano | saranno | sarebbero | furono | siano | fossero | |

*Past participle:* stato
*Present perfect:* sono stato/a, sei stato/a, è stato/a, siamo stati/e, siete stati/e, sono stati/e

## D. Regular verbs: simple tenses and compound tenses with *avere* and *essere*

| | Verbi in **-are**<br>compr**are** | entr**are** | Verbi in **-ere**<br>vend**ere** | Verbi in **-ire**<br>dorm**ire** | Verbi in **-ire (isc)**<br>fin**ire** |
|---|---|---|---|---|---|
| *Indicative*<br>*Present* | compr**o**<br>**i**<br>**a**<br>**iamo**<br>**ate**<br>**ano** | entr**o**<br>**i**<br>**a**<br>**iamo**<br>**ate**<br>**ano** | vend**o**<br>**i**<br>**e**<br>**iamo**<br>**ete**<br>**ono** | dorm**o**<br>**i**<br>**e**<br>**iamo**<br>**ite**<br>**ono** | fin**isco**<br>**isci**<br>**isce**<br>**iamo**<br>**ite**<br>**iscono** |
| *Imperfect* | compr**avo**<br>**avi**<br>**ava**<br>**avamo**<br>**avate**<br>**avano** | entr**avo**<br>**avi**<br>**ava**<br>**avamo**<br>**avate**<br>**avano** | vend**evo**<br>**evi**<br>**eva**<br>**evamo**<br>**evate**<br>**evano** | dorm**ivo**<br>**ivi**<br>**iva**<br>**ivamo**<br>**ivate**<br>**ivano** | fin**ivo**<br>**ivi**<br>**iva**<br>**ivamo**<br>**ivate**<br>**ivano** |
| *Future* | compr**erò**<br>**erai**<br>**erà**<br>**eremo**<br>**erete**<br>**eranno** | entr**erò**<br>**erai**<br>**erà**<br>**eremo**<br>**erete**<br>**eranno** | vend**erò**<br>**erai**<br>**erà**<br>**eremo**<br>**erete**<br>**eranno** | dorm**irò**<br>**irai**<br>**irà**<br>**iremo**<br>**irete**<br>**iranno** | fin**irò**<br>**irai**<br>**irà**<br>**iremo**<br>**irete**<br>**iranno** |
| *Preterit* | compr**ai**<br>**asti**<br>**ò**<br>**ammo**<br>**aste**<br>**arono** | entr**ai**<br>**asti**<br>**ò**<br>**ammo**<br>**aste**<br>**arono** | vend**ei**<br>**esti**<br>**è**<br>**emmo**<br>**este**<br>**erono** | dorm**ii**<br>**isti**<br>**ì**<br>**immo**<br>**iste**<br>**irono** | fin**ii**<br>**isti**<br>**ì**<br>**immo**<br>**iste**<br>**irono** |
| *Present*<br>*perfect* | ho compr**ato**<br>hai<br>ha<br>abbiamo<br>avete<br>hanno | sono entr**ato/a**<br>sei<br>è<br>siamo entr**ati/e**<br>siete<br>sono | ho vend**uto**<br>hai<br>ha<br>abbiamo<br>avete<br>hanno | ho dorm**ito**<br>hai<br>ha<br>abbiamo<br>avete<br>hanno | ho fin**ito**<br>hai<br>ha<br>abbiamo<br>avete<br>hanno |
| *Pluperfect* | avevo compr**ato**<br>avevi<br>aveva<br>avevamo<br>avevate<br>avevano | ero entr**ato/a**<br>eri<br>era<br>eravamo entr**ati/e**<br>eravate<br>erano | avevo vend**uto**<br>avevi<br>aveva<br>avevamo<br>avevate<br>avevano | avevo dorm**ito**<br>avevi<br>aveva<br>avevamo<br>avevate<br>avevano | avevo fin**ito**<br>avevi<br>aveva<br>avevamo<br>avevate<br>avevano |
| *Commands* | compr**a**<br>**ate**<br>**i**<br>**ino**<br>**iamo** | entr**a**<br>**ate**<br>**i**<br>**ino**<br>**iamo** | vend**i**<br>**ete**<br>**a**<br>**ano**<br>**iamo** | dorm**i**<br>**ite**<br>**a**<br>**ano**<br>**iamo** | fin**isci**<br>**ite**<br>**isca**<br>**iscano**<br>**iamo** |

| | | | | | |
|---|---|---|---|---|---|
| *Conditional* *Present* | comprerei | entrerei | venderei | dormirei | finirei |
| | eresti | eresti | eresti | iresti | iresti |
| | erebbe | erebbe | erebbe | irebbe | irebbe |
| | eremmo | eremmo | eremmo | iremmo | iremmo |
| | ereste | ereste | ereste | ireste | ireste |
| | erebbero | erebbero | erebbero | irebbero | irebbero |
| *Subjunctive* *Present* | compri | entri | venda | dorma | finisca |
| | i | i | a | a | isca |
| | i | i | a | a | isca |
| | iamo | iamo | iamo | iamo | iamo |
| | iate | iate | iate | iate | iate |
| | ino | ino | ano | ano | iscano |
| *Imperfect* | comprassi | entrassi | vendessi | dormissi | finissi |
| | assi | assi | essi | issi | issi |
| | asse | asse | esse | isse | isse |
| | assimo | assimo | essimo | issimo | issimo |
| | aste | aste | este | iste | iste |
| | assero | assero | essero | issero | issero |
| *Past* *Participle* | comprato | entrato | venduto | dormito | finito |

# E. Verbs conjugated with *essere*

**andare**  to go
**arrivare**  to arrive
**cadere**  to fall
**costare**  to cost
**diminuire**  to diminish, decrease
**dispiacere**  to mind, to be sorry
**diventare**  to become
**entrare**  to enter
**essere (stato)**  to be
**mancare**  to lack
**morire (morto)**  to die
**nascere (nato)**  to be born
**partire**  to depart

**piacere**  to like
**restare**  to remain
**rimanere (rimasto)**  to remain
**ritornare**  to return
**riuscire**  to succeed
**salire**★  to climb up
**sembrare**  to seem
**scendere (sceso)**  to go down, get off
**stare**  to be
**succedere (successo)**  to happen
**tornare**  to return
**uscire**  to go out
**venire (venuto)**  to come

★Conjugated with **avere** when used with a direct object

In addition to the verbs listed above, all reflexive verbs are conjugated with **essere**.
For example:

**lavarsi**  to wash oneself
  mi sono lavato/a, ti sei lavato/a, si è lavato/a, ci siamo lavati/e, vi siete
  lavati/e, si sono lavati/e

## F. Verbs with irregular past participles

**accendere (acceso)** to turn on
**affiggere (affisso)** to post
**aggiungere (aggiunto)** to add
**apparire (apparso)** to appear
**appendere (appeso)** to hang
**apprendere (appreso)** to learn
**aprire (aperto)** to open
**assumere (assunto)** to hire
**bere (bevuto)** to drink
**chiedere (chiesto)** to ask
**chiudere (chiuso)** to close
**cogliere (colto)** to gather
**comprendere (compreso)** to understand
**concludere (concluso)** to conclude
**conoscere (conosciuto)** to know
**convincere (convinto)** to convince
**coprire (coperto)** to cover
**correre (corso)** to run
**correggere (corretto)** to correct
**cuocere (cotto)** to cook
**desidere (deciso)** to decide
**dire (detto)** to say
**discutere (discusso)** to discuss
**eleggere (eletto)** to elect
**esprimere (espresso)** to express
**essere (stato)** to be
**fare (fatto)** to do, to make
**indire (indetto)** to call
**interrompere (interrotto)** to interrupt
**leggere (letto)** to read
**mettere (messo)** to put
**morire (morto)** to die
**muovere (mosso)** to move
**nascere (nato)** to be born
**nascondere (nascosto)** to hide

**offrire (offerto)** to offer
**perdere (perso** or **perduto)** to lose
**permettere (permesso)** to permit
**porre (posto)** to place
**prendere (preso)** to take
**prevedere (previsto)** to expect, foresee
**promettere (promesso)** to promise
**promuovere (promosso)** to promote
**proporre (proposto)** to propose
**proteggere (protetto)** to protect
**raggiungere (raggiunto)** to arrive, reach
**rendere (reso)** to render
**richiedere (richiesto)** to require, seek
**ridere (riso)** to laugh
**ridurre (ridotto)** to reduce
**rimanere (rimasto)** to remain
**riprendere (ripreso)** to start again
**risolvere (risolto)** to resolve
**rispondere (risposto)** to answer
**rompere (rotto)** to break
**scegliere (scelto)** to select
**scendere (sceso)** to go down, get off
**scomparire (scomparso)** to disappear
**scrivere (scritto)** to write
**soffrire (sofferto)** to suffer
**sorridere (sorriso)** to smile
**spegnere (spento)** to turn off
**spendere (speso)** to spend
**succedere (successo)** to happen
**togliere (tolto)** to remove
**trarre (tratto)** to draw
**trasmettere (trasmesso)** to transmit
**vedere (visto** or **veduto)** to see
**venire (venuto)** to come
**vincere (vinto)** to win

## G. Irregular verbs

The verbs in this section are irregular in the following tenses only.

**accendere** to turn on

*Preterit:*    accesi, accendesti, accese, accendemmo, accendeste, accesero

**affiggere** to post

*Preterit:*    affissi, affiggesti, affisse, affiggemmo, affiggeste, affissero

**andare** to go

| | |
|---|---|
| *Pres. Ind.:* | vado, vai, va, andiamo, andate, vanno |
| *Future:* | andrò, andrai, andrà, andremo, andrete, andranno |
| *Commands:* | va', andate, vada, vadano, andiamo |
| *Conditional:* | andrei, andresti, andrebbe, andremmo, andreste, andrebbero |
| *Pres. Subj.:* | vada, vada, vada, andiamo, andiate, vadano |

**apprendere** to learn (*compound of* **prendere**)

**assumere** to hire
*Preterit:* assunsi, assumesti, assunse, assumemmo, assumeste , assunsero

**bere** to drink
*Pres. Ind.:* bevo, bevi, beve, beviamo, bevete, bevono
*Imperfect:* bevevo, bevevi, beveva, bevevamo, bevevate, bevevano
*Future:* berrò, berrai, berrà, berremo, berrete, berrano
*Preterit:* bevvi, bevesti, bevve, bevemmo, beveste, bevvero
*Commands:* bevi, bevete, beva, bevano, beviamo
*Conditional:* berrei, berresti, berrebbe, berremmo, berreste, berrebbero
*Pres. Subj.:* beva, beva, beva, beviamo, beviate, bevano
*Imp. Subj.:* bevessi, bevessi, bevesse, bevessimo, beveste, bevessero

**cadere** to fall
*Future:* cadrò, cadrai, cadrà, etc.
*Preterit:* caddi, cadesti, cadde, cademmo, cadeste, caddero
*Conditional:* cadrei, cadresti, cadrebbe, etc.

**chiedere** to ask for
*Preterit:* chiesi, chiedesti, chiese, chiedemmo, chiedeste, chiesero

**chiudere** to close
*Preterit:* chiusi, chiudesti, chiuse, chiudemmo, chiudeste, chiusero

**comprendere** to understand (*compound of* **prendere**)

**concludere** to conclude
*Preterit:* conclusi, concludesti, concluse, concludemmo, concludeste, conclusero

**conoscere** to know
*Preterit:* conobbi, conoscesti, conobbe, conoscemmo, conosceste, conobbero

**convincere** to convince (*compound of* **vincere**)

**dare** to give
*Pres. Ind.:* do, dai, dà, diamo, date, danno
*Preterit:* detti (diedi), desti, dette (diede), demmo, deste, dettero (diedero)
*Commands:* da', date, dia, diano, diamo
*Pres. Subj.:* dia, dia, dia, diamo, diate, diano
*Imp. Subj.:* dessi, dessi, desse, dessimo, deste, dessero

**decidere** to decide
*Preterit:* decisi, decidesti, decise, decidemmo, decideste, decisero

**dire** to say, tell
*Pres. Ind.:* dico, dici, dice, diciamo, dite, dicono
*Imperfect:* dicevo, dicevi, diceva, etc.
*Preterit:* dissi, dicesti, disse, dicemmo, diceste, dissero
*Commands:* di', dite, dica, dicano, diciamo
*Pres. Subj.:* dica, dica, dica, diciamo, diciate, dicano
*Imp. Subj.:* dicessi, dicessi, dicesse, etc.

**discutere** to discuss
*Preterit:* discussi, discutesti, discusse, discutemmo, discuteste, discussero

**dovere** to have to, must
*Pres. Ind.:* devo, devi, deve, dobbiamo, dovete, devono
*Future:* dovrò, dovrai, dovrà, etc.
*Conditional:* dovrei, dovresti, dovrebbe, etc.
*Pres. Subj.:* debba, debba, debba, dobbiamo, dobbiate, debbano

**eleggere** to elect
*Preterit:* elessi, eleggesti, elesse, eleggemmo, eleggeste, elessero

**esprimere** to express
*Preterit:* espressi, esprimesti, espresse, esprimemmo, esprimeste, espressero

**fare** to do, make
*Pres. Ind.:* faccio, fai, fa, facciamo, fate, fanno
*Imperfect:* facevo, facevi, faceva, etc.
*Preterit:* feci, facesti, fece, facemmo, faceste, fecero
*Commands:* fa', fate, faccia, facciano, facciamo
*Pres. Subj.:* faccia, faccia, faccia, facciamo, facciate, facciano
*Imp. Subj.:* facessi, facessi, facesse, etc.

**indire**   to call (*compound of* **dire**)

**interrompere**   to interrupt

| | |
|---|---|
| *Preterit:* | interruppi, interrompesti, interruppe, interrompemmo, interrompeste, interruppero |

**leggere**   to read

| | |
|---|---|
| *Preterit:* | lessi, leggesti, lesse, leggemmo, leggeste, lessero |

**mettere**   to place

| | |
|---|---|
| *Preterit:* | misi, mettesti, mise, mettemmo, metteste, misero |

**morire**   to die

| | |
|---|---|
| *Pres. Ind.:* | muoio, muori, muore, moriamo, morite, muoiono |
| *Future:* | morrò, morrai, morrà, etc. |
| *Pres. Subj.:* | muoia, muoia, muoia, moriamo, moriate, muoiano |

**nascere**   to be born

| | |
|---|---|
| *Preterit:* | nacqui, nascesti, nacque, nascemmo, nasceste, nacquero |

**nascondere**   to hide

| | |
|---|---|
| *Preterit:* | nascosi, nascondesti, nascose, nascondemmo, nascondeste, nascosero |

**ottenere**   to obtain (*compound of* **tenere**)

**permettere**   to permit (*compound of* **mettere**)

**potere**   to be able

| | |
|---|---|
| *Pres. Ind.:* | posso, puoi, può, possiamo, potete, possono |
| *Future:* | potrò, potrai, potrà, etc. |
| *Conditional:* | potrei, potresti, potrebbe, etc. |
| *Pres. Subj.:* | possa, possa, possa, possiamo, possiate, possano |

**prendere**   to take

| | |
|---|---|
| *Preterit:* | presi, prendesti, prese, prendemmo, prendeste, presero |

**prevedere**   to foresee (*compound of* **vedere**)

**promettere**   to promise (*compound of* **mettere**)

**promuovere**   to promote

| | |
|---|---|
| *Preterit:* | promossi, promovesti, promosse, promovemmo, promoveste, promossero |

**raggiungere**   to reach

| | |
|---|---|
| *Preterit:* | raggiunsi, raggiungesti, raggiunse, raggiungemmo, raggiungeste, raggiunsero |

**richiedere**   to require, seek (*compound of* **chiedere**)

**ridere**   to laugh

| | |
|---|---|
| *Preterit:* | risi, ridesti, rise, ridemmo, rideste, risero |

**ridurre**   to reduce

| | |
|---|---|
| *Pres. Ind.:* | riduco, riduci, riduce, riduciamo, riducete, riducono |
| *Future:* | ridurrò, ridurrai, ridurrà, etc. |
| *Preterit:* | ridussi, riducesti, ridusse, riducemmo, riduceste, ridussero |
| *Conditional:* | ridurrei, ridurresti, ridurrebbe, etc. |
| *Pres. Subj.:* | riduca, riduca, riduca, riduciamo, riduciate, riducano |

**rimanere**   to remain

| | |
|---|---|
| *Pres. Ind.:* | rimango, rimani, rimane, rimaniamo, rimanete, rimangono |
| *Future:* | rimarrò, rimarrai, rimarrà, etc. |
| *Preterit:* | rimasi, rimanesti, rimase, rimanemmo, rimaneste, rimasero |
| *Commands:* | rimani, rimanete, rimanga, rimangano, rimaniamo |
| *Conditional:* | rimarrei, rimarresti, rimarrebbe, etc. |
| *Pres. Subj.:* | rimanga, rimanga, rimanga, rimaniamo, rimaniate, rimangano |

**riprendere**   to start again (*compound of* **prendere**)

**rispondere**   to answer

| | |
|---|---|
| *Preterit:* | risposi, rispondesti, rispose, rispondemmo, rispondeste, risposero |

**salire**   to go up

| | |
|---|---|
| *Pres. Ind.:* | salgo, sali, sale, saliamo, salite, salgono |
| *Pres. Subj.:* | salga, salga, salga, saliamo, saliate, salgano |

**sapere**   to know

| | |
|---|---|
| *Pres. Ind.:* | so, sai, sa, sappiamo, sapete, sanno |
| *Future:* | saprò, saprai, saprà, etc. |
| *Preterit:* | seppi, sapesti, seppe, sapemmo, sapeste, seppero |
| *Commands:* | sappi, sappiate, sappia, sappiano, sappiamo |
| *Conditional:* | saprei, sapresti, saprebbe, etc. |

*Pres. Subj.:*    sappia, sappia, sappia, sappiamo, sappiate, sappiano

**scegliere**   to choose

*Pres. Ind.:*    scelgo, scegli, sceglie, scegliamo, scegliete, scelgono
*Preterit:*    scelsi, scegliesti, scelse, scegliemmo, sceglieste, scelsero
*Commands:*    scegli, scegliete, scelga, scelgano, scegliamo
*Pres. Subj.:*    scelga, scelga, scelga, scegliamo, scegliate, scelgano

**scendere**   to go down, get off

*Preterit:*    scesi, scendesti, scese, scendemmo, scendeste, scesero

**scrivere**   to write

*Preterit:*    scrissi, scrivesti, scrisse, scrivemmo, scriveste, scrissero

**sedere**   to sit

*Pres. Ind.:*    siedo, siedi, siede, sediamo, sedete, siedono
*Commands:*    siedi, sedete, sieda, siedano, sediamo
*Pres. Subj.:*    sieda, sieda, sieda, sediamo, sediate, siedano

**sorridere**   to smile

*Preterit:*    sorrisi, sorridesti, sorrise, sorridemmo, sorrideste, sorrisero

**spegnere**   to turn off

*Preterit:*    spensi, spegnesti, spense, spegnemmo, spegneste, spensero

**stare**   to be

*Preterit:*    stetti, stesti, stette, stemmo, steste, stettero
*Commands:*    sta', state, stia, stiano, stiamo
*Pres. Subj.:*    stia, stia, stia, stiamo, stiate, stiano
*Imp. Subj.:*    stessi, stessi, stesse, stessimo, steste, stessero

**tenere**   to keep

*Pres. Ind.:*    tengo, tieni, tiene, teniamo, tenete, tengono
*Future:*    terrò, terrai, terrà, etc.
*Preterit:*    tenni, tenesti, tenne, tenemmo, teneste, tennero
*Commands:*    tieni, tenete, tenga, tengano, teniamo

*Conditional:*    terrei, terresti, terrebbe, etc.
*Pres. Subj.:*    tenga, tenga, tenga, teniamo, teniate, tengano

**trasmettere**   to transmit (*compound of* **mettere**)

**uscire**   to go out

*Pres. Ind.:*    esco, esci, esce, usciamo, uscite, escono
*Commands:*    esci, uscite, esca, escano, usciamo
*Pres. Subj.:*    esca, esca, esca, usciamo, usciate, escano

**vedere**   to see

*Future:*    vedrò, vedrai, vedrà, etc.
*Preterit:*    vidi, vedesti, vide, vedemmo, vedeste, videro
*Conditional:*    vedrei, vedresti, vedrebbe, etc.

**venire**   to come

*Pres. Ind.:*    vengo, vieni, viene, veniamo, venite, vengono
*Future:*    verrò, verrai, verrà, etc.
*Preterit:*    venni, venisti, venne, venimmo, veniste, vennero
*Commands:*    vieni, venite, venga, vengano, veniamo
*Conditional:*    verrei, verresti, verrebbe, etc.
*Pres. Subj.:*    venga, venga, venga, veniamo, veniate, vengano

**vincere**   to win

*Preterit:*    vinsi, vincesti, vinse, vincemmo, vinceste, vinsero

**vivere**   to live

*Future:*    vivrò, vivrai, vivrà, etc.
*Preterit:*    vissi, vivesti, visse, vivemmo, viveste, vissero
*Conditional:*    vivrei, vivresti, vivrebbe, etc.

**volere**   to want

*Pres. Ind.:*    voglio, vuoi, vuole, vogliamo, volete, vogliono
*Future:*    vorrò, vorrai, vorrà, etc.
*Preterit:*    volli, volesti, volle, volemmo, voleste, vollero
*Conditional:*    vorrei, vorresti, vorrebbe, etc.
*Pres. Subj.:*    voglia, voglia, voglia, vogliamo, vogliate, vogliano

# Italian-English Vocabulary

The Italian-English vocabulary contains most of the basic words and expressions included in the lessons, and many non-guessable words and expressions that appear in the photo and line art captions, proverbs, headings, and supplementary readings. A number after an active vocabulary entry refers to the lesson where the word first appears; the letters "LP" refer to the Lezione Preliminare. Meanings are limited to how they are used in the context of the book.

Stress is indicated with a dot under the stressed letter of the main entry when it does not fall on the next-to-last syllable. A tilde (~) is used to indicate repetition of a main entry; for example **d'~** under **accordo** means **d'accordo.** A degree mark (°) indicates that a verb is irregular and can be found in the irregular verb listing in Appendix G. A preposition in parentheses indicates that the verb takes this preposition before an infinitive; for example **aderire (a)** means that **aderire** needs **a** before an infinitive.

The following abbreviations are used:

*m.* = masculine    *pl.* = plural
*f.* = feminine    *p.p.* = past participle
*adj.* = adjective

**a** *(frequently* **ad** *before a vowel)* at, to 1
**abbassare** to lower 16
**abbastanza** enough; ~ **bene** quite well LP
**abbinare** to match
**abbracciare** to hug 9
**abitabile** inhabitable
**abitante** inhabitant
**abitare** to live 2
**abito** suit, habit
**acceleratore** *m.* accelerator
**accendere°**, *p.p.* **acceso** to turn on 16
**accettabile** acceptable 21
**accettato/a** accepted 22
**accompagnare** to accompany 8
**accontentarsi** to be content 14

**accordo: d'~** agreed, O.K. 3
**accorgersi** to realize, notice 19
**acqua (minerale)** (mineral) water 4
**acquaforte** *m.* etching 19
**acquistare** to purchase, buy 12
**acquisto** purchase 6
**adatto/a** right 14
**addio** good-by
**addirittura** even 18
**addormentarsi** to fall asleep 7
**adeguato/a** adequate 18
**aderire (a)** to take part in, support 21
**adesso** now 3
**aereo** plane 15; **andare° in** ~ to go by plane 15

**affacciarsi alla finestra** to lean out of the window
**affascinante** enchanting, fascinating
**affatto: non ... ~** not at all 9
**affettuosamente** affectionately 9
**affiggere°**, *p.p.* **affisso** to post 20
**affinché** so that, in order that 17
**affittare** to rent 14
**affrettarsi** to hurry 12
**afoso/a** sultry, muggy 9
**agente** *m. or f.* agent 15
**agenzia: ~ di consulenza** employment agency 18; ~ **di viaggi** travel agency 8

**aggiungere**  to add
**aggiustare**  to fix 6
**agnello**  lamb 13
**agosto**  August 6
**aiuola**  flower bed
**aiutare (a)**  to help 13; **aiutarsi**  to help each other 7
**aiuto**  help, aid 16
**albanese**  Albanian
**albergo**  hotel 3
**albicocca**  apricot 7
**alcuno/a**  some 16
**alimentari** *pl.*  food products 7
**alimento**  food
**allegramente**  gaily, happily 13
**allegria**  joy 5
**allegro/a**  happy 5
**alloggiare**  to lodge, stay 14
**allora**  well, then 3
**almeno**  at least 16
**alpinismo**  mountain climbing 12
**alto/a**  high, tall 5
**altoparlante** *m.*  loudspeaker 20
**altrimenti**  otherwise
**altro ieri**  day before yesterday 6
**altro/a**  other, another 7
**altrove**  everywhere else 22
**alzare**  to raise 16; **alzarsi**  to get up 7
**amarsi**  to love each other 7
**ambasciatore** *m.*  ambassador 20
**ambiente** *m.*  environment 20
**americano/a**  American 1
**amica** *(female)*  friend 1
**amico** *(male)*  friend 1
**ammobiliato/a**  furnished 14
**amore** *m.*  love 1
**ampliamento**  enrichment
**ampliato/a**  extended
**ananas** *m.*  pineapple 7
**anche**  also, too 1; **anch'io**  I, too 1
**ancora**  still 7; ~ **una volta**  once again 21; **non ... ~**  not yet 9
**andare° (a)**  to go 3; ~ **in giro**  to go around; ~ **via**  to leave, go away 10; **va bene?**  O.K.? is that all right? 3

**aneddoto**  anecdote
**angolo**  corner
**animale** *m.*  animal 22
**anno**  year 1; **avere ... anni**  to be ... years old 1; **Buon ~!**  Happy New Year!
**annunciatore** *m.*  *(male)* news reporter on TV and radio 16
**annunciatrice** *f.*  *(female)* news reporter on TV and radio 16
**annuncio**  ad(vertisement) 14
**ansia: con ~**  anxiously 20
**anticipo: essere in ~**  to be early LP
**antico/a** *(pl.* **antichi/e)**  old, ancient 9
**antipasto**  hors d'oeuvre 13
**antipatico**  unpleasant 5
**antologia**  anthology 19
**antropologia**  anthropology 2
**anziano/a**  old 5; older person
**aperto: all'~**  outdoors, in the open air 4
**apparecchiare la tavola**  to set the table 13
**appartamento**  apartment 2; **appartamentino**  small apartment 14
**appartenere**  to belong
**appena**  as soon as 11
**appetito: Buon ~!**  Enjoy your meal!
**apprendere°,** *p.p.* **appreso**  to learn 21
**apprezzare**  to appreciate 18
**approvare**  to approve 16
**appunto**  note
**aprile**  April 6
**aprire,** *p.p.* **aperto**  to open 4
**apriscatole** *m.*  can opener 19
**aragosta**  lobster 13
**arancia**  orange (fruit) 7
**aranciata**  orange soda 3
**arancione**  *(invariable)* orange (color) 10
**arbitro**  referee 12
**architetto**  architect 2
**architettura**  architecture 2
**arcobaleno**  rainbow 19
**aria**  air 22
**armadio**  armoire, wardrobe 14
**arpa**  harp 17

**arrangiarsi**  to manage 21
**arrivare**  to arrive 3
**arrivederci**  good-by *(informal)* LP
**arrivederla**  good-by *(formal)* LP
**arrivo**  arrival 19
**arrosto**  roast
**arte** *f.*  art 2
**articoli** *(pl.)* **di abbigliamento**  clothing 10
**artigianale**  handicrafts *adj.*
**asciugacapelli** *m.*  hair dryer 11
**asciugamano**  towel 11
**asciugarsi le mani (la faccia)**  to dry one's hands (face) 11
**asciugatrice** *f.*  clothes dryer 14
**ascoltare**  to listen (to) 3
**ascoltatore** *m. or f.*  listener 16
**ascolto**  listening 18
**asparagi** *pl.*  asparagus 7
**aspettare**  to wait (for), watch 3; **aspetta un minuto**  wait a minute 6
**aspirapolvere** *m.*  vacuum cleaner 14
**assai**  very 15
**assicurativo/a**  insurance 18
**assolutamente**  absolutely 8
**assordante**  deafening
**assorto/a**  absorbed 19
**assumere°**  to hire 18; ~ **il ruolo**  to take the part
**atmosfera**  atmosphere 5
**attaccamento**  attachment
**attenuare**  to lessen 21
**attenzione!**  attention! 16; careful
**attesa**  waiting 15
**attività**  activity 8
**atto**  act 17
**attore** *m.*  actor 15
**attraversare**  to cross
**attraverso**  across, through
**attrice** *f.*  actress 15
**attuale**  present 18
**attualità**  update
**audace**  bold, daring 5
**augurarsi**  to hope 22
**auguri!** *pl.*  best wishes! 13; **tanti ~!**  lots of good wishes! 13
**aula**  classroom 18

**aumento** increase
**autobus** *m.* bus 8; **andare° in ~** to go by bus 15
**autocarro** truck 15
**auto(mobile)** *f.* automobile 15
**automobilistico/a** automotive 15
**autonomo/a** autonomous 14
**autorità** authority 21
**autostrada** superhighway
**autunnale** autumn 6
**autunno** autumn 6; **in pieno ~** in the middle of autumn 9
**avanti** forward, ahead 15
**avere°** to have, to possess (something) 1; **~ ... anni** to be ... years old 1; **~ bisogno di** to need 2; **~ caldo** to be warm 2; **~ da fare** to be busy 8; **~ fame** to be hungry 2; **~ fortuna** to be lucky 2; **~ freddo** to be cold 2; **~ fretta** to be in a hurry 2; **~ il raffreddore** to have a cold; **~ in mente** to have in mind 14; **~ luogo** to take place 10; **~ paura di** to be afraid of 2; **~ ragione** to be right 2; **~ senso** to make sense 20; **~ sete** to be thirsty 2; **~ sonno** to be sleepy 2; **~ torto** to be wrong 2; **~ voglia di** to feel like (doing something) 2; **non ne ho molta voglia** I don't feel much like it 17
**avvenimento** event 10
**avvicinare** to approach
**avvocato** lawyer 15
**azione** *f.* action 20
**azzurro/a** sky-blue 10

**bagaglio** luggage
**bagno** bathroom 14
**ballare** to dance 10
**ballo in maschera** masked ball 5
**bambina** *(female)* baby, child 5
**bambino** *(male)* baby, child 5
**banana** banana 7
**banca** bank 3
**bancarella** stall 7
**banchiere** *m.* banker 15

**bandiera** flag
**bar** *m.* café, bar 3
**barca** boat 15; **andare° in ~** to go boating 12; to go by boat 15
**basso/a** short 5; **in basso** below
**basta** it's enough 7
**basta così** that's enough 6
**battaglia** battle
**batteria** drum set 17
**bellezza** beauty
**bellissimo/a** very beautiful 9
**bello/a** beautiful, handsome, nice 5
**ben: ~ poco** very little 22; **~ presto** quite soon 22
**benché** although, even though 17
**bene** well, good, fine LP
**benessere** *m.* well-being, comfort 20
**benissimo** just great! LP; very well 15
**benzina** gasoline 8
**benzinaio** gas station attendant
**bere°**, *p.p.* **bevuto** to drink 6
**bevanda** drink 13
**bianco/a** white 6
**biblioteca** library 3
**bicchiere** *m.* (drinking) glass 4
**bicicletta** bicycle 15; **andare° in ~** to go biking 12; to go by bike 15
**biglietteria** ticket office 17
**biglietto** ticket 4; **~ di andata** one-way ticket; **~ di andata e ritorno** round-trip ticket
**binario** track
**biologia** biology 2
**birra** beer 6
**bisogno** need 18; **avere° ~ di** to need 2
**bistecca** steak 13
**bloccato/a** blocked 15
**blu** *(invariable)* blue 10
**bocca** mouth 11; **In ~ al lupo!** Good luck!
**borsa** handbag 9
**bosco** woods 22
**botteghino** box office 17
**bottiglia** bottle
**braccio (braccia,** *f. pl.***)** arm 11

**brano** passage, paragraph
**bravo/a** capable, good 5; **~!** Bravo!
**breve** brief, short 18
**brevissimo/a** very short 11
**brillante** brilliant 5
**broccoli** *pl.* broccoli 7
**brodo** broth 13
**bronzo** bronze 19
**brutto/a** ugly 5
**buca** pit, hole
**bue (buoi,** *pl.***)** ox
**bugia** lie
**buonissimo/a** very good 15
**buono/a** good 3; **buon giorno** hello, good morning LP
**burro** butter 7

**c'è** there is 3; **~ Gina?** is Gina there? 3
**caduta** fall
**caffè** *m.* café 4; coffee 4
**calcio** soccer 12
**calcolatrice** *f.* calculator 1
**caldo: avere° ~** to be warm (person) 2; **fare° ~** to be warm (weather) 9
**calendario** calendar 1
**calmo/a** calm, tranquil 5
**calzare** to fit (shoes, gloves) 10
**calze** *pl.* stockings, hose 10
**calzini** *pl.* socks 10
**cambiamento** change 18
**cambiare** to change 9; to change (channels) 16; **~ idea** to change one's mind 9
**cambio** stick shift
**camera** room 14; **~ da letto** bedroom 14; **~ dei deputati** chamber of representatives 20
**cameriere** *m.* waiter 4
**camicetta** blouse 10
**camicia** man's shirt 10
**camino** fireplace 14
**camion** *m.* truck 15
**campagna** campaign 20; country-side, country 20; **andare° in ~** to go to the country 15
**campanilismo** exaggerated local pride
**campare** to live 19

**campione** *m.* *(male)* champion 12

**campionessa** *(female)* champion 12

**campo** field; ~ **da gioco** playing field 12; ~ **da tennis** tennis court 12

**camposanto** cemetery 19

**canadese** Canadian 5

**canale** *(m.)* **televisivo** TV channel 16

**candidato** candidate 20

**cane** *m.* dog

**canottaggio** rowing

**cantante** *m. or f.* singer 17

**cantare** to sing 3

**cantautore** *m.* singer/composer

**cantina** cellar 14

**canzone** *f.* song

**caotico/a** chaotic 18

**capelli** *pl.* hair 11

**capire** to understand 4

**capitale** *f.* capital 16

**capo** chief, boss 18; **capi di vestiario** articles of clothing 10

**capolavoro** masterpiece

**capoluogo** capital of a region 19

**caporeparto** department head 19

**capostazione** *m.* station master 19

**cappello** hat 10

**cappotto** (over)coat 10

**cappuccino** coffee with steamed milk 3

**carattere** character, nature

**caratteristiche** *(pl.)* **personali** personal characteristics 5

**carciofo** artichoke 7

**carino/a** pretty 5; nice, cute 10

**carne** *f.* meat 7

**Carnevale** *m.* Mardi Gras 5

**caro/a** expensive, dear 5

**carota** carrot 7

**carovita** *m.* cost of living 21

**carrello** luggage cart

**carriera** career 18

**carta** map

**cartellone** *m.* poster 17

**cartolina** post card

**casa** house 2; ~ **di moda** fashion house 16

**casalinga** homemaker 15

**cascata** waterfall

**caso** case 13; **in** ~ **che** in case that, in the event that 17; **per** ~ by chance 19

**castano/a** brown 11

**catena di montagne** mountain chain

**cattivissimo/a** very bad 15

**cattivo/a** bad 5

**causa** cause 16; **a** ~ **di** because of 14

**causare** to cause 15

**cavallo** horse; **andare° a** ~ to go horseback riding 12

**cavatappi** *m.* corkscrew 19

**caviglia** ankle 11

**cedere la parola** to yield the floor 22

**celibe: essere°** ~ to be single *(man)* 8

**cena** supper (light meal in the evening) 8

**cenare** to eat supper

**centesimo/a** one-hundredth 22

**cento** one hundred 1; ~ **di questi giorni!** many happy returns 13

**centrale** central 14

**centro** downtown 2; center

**ceramica (ceramiche,** *f. pl.***)** ceramics 9

**cerca: in** ~ **di** in search of 14

**cercare** to look for 3; ~ **di** to strive 21

**certo** certainly, of course 7

**certo/a** certain 20

**che** that, that which 5; what 13; ~ **cosa? (cosa?)** what? 3

**chi?** who? 2; **a** ~? to whom? 3; **con** ~? with whom? 2; ~ **altro?** who else? 13

**chiamare** to call 3; **chiamarsi** to be called, to be named 7; **come si chiama?** what's your name? *(formal)* LP; **come ti chiami?** what's your name? *(informal)* LP

**chiaramente** clearly 20

**chiaro/a** clear 19

**chiedere° (di),** *p.p.* **chiesto** to ask (for) 4

**chiesa** church 3

**chilo: al chilo** per kilo (metric weight) 7

**chimica** chemistry 2

**chitarra** guitar 17

**chitarrista** *m. or f.* guitarist 10

**chiudere°,** *p.p.* **chiuso** to close 4

**ci** there 7; us, to us, ourselves; ~ **sono** there are 3

**ciao** hi; bye *(informal)* LP

**ciascuno/a** each

**cibo** food 13

**ciclismo** bicycle racing 12

**ciliegia** cherry 7

**cinema** *m.* cinema 3

**cinepresa** movie camera

**cinese** *m.* Chinese (language, person) 2

**cinese** Chinese 5

**cinquanta** fifty 1

**cinquantesimo/a** fiftieth 22

**cinque** five LP

**ciò** this 18; ~ **che** what 22

**cipolla** onion 7

**cipresso** cypress tree 19

**circa** about, approximately

**circolazione: in** ~ in circulation 21

**circondare** to surround 22

**circondato/a** surrounded

**circostante** surrounding 19

**città** city 3

**cittadino** citizen 22

**cittadino/a** (of the) city 21

**civile** civil 19

**clacson** *m.* horn 15

**clarinetto** clarinet 17

**classe** *f.*: **la (prima, seconda)** ~ (first, second) class

**classico/a** classic 10; classical 17

**clavicembalo** harpsichord, clavichord 17

**cliente** *m. or f.* customer 4

**clima** *m.* climate 12; **il** ~ **è mite** the climate is mild 9

**coalizione** *f.* coalition 20

**cognata** sister-in-law 8

**cognato** brother-in-law 8

**cognome** last name LP
**coincidenza** connection
**colazione** *f.*: **prima** ~ breakfast 13
**colf** *f. (shortened form for* **collaboratrice familiare)** domestic help 15
**collegio** boarding school
**collo** neck 11
**colloquio** job interview 18
**colore** *m.* color 10
**coltello** knife 13
**come** how 4; as, like 9; ~ **al solito** as usual 12; ~ **sta (stai)?** how are you? LP; **com'è ...?** what is . . . like? 3
**cominciare (a)** to begin 21
**comò** chest of drawers 14
**comodo/a** comfortable 14
**compiere** to complete 13
**compito** task 22; homework
**compiuto: di senso** ~ logical
**compleanno** birthday 13; **buon ~!** happy birthday! 13
**complesso** musical group 17; ~ **rock** rock band 10
**complicato/a** complicated 21
**complimenti!** my compliments! congratulations! 13
**componente** *m.* member
**componimento** essay
**comporre** compose
**composto di** composed of 17
**comprare** to buy 3
**comprendere°**, *p.p.* **compreso** to understand 19
**comprensivo/a** understanding 14
**computer** *m.* computer 1
**Comunità Economica Europea** European Economic Community, Common Market 16
**comunque** however 6
**con** with LP
**concerto** concert 16
**concludere°**, *p.p.* **concluso** to conclude 18
**conclusione** *f.* conclusion 22
**concordanza** agreement
**concordare** to agree

**concordato** agreement
**concorso** competitive exam 18
**concreto/a** concrete 18
**conducente** *m.* conductor 15
**conferenza stampa** press conference 21
**confinare con** to border
**confronto** comparison
**confusione** *f.* confusion 4
**confuso/a** confused 16
**congiuntivo** subjunctive
**coniugare** to conjugate
**conoscente** *m.* acquaintance
**conoscere°** to know, to be acquainted with 9
**conosciuto/a** known 17
**conquistare** to conquer 20
**conseguenza** consequence 8
**conseguimento** attainment
**considerare** to consider 20
**consigliare (di)** to advise 11
**Consiglio dei ministri** Council of Ministers 16
**consulente** *m. or f.* consultant 18
**contatto** contact 18
**contento/a** happy, glad 17
**contenuto** contents
**continuare (a)** to continue 10
**continuazione: in** ~ continuously 22
**contrario/a** opposite
**contro** against 21
**controllare:** ~ **il peso** to check one's weight; ~ **l'olio (le gomme)** to check the oil (tires) 8
**controllo** control 22
**conversare** to talk 13
**convincere°**, *p.p.* **convinto** to convince 17
**convinzione** persuasion
**coperto/a** covered, sheltered
**coppia** couple 8
**coraggio!** cheer up! 14
**cordiale** cordial 22
**coro** chorus 17
**corpo umano** human body 11
**corsa** race; ride *(colloq.)*
**corsi** *(pl.)* **di studio** academic disciplines 2
**corsivo** italic

**corso** main street, avenue
**cortese** polite, courteous
**cortile** *m.* courtyard 14
**corto/a** short
**cosa** thing: **che** ~? **(cosa?)** what? 3; **che** ~ **è successo?** what happened? 11; **che** ~ **fai di bello oggi?** what are you up to today? 3; **che cos'è?** what is it? 1; ~ **c'è in programma?** what's playing? 4
**così** that way 12; **così così** so-so LP
**costante** constant
**costare** to cost 5; **quanto costa?** how much is it? 7
**costituito/a** established
**costituzione** *f.* constitution 20
**costoso/a** expensive
**costruito/a** built
**costume** *m.* costume 5
**cotone** *m.* cotton 10
**cravatta** tie 10
**creare** to create 20
**creazione** *f.* creation 16
**credenza** sideboard 14
**credere (di)** to believe; to think 4; **credo di sì** I think so 4
**crescere** to grow
**crisi** *f.* crisis 20
**critica** criticism 22
**cuccetta** berth
**cucchiaino** teaspoon 13
**cucchiaio** spoon 13
**cucina** kitchen 13
**cucinare** to cook 13
**cucire** to sew 5
**cugino/a** cousin 8
**cui** who, whom 9
**cuoca** *(female)* cook 15
**cuoco** *(male)* cook 15
**cuoio** leather, hide 10; **di** ~ (made of) leather 9
**cuore** heart
**curare** to cure
**curioso/a** curious 10
**curriculum vitae** *m.* curriculum vitae, résumé 18

**d'accordo** agreed, O.K. 3
**da** from 3; ~ **parte di** from, on the part of 20; ~ **solo/a**

alone 2; **vado** ~ **Laura** I'm going to Laura's house 5; **vengo** ~ **te** I'm going to your house 5

**danneggiare** to damage 22

**danno** damage

**danza** dance 4

**dappertutto** everywhere 15

**dare°** to give 4; ~ **le dimissioni** to resign 20; ~ **un passaggio** to give a ride 8

**dato/a** given 14

**davanti a** in front of 3

**davvero!** really 6

**debito** debt 12

**decennio** decade 7

**decidere° (di),** *p.p.* **deciso** to decide 4

**decimo/a** tenth 22

**deciso/a** decisive 20

**denaro** money 12

**dente** *m.* tooth 11

**dentifricio** toothpaste 11

**dentista** *m. or f.* dentist 15

**dentro** in, inside

**deposito bagagli** baggage room

**depresso/a** depressed 16

**deputato** representative 20

**desiderare** to wish, to want 3

**desiderio** wish, desire

**destro/a** right 11

**dettaglio** detail

**dettare** to dictate

**di** *(frequently* **d'** *before the vowel* i*)* of, from LP

**diario** diary 19

**dibattito** debate 22

**dicembre** December 6

**dichiarare** to declare 21

**diciannove** nineteen LP

**diciassette** seventeen LP

**diciotto** eighteen LP

**dieci** ten LP

**difficile** difficult 5

**difficilissimo/a** very difficult 15

**diffusione** spreading

**diffuso/a** diffused, spread out

**dimagrire** to lose weight

**dimenticare** to forget 6; **dimenticarsi (di)** to forget 20

**dimettersi** to resign 20

**diminuire** to diminish, to decrease 16

**diminuzione** *f.* decrease 16

**dimissioni: dare° le** ~ to resign 20

**dinamico/a** dynamic, energetic 5

**dipende** that depends 12

**dire° (di),** *p.p.* **detto** to say, to tell 6; **dica pure** say, go ahead 18

**diretta: in** ~ live 16

**direttore** *m.* *(male)* manager, headmaster 15

**direttrice** *f.* *(female)* manager, headmistress 15

**dirigente** *m. or f.* executive 15

**dirigere** to direct

**disagio** discomfort 21

**disco** record 1

**discorso** speech

**discoteca** discotheque 10

**discussione** *f.* discussion 18

**discutere°,** *p.p.* **discusso** to discuss 4

**disegno** drawing

**disfare°** to undo 17

**disinvolto/a** carefree, self-possessed 5

**disoccupato/a** unoccupied, unemployed 17

**disoccupazione** *f.* unemployment 18

**disonesto/a** dishonest 5

**disperare** to despair 22

**dispiacere** to be sorry, to mind 11; **mi dispiace** I'm sorry 4; **se non ti dispiace** if you don't mind 11; **ti dispiace se ...?** do you mind if . . . ? 12

**dispiacere** *m.* displeasure, misfortune 17

**disponibilità** availability

**distrarsi** to relax, amuse oneself 19

**distribuire** to distribute 20

**dito (dita,** *f. pl.***):** ~ **del piede** toe 11; ~ **della mano** finger 11

**ditta** firm 21

**divano** sofa 14

**diventare** to become 6

**diverso/a** various

**divertente** amusing 5

**divertimento: buon** ~! have a good time!

**divertirsi (a)** to have a good time, to enjoy oneself 7

**divino/a** divine 17

**divorziare** to divorce 8

**divorziato/a** divorced 8

**dizionario** dictionary 1

**doccia** shower 14

**dodicesimo/a** twelfth 22

**dodici** twelve LP

**dogana** customs

**doganiere** customs agent

**dolce** sweet 7

**dolce** *m.* dessert 13

**domanda** question; ~ **d'impiego** job application 18

**domandare** to ask 11

**domani** tomorrow 4; **a** ~ 'till tomorrow LP; **da** ~ starting tomorrow 8

**domenica** Sunday 4

**donna** woman 5

**donna d'affari** businesswoman 15

**dopo** after 4

**dopodomani** the day after tomorrow 4

**doppio** double

**dormire** to sleep 4

**dottore** *m.* *(male)* doctor 15

**dottoressa** *(female)* doctor 15

**dove?** where? 2; **di dov'è?** where is he/she from?/where are you *(formal)* from? 1

**dovere°** to have to, must 3

**dovuto a** due to 20

**dovuto/a** right, proper 22

**dramma** *m.* drama 12

**dritto** straight ahead

**droga** drug 20

**drogheria** grocery store 13

**droghiere** *m.* grocer 13

**dubbio** doubt

**dubitare** to doubt 17

**due** two LP

**dunque** then, so 6

**duomo** cathedral 16

**durante** during 7

**e** *(frequently* **ed** *before a vowel)* and LP

**eccezionale** exceptional 17

**ecco** there is, there are LP; **eccolo** here he is 13

**ecologia** ecology 22

**ecologico/a** ecological 22

**economia** economics 2

**economico/a** economic 16

**edicola dei giornali** newsstand 21

**efficace** efficacious 18

**egli** he

**egregio** dear (in a letter salutation)

**elegante** elegant 5

**eleggere°**, *p.p.* **eletto** to elect 20

**elencato/a** listed

**elenco** list

**elettorale** electoral 20

**elettore** *m. or f.* elector, voter 20

**elettricista** *m. or f.* electrician 15

**elettrodomestici** *pl.* household appliances 14

**elezione** *f.* election 20

**ella** she

**emanare** to issue 22

**emozionato/a** excited, filled with emotion 10

**emozione** *f.* emotion 19

**enorme** enormous 16

**ente** (corporate) body

**Ente** *(m.)* **Provinciale per il Turismo** Provincial Tourist Agency 22

**entrare** to enter 3

**entrata** entrance

**equilibrio** balance 22

**equitazione** *f.* horseback riding 12

**esagerare** to exaggerate 5; **non ~!** don't exaggerate! 5

**esagerato/a** exaggerated 5

**esame** *m.* exam 3

**esaminare** to examine 18

**escluso/a** excluding 17

**esempio** example 22; **ad ~** for example

**esercitare** to exercise; **~ un mestiere o una professione** to practice a skilled craft or a profession 15

**esitare** to hesitate

**esorbitante** exorbitant 5

**esperienza** experience 19

**esperto** expert 16

**esplosione** *f.* explosion 16

**esponente** *(m.)* **politico** political figure 21

**espressioni** *(pl.)* **di tempo** weather expressions 9

**espresso** strong coffee without milk 3

**esprimere°** to express 18

**essa** she, it

**esse** they

**essendo** being 21

**essere,** *p.p.* **stato** to be 1; **~ in forma** to be in shape

**essi** they

**esso** he, it

**estate** *f.* summer 6

**estendersi** to extend

**estero: all'~** abroad

**età** age 19

**Europa** Europe 16

**fa** ago 6

**fabbrica** factory 18

**faccia** face 11

**facile** easy 5

**fagiolini** *pl.* string beans 7

**falegname** *m.* carpenter 15

**falso/a** insincere 5

**fame: avere ~** to be hungry 2

**famiglia** family 2

**famoso/a** famous 17

**fanali** *pl.* headlights

**fantastico/a** fantastic 10

**fare°**, *p.p.* **fatto** to do, to make 3; **faccio il meccanico (l'avvocato)** I'm a mechanic (lawyer) 15; **~ a meno** to do without 21; **~ attenzione** to pay attention; **~ bel tempo** to be nice (weather) 4; **~ caldo** to be hot (weather) 4; **~ colazione** to have breakfast or lunch 4; **~ conoscere** to introduce, to make known 10;

**~ dello sport** to engage in sports 12; **~ fotografie** to take pictures 4; **~ freddo** to be cold (weather) 4; **~ ginnastica** to do exercises; **~ gli auguri** to wish well 13; **~ il giro** to go around; **~ il pieno** to fill it up 8; **~ in modo** to make sure 22; **~ la pubblicità** to advertise 16; **~ la spesa** to shop (for food) 7; **~ lo straordinario** to work overtime 18; **~ male** to hurt, feel pain 11; **~ presente** to bring to someone's attention 22; **~ programmi** to make plans 12; **~ uno sconto** to give a discount 5; **~ una domanda** to ask a question 4; **~ una gita** to go on an excursion 4; **~ una passeggiata** to take a walk 4; **~ polemica** to start an argument, to be controversial 13; **fammi pensare** let me think 19; **farsi il bagno** to take a bath 11; **farsi la doccia** to take a shower 11

**fari** *pl.* headlights

**farmacia** pharmacy 3

**farmacista** *m. or f.* pharmacist 15

**fascino** charm

**fastidio** trouble

**faticoso/a** tiring 16

**fattura** invoice, bill

**favore: per ~** please 4

**febbraio** February 6

**febbre** fever 11

**felice** happy 13

**felicità** happiness 1

**femminile** female, feminine

**ferito** wounded 16

**fermare** to stop 22; **fermarsi** to stop 7

**fermo/a** at a standstill 15

**ferro da stiro** iron 14

**ferrovia** railroad

**festa** party 13

**festeggiare** to celebrate 13

**festoso/a** festive

**fidanzarsi** to become engaged 8

**figlia**   daughter 2

**figlio**   son 2; **figli**   children 2

**figliuolo**   son, child

**fila**   row

**filosofia**   philosophy 2

**film** *m.*   film, movie 1

**finale**   final 20

**finalmente**   at last, finally 4

**finanziario/a**   financial 16

**fine** *f.*   end

**fine-settimana** *m.*   weekend 11

**finestra**   window 1

**finestrino**   window

**finire (di)**   to finish 4

**fino a**   until 3

**finora**   until now 22

**fiore** *m.*   flower

**fisica**   physics 2

**fisico/a**   physical

**fissare un appuntamento**   to make a date 8

**fissato/a**   fixed (time or place)

**fiume** *m.*   river

**flanella**   flannel 10

**flauto**   flute 17

**foglio di carta**   piece of paper 1

**folcloristico/a**   folkloristic 4

**fondo: a ~**   deeply

**fonte** *f.*   fountain

**forbici** *(f. pl.)*   scissors 11

**forchetta**   fork 13

**forma: in ~ limitata**   in a limited way 18

**formaggio**   cheese 7

**fornito/a**   furnished

**forse**   perhaps 5

**fortuna**   luck 17; **avere ~**   to be lucky 2; **Buona ~!**   Good luck!; **per ~**   fortunately 14

**fortunato/a**   fortunate 6

**fotografia**   photography; photograph 9

**fotografo**   photographer 9

**fra**   between, among 3; **~ cinque minuti**   in five minutes LP; **~ di loro**   between (among) themselves 6; **~ poco**   shortly, in a little while 15

**fragola**   strawberry 7

**francese** *m.*   French (language, person) 2

**francese**   French 5

**francobollo**   (postage) stamp

**frase** *f.*   sentence

**fratellino**   little brother 3

**fratello**   brother 2

**frattempo: nel ~**   in the meantime 22

**freddo: avere° ~**   to be cold (person) 2; **fare° (abbastanza) ~**   to be (quite) cold (weather) 9

**freno**   brake 6

**frequentare**   to attend 1

**frequenza**   frequency 20

**fresco/a**   fresh 7; **fare° ~**   to be cool (weather) 9

**fretta: avere° ~**   to be in a hurry 2

**frigo(rifero)**   refrigerator 14

**frutta**   fruit 7

**fruttivendolo**   fruit vendor 7

**funghi** *pl.*   mushrooms 7

**funzionare**   to function, work

**funzionario**   manager 8

**fuoco**   fire

**fuori**   outside 2

**futuro**   future 18

**galleria**   tunnel

**gamba**   leg

**gara**   match, competition 12

**garage** *m.*   garage 14

**gatto**   cat

**gelateria**   ice cream parlor 3

**gelato**   ice cream 3

**generale**   general 21

**generalmente**   generally 20

**genere**   gender; product; **una cosa del ~**   something like that

**genero**   son-in-law 8

**genitori** *pl.*   parents 8

**gennaio**   January 6

**gente** *f.*   people 9

**gentile**   kind, courteous 5

**geologia**   geology 2

**gestionale**   managerial 18

**gestione** *f.*   management 18

**gestire**   to manage 18

**gettone** *m.*   token 3

**già**   already LP

**giacca**   jacket 10

**giallo/a**   yellow 10

**giapponese** *m.*   Japanese (language, person) 2

**giapponese**   Japanese 5

**giardino**   garden 14; **~ pubblico**   public gardens, park 12

**ginocchio (ginocchia,** *f. pl.)*   knee 11

**giocare**   to play (a game) 3; **~ a calcio**   to play soccer 12; **~ a pallacanestro**   to play basketball 12; **~ a pallavolo**   to play volleyball 12; **~ a tennis**   to play tennis 8; **~ al calcio (pallone)**   to play soccer 12

**giocatore** *m.*   *(male)* player 12

**giocatrice** *f.*   *(female)* player 12

**gioco**   game

**giornale** *m.*   newspaper 1; **~ radio (GR)** *m.*   radio news 16

**giornaliero/a**   daily

**giornalista** *m. or f.*   journalist 15

**giornata**   day 14; **Buona ~!**   Have a good day!

**giorno**   day; in the daytime 4; **giorni** *(pl.)* **di ferie**   vacation days 18

**giovane**   young 5

**giovanile**   young 18

**gioventù**   youth

**giovedì** *m.*   Thursday 4

**girare**   to go around 20; to turn; **~ alla prima destra (sinistra)**   to take the first right (left)

**giugno**   June 6

**giusto**   right 16

**gli**   the; to you, to him, to them

**goccia**   drop

**godersi**   to enjoy

**gola**   throat 11

**golfo**   gulf

**gomito**   elbow 11

**gomme** *pl.*   tires

**gonna**   skirt 10

**governo**   government, administration 20

**gradire**   to like, wish

**grado**   degree 9; **di parecchi gradi** *pl.*   by several degrees 9

**grafico/a**   graphic 18

**graffio**   scratch

**granché** a great deal 11
**grande** big, large, great 2
**grandissimo/a** very large 15
**grasso/a** fat 5
**grave: non è niente di ~** it's nothing serious 11
**gravità** seriousness 22
**grazie** thank you LP
**grigio** gray 10
**grigio fumo** smoke grey (color) 22
**gruppo** group 13
**guadagnare** to earn 18
**guadagnarsi la vita** to earn one's living 18
**guai!** woe!
**guanti** *pl.* gloves 10
**guardare** to look (at), to watch 3; **guardarsi allo specchio** to look at oneself in the mirror 11
**guardaroba** *m.* closet 14
**guasto** breakdown 15
**guidare** to drive 3
**gusto** taste

**i** the
**idea** idea 3; **l'~ mi piace** I like the idea 3
**idraulico** plumber 15
**ieri** yesterday 6
**il** the
**imparare (a)** to learn 3
**impegnato/a** busy, engaged 4
**impegno** engagement, appointment 8
**impermeabile** *m.* raincoat 10
**impiegare** to employ 21
**impiegata** *(female)* clerk 15
**impiegato** *(male)* clerk 15
**impiego** job; employment 18
**importante** important 8
**impossibile** impossible 4
**improbabile** improbable 16
**improvviso/a** sudden 15; **all'improvviso** suddenly
**in** in 2
**incidente** *m.* accident 15
**incontrare** to meet 3; **incontrarsi** to meet (each other) 7
**incontro** match 12
**incrocio** intersection

**indescrivibile** indescribable 21
**indicare** to indicate 20
**indice** *(m.)* **di gradimento** ratings 16
**indietro** back, behind
**indimenticabile** unforgettable 17
**indire°,** *p.p.* **indetto** to call 21
**indirizzo** address
**indossare** to wear; to put on 10
**indovinare** to guess
**indumenti** *pl.* clothing 10
**industria** industry 18
**industriale** industrial 16
**industriale** *m.* industrialist 22
**infatti** in fact 19, as a matter of fact 10
**infelice** unhappy 17
**infermiera** *(female)* nurse
**infermiere** *m.* *(male)* nurse
**influenza** flu
**informatica** computer science 2
**informazione** *f.* information 17
**ingegnere** engineer
**ingegneria** engineering 18
**inglese** *m.* English (language, person) LP
**inglese** English 5
**ingorgo** traffic jam 15
**ingrassare** to gain weight
**iniezione** *f.* injection, shot
**innamorarsi** to fall in love 7
**innanzi tutto** first of all 19
**iniziare** to begin
**inizio** beginning
**inquinamento** pollution 22
**inquinare** to pollute 22
**insegnamento** instruction
**insegnante** *m.* instructor, teacher
**insegnare (a)** to teach 2
**insieme** together 9
**intanto** in the meantime, meanwhile 8
**intasare** to block 15
**intelligente** intelligent 5
**intendente** *(m.)* **alle Belle Arti** Fine Arts expert 22
**intendersi (di + *noun*)** to be an expert in 17
**intenditore** expert

**intenzione: avere ~ di** to intend to 13
**interessarsi** to be interested (in) 16
**interlocutore** *m.* interviewer 22
**internazionale** international 19
**intero/a** entire
**interpretare** to interpret 19
**interpretazione** *f.* interpretation 19
**interprete** *m. or f.* interpreter, performer 17
**interrompere°** to interrupt 19
**intervista** interview
**intervistare** to interview 18
**intraprendere** to undertake 18
**introduzione** *f.* introduction 22
**inutile** useless 17
**invece** instead 11; **~ di** instead of 13
**invernale** winter 6
**inverno** winter 6
**inviare** to send
**invitare (a)** to invite 21
**invitato** guest 13
**invitato/a** invited 10
**io** I
**ironia** irony 5
**isola** island
**istante** *m.* instant 19
**istituzione** *f.* institution 18
**istruzione** *f.* education
**italiano** Italian (language, person) LP
**italiano/a** Italian 1
**italo-americano/a** Italian-American 9

**la** the; her, it
**là** there 11
**laggiù** down there 15
**lago** lake 11
**lampada** lamp 14
**lampante** clear 22
**lana** wool 10
**lasciare** to leave (behind) 15
**lato: a ~** next, nearby 19
**lattaio** milkman 13
**latte** *m.* milk 4
**latteria** dairy 13
**lattuga** lettuce 7

**laurea**   university degree 2
**laurearsi**   to graduate 18
**lavagna**   blackboard 1
**lavarsi**   to wash oneself 7; ~ **i
denti**   to brush one's teeth 11;
~ **le mani (la faccia)**   to wash
one's hands (one's face) 11
**lavastoviglie** *f.*   dishwasher 14
**lavatrice** *f.*   washing machine
14
**lavorare**   to work 2
**lavoratore** *m.*   *(male)* worker 15
**lavoratrice** *f.*   *(female)* worker
15
**lavoro: che** ~ **fa (fai)?**   what
work do you do? 15; **mondo
del** ~   working world 13
**le**   the; them, to you, to her
**legge** *f.*   law 1
**leggere°,** *p.p.* **letto**   to read 4
**leggero/a**   light 17
**legno**   wood 19
**lei**   you, she, her
**lentamente**   slowly 6
**leone** *m.*   lion
**lettera**   letter 9
**letterario/a**   literary 19
**letteratura**   literature 2
**letto**   bed 7
**lettore** *m.*   *(male)* reader
**lettrice** *f.*   *(female)* reader
**lettura**   reading 19
**levarsi**   to take off (clothing) 10
**lezione** *f.*   lesson; ~ **di guida**
driving lesson 8
**li**   them
**lì**   there 6
**liberamente**   freely 18
**libero/a**   free 4
**libreria**   bookstore 3
**libro**   book 1
**liceale**   high school 1
**licenziare**   to fire 18; **licenziarsi**
to quit (a job) 18
**liceo**   Italian high school 1
**lieto/a di conoscerla**   I'm
pleased to meet you
**limonata**   lemon soda;
lemonade 4
**limone** *m.*   lemon 7
**lingue** *(pl.)* **straniere**   foreign
languages 2

**lino**   linen 10
**lira**   lira (Italian currency) 5
**litigare**   to quarrel 8
**lo**   the; him, it
**locale**   local 9
**lontano/a da**   far from 3
**loro**   you, to you, they, them,
to them, their
**lotta**   fight 20
**lotteria**   lottery 6
**luce** *f.*   light 17
**luglio**   July 6
**lui**   he, him
**luminoso/a**   bright
**luna**   moon; ~ **di miele**
honeymoon
**lunedì** *m.*   Monday 4
**lungo**   along
**lungo/a**   long 4; **una** ~ **attesa**
a long wait 4
**luogo**   place 11
**lupo: In bocca al** ~!   Good
luck!; **Crepi il** ~!   *(response)*
May the wolf die!

**ma**   but LP
**macchina**   car, automobile 6;
**andare° in** ~   to go by car; ~
**da scrivere**   typewriter 1; ~
**fotografica**   camera
**macellaio**   butcher 13
**macelleria**   butcher's shop 13
**macinare**   to ground
**madre** *f.*   mother 2
**maggio**   May 6
**maggioranza**   majority
**maggiore**   older 15
**maglia**   sweater 9
**maglione** *m.*   sweater 10
**magnifico/a**   magnificent 17
**magro/a**   thin 5
**mai**   ever, never 6; **non ...** ~
never, not . . . ever 6
**maiale** *m.*   pork 13
**maiuscola**   capital (letter)
**male**   bad LP; **di** ~ **in peggio**
from bad to worse 15; **non c'è**
~ **not too bad** LP
**malissimo**   very bad 15
**mancare**   to lack 18
**mandare**   to send 3; ~ **in onda**
to broadcast 16

**mangiare**   to eat 3
**manica: con le maniche** *(pl.)*
**lunghe (corte)**   with long
(short) sleeves 10
**maniera**   manner 17
**manifestare**   to show 20
**manifestazione** *f.*   exhibition
17; demonstration 21
**manifesto**   poster 20
**mano** *f.* **(mani,** *f. pl.*)   hand 11
**mantenere**   to maintain;
**mantenersi in forma**   to keep
in shape
**marca**   brand name 6
**marciapiede** *m.*   sidewalk 19
**mare**   sea; **al** ~   at (to) the
seashore 9
**marito**   husband 2
**marrone** *(invariable)*   brown 10
**martedì** *m.*   Tuesday 4
**marzo**   March 6
**maschile**   male, masculine
**massimo/a**   greatest, maximum
15
**matematica**   mathematics LP
**materiali** *pl.*   materials 10
**matita**   pencil 1
**matrimonio**   wedding 10
**mattina**   morning; in the
morning 4
**mattino**   morning 10
**meccanico**   mechanic 6
**medaglia**   medal
**mediante**   by means of
**medicina**   medicine 1
**medico**   doctor 15
**Medioevo**   Middle Ages
**meglio**   better 15
**mela**   apple 7
**melanzana**   eggplant 7
**meno: a** ~ **che**   unless 17; **per
lo** ~   at least 10
**mente: avere° in** ~   to have in
mind 14
**mentre**   while 6
**meraviglioso/a**   marvelous 10
**mercato**   market 3; **a buon** ~
inexpensive, cheap 5, ~ **rionale**
local market
**mercoledì** *m.*   Wednesday 4
**merito**   merit 13
**merluzzo**   cod 13

**mese** *m.* month 6
**messicano/a** Mexican 5
**mestiere** *m.* trade, profession 15; **che ~ fa (fai)?** what trade do you have? 15
**metà: la ~ di maggio** middle of May
**metallo** metal 19
**metro(politana)** subway 15
**mettere°**, *p.p.* **messo** to place, to put 4; **mettersi** to put on (clothing) 7; **mettersi (a)** to begin to, to start to 7
**mezzi** *(pl.)* **di trasporto** means of transportation 15
**mezzanotte** midnight 3
**mezzogiorno** noon 3
**mi** me, to me, myself
**mica: non ... ~** not at all, never
**miglioramento** improvement 21
**migliorare** to improve 18
**migliore** better 7
**milanese** from Milan 7
**milione** *m.* million 7
**milionesimo/a** one-millionth 22
**militare** *m.* military 21
**mille** one thousand 7
**millesimo/a** one-thousandth 22
**minestra** soup 13
**minestrone** *m.* vegetable soup 13
**miniappartamento** studio apartment 11
**minimo/a** smallest, minimum 15
**ministro** minister 16; **Primo ~** Prime Minister 20
**minoranza** minority
**minore** younger 15
**minuscola** lowercase (letter)
**mio/a** my, mine
**misto/a** mixed
**misura** size (clothing, shoes) 10
**mobili** *pl.* furniture 14
**moda** fashion 16; **alla ~** fashionable 9
**modello** model 10
**moderatore** *m.* moderator 22
**moderno/a** modern 9

**modesto/a** modest 14
**modificazioni** variations
**modo: di ~ che** so that, in order that 17; **non c'è~** there is no way 15
**moglie** *f.* wife 2
**moltissimo/a** very many 9
**molto** very 5; **~ bene** very well LP; **molto/a** much, many 5
**momento** moment 13; **al ~** for the time being 16
**monaco** monk
**monarchia** monarchy 20; **~ costituzionale** constitutional monarchy 20
**mondiale** world 20
**mondo** world; **~ del lavoro** working world 13
**montagna** mountain; **catena di montagne** mountain chain; **in ~** in (to) the mountains 9
**monumento** monument 22
**morire°**, *p.p.* **morto** to die 6; **~ di sonno** to be very sleepy 14
**morte** *f.* death 19
**morto** dead, fatality 16
**morto/a** dead 19
**mosca** fly
**mostra** show
**mostrare** to show 11
**moto(cicletta)** motorcycle 6; **andare° in ~** to go by motorcycle
**motore** *m.* engine
**motorino** moped
**municipio** city hall 22
**muratore** *m.* mason 15
**museo** museum 3
**musica** music 2
**musicale** musical 17
**musicista** *m. or f.* musician 15

**napoletano/a** Neapolitan, from Naples 6
**nascere°**, *p.p.* **nato** to be born 6
**nascondere°** to hide 10
**naso** nose 11
**nato/a** born 19
**natura** nature 22
**nave** *f.* ship 15; **andare° con la ~** to go by ship 15

**né ... né** neither . . . nor 9
**neanche: non ... ~** not even 9
**nebbia: c'è la ~** it's foggy 9
**necessario/a** necessary 16
**negoziante** *m. or f.* shopkeeper 15
**negozio** store 3
**nemmeno: non ... ~** not even 9
**neppure: non ... ~** not even 9
**nero/a** black 10; **~ come la pece** pitch black 22
**nervoso/a** nervous 5
**nessuno** no one; **non ... ~** no one, not any 9
**neve** snow 11
**nevicare** to snow 9
**nido** nest
**niente** no, none, nothing 6; **~ di speciale** nothing special 3; **non ... ~** nothing 9; **non è ~ di grave** it's nothing serious 11
**nipote** *m.* grandson; nephew 8; *f.* granddaughter; niece 8
**no** no LP
**noi** we, us
**noioso/a** boring 3
**noleggiare un'automobile** to rent a car 8
**nome** first name LP
**non** not; **~ c'è male** not too bad LP
**nono/a** ninth 22
**nonna** grandmother 3
**nonno** grandfather 3
**nonostante che** although, even though 17
**nonostante ciò** nevertheless 21
**nostalgia: provare ~** to be homesick 9
**nostro/a** our, ours
**notevole** sizable, important 16
**notevolmente** remarkably 18
**notizia** (piece of) news, news item 9; **le notizie** news 16
**noto/a** known 21
**notte** *f.* night; in the nighttime 4; **di ~** at night 9
**novanta** ninety 1
**nove** nine LP
**novembre** November 6

**nubile: essere ~** to be single (*woman*) 8
**nulla: non ... ~** nothing 9
**numero** number
**nuora** daughter-in-law 8
**nuotare** to swim 12
**nuoto** swimming 12
**nuovo/a** new 5
**nuvoloso/a** cloudy 9

**o** or 1
**obbedire** (*also spelled* **ubbidire**) to obey 4
**occasione** *f.* occasion 13
**occhio** eye 11
**occupato/a** busy, occupied 3; employed 17
**occupazione** *f.* employment, occupation 18
**odiarsi** to hate each other 7
**offrire,** *p.p.* **offerto** to offer 4
**oggetto** thing
**oggi** today 3
**ogni** (*invariable*) each, every single 4; **~ tanto** every once in a while 7
**ognuno** everyone 20
**olio d'oliva** olive oil 7
**ombra** shade 19
**onesto/a** honest 5
**opera** opera 17; (literary or artistic) work 19
**operaia** (*female*) blue-collar worker 15
**operaio** (*male*) blue-collar worker 15
**opinione** *f.* opinion 18
**opportuno/a** proper 16
**ora** now 9; **a che ~?** at what time? 3; **che ore sono?** what time is it? 3; **nell'~ di punta** at rush hour 15; **~ della partenza** departure time 11
**orario** hours, schedule 17; **~ ferroviario** train schedule
**orchestra** orchestra 17
**ordinare** to order (food) 4
**ordine** order
**orecchio** ear 11
**organizzare** to organize 13
**organizzato/a** organized 17
**organo** organ 17

**originale** original 5
**ormai** by now 14
**orologio** watch 1
**ospedale** *m.* hospital 3
**osservare** to observe 22
**ottanta** eighty 1
**ottavo/a** eighth 22
**ottenere°** to obtain 21
**ottimismo** optimism 20
**ottimista** optimistic 15
**ottimo/a** great, excellent 11
**otto** eight LP
**ottobre** October 6
**ozio** laziness

**pacco** package
**pace** *f.* peace 20
**padre** *m.* father 2
**paese** *m.* small town 3; country 16
**pagare** to pay (for) 3
**paio** (**paia,** *f. pl.*) pair 11
**palazzo: ~ dello Sport** Sports Palace (building in Rome) 17; **~ Madama** seat of the Italian Senate 21; **~ Pitti** Florentine Palace 16
**palestra** gymnasium 12; **andare° in ~** to go to the gym
**pallacanestro** *f.* basketball 12
**pallavolo** *f.* volleyball 12
**pallone** *m.* soccer 12
**panchina** (park) bench 12
**pane** *m.* bread 7
**panetteria** bakery 13
**panettiere** *m.* baker 13
**panino al prosciutto** ham sandwich 4
**panorama** *m.* panorama 12
**pantaloni** *pl.* pants, trousers 10
**Papa** *m.* pope 16
**parabrezza** windshield
**paracadute** *m.* parachute 19
**paragonare** to compare
**paragone** *m.* comparison
**paraurti** *m.* fender 19
**parcheggiare** to park 8
**parcheggio a pagamento** pay parking 8
**parco** park 3
**parecchi/ie** several 9
**parenti** *pl.* relatives 8

**parere** to seem 17; **che ve ne pare di ...?** what do you think about ... ? 17
**parete** *f.* wall 14
**parlamento** parliament 20
**parlare** to speak 3; **parlarsi** to speak to each other 7
**parola** word; **~ analoga** cognate
**partecipante** *m.* participant 22
**partenza** departure 6
**particolarmente** particularly 14
**partire** to leave, depart 4
**partita** game 12
**partito** (political) party 20
**passaggio: dare un ~** to give a ride 8
**passante** *m.* passer-by 20
**passare** to spend (time) 11; **~ il burro (sale, pepe)** to pass the butter (salt, pepper) 13; **passo a prenderti** I'll pick you (*informal*) up 3
**passato** past 18; **~ prossimo** present perfect
**passeggero/a** passenger 15
**passeggiare** to take a walk 5
**passeggiata: fare una ~** to take a walk
**passi: a due ~ da qui** a short walk (a few steps) from here
**pasta** pasta 7
**pastasciutta** pasta dish (spaghetti, vermicelli, etc.) served with a sauce 13
**pasticceria** confectioner's shop 13
**pasticciere** *m.* confectioner 13
**pastina in brodo** broth with minuscule pasta 13
**pasto** meal 13
**patata** potato 7
**patente** (*f.*) **di guida** driver's license 8
**patrimonio artistico** artistic heritage 22
**pattinaggio** skating 12
**pattinare** to skate 12; **andare° a ~** to go skating 12
**patto** agreement, pact
**paura: avere° ~** to be afraid 2
**pavimento** floor 14

**paziente** patient 15
**pazienza: avere° ~** to be patient 2
**pazzesco/a** wild, crazy 5
**peccato: che ~!** what a shame! LP
**pece** *f.*: **nero/a come la ~** pitch black 22
**pedale** *(m.)* **della frizione** clutch
**peggio** worse 15; **di male in ~** from bad to worse 15; **~ che mai** worse than ever 15
**peggiore** worse 15
**pelle** *f.* leather, hide 10
**penisola** peninsula
**penna** pen 1
**pensare (di)** to think (of, about) 3; **~ a** *(+ noun)* to think of 3
**pepe** *m.* pepper 7
**peperone** *m.* pepper 7
**per** for 3
**pera** pear 7
**perché?** why? 3; **perché** because 3; so that, in order that 17
**perdere,** *p.p.* **perso, perduto** to lose 4; **~ tempo** to waste time 14
**perfetto/a** perfect 5
**perfino** even 20
**periferia** outskirts 14
**periodo** period 20
**permettere (di)** to permit 21
**però** however 7
**persona** person 10
**personaggio** character 17
**personale** *m.* personnel 18
**pesare** to weigh
**pesca** peach 7
**pesce** *m.* fish 7
**pescheria** fish market 13
**pescivendolo** fish vendor 13
**pessimista** pessimistic 15
**pessimo/a** terrible 15
**pettinarsi i capelli** to comb one's hair 11
**pettine** *m.* comb 11
**piacere** *m.* pleasure 17
**piacere** to like, to be pleasing, to please 11; **l'idea mi piace** I like the idea 3; **mi fa molto ~ di conoscerti** I'm very pleased

to meet you *(informal)* 13; **mi fa ~** it pleases me 14; **mi piacciono i negozi eleganti** I like elegant stores 5; **per ~** please 6
**pianista** *m. or f.* pianist 15
**piano** softly 13; floor, floor plan 14
**pianoforte** *m.* piano 17
**piatto** dish 13: **primo ~** first course 13; **secondo ~** second course 13
**piazza** square
**piccione** pigeon
**piccolissimo/a** very small 15
**piccolo/a** small, little 2
**piede** *m.* foot 11; **andare° a piedi** to go on foot 15
**pieno/a** full 15
**pigliare** to take, to catch
**pigro/a** lazy 5
**pillola** pill
**piovere** to rain 9
**piscina** swimming pool 12
**pista** trail 11
**pittura** painting 9
**più** more 15; **in ~** extra; **non ... ~** no more, no longer 9; **per lo ~** for the most part 10; **~ ... di** more . . . than 14
**piuttosto** rather 5
**pizza** pizza 6
**pizzeria** pizza parlor 6
**po'** *(abbreviation for* **poco)** little; **un ~ di confusione** a little mix-up 4; **un ~ di pazienza** (have) a little patience 4; **un bel ~** a great deal 10
**poco/a** *(pl.* **pochi/e)** few, little 15; **poco** little; **ben ~** very little 22; **fra ~** shortly, in a little while 15; **~ tempo fa** not long ago, a little while ago 6
**poema** *m.* poem 12
**poesia** poetry 19
**poeta** *m.* poet 19
**poi** then, after that 3
**policlinico** hospital 14
**poliestere** *m.* polyester 10
**polipo** octopus 13
**politica** politics 20

**politico** politician 18
**politico/a** political 20
**polizia** police 16
**poliziotto** police
**poltrona** armchair 14
**pomata** ointment
**pomeriggio** afternoon; in the afternoon 4
**pomodoro** tomato 7
**pompelmo** grapefruit 7
**popolo** people 20
**porre** to pose (a question)
**porta** door 1
**portabagagli** *m.* trunk
**portafoglio** wallet 19
**portare** to bring; to wear 3
**portavoce** *m. or f.* spokesperson 16
**portiere** *m.* doorman 14
**porto** port
**possibile** possible 16
**possibilità** possibility 18
**posto** seat 12; place 13; job, position 18; **~ di lavoro** job 20; **~ riservato** reserved seat
**potenza** power
**potere°** to be able, can 8; *m.* power
**poverino/a** poor thing 6
**povero/a** poor 5
**pranzo** dinner, lunch (main meal at noon) 13
**pratica** practice
**praticare uno sport** to practice a sport 12
**pratico/a** practical 19
**precedente** preceding
**preciso/a** precise 16
**preferibile** preferable 16
**preferire** to prefer 4
**preferito/a** favorite 16
**pregare (di)** to beg 9
**prego** please 16
**premere il pulsante** to press the button 16
**prendere°,** *p.p.* **preso** to take 6; to have *(in the sense of* to eat, to drink) 3; **~ il raffreddore** to catch a cold; **~ in affitto** to rent; **~ la metro(politana)** to take the subway 15

**prenotare** to make reservations, to reserve 8

**prenotazione** *f.* reservation 17

**preoccuparsi (di)** to worry 20; **non ti preoccupare** don't worry 11; **non si preoccupi** don't worry 15

**preoccupazione** *f.* preoccupation, worry, care 20

**preparare** to prepare 13; **prepararsi (per)** to get ready 7

**preparazione** *f.* preparation 16

**presentare** to introduce 13; to present 16

**presentazione** *f.* introduction

**presente** present 18

**presidente** *m.* president 20

**presidenziale** presidential 20

**pressione** pressure

**presso** at 17; ~ **agenzia** at an agency 18

**prestare** to lend, loan 11

**presto** early 13; soon; **a ~** see you soon LP; **al più ~** as soon as possible 12; **ben ~** quite soon 22

**prevedere°**, *p.p.* **previsto** to expect, to foresee 12

**previsione: Quali sono le previsioni del tempo di oggi?** What's the weather forecast today? 9

**previsto/a** scheduled 16

**prezzo** price 5; **a prezzi fissi** at fixed prices 5; **a ~ ridotto** at a reduced price 11; **che prezzi!** what prices! 5

**prima di** before 10; ~ **che** before 17

**primavera** spring 6

**primaverile** spring 6

**Primo Ministro** Prime Minister 20

**primo/a** first 6

**principale** principal 16

**privato/a** private 18

**probabile** probable 16

**probabilmente** probably 12

**problema** *m.* problem 11

**professione** *f.* profession 15

**professore** *m.* *(male)* professor LP

**professoressa** *(female)* professor LP

**profondamente** deeply

**programma** *m.* program 11

**programmare** to plan 11

**progresso** progress 22

**promettere°**, *p.p.* **promesso** to promise 12

**promuovere°** to promote 16

**pronto?** hello (response on the phone) 3

**propaganda** propaganda; advertising 20

**proposito** purpose; **a ~** by the way 9

**proprio** just 8; really 19; proper

**prosciutto** cured ham 7

**proseguire** to continue 16

**prosperità** prosperity 20

**prossimo/a** next 4

**protesta** protest 21

**provare** to feel, to experience 9; ~ **nostalgia** to be homesick 9

**provincia** province

**provvedimento** measure, action 22

**prudente** careful, cautious 5

**psicologia** psychology 2

**pubblicamente** publicly 20

**pubblicità** advertising, commercial, ad 16

**pubblicitario/a** advertising 17

**pubblico** audience 16

**pulire** to clean 4

**pulito/a** clean 20

**puntuale: essere ~** to be on time LP

**purché** provided that 17

**pure** still 19

**purtroppo** unfortunately

**qua** here

**quaderno** notebook 1

**quadri: a ~** checkered 10

**quadro** painting 14; **nel ~ di** within the framework of 17

**qual/e?** which? 6; which one 13

**qualche** *(invariable)* some 20; ~ **tempo fa** some time ago 6; ~ **volta** sometimes 9

**qualcosa** something 10; ~ **da bere e da mangiare** something to drink and eat 4

**qualcuno** someone 20

**qualifica** qualification 18

**qualificativo/a** descriptive

**qualificato/a** qualified 18

**quando?** when? 3; **quando** when(ever) 3; **di ~ in ~** from time to time 9

**quanto/a?** how much? how many? 13; **quante belle cose!** what a lot of beautiful things! 5; ~ **costa?** how much is it? 7; ~ **prima** as soon as possible 21

**quaranta** forty 1

**quarto/a** fourth 14

**quasi** almost 10

**quattordici** fourteen LP

**quattrino** penny

**quattro** four LP

**quello/a** that, that one; **quello che** that which 7

**questo/a** this, this one 4

**qui** here

**quindi** therefore 6

**quindici** fifteen LP

**quinto/a** fifth 22

**quotidiano/a** daily 21

**raccontare** to tell 10

**racconto** short story 19

**radersi la barba** to shave one's beard 11

**radio** *f.* radio 1

**radiofonico/a** radio 20

**radiografia** x-ray

**rado: di ~** seldom 9

**ragazza** girl 5; **la mia ~** my girlfriend 7

**ragazzo** boy 5; **il mio ~** my boyfriend 7

**raggiungere°** to reach 21

**ragione: avere° ~** to be right 2

**rappresentante** *m.* representative 20

**raramente** rarely 9

**rasoio (elettrico)** (electric) razor 11

**re** *m.* king 20

**reagire** to react

**realtà** reality 19
**recentemente** recently 21
**reddito** income
**regalo** gift
**regia** production 17
**regina** queen 20
**regione** region
**regista** *m. or f.* movie director 15
**registrare** to record 16
**registratore** *m.* tape recorder 1
**regnare** to reign 21
**regola** rule
**regolare** to regulate 20
**relazione: in ~ a** in relation to 16
**rendere** to render, to make 21
**repubblica** republic 20
**respirare** to breathe 15
**restare** to stay, to remain 6
**restauro** restoration
**restituire** to return, to give back 4
**rete** *(f.)* **televisiva** TV network 16
**retribuzione** *f.* remuneration 18
**riaprire**, *p.p.* **riaperto** to reopen 17
**riassumere** summarize
**riassunto** summary 20
**ricco/a** rich 5
**ricerca** search 14
**ricetta** recipe 20
**ricevere** to receive 4
**ricevimento** *m.* reception 10
**richiedere°**, *p.p.* **richiesto** to require, seek 18
**richiesta** request 18
**ricordare** to remember 9;
  **ricordarsi (di)** to remember 20
**ridere°**, *p.p.* **riso** to laugh 10
**ridurre°** to reduce 18
**riempire** to fill in
**riferimento: con ~ a** referring to
**riferire** to report
**rifiuto** refusal
**riforma** reform 18
**righe** *pl.* lines; **a ~** striped 10
**riguardo: al ~** in this regard

**rileggere°**, *p.p.* **riletto** to read again 17
**rimandare** to send back 3; to postpone 3
**rimanere°**, *p.p.* **rimasto** to stay, to remain 6
**rimato/a** rhymed
**rinfresco** reception, party 10
**ringraziare** to thank 14
**rinomato/a** renowned
**rionale: mercato ~** local market
**ripagare** to pay back 12
**riportato/a** given
**riposarsi** to rest 16
**riprendere°**, *p.p.* **ripreso** to start again, to resume 19
**risalire** to go up again
**riscaldamento** heating 14
**riservato/a** reserved 12
**riso** rice 7
**risolvere°** to resolve 20
**risparmiare** to save 11
**rispondere°**, *p.p.* **risposto** to answer, to respond 3
**risposta** response
**ristorante** *m.* restaurant 3
**risultato** result 20
**ritardo: essere in ~** to be late LP
**ritirare** to pick up 17
**ritrovo** meeting place
**riunirsi** to gather 13; to meet 16
**riuscire° (a)** to succeed 21
**rivenditore** *m.* vendor, retailer 5
**rivista** magazine 1
**rivolgere** to turn
**romano/a** in/of Rome; Roman
**romantico/a** romantic 10
**romanzo** novel 19
**rompicapo** puzzle 19
**rompighiaccio** icebreaker 19
**rosa** *(invariable)* pink 10
**rosso/a** red 6
**rotto** (*p.p.* **of rompere°**) broken
**rovescio** reverse, other side
**rovine** *pl.* ruins 17
**rumore** *m.* noise 7
**ruote** *pl.* wheels

**russo** Russian (language, person) 2
**russo/a** Russian 5

**sabato** Saturday 4
**sala** hall 22; **~ da pranzo** dining room 14; **~ d'aspetto** waiting room
**salame** *m.* salami 7
**salariale** wage 21
**salario** wage, pay 18
**sale** *m.* salt 7
**salire** to rise, to climb
**saliscendi** *m.* latch 19
**salotto** living room 14
**salumeria** delicatessen 13
**salumiere** *m.* delicatessen seller 13
**salutare** to greet 14; **salutarsi** to greet each other 7
**Salute!** To your health! Cheers!
**saluto** greeting; **Distinti saluti** Yours truly
**salvadanaio** piggy bank 19
**salvagente** *m.* life preserver 19
**salvare** to save 22
**sandali** *pl.* sandals 10
**sano/a** healthy 19
**santo/a** holy 16
**sapere°** to know, to know how 10; **non lo so** I don't know 10; **sai cucire** you know how to sew 5; **~ a memoria** to know by heart 19
**sapone** *m.* soap 11
**Sardegna** (the island of) Sardinia 4
**sarta** *(female)* dressmaker 15
**sarto** *(male)* tailor 15
**sassofono** saxophone 17
**sbagliare** to make a mistake
**sbloccare** to unblock 14
**scaffale** *m.* bookshelf 14
**scale** *pl.* stairs 14
**scambio** exchange 18
**scampi** *pl.* shrimp 13
**scarpe** *pl.* shoes 10
**scarsità** scarcity 14
**scegliere°**, *p.p.* **scelto** to choose 15
**scelta** choice 7

**scena** scene 5
**scenario** scenery 17
**scendere°,** *p.p.* **sceso** to get off, to descend 6
**scheda** ballot 20
**schema** *m.* pattern
**scherzare** to joke 13
**sci** *m.* ski 11
**sciare** to ski 11; **andare° a** ~ to go skiing 12
**sciarpa** scarf 10
**scientifico/a** scientific 1
**scienza: scienze naturali** natural science 2; **scienze politiche** political science 2
**scioglilingua** tongue-twister
**scioperante** *m.* striker 21
**scioperare** to strike 21
**sciopero** strike 21
**sciroppo** syrup
**scolorito/a** faded
**scommettere,** *p.p.* **scomesso** to bet 10
**scomparire,** *p.p.* **scomparso** to disappear 22
**scompartimento (per fumatori)** (smoking) compartment
**sconosciuto/a** unknown 17
**sconsigliare** to advise against 17
**sconto** discount 5
**scopa** broom
**scopo** purpose 22
**scoprire** to discover
**scoraggiato/a** discouraged 14
**scorso/a** last, previous 6
**Scozia** Scotland 16
**scritta** caption
**scrittore** *m.* *(male)* writer 15
**scrittrice** *f.* *(female)* writer 15
**scrivania** desk 14
**scrivere° (di),** *p.p.* **scritto** to write 4; **scriversi** to write to each other 7
**scuola** school
**scuro/a** dark
**scusa** excuse 8
**scusare** to excuse; **scusa** excuse me *(informal)* LP; **mi scusino** excuse me 4
**sdoppiare** to halve, separate
**se** if 4

**sé** oneself; **da** ~ by him/herself, itself, themselves
**sebbene** even though 17
**secondo** according to 3
**secondo/a** second 22
**sede** seat, center
**sedia** chair 1
**sedici** sixteen LP
**seduto/a** seated
**seggiovia** chair-lift
**segno: in** ~ **di** as a sign of 21
**segretaria** secretary 7
**seguente** following
**seguire** to take (courses) 4; to follow 4
**sei** six LP
**selvatico/a** wild 22
**semaforo** traffic lights
**sembrare** to seem, to appear 8; **mi sembra** it seems to me, I think 7
**semplice** simple 6
**sempre** always 6
**senato** senate 20
**senatore** *m.* senator 20
**senso: a** ~ **unico** one-way (street); **avere°** ~ to make sense 20; **di** ~ **compiuto** logical
**sentire** to listen; to hear; to feel 4; **senti** listen 3; **sentirsi** to feel 7
**senza:** ~ **che** without 17; ~ **dubbio** without a doubt 22
**sera** evening; in the evening 4
**serata** evening 17
**serbatoio della benzina** gas tank
**sereno/a** clear 9
**seriamente** seriously
**servire** to serve 4
**sessanta** sixty 1
**sesto/a** sixth 22
**seta** silk 10
**sete: avere°** ~ to be thirsty 2
**settanta** seventy 1
**sette** seven LP
**settembre** September 6
**settemila** seven thousand 5
**settimana** week 5
**settimanale** weekly 18
**settimo/a** seventh 22

**settore** *m.* sector 18
**severo/a** strict 22
**sfilata dei modelli** fashion show 16
**sfortuna** bad luck, misfortune 6
**sfortunato/a** unlucky, unfortunate 6
**sforzo** effort 5
**sgarbato/a** rude 5
**si** himself, herself, themselves, yourself
**sì** yes LP
**sia ... che** both . . . and 22
**siccome** since 18
**sicurezza** safety 20
**significare** to mean
**significato** meaning 19
**signor +** *last name* Mr. LP
**signora** Ma'am; ~ + *last name* Mrs. LP
**signore** sir LP
**signorina** Miss LP
**silenzioso/a** quiet 14
**sillabazione** syllabication
**simbolo** symbol 20
**simpatico/a** nice, attractive, pleasant 3
**sincero/a** sincere 5
**sindacato** labor union 21
**sinistro/a** left 11
**sintomo** symptom
**sistema** *m.* system 12
**situazione** *f.* situation 16
**slitta** sleigh
**slogarsi** to sprain, to dislocate 11
**sociologia** sociology 2
**soddisfatto/a** satisfied 14
**soffitta** attic 14
**soffitto** ceiling 14
**soffrire,** *p.p.* **sofferto** to suffer; to bear 4
**soggetto** topic 22
**soggiorno** stay 11
**sogliola** sole 13
**soldi** *pl.* money 6
**sole: c'è il** ~ it's sunny 9
**solito/a** same old 13; **come al** ~ as usual 12; **di** ~ usually 9
**solo/a** only 5; **da** ~ alone 2

**soluzione** *f.* solution 15
**sonare** to play (music) 10; to blow (horn) 15
**sonno: avere°** ~ to be sleepy 2; **morire° di** ~ to be very sleepy 14
**sopra** on, upon; above
**soprano** soprano 17
**sopravvivenza** survival 22
**sorella** sister 2
**sorellina** little sister 3
**sorgere** to rise
**sorpreso/a** surprised 19
**sorridere°**, *p.p.* **sorriso** to smile 10
**sostantivo** noun
**sostenere un colloquio** to have a job interview 18
**sostituire** replace
**sottaceti** *pl.* pickled vegetables 13
**sotto** under
**sovraffollamento** overcrowding 18
**sovraffollato/a** overcrowded 18
**sovrano/a** sovereign
**spaghetti** *pl.* spaghetti 13; ~ **alla carbonara** spaghetti carbonara style 13
**spagnolo** Spanish (language, person) 2
**spagnolo/a** Spanish 5
**spalla** shoulder 11
**sparecchiare la tavola** to clear the table 13
**spazzaneve** *m.* snowplough 19
**spazzola per capelli** hairbrush 11
**spazzolino da denti** toothbrush 11
**specchio** mirror 11
**specializzato/a** specialized 18
**spedire** to mail; to send 4
**spegnere°**, *p.p.* **spento** to turn off (TV, radio) 16
**spendere**, *p.p.* **speso** to spend (time/money) 4
**sperare (di)** to hope 21; **speriamo di sì** let's hope so 11
**speranza** hope
**spesso** often 9

**spettacolare** spectacular 12
**spettacolo** show 10
**spiaggia** beach 9
**spiegare** to explain 11
**spina** thorn
**spinaci** *pl.* spinach 7
**spiritoso/a: non fare lo/la** ~! don't be fresh! 3
**spogliarsi** to undress 10
**sporco/a** dirty 22
**sport** *m.* sport 12
**sportivo/a** sporty, sporting, sports 12
**sposarsi** to get married 8
**sposato/a** married 2
**sposi** *pl.* bride and groom 10
**spremuta d'arancia** freshly squeezed orange juice 4
**spumante** *m.* sparkling wine 13
**squadra** team 12
**squisito/a** exquisite 13
**stabilire** to establish, set (time) 11; to determine 16
**stabilità** stability 20
**stadio** stadium 3
**stagione** *f.* season 6
**stamattina** this morning 4
**stampa** press
**stanchissimo/a** very tired 15
**stanco/a** tired
**stanotte** tonight 4
**stanza** room 14; ~ **da bagno** bathroom 14
**stare°** to be 4; to stay; **come sta?** *(formal)* how are you? LP; **come stai?** *(informal)* how are you? LP; ~ **a dieta** to be on a diet
**stasera** this evening 3
**statale** state 21
**Stati** *(pl.)* **Uniti** United States 6
**stato** state 20; ~ **d'animo** mood 20
**statua** statue 22
**stazione** *f.* station 3; ~ **di servizio** gas station 8; ~ **ferroviaria** train station
**stereo** stereo 1
**stesso/a** same 5; itself 22; **lo** ~ just the same 16; **se** ~ oneself 19

**stipendio** salary 18
**stivali** *pl.* boots 10
**stomaco** stomach 11
**storia** history LP; story 13
**storico/a** historical
**strada** street 5; **per** ~ on the street 15
**straniero/a** foreign 9
**stretto** strait
**stringere** to grasp
**studente** *m.* *(male)* student LP
**studentessa** *(female)* student LP
**studiare** to study 1
**studio** study, den 14
**studioso** scholar
**stupido/a** stupid 5
**su** on 3
**subire** to undergo, to suffer 8
**subito** right away, immediately 4
**succedere**, *p.p.* **successo** to happen 15
**successo** success 13; **con** ~ successfully 18
**suddito** subject
**suggerimento** suggestion 18
**suggerire (di)** to suggest 4
**suo/a** your, yours, his, her, hers
**suocera** mother-in-law 8
**suocero** father-in-law 8
**suono** sound
**superficie** *f.* (geometric) area
**supermercato** supermarket 3
**supporre** to suppose; **supponga** *(formal command)* suppose
**sveglia** alarm clock
**svegliarsi** to wake up 7
**svilupparsi** to develop
**sviluppo** development 16; advancement 18
**svolgere** to carry out; ~ **un mestiere o una professione** to practice a skilled craft or a profession 15

**taglia** size (clothing) 10
**tagliacarte** *m.* paper knife 19
**tagliarsi i capelli (le unghie)** to cut one's hair (nails) 11
**tale** like

**talmente**  so
**tamburo**  drum 17
**tanto**  anyway 15
**tanto ... quanto**  as . . . as 14
**tappe** *(pl.)* **della vita**  stages of
  life 5
**tappeto**  rug 14
**tardare**  to be late
**tardi: a più** ~  'till later LP
**tasca**  pocket; **in** ~  in his/her
  pocket 12
**tassì** *m.*  taxi 8; **andare° in** ~
  to go by taxi 15
**tavola: a** ~  at the (dinner)
  table 13; ~ **rotonda**  round
  table 22
**tavolo**  table 1
**tazza**  cup
**tazzina**  small cup 7
**te**  you
**tè** *m.*  tea; ~ **freddo**  iced tea 4
**teatro**  theater 3
**tecnologico/a**  technological 22
**tedesco**  German (language,
  person) 2
**tedesco/a**  German 5
**telefonare**  to telephone 3
**telefonata**  phone call 3
**telefonico/a**  telephone 17
**telefono**  telephone 1
**telegiornale** *m.*  TV news 16
**telegramma** *m.*  telegram 12
**telespettatore** *m.*  TV viewer 16
**televisione** *f.*  television 16
**televisivo/a**  television 20
**televisore** *m.*  television set 1;
  ~ **a colori**  color TV 16; ~ **in
  bianco e nero**  black-and-white
  TV 16
**tema** *m.*  theme 12
**temere (di)**  to fear 21
**temperatura**  temperature 9
**tempo**  time 4; weather 9; **a** ~
  **parziale**  part-time 8; **a** ~
  **pieno**  full-time 7; **allo stesso**
  ~  at the same time 4; **che** ~
  **fa lì?**  what's the weather like
  there? 9; **fa bel** ~  it's nice
  weather 9; **fa cattivo** ~  it's
  bad weather 9; **molto** ~ **fa**  a
  long time ago 6; **poco** ~ **fa**  a
  little while ago 6; **qualche** ~ **fa**
  some time ago 6

**tenda**  curtain 14
**tenere°**  to hold, to keep 13
**tenore** *m.*  tenor 17
**tentativo**  attempt 20
**tergicristallo**  windshield wiper
**Terme** *(pl.)* **di Caracalla**
  Caracalla baths (baths built by
  the Romans) 17
**terminare**  to end
**terra**  earth
**terraferma**  dry land
**terzo/a**  third 22
**tesoro**  treasure
**tessuto**  cloth 10
**testa**  head 11
**testo**  text
**ti**  you, to you, yourself
**timido/a**  shy, timid 5
**tinta: a** ~ **unita**  one color 10
**tipo**  type 10
**tirare (molto) vento**  to be (very)
  windy 9
**tirrenico/a**  Tyrrhenian
**titolo**  title
**tivvù** *f.*  TV 16; ~ **via cavo**
  cable TV 16
**tonno**  tuna 13
**topo**  mouse
**tornare**  to return 3; ~ **indietro**
  to turn back
**torre**  tower
**torta**  cake 13
**torto: avere** ~  to be wrong 2
**totale**  total 12
**totocalcio**  lottery based on
  soccer games 6
**tovagliolo**  napkin 13
**tra**  between, among 3; ~
  **l'altro**  besides 15
**traffico**  traffic 15
**tram** *m.*  streetcar, trolley 15;
  **andare° in tram**  to go by tram
  15
**tramezzino al tonno**  tuna
  sandwich 4
**tranquillamente**  calmly
**tranquillo/a**  tranquil 19
**trarre**  to draw 22
**trascrivere**  to write out fully
**trasferirsi**  to move 14
**trasmettere,** *p.p.* **trasmesso**  to
  communicate 20

**trasmissione** *(f.)* **televisiva**  TV
  program 16
**trattare di**  to deal with 19
**tratto**  passage
**tre**  three LP
**tredicesima**  additional
  monthly salary or bonus paid
  to workers at Christmas time
  18
**tredicesimo/a**  thirteenth 22
**tredici**  thirteen LP
**treno**  train 15; **andare° in** ~
  to go by train; ~ **diretto
  (direttissimo)**  direct (express)
  train
**trenta**  thirty 1
**triste**  sad 5
**tromba**  trumpet 17
**troppo**  too 11; too much 13
**trovare**  to find 3
**tu**  you
**tuo/a**  your, yours
**turismo**  tourism 22
**tuttavia**  yet, nevertheless
**tutti**  everybody, everyone 4
**tutto**  everything 10
**tutto/a**  all 5; **tutti i giorni
  (mesi)**  every day (month) 9

**ufficiale**  official
**ufficio**  office 7; ~ **postale**
  post office 3
**uguaglianza**  equality
**ultimo/a**  latest, last (in a
  series) 6
**un, uno, una, un'**  a, an
**undicesimo/a**  eleventh 22
**undici**  eleven LP
**unghia**  nail 11
**unico/a**  only
**unità**  unity 21
**unito/a**  united 20
**università**  university 1
**universitario/a**  university 18
**uno**  one LP
**uomo (uomini,** *pl.***)**  man 5; ~
  **d'affari**  businessman 15
**uovo (uova,** *f. pl.***)**  egg 7
**usare**  to use 3
**uscire°**  to go out 6
**uscita**  exit
**utile**  useful 11
**uva**  grape(s) 7

**va bene?** O.K.? is that all right? 3

**vacanza: in ~** on vacation 6; **Buone vacanze!** Have a nice vacation!

**vagone letto (ristorante)** sleeping (dining) car

**valido/a** valid 18

**valigia (valige,** *pl.***)** suitcase 9

**vario/a** various 18

**vecchio/a** old 5

**vedere°,** *p.p.* **visto, veduto** to see 4; **ci vediamo domani** see you tomorrow LP; **vedersi** to see each other 7

**veduta** sight, view

**vegetazione** *f.* vegetation 22

**vela** sailing 12

**velluto** velvet, corduroy 10

**veloce** swift 19

**velocemente** fast 6

**vendere** to sell 4

**vendita** sale 12; **in ~** on sale 17

**venerdì** *m.* Friday 4

**venire° (a),** *p.p.* **venuto** to come 4; **viene fatta** happen

**ventesimo/a** twentieth 22

**venti** twenty LP

**ventitreesimo/a** twenty-third 22

**vento: tirare (molto) ~** to be (very) windy 9

**ventunesimo/a** twenty-first 22

**veramente** really 7

**verde** green 10

**verdura** green vegetables 7

**vero/a** true, real 5

**verso** toward, around (time) 3

**vestiario** clothes 10

**vestirsi** to get dressed 7

**vestito** dress 10; suit 10; **~ da sposa** *m.* wedding dress 10

**vetrina** store window 5

**vetro** glass

**vi** you, to you, yourselves

**via** street 5

**viale** boulevard

**viaggio** trip, voyage 16; **Buon ~!** Have a good trip!

**vicinanze** *pl.* neighborhood, environs 14

**vicino a** near 3

**videocassetta** videocassette 16

**videodisco** videodisc 16

**videogioco** video game 16

**videoregistratore** *m.* video recorder 16

**vigile** *m.* traffic officer; **~ del fuoco** fireman

**vigore: in ~** in force

**villa** country house 2

**vincere°,** *p.p.* **vinto** to win 6

**vincitore** winner

**vino** wine 6

**viola** *(invariable)* purple 10

**violino** violin 17

**visita** visit 13; **~ di controllo** check-up

**visitare** to visit 3

**viso** face 11

**vita** life 19

**vitello** veal 13

**vivace** lively

**vivere** *m.* living 19

**vivere°** to live 8

**vizio** vice

**voi** you

**voce: ad alta ~** out loud

**voglia: avere° ~ di** to feel like (doing something) 2; **non ne ho molta ~** I don't feel much like it 17

**volante** *m.* steering wheel

**volantino** leaflet, flyer 20

**volare** to fly 19

**volentieri** gladly, willingly 4

**volere°** to wish, want 4

**volo** flight

**volontà** will

**volta** time 7; **a volte** at times 9; **ancora una ~** once again 21; **per la prima ~** for the first time 20; **qualche ~** sometimes 9; **quante volte?** how many times? 7; **una ~ al giorno** once a day 9; **una ~ ogni tanto** once in a while 9; **una ~ tanto** just for once 17

**volume** *m.* volume 16

**vongole** *pl.* clams 13

**vostro/a** your, yours

**votare** to vote 20

**voto** vote 20

**zaino** knapsack 1

**zero** zero LP

**zia** aunt 2

**zio** uncle 2

**zitto/a: stare ~** to be quiet

**zona** zone 16

**zucchini** *pl.* zucchini squash 7

# English-Italian Vocabulary

The following vocabulary list contains most of the words and expressions needed for the English-to-Italian translation exercises provided in each *Ripasso*. It also contains many basic words and expressions that you may wish to use in preparing guided oral and written compositions. A tilde (~) is used to indicate repetition of a main entry; for example, **be** ~ under **afraid** means **be afraid.** The definitions are limited to the context in which the words are used in the book.

The following abbreviations are used: *f.* = feminine; *m.* = masculine; *pl.* = plural.

**absolutely** assolutamente
**acceptable** accettabile
**accepted** accettato/a
**accident** l'incidente *(m.)*
**accompany** accompagnare
**according to** secondo
**acquainted: be** ~ **with** conoscere
**action** il provvedimento, l'azione *(f.)*
**activity** l'attività
**actor** l'attore *(m.)*
**actress** l'attrice *(f.)*
**adequate** adeguato/a
**administration** il governo
**advancement** lo sviluppo
**advertise** fare la pubblicità
**ad(vertisement)** la pubblicità, l'annuncio
**advertising** la propaganda, la pubblicità; pubblicitario/a
**advise** consigliare (di); ~ **against** sconsigliare
**affectionately** affettuosamente
**afraid: be** ~ **of** avere paura di
**after** dopo; **after that** poi

**afternoon** il pomeriggio; **in the** ~ il pomeriggio
**against** contro
**age** l'età
**agent** l'agente *(m. or f.)*
**ago: a little while** ~ poco tempo fa; **not long** ~ poco tempo fa; **some time** ~ qualche tempo fa; **two days** ~ due giorni fa
**agreed** d'accordo
**aid** l'aiuto
**air** l'aria
**all** tutto/a
**almost** quasi
**alone** da solo/a
**already** già
**also** anche
**although** benché, nonostante che
**always** sempre
**American** americano/a
**among** fra, tra; ~ **themselves** fra (tra) di loro
**amuse oneself** distrarsi
**amusing** divertente
**ancient** antico/a

**and** e *(frequently* ed *before a vowel)*
**animal** l'animale *(m.)*
**ankle** la caviglia
**another** altro/a
**answer** rispondere
**anthropology** l'antropologia
**anxiously** con ansia
**anyway** tanto
**apartment** l'appartamento; **small** ~ l'appartamentino; **studio** ~ il miniappartamento
**appear** sembrare
**apple** la mela
**appliances: household** ~ gli elettrodomestici
**application: job** ~ la domanda d'impiego
**appreciate** apprezzare
**approve** approvare
**apricot** l'albicocca
**April** aprile
**architect** l'architetto
**architecture** l'architettura
**arm** il braccio (le braccia, *f. pl.*)
**armchair** la poltrona
**armoire** l'armadio

**around (time)** verso
**arrival** l'arrivo
**arrive** arrivare
**art** l'arte *(f.)*
**artichoke** il carciofo
**as** come; ~ ... ~ tanto ... quanto; ~ **soon** ~ appena; ~ **usual** come al solito
**ask** domandare; ~ **(for)** chiedere (di); ~ **a question** fare una domanda
**asparagus** gli asparagi
**at** a (*frequently* ad *before a vowel*), presso
**atmosphere** l'atmosfera
**attempt** tentativo
**attend** frequentare
**attention** l'attenzione
**attractive** simpatico/a
**audience** pubblico
**August** agosto
**aunt** la zia
**authority** l'autorità
**automobile** l'auto(mobile) *(f.)*, la macchina
**automotive** automobilistico/a
**autumn** l'autunno, autunnale; **in the middle of** ~ in pieno autunno

**baby** il bambino/la bambina
**bad** cattivo/a, male; **not too** ~ non c'è male; **from** ~ **to worse** di male in peggio
**baker** il panettiere
**bakery** la panetteria
**ball: masked** ~ il ballo in maschera
**banana** la banana
**band** il complesso
**bank** la banca
**banker** il banchiere
**bar** il bar
**basketball** la pallacanestro
**bath: take a** ~ farsi il bagno
**bathroom** il bagno, la stanza da bagno
**be** essere, stare; ~ **... years old** avere ... anni; ~ **able** potere
**beach** la spiaggia
**bear** soffrire

**beautiful** bello/a
**because** perché; ~ **of** a causa di
**become** diventare
**bed** il letto
**bedroom** la camera da letto
**beer** la birra
**before** prima di, prima che
**beg** pregare (di)
**begin** mettersi a, cominciare (a)
**being** essendo
**believe** credere (di)
**besides** tra l'altro
**bet** scommettere
**better** meglio; migliore
**between** fra, tra; ~ **themselves** fra (tra) di loro
**bicycle** la bicicletta; ~ **racing** il ciclismo
**big** grande
**biking** andare in bicicletta
**biology** la biologia
**birthday** il compleanno; **happy** ~ buon compleanno
**black** nero/a
**blackboard** la lavagna
**block** intasare
**blocked** bloccato/a
**blouse** la camicetta
**blow (horn)** sonare
**blue** blu (*invariable*); **sky-blue** azzurro/a
**boat** la barca
**boating** andare in barca
**bold** audace
**book** il libro
**bookshelf** lo scaffale
**bookstore** la libreria
**boots** gli stivali
**boring** noioso/a
**born** nato/a (*past participle*); **be** ~ nascere
**boss** il capo
**both ... and** sia ... che
**box-office** il botteghino
**boy** il ragazzo
**boyfriend: my** ~ il mio ragazzo
**brake** il freno
**bread** il pane
**breakdown** il guasto
**breakfast** la prima colazione

**breathe** respirare
**bride and groom** gli sposi
**brief** breve
**brilliant** brillante
**bring** portare; ~ **to someone's attention** fare presente
**broadcast** mandare in onda
**broccoli** i broccoli
**brother** il fratello; **brother-in-law** il cognato; **little** ~ il fratellino
**brown** marrone (*invariable*), castano/a (*eyes, hair*)
**brush one's teeth** lavarsi i denti
**bus** l'autobus *(m.)*
**businessman** l'uomo d'affari
**businesswoman** la donna d'affari
**busy** impegnato/a, occupato/a; **be** ~ avere da fare
**but** ma
**butcher** il macellaio
**butter** il burro
**buy** comprare, acquistare
**by:** ~ **chance** per caso; ~ **the way** a proposito
**bye** *(informal)* ciao

**café** il bar, il caffè
**cake** la torta
**calculator** la calcolatrice
**calendar** il calendario
**call** chiamare; **phone** ~ la telefonata
**called: be** ~ chiamarsi
**calm** calmo/a
**campaign** la campagna
**can** potere
**can opener** l'apriscatole *(m.)*
**Canadian** canadese
**candidate** il candidato
**capable** bravo/a
**capital** la capitale; ~ **of a region** il capoluogo
**car** la macchina
**card: birthday** ~ la cartolina di buon compleanno
**care** la preoccupazione
**career** la carriera
**carefree** disinvolto/a
**careful** prudente

**carpenter**  il falegname
**carrot**  la carota
**case**  il caso; **in ~ that**  in caso che
**cathedral**  il duomo, la cattedrale
**cause**  causare; la causa
**cautious**  prudente
**ceiling**  il soffitto
**celebrate**  festeggiare
**cellar**  la cantina
**central**  centrale
**ceramics**  la ceramica (ceramiche, *f. pl.*)
**certain**  certo/a
**certainly**  certo
**chair**  la sedia
**champion**  il campione/la campionessa
**chance: by ~**  per caso
**change**  cambiare; il cambiamento; **~ (channels)** cambiare; **~ one's mind** cambiare idea
**chaotic**  caotico/a
**character**  *(in a play, opera, etc.)* il personaggio
**cheap**  a buon mercato
**check the oil (tires)**  controllare l'olio (le gomme)
**checkered**  a quadri
**cheer up!**  coraggio!
**cheese**  il formaggio
**chemistry**  la chimica
**cherry**  la ciliegia
**chest of drawers**  comò
**chief**  capo
**child**  il bambino/la bambina; **children**  i figli
**Chinese**  il cinese
**choice**  la scelta
**choose**  scegliere
**chorus**  il coro
**church**  la chiesa
**cinema**  il cinema
**citizen**  il cittadino
**city**  la città; cittadino/a; **~ hall**  il municipio
**civil**  civile
**classic**  classico/a
**classical**  classico/a
**classroom**  l'aula

**clean**  pulire; pulito/a
**clear**  chiaro/a, lampante; **~** *(weather)* sereno/a; **~ the table**  sparecchiare la tavola
**clearly**  chiaramente
**clerk**  l'impiegato/l'impiegata
**climate**  il clima
**close**  chiudere
**closet**  il guardaroba
**cloth**  il tessuto
**clothes**  il vestiario; **~ dryer** l'asciugatrice *(f.)*
**clothing**  gli articoli di abbigliamento, i capi di vestiario, gli indumenti
**cloudy**  nuvoloso/a
**coalition**  la coalizione *(f.)*
**coat**  il cappotto
**coffee**  il caffé
**cold: be ~** *(person)*  avere freddo; **be (quite) ~** *(weather)* fare (abbastanza) freddo
**color**  il colore; **one ~**  a tinta unica
**comb**  il pettine; **~ one's hair** pettinarsi i capelli
**come**  venire
**comfortable**  comodo/a
**commercial**  la pubblicità
**competition**  la gara
**complete**  compiere
**complicated**  complicato/a
**composed of**  composto di
**computer**  il computer; **~ science**  l'informatica
**concert**  il concerto
**conclude**  concludere
**conclusion**  la conclusione
**concrete**  concreto/a
**conductor**  il conducente
**confectioner**  il pasticciere; **~'s shop**  la pasticceria
**confused**  confuso/a
**confusion**  la confusione
**congratulations!**  complimenti!
**conquer**  conquistare
**consequence**  la conseguenza
**consider**  considerare
**constitution**  la costituzione
**consultant**  il/la consulente
**contact**  il contatto
**content: be ~**  accontentarsi

**continue**  continuare (a), proseguire
**continuously**  in continuazione
**control**  il controllo
**convince**  convincere
**cook**  cucinare; il cuoco/la cuoca
**cool: be ~**  fare fresco
**cordial**  cordiale
**cost**  costare; **how much does it ~?**  quanto costa?
**costume**  il costume
**cotton**  il cotone
**country**  il paese, la campagna
**couple**  la coppia
**courteous**  gentile
**cousin**  il cugino/la cugina
**crazy**  pazzesco/a
**create**  creare
**creation**  la creazione
**crisis**  la crisi
**criticism**  la critica
**cup**  la tazza
**curious**  curioso/a
**curtain**  la tenda
**customer**  il/la cliente
**cut one's hair (nails)**  tagliarsi i capelli (le unghie)
**cute**  carino/a

**daily**  quotidiano/a
**dairy**  la latteria
**damage**  danneggiare
**dance**  ballare; la danza
**daring**  audace
**daughter**  la figlia; **daughter-in-law**  la nuora
**day**  la giornata; **~ after tomorrow**  dopodomani; **~ before yesterday**  l'altro ieri
**dead**  il morto; morto/a
**deal: a great ~**  un bel po', granché; **~ with**  trattare di
**dear**  caro/a
**death**  la morte
**debate**  il dibattito
**debt**  il debito
**decade**  il decennio
**December**  dicembre
**decide**  decidere (di)
**decisive**  deciso/a
**declare**  dichiarare

**decrease** diminuire; la diminuzione
**degree** il grado
**delicatessen** la salumeria; ~ **seller** il salumiere
**demonstration** la manifestazione
**den** lo studio
**dentist** il/la dentista
**depart** partire
**departure** la partenza
**depends: that** ~ dipende
**depressed** depresso/a
**descend** scendere
**desk** la scrivania
**dessert** il dolce
**determine** stabilire
**development** lo sviluppo
**dictionary** il dizionario
**die** morire
**difficult** difficile
**diminish** diminuire
**dinner** il pranzo
**director: movie** ~ il/la regista
**dirty** sporco/a
**disappear** scomparire
**discomfort** il disagio
**discotheque** la discoteca
**discount** lo sconto
**discouraged** scoraggiato/a
**discuss** discutere
**discussion** la discussione
**dish** il piatto; **main** ~ il primo piatto
**dishonest** disonesto/a
**dishwasher** la lavastoviglie
**dislocate** slogarsi
**displeasure** il dispiacere
**distribute** distribuire
**divine** divino/a
**divorce** divorziare
**divorced** divorziato/a
**do** fare; ~ **without** fare a meno
**doctor** il medico, il dottore/la dottoressa
**door** la porta
**doorman** il portiere
**down there** laggiù
**downtown** il centro
**drama** il dramma
**dress** il vestito; **wedding** ~ il vestito da sposa

**dressed: get** ~ vestirsi
**dressmaker** (female) la sarta
**drink** bere; la bevanda
**drinking glass** il bicchiere
**drive** guidare
**drug** la droga
**dry one's face (hands)** asciugarsi la faccia (le mani)
**dryer: hair** ~ l'asciugacapelli (m.); **clothes** ~ l'asciugatrice (f.)
**due to** dovuto a
**during** durante
**dynamic** dinamico/a

**each** ogni
**ear** l'orecchio
**early** presto; **be** ~ essere in anticipo
**earn** guadagnare; ~ **one's living** guadagnarsi la vita
**easy** facile
**eat** mangiare
**ecological** ecologico/a
**ecology** l'ecologia
**economic** economico/a
**economics** l'economia
**efficacious** efficace
**effort** sforzo
**egg** l'uovo (le uova, f. pl.)
**eight** otto
**eighteen** diciotto
**eighth** ottavo/a
**eighty** ottanta
**elbow** il gomito
**elect** eleggere
**election** l'elezione (f.)
**elector** l'elettore (m. or f.)
**electoral** elettorale
**electrician** l'elettricista (m. or f.)
**elegant** elegante
**eleven** undici
**eleventh** undicesimo/a
**emotion** l'emozione (f.)
**employ** impiegare
**employed** occupato/a
**employment** l'impiego, l'occupazione (f.)
**energetic** dinamico/a
**engaged** impegnato/a; **become** ~ fidanzarsi

**engagement** l'impegno
**engineering** l'ingegneria
**English** (language, person) l'inglese
**enjoy oneself** divertirsi (a)
**enormous** enorme
**enough: it's** ~ basta; **that's** ~ basta così
**enter** entrare
**environment** l'ambiente (m.)
**establish** stabilire
**etching** l'acquaforte (m.)
**Europe** l'Europa
**even** addirittura; perfino; ~ **though** benché, nonostante che, sebbene
**evening** la sera, la serata; **good** ~ buona sera; **in the** ~ la sera; **this** ~ stasera
**event** avvenimento
**ever** mai
**every (single)** ogni; ~ **day (month)** tutti i giorni (mesi)
**everybody** tutti
**everyone** tutti
**everything** tutto
**everywhere** dappertutto; ~ **else** altrove
**exaggerate** esagerare
**exam** l'esame (m.)
**examine** esaminare
**example** l'esempio
**excellent** ottimo/a
**exceptional** eccezionale
**exchange** lo scambio
**excited** emozionato/a
**excuse** la scusa; ~ **me** scusa, (formal) scusi
**executive** il/la dirigente
**exhibition** la manifestazione
**exorbitant** esorbitante
**expect** prevedere
**expensive** caro/a
**experience** provare; l'esperienza
**expert** l'esperto; **be an** ~ **in** intendersi di
**explain** spiegare
**explosion** l'esplosione (f.)
**express** esprimere
**exquisite** squisito/a
**eye** l'occhio

**face** il viso; la faccia
**fact: in ~, as a matter of ~** infatti
**factory** la fabbrica
**fall: ~ asleep** addormentarsi; **~ in love** innamorarsi
**family** la famiglia
**famous** famoso/a
**fantastic** fantastico/a
**far from** lontano/a da
**fashion** la moda; **~ show** la sfilata dei modelli
**fashionable** alla moda
**fast** velocemente
**fat** grasso/a
**fatality** il morto
**father** il padre; **father-in-law** il suocero
**favorite** preferito/a
**fear** temere (di)
**February** febbraio
**feel** provare, sentire, sentirsi; **~ like (doing something)** avere voglia di (+ *inf*)
**fever** la febbre
**few** pochi/e
**fifteen** quindici
**fifth** quinto/a
**fiftieth** cinquantesimo/a
**fight** la lotta
**fill it up** fare il pieno
**final** finale
**finally** finalmente
**financial** finanziario/a
**find** trovare
**fine** bene
**finger** il dito (le dita, *f. pl.*) della mano
**finish** finire (di)
**fire** *(from a job)* licenziare
**fireplace** il camino
**firm** la ditta
**first** primo/a; **~ of all** innanzi tutto
**fish** il pesce; **~ market** la pescheria; **~ vendor** il pescivendolo
**fit** *(shoes, gloves)* calzare
**five** cinque
**fix** aggiustare
**floor** il pavimento, il piano
**flyer** il volantino

**foggy: it's ~** c'è la nebbia
**follow** seguire
**food** il cibo
**foot** il piede
**for** per
**foreign** straniero/a
**foresee** prevedere
**forget** dimenticare, dimenticarsi (di)
**fork** la forchetta
**fortunate** fortunato/a; **fortunately** per fortuna
**forty** quaranta
**forward** avanti
**four** quattro
**fourteen** quattordici
**fourth** quarto/a
**free** libero/a
**freely** liberamente
**French** *(language, person)* il francese; francese
**fresh** fresco/a; **don't be fresh!** non fare lo spiritoso/la spiritosa!
**Friday** venerdì
**friend** l'amico/l'amica
**from** da, da parte di, di *(frequently* d' *before a vowel)*; **~ time to time** di quando in quando
**front: in ~ of** davanti a
**fruit** la frutta; **~ vendor** il fruttivendolo
**full** pieno/a
**furnished** ammobiliato/a
**furniture** i mobili
**future** il futuro

**gaily** allegramente
**game** la partita
**garage** il garage
**garden** il giardino
**gasoline** la benzina
**gather** riunirsi
**general** generale
**generally** generalmente
**geology** la geologia
**German** *(language, person)* il tedesco; tedesco/a
**get: get off/down** scendere; **~ ready** prepararsi (per); **~ up** alzarsi

**girl** la ragazza
**girlfriend: my ~** la mia ragazza
**give** dare; **~ a discount** fare uno sconto; **~ a ride** dare un passaggio; **~ back** restituire
**given** dato/a
**glad** contento/a
**gladly** volentieri
**glass: drinking ~** il bicchiere
**gloves** i guanti
**go** andare; **~ ahead** dica pure; **~ around** girare; **~ away** andare via; **~ by bicycle** andare in bicicletta; **~ by boat** andare in barca; **~ by bus** andare in autobus; **~ by car** andare in macchina; **~ by motorcycle** andare in moto(cicletta); **~ by plane** andare in aereo; **~ by ship** andare con la nave; **~ by taxi** andare in tassì; **~ by train** andare in treno; **~ by tram** andare in tram; **~ horseback riding** andare a cavallo; **~ on an excursion** fare una gita; **~ on foot** andare a piedi; **~ on vacation** andare in vacanza; **~ skating** andare a pattinare; **~ skiing** andare a sciare; **~ to the country** andare in campagna; **~ to the mountains** andare in montagna; **~ to the seashore** andare al mare; **~ out** uscire
**good** bene, bravo/a, buono/a
**good-by** arrivederci; *(formal)* arrivederla
**government** il governo
**graduate** laurearsi
**granddaughter** la nipote
**grandfather** il nonno
**grandmother** la nonna
**grandson** il nipote
**grapefruit** il pompelmo
**grapes** l'uva
**graphic** grafico/a
**gray** grigio
**great** grande; ottimo!; **just ~ !** benissimo!
**green** verde
**greet** salutare; **~ each other** salutarsi

**grocer** il droghiere
**grocery store** la drogheria
**group** il gruppo; **musical ~** il complesso
**guest** l'invitato
**guitar** la chitarra
**guitarist** il/la chitarrista
**gymnasium** la palestra

**hair** i capelli; **~ dryer** l'asciugacapelli *(m.)*
**hairbrush** la spazzola per capelli
**hall** la sala
**ham: cured ~** il prosciutto
**hand** la mano (mani, *f. pl.*)
**handbag** la borsa
**handsome** bello/a
**happen** succedere; **what happened?** che cosa è successo?
**happily** allegramente
**happiness** la felicità
**happy** allegro/a, contento/a, felice
**hat** il cappello
**hate each other** odiarsi
**have** avere; **~ a good time** divertirsi (a); **~ a job interview** sostenere un colloquio; **~ breakfast or lunch** fare colazione; **~ in mind** avere in mente; **~** *(in the sense of to eat, to drink)* prendere; **~ the time to** avere il tempo di; **~ to** dovere
**head** la testa
**healthy** sano/a
**hear** sentire; **~ from** avere notizia di
**heating** il riscaldamento
**hello** buon giorno; *(response on the phone)* pronto?
**help** aiutare; l'aiuto; **domestic ~** la colf; **~ each other** aiutarsi
**hi** ciao
**hide** nascondere
**high** alto/a
**hire** assumere
**history** la storia
**hold** tenere

**holy** santo/a
**homemaker** la casalinga
**homesick: to be ~** provare nostalgia
**hope** sperare (di), augurarsi; **let's ~ so** speriamo di sì
**horn** il clacson
**hors-d'oeuvre** l'antipasto
**horseback riding** l'equitazione *(f.)*
**hospital** il policlinico, l'ospedale *(m.)*
**hot: be ~** *(weather)* fare caldo
**hotel** l'albergo
**hour: at rush ~** all'ora di punta; **one ~ ago** un'ora fa
**house** la casa; **country ~** la villa
**household appliances** gli elettrodomestici
**how** come; **~ are you?** come stai?; *(formal)* come sta?; **~ many?** quanto/a?; **~ many times?** quante volte?; **~ much?** quanti/e?; **~ much is it?** quanto costa?
**however** comunque, però
**hug** abbracciare
**human body** il corpo umano
**hundred** cento
**hungry: be hungry** avere fame
**hurry** affrettarsi; **be in a ~** avere fretta
**hurt** fare male
**husband** il marito

**ice cream** il gelato; **~ parlor** la gelateria
**idea** l'idea
**if** se
**immediately** subito
**important** importante, notevole
**impossible** impossibile
**improbable** improbabile
**improve** migliorare
**improvement** il miglioramento
**in** in
**indescribable** indescrivibile
**indicate** indicare
**industrialist** l'industriale *(m.)*
**industry** l'industria

**inexpensive** a buon mercato
**information** l'informazione *(f.)*
**insincere** falso/a
**instant** l'istante *(m.)*
**instead (of)** invece di
**institution** l'istituzione *(f.)*
**insurance** assicurativo/a
**intelligent** intelligente
**intend to** avere intenzione di
**interested: be ~ (in)** interessarsi
**international** internazionale
**interpret** interpretare
**interpretation** l'interpretazione *(f.)*
**interpreter** l'interprete *(m. or f.)*
**interrupt** interrompere
**interview** intervistare; il colloquio
**introduce** fare conoscere, presentare
**introduction** l'introduzione *(f.)*
**invite** invitare (a)
**invited** invitato/a
**iron** il ferro da stiro
**irony** ironia
**issue** emanare
**Italian** italiano/a
**Italian** *(language, person)* l'italiano; italiano/a
**itself** stesso/a

**jacket** la giacca
**January** gennaio
**Japanese** *(language, person)* il giapponese
**job** il posto (di lavoro), l'impiego; **~ application** la domanda d'impiego; **~ interview** il colloquio
**joke** scherzare
**journalist** il/la giornalista
**joy** l'allegria
**July** luglio
**June** giugno
**just** proprio

**keep** tenere
**kind** gentile
**king** il re
**kitchen** la cucina

**knapsack** lo zaino
**knee** il ginocchio (le ginocchia, *f. pl.*)
**knife** il coltello
**know** conoscere; ~ **(how)** sapere; ~ **by heart** sapere a memoria
**known** conosciuto/a, noto/a

**lack** mancare
**lake** il lago
**lamb** l'agnello
**lamp** la lampada
**language: foreign languages** le lingue straniere
**large** grande
**last** scorso/a; *(in a series)* ultimo/a; **at** ~ finalmente
**late: I'm** ~ sono in ritardo
**later: 'till** ~ a più tardi
**latest** ultimo/a
**laugh** ridere
**law** la legge
**lawyer** l'avvocato
**lazy** pigro/a
**leaflet** il volantino
**learn** apprendere; imparare (a)
**least: at** ~ almeno
**leather** il cuoio, la pelle; **made of** ~ di cuoio
**leave** partire, andare via; ~ **(behind)** lasciare
**left** sinistro/a
**leg** la gamba
**lemon** il limone; ~ **soda** la limonata
**lemonade** la limonata
**lend** prestare
**lesson: driving** ~ la lezione di guida
**letter** la lettera
**lettuce** la lattuga
**library** la biblioteca
**license: driver's** ~ la patente di guida
**life** la vita
**light** la luce; leggero/a
**like** come; piacere
**linen** il lino
**lira (Italian currency)** la lira
**listen** sentire; ~ **(to)** ascoltare; *(command)* senti

**listener** l'ascoltatore/l'ascoltatrice
**listening** l'ascolto
**literary** lettarario/a
**literature** la letteratura
**little** piccolo/a; **very** ~ ben poco
**live** abitare; campare; vivere
**live** in diretta
**living** il vivere; ~ **room** il salotto
**loan** prestare
**lobster** l'aragosta
**local** locale
**long** lungo/a
**look (at)** guardare; ~ **(for)** cercare; ~ **at oneself in the mirror** guardarsi allo specchio
**lose** perdere
**lottery** la lotteria
**love** l'amore (m.); **fall in** ~ innamorarsi; ~ **each other** amarsi
**lower** abbassare
**luck** la fortuna; **bad** ~ la sfortuna
**lucky: be** ~ avere fortuna
**lunch** *(main meal at noon)* il pranzo

**Ma'am** signora
**magazine** la rivista
**magnificent** magnifico/a
**mail** spedire
**make** fare; rendere; ~ **a date** fissare un appuntamento; ~ **known** fare conoscere; ~ **plans** fare programmi; ~ **purchases** fare acquisti; ~ **reservations** prenotare; ~ **sense** avere senso; ~ **sure** fare in modo
**man** l'uomo (gli uomini, *pl.*)
**manage** arrangiarsi; gestire
**management** la gestione
**manager** il funzionario, il direttore/la direttrice
**managerial** gestionale
**manner** la maniera
**many** molti/e
**March** marzo

**Mardi Gras** il Carnevale
**market** il mercato
**married** sposato/a
**marry (get married)** sposarsi
**marvelous** meraviglioso/a
**match** l'incontro; la gara
**materials** i materiali
**mathematics** la matematica
**May** maggio
**meal** il pasto
**meaning** il significato
**means of transportation** i mezzi di trasporto
**meantime: in the** ~ intanto, nel frattempo
**meanwhile** intanto
**measure** il provvedimento
**meat** la carne *(f.)*
**mechanic** il meccanico
**medicine** la medicina
**meet** incontrare, riunirsi; ~ **(each other)** incontrarsi
**merit** il merito
**Mexican** messicano/a
**midnight** mezzanotte
**Milan: from** ~ milanese
**military** il militare
**milk** il latte
**milkman** il lattaio
**million** il milione
**mind** dispiacere; **do you** ~ **if ...?** ti dispiace se ...?; **have in** ~ avere in mente; **if you don't** ~ se non ti dispiace
**minister** il ministro; **Prime** ~ il Primo Ministro
**mirror** lo specchio
**misfortune** il dispiacere, la sfortuna
**Miss** signorina
**mix-up: a little** ~ un po' di confusione
**model** il modello
**modern** moderno/a
**modest** modesto/a
**moment** il momento
**monarchy** la monarchia
**Monday** lunedì
**money** i soldi, il denaro
**month** il mese
**monument** il monumento
**mood** lo stato d'animo

**more** più; ~ ... **than** più ... di

**morning** la mattina, il mattino; **good** ~ buon giorno; **in the** ~ la mattina; **this** ~ stamattina

**most: for the** ~ **part** per lo più

**mother** la madre; **mother-in-law** la suocera

**motorcycle** la moto(cicletta)

**mountain: in (to) the mountains** in montagna; ~ **climbing** l'alpinismo

**mouth** la bocca

**move** trasferirsi

**movie:** ~ **director** il/la regista

**Mr.** signor + *last name*

**Mrs.** signora + *last name*

**much: too** ~ troppo

**muggy** afoso/a

**museum** il museo

**mushrooms** i funghi

**music** la musica

**musical** musicale; ~ **group** il complesso

**musician** il/la musicista

**must** dovere

**my** mio/a

**nail** l'unghia

**name** *(first)* il nome; *(last)* il cognome; **brand** ~ la marca; **what's your** ~? come ti chiami?; *(formal)* come si chiama?

**named: be** ~ chiamarsi

**napkin** il tovagliolo

**nature** la natura

**Neapolitan (from Naples)** napoletano/a

**near** vicino a

**necessary** necessario/a

**neck** il collo

**need** avere bisogno di; il bisogno

**neighborhood** le vicinanze

**neither ... nor** non ... né ... né

**nephew** il nipote

**nervous** nervoso/a

**never** non ... mai

**nevertheless** nonostante ciò

**new** nuovo/a

**news** le notizie; ~ *(one item)* la notizia; ~ **reporter on TV and radio** l'annunciatore *(m.)*, l'annunciatrice *(f.)*

**newspaper** il giornale

**next** a lato; prossimo/a

**nice** bello/a, carino/a, simpatico/a; **be** ~ **(weather)** fare bel tempo

**niece** la nipote

**night** la notte; **at** ~ di notte; **good** ~ buona notte; **in the night-time** la notte, di notte

**nine** nove

**nineteen** diciannove

**ninety** novanta

**ninth** nono/a

**no** no; ~ **longer** non ... più; ~ **more** non ... più; ~ **one** nessuno, non ... nessuno

**noise** il rumore

**none** niente

**noon** mezzogiorno

**nose** il naso

**not** non; ~ **any** non ... nessuno; ~ **at all** non ... affatto; ~ **even** non ... neanche, non ... nemmeno, non ... neppure; ~ **ever** non ... mai; ~ **too bad** non c'è male; ~ **yet** non ... ancora

**notebook** il quaderno

**nothing** niente; non ... niente, non ... nulla; ~ **special** niente di speciale

**notice** accorgersi

**novel** il romanzo

**November** novembre

**now** adesso, ora; **by** ~ ormai

**O.K.** d'accordo, va bene

**obey** obbedire *(also* ubbidire*)*

**observe** osservare

**obtain** ottenere

**occasion** l'occasione *(f.)*

**occupation** l'occupazione *(f.)*

**occupied** occupato/a

**October** ottobre

**of** di *(frequently* d' *before a vowel)*; ~ **course** certo

**offer** offrire

**office** l'ufficio; **post** ~

l'ufficio postale

**often** spesso

**old** antico/a, anziano/a, vecchio/a

**older** maggiore

**olive oil** l'olio d'oliva

**on** su

**once: every** ~ **in a while** ogni tanto; **just for** ~ una volta tanto; ~ **a day** una volta al giorno; ~ **again** ancora una volta; ~ **in a while** una volta ogni tanto

**one** uno

**one hundred** cento

**oneself** se stesso

**onion** la cipolla

**only** solo

**open** aprire

**opera** l'opera

**opinion** l'opinione *(f.)*

**optimistic** ottimista *(invariable in the singular)*

**or** o

**orange (color)** arancione *(invariable)*; ~ *(fruit)* l'arancia; ~ **soda** l'aranciata; ~ **juice** *(freshly squeezed)* la spremuta d'arancia

**orchestra** l'orchestra

**order (food)** ordinare; **in** ~ **that** affinché, di modo che, perché

**organize** organizzare

**organized** organizzato/a

**original** originale

**other** altro/a

**outdoors** all'aperto

**outside** fuori

**overcoat** il cappotto

**overcrowded** sovraffollato/a

**overcrowding** il sovraffollamento

**painting** il quadro; la pittura

**pair** il paio (le paia, *f. pl.*)

**panorama** il panorama

**pants** i pantaloni

**paper: piece of** ~ il foglio di carta

**parents** i genitori

**park** parcheggiare; il parco, il giardino pubblico

**parking: pay ~** il parcheggio a pagamento
**parliament** il parlamento
**parlor: ice cream ~** la gelateria
**part: on the ~ of** da parte di
**participant** il partecipante
**particularly** particolarmente
**party** il rinfresco, la festa; il partito
**pass the butter (salt, pepper)** passare il burro (sale, pepe)
**passenger** il passaggero/la passaggera
**past** il passato
**pasta** la pasta
**patience: a little ~** un po' di pazienza
**patient** paziente; **be ~** avere pazienza
**pay** il salario; **~ (for)** pagare; **~ back** ripagare
**peace** la pace
**peach** la pesca
**pear** la pera
**pen** la penna
**pencil** la matita
**people** la gente, il popolo
**pepper** il pepe, il peperone
**per kilo (metric weight)** al chilo
**perfect** perfetto/a
**performer** l'interprete *(m. or f.)*
**perhaps** forse
**period** il periodo
**permit** permettere (di)
**person** la persona
**personnel** il personale
**pessimistic** pessimista *(invariable in the singular)*
**pharmacist** il/la farmacista
**pharmacy** la farmacia
**philosophy** la filosofia
**phone call** la telefonata
**photograph** la foto(grafia)
**photographer** il fotografo
**photography** la fotografia
**physics** la fisica
**pianist** il/la pianista
**piano** il pianoforte
**pick up** ritirare; **I'll ~ you** *(informal)* **up** passo a prenderti

**pineapple** l'ananas *(m.)*
**pink** rosa *(invariable)*
**pizza** la pizza; **~ parlor** la pizzeria
**place** mettere; il luogo, il posto
**plan** programmare
**plane** l'aereo
**play (a game)** giocare; **~ basketball** giocare a pallacanestro; **~ soccer** giocare al pallone; **~ tennis** giocare a tennis; **~ volleyball** giocare a pallavolo; **~ (music)** sonare
**player** il giocatore/la giocatrice
**playing field** il campo da gioco
**pleasant** simpatico/a
**please** piacere; per favore, per piacere, prego
**pleased: I'm very ~ to meet you** *(informal)* mi fa molto piacere di conoscerti
**pleasing: be ~** piacere
**pleasure** il piacere
**plumber** l'idraulico
**pocket** la tasca; **in his/her ~** in tasca
**poem** il poema
**poet** il poeta
**poetry** la poesia
**police** la polizia
**political** politico/a; **~ science** le scienze politiche
**politician** il politico
**politics** la politica
**pollute** inquinare
**pollution** l'inquinamento
**polyester** il poliestere
**pool** la piscina
**poor** povero/a; **~ thing** poverino/a
**Pope** il Papa
**pork** il maiale
**position** il posto
**possess (something)** avere
**possibility** la possibilità
**possible** possibile
**poster** il cartellone, il manifesto
**postpone** rimandare
**potato** la patata
**practical** pratico/a

**precise** preciso/a
**prefer** preferire
**preferable** preferibile
**preoccupation** la preoccupazione
**preparation** la preparazione
**prepare** preparare
**present** presentare; attuale
**president** il presidente
**presidential** presidenziale
**press conference** la conferenza stampa
**pretty** carino/a
**price** il prezzo; **at a reduced ~** a prezzo ridotto; **at fixed prices** a prezzi fissi; **what prices!** che prezzi!
**principal** principale
**private** privato/a
**probable** probabile
**probably** probabilmente
**problem** il problema
**profession** il mestiere, la professione
**professor** il professore/la professoressa
**program** il programma
**progress** il progresso
**promise** promettere
**promote** promuovere
**proper** opportuno/a, dovuto/a
**prosperity** la prosperità
**protest** la protesta
**provided that** purché
**psychology** la psicologia
**publicly** pubblicamente
**purchase** acquistare; l'acquisto
**purple** viola *(invariable)*
**put** mettere; **~ on (clothing)** mettersi, indossare

**qualification** la qualifica
**qualified** qualificato/a
**quarrel** litigare
**queen** la regina
**quiet** silenzioso/a
**quit (a job)** licenziarsi

**radio** la radio; radiofonico/a
**rain** piovere
**rainbow** l'arcobaleno
**raincoat** l'impermeabile *(m.)*

**raise** alzare
**rarely** raramente
**rather** piuttosto
**razor (electric)** il rasoio (elettrico)
**reach** raggiungere
**read** leggere; ~ **again** rileggere
**reading** la lettura
**real** vero/a
**reality** la realtà
**realize** accorgersi
**really** davvero!, proprio, veramente
**receive** ricevere
**recently** recentemente
**reception** il ricevimento, il rinfresco
**recipe** la ricetta
**record** registrare; il disco
**recorder: tape** ~ il registratore; **video** ~ il videoregistratore
**red** rosso/a
**referee** l'arbitro
**reform** la riforma
**refrigerator** il frigo(rifero)
**regulate** regolare
**relatives** i parenti, *pl.*
**relax** distrarsi
**remain** restare, rimanere
**remarkably** notevolmente
**remember** ricordare, ricordarsi (di)
**rent** affittare; ~ **a car** noleggiare un'automobile
**reporter: news** ~ l'annunciatore *(m.)*/l'annunciatrice *(f.)*
**representative** il deputato, il rappresentante
**republic** la repubblica
**request** la richiesta
**require** richiedere
**reservation** la prenotazione
**reserve** prenotare
**reserved** riservato/a
**resign** dare le dimissioni, dimettersi
**resolve** risolvere
**respond** rispondere
**rest** riposarsi
**restaurant** il ristorante

**result** il risultato
**resume** riprendere
**resumé** il curriculum vitae
**retailer** il rivenditore
**return** restituire; tornare; **many happy returns!** cento di questi giorni!
**rice** il riso
**rich** ricco/a
**right** adatto/a; dovuto/a; giusto/a; destro/a; **be** ~ avere ragione, avere senso; ~ **away** subito
**romantic** romantico/a
**room** la camera, la stanza; **dining** ~ la sala da pranzo
**rude** sgarbato/a
**rug** il tappeto
**Russian** *(language, person)* il russo

**sad** triste
**safety** la sicurezza
**sailing** la vela
**salami** il salame
**salary** lo stipendio
**sale** la vendita; **on** ~ in vendita
**salt** il sale
**same** stesso/a; **just the** ~ lo stesso; ~ **old** solito/a
**sandals** i sandali, *pl.*
**sandwich: ham** ~ il panino al prosciutto; **tuna** ~ il tramezzino al tonno
**satisfied** soddisfatto/a
**Saturday** sabato
**save** risparmiare; salvare
**say** dire (di)
**scarcity** la scarsità
**scarf** la sciarpa
**scene** la scena
**scenery** lo scenario
**schedule** l'orario
**scheduled** previsto/a
**school: (Italian high** ~**)** il liceo
**science: natural** ~ le scienze naturali
**scientific** scientifico/a
**scissors** le forbici
**sea** il mare; **at the seashore** al mare

**search** la ricerca; **in** ~ **of** in cerca di
**season** la stagione
**seat** il posto
**second** secondo/a
**secretary** la segretaria
**sector** il settore
**see** vedere; ~ **you tomorrow** ci vediamo domani; ~ **each other** vedersi
**seek** cercare
**seem** sembrare; **it seems to me** mi sembra
**seldom** di rado
**self-possessed** disinvolto/a
**sell** vendere
**senate** il senato
**senator** il senatore
**send** mandare, spedire; ~ **back** rimandare
**September** settembre
**seriousness** la gravità
**serve** servire
**set (time)** stabilire; ~ **the table** apparecchiare la tavola
**seven** sette
**seven thousand** settemila
**seventeen** diciassette
**seventh** settimo/a
**seventy** settanta
**sew** cucire
**shade** l'ombra
**shame: what a** ~ che peccato!
**ship** la nave
**shirt: man's** ~ la camicia
**shoes** le scarpe
**shop (for food)** fare la spesa
**shopkeeper** il/la negoziante
**short** basso/a, breve
**shortly** fra poco
**shoulder** la spalla
**show** manifestare, mostrare; lo spettacolo; **fashion** ~ la sfilata dei modelli
**shower** la doccia; **take a** ~ farsi la doccia
**shrimp** gli scampi
**shy** timido/a
**sign: as a** ~ **of** in segno di
**silk** la seta
**simple** semplice
**since** siccome

**sincere** sincero/a
**sing** cantare
**singer** il/la cantante
**single: be ~** *(man)* essere celibe; **be ~** *(woman)* essere nubile
**sir** signore
**sister** la sorella; **little ~** la sorellina; **sister-in-law** la cognata
**situation** la situazione
**six** sei
**sixteen** sedici
**sixth** sesto/a
**sixty** sessanta
**sizable** notevole
**size** *(clothing)* la taglia; *(clothing, shoes)* la misura
**skate** pattinare
**skating** il pattinaggio; **go ~** andare a pattinare
**ski** sciare; lo sci; **go skiing** andare a sciare
**skirt** la gonna
**sleep** dormire
**sleepy: be ~** avere sonno; **be very ~** morire di sonno
**sleeve: with long (short) sleeves** con le maniche lunghe (corte)
**slowly** lentamente
**small** piccolo/a
**smile** sorridere
**snow** nevicare; la neve
**so** dunque; **~ that** affinché, di modo che, perché
**so-so** così così
**soap** il sapone
**soccer** il calcio, il pallone
**sociology** la sociologia
**socks** i calzini *(pl.)*
**sofa** il divano
**softly** piano
**sole** la sogliola
**solution** la soluzione
**some** alcuno/a
**something** qualcosa
**sometimes** qualche volta
**son** il figlio; **son-in-law** il genero
**song** la canzone
**soon: as ~ as** appena; **as ~ as possible** al più presto, quanto

prima; **quite ~** ben presto; **see you ~** a presto
**sorry: be ~, to mind** dispiacere; **I'm ~** mi dispiace
**soup** la minestra; **vegetable ~** il minestrone
**spaghetti** gli spaghetti; **~ carbonara style** gli spaghetti alla carbonara
**Spanish** *(language, person)* lo spagnolo; spagnolo/a
**speak** parlare; **~ to each other** parlarsi
**specialized** specializzato/a
**spectacular** spettacolare
**spend** *(time)* passare; **~** *(time/money)* spendere
**spinach** gli spinaci
**spoon** il cucchiaio
**sport** lo sport
**sporting** sportivo/a
**sporty** sportivo/a
**sprain** slogarsi
**spring** la primavera; primaverile
**stability** la stabilità
**stadium** lo stadio
**stairs** le scale
**start** mettersi a, cominciare (a); **~ again** riprendere; **~ an argument** fare polemica
**state** lo stato; statale
**station** la stazione; **gas ~** la stazione di servizio; **~ master** il capostazione
**statue** la statua
**stay** alloggiare, restare, rimanere; il soggiorno
**steak** la bistecca
**stereo** lo stereo
**still** ancora, pure
**stomach** lo stomaco
**stop** fermare, fermarsi
**store** il negozio
**story** la storia; **short ~** il racconto
**strawberry** la fragola
**street** la via, la strada; **on the ~** per strada
**streetcar** il tram
**strict** severo/a
**strike** scioperare; lo sciopero

**striker** lo/la scioperante
**string beans** i fagiolini
**striped** a righe
**strive** cercare (di)
**student** lo studente/la studentessa
**study** studiare; lo studio
**stupid** stupido/a
**subway** la metro(politana)
**succeed** riuscire (a)
**success** il successo
**successfully** con successo
**sudden** improvviso/a
**suffer** soffrire, subire
**suggest** suggerire
**suggestion** il suggerimento
**suit** il vestito
**suitcase** la valigia (le valige, *pl.*)
**sultry** *(weather)* afoso/a
**summary** il riassunto
**summer** l'estate *(f.)*; estivo/a
**Sunday** domenica
**sunny: it's ~** c'è il sole
**supermarket** il supermercato
**support** aderire
**supper** la cena
**surprised** sorpreso/a
**surround** circondare
**surrounding** circostante
**survival** la sopravvivenza
**sweater** la maglia, il maglione
**sweet** il dolce
**swift** veloce
**swim** nuotare
**swimming** il nuoto
**swimming pool** la piscina
**symbol** il simbolo
**system** il sistema

**table** il tavolo; **at the (dinner) ~** a tavola
**tailor** *(male)* il sarto
**take** prendere; **~ (courses)** seguire; **~ off (clothing)** levarsi; **~ part in** aderire (a); **~ pictures** fare fotografie; **~ place** avere luogo; **~ the subway** prendere la metro(politana)
**talk** conversare
**tall** alto/a

**tape recorder** il registratore
**taxi** il tassì
**tea** il tè; **iced** ~ il tè freddo
**teach** insegnare (a)
**team** la squadra
**teaspoon** il cucchiaino
**technological** tecnologico/a
**telegram** il telegramma
**telephone** telefonare; il
telefono; telefonico/a
**television** la televisione;
televisivo/a; ~ **set** il
televisore
**tell** dire, raccontare
**temperature** la temperatura
**ten** dieci
**tennis court** il campo da tennis
**tenor** il tenore
**tenth** decimo/a
**terrible** pessimo/a
**thank** ringraziare; ~ **you**
grazie
**that** che; quello; ~ **one**
quello; ~ **which** quello che
**theater** il teatro
**theme** il tema
**then** allora, dunque, poi
**there** ci, là, lì; ~ **are** ecco, ci
sono; ~ **is** c'è, ecco
**therefore** quindi
**thin** magro/a
**thing** la cosa
**think** credere (di); ~ **(of, about**
+ *verb*) pensare (di); **think**
**(of, about** + *noun*) pensare
(a); **I don't** ~ **so** credo di no; **I**
~ **so** credo di sì; **what do you**
~ **about . . . ?** che ve ne pare
di ...?
**third** terzo/a
**thirsty: be** ~ avere sete
**thirteen** tredici
**thirteenth** tredicesimo/a
**thirty** trenta
**this** ciò; questo/a; ~ **one**
questo
**thousand** mille
**three** tre
**throat** la gola
**Thursday** giovedì
**ticket** il biglietto; ~ **office** la
biglietteria

**tie** la cravatta
**time** il tempo; la volta; **a long**
~ **ago** molto tempo fa; **at the**
**same** ~ allo stesso tempo; **at**
**times** a volte; **at what** ~**?** a
che ora?; **be on** ~ essere
puntuale; **departure** ~ l'ora
della partenza; **for the first** ~
per la prima volta; **for the** ~
**being** al momento; **full-time**
a tempo pieno; **part-time** a
tempo parziale; **what** ~ **is it?**
che ore sono?
**timid** timido/a
**tiring** faticoso/a
**to** a (*frequently* ad *before a*
*vowel*)
**today** oggi
**toe** il dito (le dita, *f. pl.*) del
piede
**together** insieme
**token** il gettone
**tomato** il pomodoro
**tomorrow** domani; **starting** ~
da domani; **till** ~ a domani
**tonight** stanotte
**too** anche; troppo
**tooth** il dente
**toothbrush** lo spazzolino da
denti
**toothpaste** il dentifricio
**topic** il soggetto
**total** totale
**tourism** il turismo
**toward** verso
**towel** l'asciugamano
**town: small** ~ il paese
**trade** il mestiere; **what** ~ **do**
**you have?** che mestiere fa
(fai)?
**traffic** il traffico; ~ **jam**
l'ingorgo
**trail** la pista
**train** il treno
**tranquil** calmo/a, tranquillo/a
**travel agency** l'agenzia di
viaggi
**trip** il viaggio
**trolley** il tram
**trousers** i pantaloni
**truck** il camion, l'autocarro
**true** vero/a

**Tuesday** martedì
**tuna** il tonno
**turn:** ~ **off (TV, radio)**
spegnere; ~ **on** accendere
**TV** la tivvù; **black and white**
~ il televisore in bianco e
nero; **cable** ~ la tivvù via
cavo; **color** ~ il televisore a
colori; ~ **channel** il canale
televisivo; ~ **network** la rete
televisiva; ~ **news** il
telegiornale; ~ **program** la
trasmissione televisiva; ~
**viewer** il telespettatore
**twelfth** dodicesimo/a
**twelve** dodici
**twentieth** ventesimo/a
**twenty** venti
**twenty-first** ventunesimo/a
**twenty-third** ventitreesimo/a
**two** due
**type** il tipo
**typewriter** la macchina da
scrivere

**ugly** brutto/a
**unblock** sbloccare
**uncle** lo zio
**understand** capire,
comprendere
**understanding** comprensivo/a
**undertake** intraprendere
**undress** spogliarsi
**unemployed** disoccupato/a
**unemployment** disoccupazione
*(f.)*
**unforgettable** indimenticabile
**unfortunate** sfortunato/a
**unhappy** infelice
**union: labor** ~ il sindacato
**united** unito/a
**United States** gli Stati Uniti
**unity** l'unità
**university** l'università;
universitario/a; ~ **degree** la
laurea
**unknown** sconosciuto/a
**unless** a meno che
**unlucky** sfortunato/a
**unoccupied** disoccupato/a
**unpleasant** antipatico
**until** fino a; ~ **now** finora

**use**  usare
**useful**  utile
**useless**  inutile
**usual: as ~**  come al solito
**usually**  di solito

**vacation: on ~**  in vacanza; **~ days**  i giorni *(pl.)* di ferie
**vacuum cleaner**  l'aspirapolvere *(m.)*
**valid**  valido/a
**various**  vario/a
**veal**  il vitello
**vegetables: green ~**  la verdura
**vegetation**  la vegetazione
**velvet**  il velluto
**vendor**  il rivenditore
**video recorder**  il videoregistratore
**videocassette**  la videocassetta
**videodisk**  il videodisco
**video game**  il videogioco
**violin**  il violino
**visit**  visitare; la visita
**volleyball**  la pallavolo
**volume**  il volume
**vote**  votare; il voto
**voter**  l'elettore *(m. or f.)*
**voyage**  il viaggio

**wage**  il salario; salariale
**wait (for)**  aspettare; **a long ~**  una lunga attesa; **~ a minute**  aspetta un minuto
**waiter**  il cameriere
**waiting**  l'attesa
**wake up (oneself)**  svegliarsi
**walk: take a ~**  fare una passeggiata, passeggiare
**wall**  la parete; **~ poster**  il cartellone
**wallet**  il portafoglio
**want**  desiderare; volere
**wardrobe**  l'armadio
**warm: be ~** *(person)*  avere caldo; **be ~** *(weather)*  fare caldo
**wash oneself**  lavarsi; **~ one's hands (face)**  lavarsi le mani (la faccia)

**washing machine**  la lavatrice
**waste time**  perdere tempo
**watch**  guardare; aspettare; l'orologio
**water (mineral)**  l'acqua (minerale)
**way: that ~**  così; **there is no ~**  non c'è modo
**wear**  indossare
**weather**  il tempo; **what's the ~ like there?**  che tempo fa lì?; **it's nice ~**  fa bel tempo; **it's bad ~**  fa cattivo tempo; **What's the ~ forecast today?**  Quali sono le previsioni del tempo di oggi?
**wedding**  il matrimonio; **~ dress**  il vestito da sposa
**Wednesday**  mercoledì
**week**  la settimana; **weekly**  settimanale
**weekend**  il fine-settimana
**well**  allora; **(quite) ~**  (abbastanza) bene; **very ~**  molto bene
**what**  ciò che; **~?**  che cosa? (cosa?); **~ are you up to today?**  che cosa fai di bello oggi?; **~ happened?**  che cosa è successo?; **~ is . . . like?**  com'è ...?; **~ is it?**  che cos'è?; **what's playing?**  cosa c'è in programma?
**when(ever)**  quando
**when?**  quando?
**where?**  dove?; **~ are you** *(formal)* **from?**  di dov'è?; **~ is he/she from?**  di dov'è?
**which?**  qual/e?; **~ one?**  quale?
**while**  mentre
**white**  bianco/a
**who?**  chi?; **~ else?**  chi altro?
**whom: to whom?**  a chi?; **with ~ ?**  con chi?
**why?**  perché?
**wife**  la moglie
**wild**  pazzesco/a; selvatico/a
**willingly**  volentieri
**win**  vincere

**window**  la finestra; **store ~**  la vetrina
**windy: to be (very) ~**  tirare (molto) vento
**wine**  il vino
**winter**  l'inverno, invernale
**wish**  desiderare, volere; **~ (someone) well**  fare gli auguri
**wishes: best ~!**  auguri! *(m. pl.)*; **lots of good ~!**  tanti auguri!
**with**  con
**without**  senza che; **~ a doubt**  senza dubbio
**woman**  la donna
**wood**  il legno
**woods**  il bosco
**wool**  la lana
**work**  lavorare; **~** *(literary or artistic)*  l'opera; **~ overtime**  fare lo straordinario; **what ~ do you do?**  che lavoro fa (fai)?
**worker**  il lavoratore, la lavoratrice; *(blue-collar)* **~**  l'operaio/l'operaia
**world**  mondiale; **working ~**  il mondo del lavoro
**worry**  preoccuparsi (di); la preoccupazione; **don't ~**  non ti preoccupare, non si preoccupi
**worse**  peggio, peggiore; **from bad to ~**  di male in peggio; **~ than ever**  peggio che mai
**write**  scrivere; **~ to each other**  scriversi
**writer**  lo scrittore, la scrittrice
**wrong: be ~**  avere torto

**year**  anno; **be . . . years old**  avere ... anni
**yellow**  giallo/a
**yes**  sì
**yesterday**  ieri
**yield the floor**  cedere la parola
**young**  giovane, giovanile
**younger**  minore

**zero**  zero
**zone**  la zona

# Index

a  77, 122, 134
 + months  134
 + time expressions  77
 used with an infinitive  122, 465
abbreviations of titles  3
absolute past  462
absolute superlative  346
accent marks  8, 427
**ad, ed, od**  1g
address, forms of  5
adjectives  110, 166, 233, 304, 322, 349, 448
 agreement of  110, 113
 comparison of equality  322
 comparison of inequality  324
 of color  233
 demonstrative (**quello, questo**)  166
 descriptive  110
 indefinite  448
 interrogative  304
 irregular comparative and superlative forms of  349
 limiting  117
 of nationality  114
 ordinal numbers  483
 plural forms  114, 167, 239, 305, 448
  ending in **-cia** and **-gia**  239
  ending in **-co** and **-ca**  239
  ending in **-go** and **-ga**  239
  ending in **-ie**  114
 position in noun phrases  116
 possessive  52
  with nouns referring to relatives  53
 used as nouns  112
adverbs  308, 322, 351, 415
 comparison of equality  322
 comparison of inequality  324

 ending in **-mente**  308
 irregular comparison  351
 of manner  308
 of place **ci**  415
age  44
**alcuni/e**  449
alphabet, Italian  8
altered nouns  461
**altro/a**  449
**andare**  121
**-are** verbs  67, 137, 212, 262, 300, 329, 364, 409, 412, 429, 433
 commands  146, 409
  formal forms  409
  **tu-, noi-,** and **voi-**forms  146
 conditional  300
 conditional perfect  433
 future  262
 imperfect  212
 imperfect subjunctive  412
 infinitive form  66
 past participle  138
 past subjunctive  429
 pluperfect  329
 present  67
 present perfect  137
 present perfect subjunctive  393
 present subjunctive  364
 preterit  462
**appena,** future used with  266
appliances and furniture  320
articles
 definite  47, 87, 190
  plural  48
  singular  47
  use in reflexive structures  237
  with countries and continents  361
  with days of the week  87
  with names of languages  48

 with nouns in a general sense  48
 with possessive adjectives  52
 with possessive pronouns  190
 with courtesy titles  48
 indefinite  30, 372
  forms  30
  omission of  31
  partitive  372
  uses  31, 372
 partitive  372
automobile-related terms  187, 199
**avere**  43
 expressions with  44
 to form present perfect tense  137

**bello**  117
**bere**  176
body, parts of  252
 use of reflexive with  237

calendar years  163
capitalization
 adjectives of nationality  114
 courtesy titles  3
 days of the week  86
 months of the year  134
car-related terms  187, 199
cardinal numbers  9, 21, 162
**-care,** verbs ending in  68
**c'è, ci sono,** and **ecco**  74
**che**  123, 220, 305, 324
 interrogative adjective  305
 interrogative pronoun  306
 relative pronoun  220
 used in comparisons  324
**ci**  193, 255, 415
cities  361
city buildings  64
classroom objects  23

**R42**

clock time  76
clothing  231
    use of reflexive with  237
cognates  10
colors  233
commands  67, 146, 409, 443
    formal **lei, loro** forms  409
        with single-object pronoun  410
    infinitives used as  67
    **tu-, noi-,** and **voi-**forms  146
        of irregular verbs  149
        with single-object pronoun  443
    with two object pronouns (all
        command forms)  446
comparative constructions  322,
        349
    of equality  322
    of inequality  324
    irregular comparatives
        of adjectives  349
        of adverbs  351
compass points  13
compound nouns  427
**con (coi, col)**  72, 219
conditional  300
    irregular stems of  301
    to express polite wishes or re-
        quests  302
conditional perfect  433
    used in **se-**clause constructions
        434
conjunctions followed by the sub-
        junctive  391
**conoscere** vs. **sapere**  242
consonants, double  85
contractions, prepositional  71
**così ... come**  322
courses  42
countries  361
**cui** (relative pronoun)  220

**da**  120
    special uses of (place)  120
    with expressions of time  120
    with passive voice  479
**dare**  95
dates  134
days of the week  86
definite article  *see* articles
demonstrative  166, 169
    adjectives **questo** and **quello**  166
    pronouns **questo** and **quello**  169
dependent infinitive  68, 90, 278
**di**  50, 65, 211, 324, 345
    after a comparison of inequality
        324
    after a superlative  345
    to express partitive  372

to express possession or relation-
        ship  50
    used with an infinitive  89, 466
**di chi?** = whose?  50
diphthongs and triphthongs  404
**dire**  176
directional points  13
direct-object pronouns  192, 410,
        443
    with agreement of past participle
        192
    with formal commands  410
    with indirect-object pronouns
        280
    with monosyllabic commands
        444
    with progressive tenses  328
    with **tu-, noi-,** and **voi-**commands
        443
    with two object pronouns in com-
        mands  446
disjunctive pronouns  219
double object pronouns  280
double-verb constructions  68, 90,
        278
**dovere**  188
driving-related terms  187, 199

**ecco**  74
**ed**  19
equality, comparisons of  322
**-ere** verbs  88, 137, 212, 262, 300,
        329, 364, 409, 412, 429, 433
    commands  146, 409
        formal forms  409
        **tu-, noi-,** and **voi-**forms  146
    conditional  300
    conditional perfect  433
    future  262
    imperfect  212
    imperfect subjunctive  412
    infinitive form  66
    past participle  138, 143
    past subjunctive  429
    pluperfect  329
    present  88
    present perfect  137
    present perfect subjunctive  393
    present subjunctive  364
    preterit  462
**essere**  26, 141
    to form present perfect tense  141
    to form present perfect of reflex-
        ive verbs  172
exclamations  123
expressions with **avere**  44
expressions with **fare**  96

familiar forms of address  5
family and relatives  185
**fare**  95
    idiomatic expressions with  96
first names  7
foods  165, 297
furniture and appliances  320
future tense  262, 284
    irregular stems  264
    to express conjecture or probabil-
        ity  284
    with **quando, appena,** and **se**  266

**-gare,** verbs ending in  69
geographical expressions  12, 13
government and administration
        terms  442
**grande,** position of  116
greetings and farewells  2, 4–7

house words  319

imperative  *see* commands
imperfect tense  212, 235
    forms and uses of regular and ir-
        regular verbs  212
    indicative  212
    vs. present perfect  235
imperfect subjunctive tense  412
    use in **-se** clauses  431
impersonal constructions with **si**
        481
impersonal expressions with sub-
        junctive  370
indefinite adjectives  448
indefinite article  *see* articles
indefinite pronouns  451
indirect-object pronouns  255, 280,
        328, 410, 444
    position of  255
    verbs that take  257
    with dependent infinitives and
        modal verbs  256, 281
    with direct-object pronouns  280
    with formal commands  410
    with monosyllabic commands
        444
    with progressive tenses  328
    with **tu-, noi-,** and **voi-**commands
        443
    with two object pronouns in com-
        mands  446
inequality, comparisons of  324
infinitive  66, 89, 147, 171, 281,
        465
    in negative **tu-**commands  147
    position of object pronouns with
        281

preceded by prepositions  89, 122, 465
  of reflexive verbs  171
  used as commands  67
instruments, musical  386
interrogative  51, 93, 94
  adjectives  304
  pronouns  306
  **di chi**  51
  general and specific questions  93
**-ire** verbs  90, 137, 212, 262, 300, 329, 364, 409, 412, 429, 433
  commands  146, 409
    formal forms  409
    **tu-, noi-,** and **voi-**forms  146
  conditional  300
  conditional perfect  433
  future  262
  imperfect  212
  imperfect subjunctive  412
  infinitive form  66
  past participle  138, 143
  past subjunctive  429
  pluperfect  329
  present  90
  present perfect  137
  present perfect subjunctive  393
  present subjunctive  364
  preterit  462
irregular verbs  *see individual verbs and* appendices

languages  56
last names  40
"let's" + verb  147
locatives  64

maps
  Italy — political  14
    — physical  12
  Western Europe  11
materials  231
**meno ... di**  324
modal verbs  188, 277
  with object pronouns  277
**molto**  118
monosyllabic commands and object pronouns  444
months of the year  134
musical instruments  386

names  7
  first  7
  last  40
nationality  114
**ne**  395
  with indirect-object pronoun  396
negation  27, 215

double negative expressions  216
simple negation with **non**  27
nouns  28, 48, 66, 239, 427, 461
  altered nouns  461
  comparison of equality  322
  comparison of inequality  324
  compound  427
  ending in **-ia**  43
  ending in **-ma**  277
  ending in **-tà**  66
  gender  28
  plural  28, 239
    ending in **-cia** and **-gia**  239
    ending in **-co** and **-ca**  239
    ending in **-go** and **-ga**  239
    ending in **-io**  29
  used in a general sense  48
    singular forms  28
    ending in accented vowel  29
    ending in a consonant  29
  with prefixes  386
  with suffixes  10, 43, 66, 277, 461
numbers  9, 21, 162, 483
  cardinal  9, 21, 162
  ordinal  483

object pronouns  *see individual object pronoun listings*
**ogni**  211
**ognuno**  451
ordinal numbers  483

partitive forms  372
**passato prossimo**  137, 141, 277
**passato remoto**  462
passive voice  479
past participles  138
  irregular  *see also Appendix F*  143
  regular  138
  with preceding direct-object pronouns  196
past perfect (**trapassato prossimo**)  330
past progressive  326
pejoratives  461
personal characteristics  110
personal objects  254
phonetic symbols  20  *see also* pronunciation *and Appendix B*
**piacere**  259
  constructions with  259
**più ... di**  324
place names  64
pluperfect subjunctive tense  429
pluperfect tense (**trapassato prossimo**)  329
**poco**  449

points of the compass terms  13
political vocabulary  442
possession with **di** + name  50
possessive adjectives  52
  with nouns referring to relatives  53
possessive pronouns  190
**potere**  188
prefixes (**in-, s-, dis-, ri**)  386
prepositional contractions  71
prepositions
  compound  72
  followed by infinitives  89, 122, 465
  followed by pronouns  218, 220
  prepositional contractions  71
  simple  65
  used with geographical terms  361, 362
  used with time expressions  211
  present perfect subjunctive tense (**congiuntivo passato**)  393
  present perfect tense  137, 277
    with **avere**  137
    with **essere**  141
    with modals **dovere, potere,** and **volere**  277
present progressive  326
present subjunctive tense  *see also* subjunctive  364
present tense  67, 88
  irregular verbs  *see individual verbs*
  regular **-are** verbs  67
  regular **-ere** verbs  88
  regular **-ire** verbs  90
  to express future action  68
  used with **da** + expression of time  120
  verbs ending in **-care** and **-gare**  68, 69
preterit tense (**passato remoto**)  462
  irregular forms  463
probability or conjecture, future of  284
professions and trades  342
progressive tenses  326
pronouns  24, 169, 192, 218, 255, 306, 395
  demonstrative **questo** and **quello**  169
  direct-object  192
  disjunctive  218
  indefinite  451
  indirect-object  255
  interrogative  306
  **ne**  395

position of direct-object   194, 256, 281, 410, 443
position of indirect-object pro-nouns   256, 281, 410, 443
possessive   190
reflexive   171
   with **lo, la, li,** and **le**   282
relative
   **che**   220
   **cui**   220
single object pronouns in formal commands   410
subject   24, 68, 147, 366
   omission of   24, 68
   with commands   147
   with subjunctive   366
two object pronouns   280
two object pronouns in commands   446
with prepositions   218, 220
pronunciation
   /d/   360
   /g/ and /ǧ/   208
   /k/ vs. /č/   109
   /kw/   339
   /l/   318
   /ŋ/   251
   /p/   385
   /r/ and /rr/   133
   /ʎ/   231
   /s/ and /z/   161
   /ʃ/ and /sk/   184
   /t/   296
   /ts/ and /dz/   274
   diphthongs and triphthongs   404
   double consonants   85
   punctuation   427
   "silent h"   63
   spelling-sound correspondences *Appendix B*
   syllabication and stress   40
   vowels /a/, /e/, /i/, /o/, /u/   20
punctuation marks   427

**qualche**   449
**qualcuno, qualcosa, qualche cosa**   451
**quando,** future tense used with   266
**quanto**   123
**quello**
   adjective   166
   pronoun   169

questions   93
   general   93
   specific   94
**questo**
   adjective   166
   pronoun   169

radio and television   363
reciprocal constructions   174
reflexive constructions   171
reflexive verbs   171, 237
   with parts of the body   237
   with reciprocal meaning   174
regions   56
relative pronouns   220
relative superlative   344
relatives (family)   39, 53, 185

**sapere** vs. **conoscere**   242
seasons of the year   134
**se,** future used with   266
**se-**clauses   430
**se** (pronoun)   219
sequence of tenses   468
**si,** impersonal constructions with   481
sounds   *see* pronunciation
spelling-sound correspondences *Appendix B*
sports terms   275
stages of life   112
**stare**   95
   with the progressive tenses   327
stores or businesses   299
stress   40
stressed (disjunctive) pronouns   219
subject pronouns   24
   omission of   26, 68
subjunctive mood   364, 388, 412, 431
   after conjunctions   391
   in contrary-to-fact **se-**clauses   431
   imperfect   412
   pluperfect   429
   present   364
     irregular   368
     verbs ending in **-care, -gare**   366
   present perfect   393
   with expressions of emotion, doubt, or belief   388
   with impersonal expressions   370

with verbs of wish, will, or hope   364
suffixes   *see also* nouns   10, 43, 66, 461
superlatives   344
   absolute   346
     irregular   349
   relative   344
     irregular   349
syllabication   41

**tanto ... quanto**   322
television and radio   363
time expressions   76, 87, 120, 136, 211
   clock time   76
   in the present and future   87
   in the past   136
   with **da**   120
titles   3
   abbreviations   3
   definite articles with   48
   ending in **-re**   3
trades and professions   342
**trapassato prossimo**   329
travel and transportation terms   340
triphthongs   404
**tutti, tutte**   211

**uscire**   176

**venire**   121
verbs
   ending in **-care** and **-gare**   68, 262, 366
   infinitive form   66
   irregular   *see individual verb or tense listing*
   reflexive   171, 174, 237
   regular   *see* **-are, -ere,** *or* **-ire** *listing*
   that require indirect object pro-nouns   257
   that take a preposition before in-finitives   89, 90, 465
**vi**   193, 255
**volere**   95, 188, 277
vowels   20

weather expressions   209
word families   478
work vocabulary   406

# Permissions and Credits

ART: James Alan Edwards

MAPS: Dick Sanderson

*Black and White Photographs*
Page 1, Tony Loretti/Lightwave; 3, Beryl Goldberg; 5, Beryl Goldberg; 7, Carol Palmer/The Picture Cube; 10, Tony Loretti/Lightwave; 16, Beryl Goldberg; 17 (left and right), Peter Menzel/Stock, Boston; 20, Carol Palmer; 36, Tony Loretti/Lightwave; 37, (left), Palmer/Brilliant; 37 (right), Peter Menzel/Stock, Boston; 40, Ferdinando Merlonghi; 55, Peter Menzel/Stock, Boston; 59, Leonard Speier; 63, Leonard Speier; 79, Ferdinando Merlonghi; 81, Peter Menzel/Stock, Boston; 85, Ferdinando Merlonghi; 104, Ferdinando Merlonghi; 108, Leonard Speier; 119, Peter Menzel/Stock, Boston; 126, Peter Menzel/Stock, Boston; 128, Leonard Speier; 132, Beryl Goldberg; 152, Palmer/Brilliant; 156, Arthur Glauberman/Photo Researchers; 159, Jan Lukas/Photo Researchers; 161, Christopher Brown/Stock, Boston; 179, Judy Poe; 180, Peter Menzel/Stock, Boston; 184, Ferdinando Merlonghi; 204, Franklin Wing/Stock, Boston; 208, Ferdinando Merlonghi; 226, Palmer/Brilliant; 230, Fabio Ponzio/Photo Researchers; 247, Judy Poe; 251, Judy Poe; 268, Andrew Brilliant; 270, Wide World Photos; 274, David Mansell; 292, Ferdinando Merlonghi; 296, Mike Mazzaschi/Stock, Boston; 311, Marilyn Silverstone/Magnum Photos; 313, Peter Menzel/Stock, Boston; 317, Judy Poe; 332, Peter Menzel/Stock, Boston; 335, Ferdinando Merlonghi; 339, Ferdinando Merlonghi; 353, Peter Menzel/Stock, Boston; 355, Ferdinando Merlonghi; 379, Peter Menzel/Stock, Boston; 384, Leonard Speier; 399, Ferdinando Merlonghi; 400, Christopher Brown/Stock, Boston; 404, Palmer/Brilliant; 422, Christopher Brown/Lightwave; 426, Tony Loretti/Lightwave; 437, Wide World Photos; 457, Catherine Ursillo/Photo Researchers; 460, Peter Menzel/Stock, Boston; 473, Ferdinando Merlonghi; 477, Ferdinando Merlonghi

*Color Photographs: Viviamo così!*
1, Joe Viesti; 2, Fay Torresyap; 3, Judy Poe; 4, Joe Viesti; 5, Dean Abramson/Stock, Boston; 6, Joe Viesti; 7, Joe Viesti

*Color Photographs: Arte e cultura in Italia*
1, © Peter Arnold, Inc.; 2, Frank Wing/Stock, Boston; 3, Ted Spiegel/Black Star; 4, Editorial Photo Archives, Inc.; 5, Andrew Brilliant; 6, Peter Menzel/Stock, Boston; 7, Slim Aarons/Photo Researchers, Inc.; 8, Ted Spiegel/Black Star

The publisher would like to thank the following copyright holder for permission to use copyrighted material.

"La casa di Mara" by Aldo Palazzeschi. Used by permission of Arnoldo Mondadori Editore S.p.A., Milan, Italy.